Die geforderte Mitte

W0033742

Andreas Zick · Beate Küpper (Hg.)

Die geforderte Mitte

Rechtsextreme und demokratiegefährdende Einstellungen in Deutschland 2020/21

Mit Beiträgen von
Sabine Achour · Wilhelm Berghan · Hannes Delto · Alexander
Häusler · Nora Rebekka Krott · Beate Küpper · Pia Lamberty ·
Souad Lamroubal · Astrid Mayerböck · Nico Mokros · Michael
Papendick · Jonas H. Rees · Yann Rees · Klaus Michael
Reininger · Fritz Reusswig · Maike Rump · Andreas Zick

Herausgegeben für die Friedrich-Ebert-Stiftung
von Franziska Schröter

DIETZ

Bibliografische Information der Deutschen Nationalbibliothek

Die Deutsche Nationalbibliothek verzeichnet
diese Publikation in der Deutschen Nationalbibliografie;
detaillierte bibliografische Daten sind im Internet
über http://dnb.dnb.de abrufbar.

ISBN 978-3-8012-0624-6

Copyright © 2021 by Verlag J. H. W. Dietz Nachf. GmbH
Dreizehnmorgenweg 24, 53175 Bonn
Umschlaggestaltung: Jens Vogelsang, Aachen
Satz: Kempken DTP-Service | Satztechnik · Druckvorstufe · Mediengestaltung, Marburg
Druck und Verarbeitung: CPI books, Leck
Alle Rechte vorbehalten
Printed in Germany 2021

Die zusätzlichen Tabellen des
Online-Anhangs finden Sie unter
www.fes.de/mitte-studie.

Inhalt

**8.1 Antigenderismus: Ideologie einer »natürlichen Ordnung«
       oder Verfolgungswahn?**
Nico Mokros · Maike Rump · Beate Küpper

8.2 Propagandafeld: Klima
Fritz Reusswig · Beate Küpper · Maike Rump

9 Gefährliche Mythen: Verschwörungserzählungen als Bedrohung für die Gesellschaft

10 Im Einklang mit der Gesellschaft? Mentalisierung als Kompetenz der Mitte

Vorwort der Herausgeberin

Die Mitte ist gefordert, das ist offenkundig, und sie ist erschöpft. Die Folgen von über einem Jahr globaler Gesundheitskrise haben ihre Spuren hinterlassen: Die Menschen sind gefordert von Kurz- und Heimarbeit, der Sorge um ihre Liebsten und von den ermüdenden Debatten, auch im engsten Umfeld. Gefordert ist sie außerdem von menschenfeindlichen Anschlägen, wie in Halle und Hanau, von den Morden an Walter Lübcke und George Floyd, von den aufgedeckten rechtsextremen Netzwerken und von Onlinehass.

Als 2019 die letzte Mitte-Studie der Friedrich-Ebert-Stiftung (FES) »Verlorene Mitte – Feindselige Zustände« erschien und einen Aufmerksamkeitssturm entfachte, ahnten wir alle noch nicht, dass ein Jahr später die Welt eine andere sein würde, andere Sorgen und Nöte die Debatte bestimmen. Heute, im Juni 2021, kämpfen viele mit den persönlichen und gesellschaftlichen Folgen der Pandemie und sehnen sich nach der Rückkehr zur Normalität. Auch für das Mitte-Team war dieses Jahr kein einfaches, und wir mussten sehr darum ringen, dieses Buch aus dem Homeoffice heraus zur Veröffentlichung zu bringen. Mit Sorge blicken wir auf Menschenfeindlichkeiten und eine vergiftete Debatte, die unter dem Deckmantel der freien Meinungsäußerung auf eine Stufe gehoben wird mit demokratischer politischer Kultur. Solidarität steht Individualismus gegenüber, Antisemitismus vermischt sich mit Globalisierungsangst und Wissenschaftsfeindlichkeit, und der Mangel an persönlichen Begegnungen verschärft noch die Unerbittlichkeit der Auseinandersetzungen.

Der FES ist es wichtig, mit Studien wie der vorliegenden, aber auch mit viel Bildungs- und Beratungsarbeit die demokratischen Kräfte in diesem Land zu stärken, ihnen Rückhalt und eine Stimme zu geben. Es sind fordernde Zeiten.

Langzeitstudien wie die Mitte-Studie, die seit 2002 gesellschaftliche Trends verfolgt, stehen vor der konzeptionellen Herausforderung, die Balance zwischen neuen Erkenntnissen und dem Nachzeichnen von alten zu wahren: einerseits den aktuellen Zustand der Mitte zu erfassen, neue Entwicklungen in wichtigen Themen, Theorie und Empirie zu berücksichtigen, andererseits diese Entwicklungen im Zeitverlauf zu beschreiben, was für eine empirische Studie Konstanz erfordert. Seit 2006 erscheint etwa alle zwei Jahre eine neue FES-Mitte-Studie.[1] Auch unter Pandemiebedingungen war es uns ein Anliegen, diesen Rhythmus zu halten. In Zeiten großer Unsicherheit hat dies auch uns sehr gefordert.

Auch deshalb danken wir einigen Personen ganz besonders: *Maike Rump*, die als Koordinatorin und Autorin das anspruchsvolle empirische Projekt sorgsam und klug in allen Phasen begleitet hat.

Dem Umfrageinstitut **uz**bonn (besonders *Astrid* und *Claus Mayerböck*), das die Umfrage durchführte und nach den höchsten Standards eine qualitativ hochwertige Datenbasis schuf. Uns half von den ersten Gesprächen an ihre methodische Beratung sowie ihr sozial- und gesellschaftswissenschaftlicher Blick.

Allen Autor_innen des vorliegenden Buches. Sie haben mit ihrem Wissen und ihren Perspektiven auf die Mitte und großem Einsatz die Mitte-Studie 2020/21 zu einem interdisziplinären Projekt gemacht. Dass das funktioniert, ist auf Vertrauen, Zusammenhalt und einen Forschergeist zurückzuführen, der beachtlich ist.

In Bielefeld konnten wir auf die Expertise (von Antigender über Medienschelte bis Regionalforschung) eines geübten Mitte-Forschungsteams zurückgreifen. Dazu gehören *Wilhelm Berghan*, der bereits die Mitte-Studie 2018/19 koordiniert hat, sowie *Nora Krott, Nico Mokros, Michael Papendick, Jonas Rees* und *Yann Rees*.

Besonders danken wir Autor_innen, die nicht am IKG tätig sind: *Sabine Achour*, die am Ende des Buches einen Blick auf die Herausforderungen für die politische Bildung wirft. *Souad Lamroubal* hat ebenso wie alle anderen am Fragebogen mitgearbeitet und mit uns den schwierigen wie schmalen Grat der Vermessung des Rassismus in der Mitte beschritten. Wir danken *Pia Lamberty*, die ihr profundes Wissen zu Verschwörungsmythen schon in die Mitte-Studie 2018/19 eingebracht hat. Als Experte für die extreme Rechte wie neurechte Ideologien

---

1   Seit 2014 mit dem Team des Instituts für Interdisziplinäre Konflikt- und Gewaltforschung (IKG) an der Universität Bielefeld, vorher in Zusammenarbeit mit den Wissenschaftler_innen der Universität Leipzig (2006–2012).

und Gruppierungen hat *Alexander Häusler* erneut an dieser Mitte-Studie mitgewirkt. Wir freuen uns, dass wir *Fritz Reusswig* gewinnen konnten und seine Kenntnisse über den Zusammenhang von Populismus und die Konflikte um Maßnahmen gegen den Klimawandel. *Hannes Delto* trug seine Expertise als Sport- und Sozialwissenschaftler zur Frage der demokratischen wie antidemokratischen Orientierungen unter Sportvereinsmitgliedern bei. Wir danken *Michael Reiniger* für sein Konzept zur Mentalisierungsforschung, das uns sehr geholfen hat, zu verstehen, warum Menschen sich mit Empathie und der Übernahme fremder Perspektiven schwertun.

Vor allem aber gilt der Dank dem IKG-Leiter *Andreas Zick* und *Beate Küpper* von der Hochschule Niederrhein. Sie sind die beiden Hauptsäulen des Projekts. Unermüdlich, mit großer Umsicht und persönlicher Anstrengung haben sie die neue Mitte-Studie 2020/21 zum Abschluss gebracht. Ohne ihre kritische Sicht und ihr Durchhaltevermögen von der Bereitstellung der Daten im späten Februar 2021 bis zur Veröffentlichung nur wenige Wochen später wäre dieses Buch nicht möglich gewesen.

Ohne das Team des Verlags J. H. W. Dietz um *Alexander Behrens* wäre dieses Unterfangen jedoch nie gelungen. Speziell *Flora Frank* und *Gerd Kempken* haben wie immer die Nerven bewahrt. Aber es geht auch ein Dank an die vielen FES-Kolleg_innen, die das Projekt solidarisch mit vorangetrieben haben.

Zu guter Letzt gilt unser besonderer Dank allen *Menschen, die an der Studie teilgenommen haben* und sich befragen ließen. Das ist in Zeiten der Pandemie, in der oft ganz andere Sorgen drücken, wie auch in einer Zeit, in der die Zweifel an Studien und Wissenschaft nicht geringer geworden sind, von unschätzbarem Wert. Wir danken für ihre Sicht. Ohne diese Interviews gäbe es keine Mitte-Studie.

Berlin im Juni 2021

Franziska Schröter
Verantwortlich für das Projekt gegen Rechtsextremismus
der Friedrich-Ebert-Stiftung

1 Hinführung zur Mitte-Studie 2020/21

Andreas Zick

1.1 Die gefährdete wie geforderte Mitte in Zeiten einer Pandemie

Gefährdungen und Herausforderungen der Mitte

Wie verbreitet sind rechtsextreme und demokratiegefährdende Einstellungen in der Mitte? Das ist die Forschungsfrage der Mitte-Studien. Sie basiert auf einer zentralen Annahme zum Zustand der demokratischen Gesellschaft und Kultur: Wenn Menschen in der Mitte rechtsextreme Einstellungen verbreiten oder mit ihnen mehr oder weniger sympathisieren, dann ist die Demokratie in Gefahr. Sie wird brüchig, in Teilen vielleicht sogar zerstört. Dies zu prüfen beziehungsweise sich über diese Frage Gewissheit zu verschaffen, muss für Menschen, die sich der Mitte zuordnen, wichtig sein, auch wenn es unbequem und schmerzhaft ist, damit konfrontiert zu werden. Mit Blick auf den Rechtsextremismus scheint das klar zu sein. Es gibt aber noch eine ganze Reihe anderer demokratiegefährdender Einstellungen, die loser oder gar nicht mit rechtsextremen Einstellungen einhergehen, aber ähnliche Wirkungen erzeugen. Je nach den gesellschaftlichen Zuständen und Entwicklungen – und das heißt vor allem bei schweren gesellschaftlichen Krisen – ist es für Demokratien wichtig zu wissen, wo sie instabil werden, wo ihre Verfasstheit infrage gestellt wird und sich der Grundkonsens über Normen in der Mitte so verschiebt, dass Menschen nicht mehr hinreichend geschützt und respektiert werden. Die Diskussionen während der Coronapandemie über die Würde von Menschen, ihren Schutz, über Freiheitseinschränkungen, Eingrenzungen und den Lockdown oder auch die Proteste gegen die Regierung haben deutlich gemacht, wie zentral die Frage der Gefährdung von Demokratien ist. Schließlich sind sie Krisengebilde und leben von der ständigen Aushandlung von Konflikten um Identitäten, Ressourcen und Interessen, die jedoch so reguliert werden müssen, dass sie den Grundkonsens über die Rechte von Einzelnen und Gruppen nicht beschädigen (Vorländer 2020; Zick 2021).

Der Rechtsextremismus ist die wohl größte Herausforderung für die Demokratie, was die Gefährlichkeit anderer Extremismen nicht schmälert. Vom Rechtsextremismus geht jedoch im besonderen Maße eine gewalttätige Bedrohung der Demokratie aus. Zudem erreicht er die Mitte stärker. Rechtsextreme nehmen für sich in Anspruch die Mitte zu sein, oder sie suchen mit ihrer Propaganda die Mitte, rekrutieren in der Mitte und schlagen Brücken über den Rechtspopulismus. Auf den Demonstrationen gegen die Coronaregeln wird leicht sichtbar, wie verbunden Rechtspopulist_innen, Rechtsextreme, Coronaleugner_innen und Menschen aus der Mitte beieinanderstehen. Für die Demokratie aber weitaus gefährlicher ist es, wenn ganz unabhängig von einer Einflussnahme von außen Menschen in der Mitte rechtsextreme Orientierungen aufweisen. Rechtsextremismus ist eine Gefährdung für und in der Mitte und damit eine besondere Herausforderung, damit umzugehen.

Zu den Gefährdungen gehören auch Einstellungen, die die Grundprinzipien des demokratischen Ausgleichs infrage stellen, wie die, die auf Verschwörungsmythen basieren. Die aktuellen Coronaproteste sind auch dafür ein sichtbarer Ausdruck. Die Erstürmung der Treppe des Reichstagsgebäudes am 29. August 2020 durch rechtsextreme, rechtspopulistische und verschwörungsorientierte Gruppen, die die Demonstrationen gegen die Coronaregeln organisierten, schockierte die Öffentlichkeit. Daran mögen besonders radikalisierte und in weiten Teilen rechtsextreme Menschen beteiligt gewesen sein. Aber vor dem Parlament und auf den vielen Coronademonstrationen bildeten sich Gruppen, deren Angehörige größtenteils aus der Mitte kommen und immer stärker zur Demokratie auf Distanz gehen, ja sogar extremistische Haltungen akzeptieren (vgl. Nachtwey, Schäfer & Frei 2020).

Zugleich wurde mit der Pandemie eine weitere Gefahr sichtbar, ohne die es alle zuvor genannten ideologischen Orientierungen nicht gäbe. Denn diese basieren auf bestimmten Feindbildern, richten sich gegen Minderheiten und zunehmend gegen Repräsentant_innen und Schützer_innen der Demokratie sowie gegen Wissenschaftler_innen und solche, die als Andersgläubige etikettiert werden. Die Herabwürdigung von Menschen und Gruppen aus der Mitte heraus ist eine dauerhafte Gefährdung der Demokratie. Vorurteile und Rassismus sind Ausdruck einer Menschenfeindlichkeit, die dem Grundkonsens der Demokratie widerspricht und zugleich die Diskriminierung, Verfolgung oder Schädigung von anderen, ja sogar deren Vernichtung rechtfertigt. Wird sie in der Mitte geteilt, dann destabilisiert sich die Demokratie, auch wenn viele Menschen erklären, wie wichtig und gut sie sei.

Die Mitte-Studien geben Auskunft über die Verbreitung und Hintergründe rechtsextremer wie demokratiegefährdender Einstellungen anhand der Daten einer repräsentativ befragten Stichprobe der Gesellschaft (zur Methodik ⇒ Kap. 1.2, S. 32 ff.). Sie berücksichtigen dabei die unterschiedlichen politischen Orientierungen und Positionierungen der Befragten sowie ihre sozialen und kulturellen Hintergründe. Diese spiegeln Erfahrungen und Wahrnehmungen wider, die Menschen in der Mitte machen. Einstellungen drücken Denkweisen wie auch Gefühle, Emotionen und Verhaltensorientierungen aus.[1] Es sind Urteile, die Menschen mit anderen teilen und austauschen und die sie miteinander verbinden. Sie sind Ausdruck der Verarbeitung gesellschaftlicher Realitäten und Veränderungen und filtern diese Realität. Demokratiegefährdende Einstellungen werden besonders dann aktiviert und führen zu einer Radikalisierung, wenn Menschen meinen, sie hätten die Kontrolle verloren, ihre Bezugsgruppen wären bedroht, sie verlören etwas oder hätten einen Anspruch auf mehr Einfluss und Macht. Gesellschaftliche Krisen und Konflikte spielen dabei eine große Rolle. Sie erhöhen den Wunsch nach geteilter Sicherheit und Kontrolle, nach Zugehörigkeit, nach Erklärungen für Veränderungen sowie nach Vertrauen, wenn Misstrauen herrscht. Extremistische wie populistische Ideologien versuchen, vor allem solche Motive und Identitäten zu befriedigen, die mit realen oder imaginierten Gruppen verbunden sind (Zick 2020).

Die genannten Gefährdungen der Mitte und der Demokratie sind ständige Bedrohungen. Rechtsextremismus, Rechtspopulismus, Verschwörungsglauben wie auch demokratieablehnende Einstellungen sind langfristige und permanente Herausforderungen, weil Demokratien hohe Toleranzschwellen haben und darauf angewiesen sind, aus sich selbst heraus die Gefahren zu erkennen. Allerdings gibt es dabei auch Zeiten, in denen die gesellschaftlichen Umstände stärker darauf einwirken und es Extremist_innen, Populist_innen und Demo-

---

1   Zum Einstellungskonzept vgl. Zick (2014).

kratiefeind_innen leichter machen, die Mitte zu beeinflussen und die Mitte anfälliger ist, die Grundnormen und -werte der Demokratie infrage zu stellen. Zeiten ökonomischer und politischer Krisen gehören dazu. Umweltkatastrophen oder Pandemien gehören ebenso dazu, weil sie mit ökonomischen und politischen Krisen einhergehen.

Die Befragung der Mitte in der Mitte-Studie 2020/21 fiel in eine solche historisch einmalige Krisensituation.

Die Mitte in der Pandemie

Die Mitte in Deutschland war und ist zum Zeitpunkt der vorliegenden Buchpublikation seit mehr als einem Jahr belastet von einer Pandemie mit mehr als 3 Millionen Infizierten, fast 90.000 Todesfällen, einer Zeit ständig wechselnder und kaum nachvollziehbarer Lockdownregeln, drei Infektionswellen mit hohen Inzidenzraten und unklaren Aussichten, wie es mit der Eindämmung und der medizinischen Versorgung weitergehen soll. Die Mitte, die wir befragt haben, wurde zur Coronagesellschaft (Volkmer & Werner 2020). Sie war und ist gefordert durch politische, ökonomische, soziale, ökologische und – mit Blick auf die Pandemie – massive gesundheitsgefährdende Belastungen, die aus Krisen hervorgehen sowie in Krisen münden können; bei aller Vorsicht, die vor einem inflationären Gebrauch des Krisenbegriffs geboten ist (Merkel 2015). Die pandemiegebeutelte Mitte ist dabei mit Ungleichheiten und Ungleichwertigkeiten konfrontiert. Der Datenreport für das Jahr 2021 belegt auf der Grundlage zuverlässiger Sozialstatistiken, dass Corona die soziale Ungleichheit schon jetzt signifikant vergrößert hat (BpB 2021). Das Armutsrisiko stieg, die Belastungen durch die Coronapandemie sind ungleich verteilt. Erhebungen zum Homeoffice ergaben während des Frühjahrslockdowns 2020 im oberen Einkommensdrittel einen Homeofficeanteil von 20 %; im unteren Drittel betrug in rund der Hälfte der Jobs der Homeofficeanteil weniger als 6 %. Das Armutsrisiko ist besonders hoch für Alleinerziehende (41 %), Geringqualifizierte (35 %) und Menschen mit Einwanderungsgeschichte (29 %). Der Datenreport ermittelt auch, dass die Ungleichheit die Wahrnehmung von Gerechtigkeitsprinzipien verschiebt. Demnach empfindet nur knapp die Hälfte das eigene Bruttoeinkommen als gerecht. Die Mehrheit beurteilt Niedriglöhne als ungerecht. Und eine Mehrheit – in Ostdeutschland sogar 80 % – fordert den Staat auf, mehr zu tun, um die Einkommensunterschiede zu verringern; 2002 waren es noch weniger als 50 %. Die *Ungleichwertigkeitskrise* wirkt sich auf den sozialen Vergleich zwischen Gruppen aus.

Von einer »mütenden Mitte« war und ist die Rede, also einer müden wie zugleich wütenden Mitte. Die Gesundheitsgefährdung und der maximale Schutz anderer vor der Pandemie setzten im Frühjahr 2020 ein immenses Vertrauen in die Regierung und den gesellschaftlichen Zusammenhalt wie auch ein ungeahnt hohes Maß an Solidarität und Hilfsbereitschaft frei. Es folgten die immer stärker und schwieriger nachvollziehbaren Coronaregeln, Abriegelungen und das weithin geteilte Gefühl von Freiheitseinschränkung, das mit der Pandemie verbunden war. In der vorliegenden Mitte-Studie 2020/21, also der repräsentativen Bevölkerungsumfrage unter 1.750 Befragten (alle Angaben zur Stichprobe ➺ Tab. 1.2.2, S. 38 f.), kommt das zum Ausdruck. Eine Mehrheit von 69,3 % gibt an, dass die *Coronapandemie ihr Leben negativ beeinflusst*, nur 7,4 % nehmen positive Wirkungen wahr und 22,5 % meinen, die Wirkungen seien weder gut noch schlecht.[2] Dass sich die *persönliche wirtschaftliche Lage* aufgrund der Pandemie verschlechtert, sorgt jedoch nur jede fünfte Person (23,2 %), 61,4 % haben weniger persönliche Sorgen und 14,9 % weder geringe noch große Sorgen. Das ist allerdings ganz anders, wenn es um das Land geht: 57,1 % meinen, sie hätten große Sorge, dass sich die wirtschaftliche Situation in Deutschland aufgrund der Coronapandemie verschlechtert. Nur 28,6 % geben geringe Sorgen an, 13,9 % meinen, sie hätten weder geringe noch große Sorgen. Jede zweite befragte Person sorgt sich also um die wirtschaftliche Situation des Landes. Und noch einmal deutlich anders sind die Sorgen, wenn die soziale Lage der Befragten beachtet wird. Befragte aus der niedrigsten Einkommensgruppe sehen größere persönliche Sorgen (41,8 %) als jene einer mittleren (22,2 %) oder höheren Einkommensgruppe (11,7 %). Und auch um die wirtschaftliche Zukunft des Landes machen sich in der untersten Einkommensgruppe mehr Menschen Sorgen (64,2 %) als jene aus mittleren (55,2 %) oder höheren Einkommensgruppen (52,3 %) (➺ Tab. A.1.1 i. Online-Anh.).

---

2 Zahlen gerundet, alle genauen Zahlen in Tab. A.1.1 i. Online-Anh.

Die Pandemie fordert die Mitte. Mehr als jede_r zweite (60,5 %) Befragte meint: »Die Coronapandemie ist eine Bedrohung für unser Land« (➠ Tab. 1.1.1, S. 27). Diese Wirkungen der Pandemie sind dabei wiederum deutlich spürbarer in Gruppen, die stärker betroffen sind. In den unteren Einkommensgruppen empfinden 62,4 % der Befragten die Pandemie als nationale Bedrohung, dagegen nur 57,5 % der mittleren und 59,1 % der höheren Einkommensgruppen – ein kleiner Unterschied, aber die Frage war nicht die persönliche Betroffenheit, sondern die nationale Bedrohung durch die Pandemie.[3] Noch deutlicher werden die Gefährdungen des Landes durch die *soziale Spaltung* in den unteren Einkommensgruppen wahrgenommen: 61,4 % aller Befragten nehmen die soziale Spaltung als Gefährdung für Deutschland wahr, aber es sind 71 % in den unteren Einkommensgruppen, während es in den mittleren und höheren Einkommensgruppen deutlich weniger Menschen gibt, die diese Gefährdung sehen (s. u.). Und auch die mit der Pandemie einhergehende *Vereinsamung* wird von 64,3 % der Geringverdienenden und weniger von den mittleren (41,8 %) oder höheren Einkommensgruppen (50,1 %) als Bedrohung wahrgenommen (weitere Bedrohungen ➠ Tab. 1.1.1, S. 27).

Solche Sorgen entstehen im Zuge von sozialen Vergleichsprozessen. Werden Menschen nach den Bedrohungen gefragt, vergleichen sie sich mit anderen, und das tun sie auf der Grundlage ihrer Zugehörigkeit zu Gruppen. In den einkommensschwachen Gruppen meinen 16,6 % »die wirtschaftliche Lage der Deutschen ist im Vergleich zu den hier lebenden Ausländern« schlechter. Das meinen nur 8,5 % der mittleren und 7,6 % der höheren Einkommensgruppen. Die sozialen Ungleichheiten, die mit Ungleichwertigkeitserfahrungen einhergehen, erzeugen Vergleichsprozesse, die sich auf die Beurteilung von Minderheiten auswirken und eben auch Vorurteile hervorrufen können, wenn diese einer positiven Abgrenzung und einer Aufwertung der als ungerecht behandelten eigenen Gruppe dienen können. Die Pandemie erreicht die Mitte, indem sie Ungleichheiten sichtbar macht und Ungleichheitswahrnehmungen befördert, die in Ungleichwertigkeitsvorstellungen münden können.

---

3   Einkommensschwache Gruppen (n = 157): ≤ 70 % des Medians des Äquivalenzeinkommens; mittel (n = 817): 70 % bis < 150 % des Medians; hoch (n = 475): ≥ 150 % des Medians.

Wie bedeutsam die Frage der Gleichwertigkeit ist, zeigt die Mitte-Studie 2020/21, deren Ergebnisse die folgenden Kapitel prägen. In der Umfrage stimmten 87,3 % der Aussage zu: »In einer Demokratie sollten Würde und Gleichheit aller an erster Stelle stehen«; 7,1 % meinten »teils/teils« und nur 5,1 % meinen, das »trifft nicht zu«. Was aber, wenn die Belastungen der Demokratie, insbesondere Hass und Menschenfeindlichkeit sowie die soziale Ungleichheit, den Imperativ der Mitte unterlaufen? Das kann die Mitte in ihrer Identität, ihren Interessen und Werten erschüttern. Mindestens gefordert ist sie dann, wenn sie die Tore öffnet für Populismus und Extremismus, weil diese einen »völkischen Vorteil« versprechen.

Dass demokratische Gesellschaften anfällig sind, auch wenn sie es nicht sein sollten, oder dies dem Selbstbild widerspricht, muss ihnen klar sein. Sie sind integrativ. Sie legen einen hohen Maßstab an die Teilhabe und zugleich suchen sie maximale Toleranz gegenüber konfliktären Meinungen, Identitäten und Wertvorstellungen. Krisen bedrohen diese Integrationsfähigkeit auf vielfältige Weise und tangieren die Idee der integrativen Gesellschaft insbesondere in ihrem Grundprinzip der Gleichwertigkeit aller Menschen. Das wird im Frühjahr 2020 zum Beispiel deutlich an den Debatten um die Geschlechtergleichheit, Fragen an den Klimawandel und die Klimagerechtigkeit oder Fragen zur Beteiligung von diversen Gruppen. Daran entzünden identitätspolitische Konflikte und Versuche des Populismus, Kapital aus den Themen zu schlagen. Das tun sie, indem sie zum Beispiel die Vorrechte der Etablierten und Alteingesessenen garantieren. Vorurteilsmuster und rassistische Einstellungen, wie sie in Kapitel 6 berichtet werden, zeigen auch das: Die Zustimmung zum Vorurteil verspricht die Beibehaltung des Privilegs.

Teilhabe- und Inklusionskrisen zeigen ihre Wirkungen auch im *Zusammenhalt* der Gesellschaft. Mehr als ein Drittel (34,3 %) der Befragten in der Mitte-Studie 2020/21 sehen den Zusammenhalt der Deutschen gefährdet, 30,9 % stimmen noch »teils/teils« zu und 31,5 % teilen diese Ansicht nicht. Je stärker die Mitte ihren Zusammenhalt gefährdet sieht, desto eher meint sie auch, »zu viele kulturelle Unterschiede schaden dem Zusammenhalt« (vgl. dazu auch ➡ Kap. 4, S. 141 ff. u. 6, S. 181 ff. ff.).

Mit Wut und Hass in die Krise

Die Pandemie und die innergesellschaftlichen Konflikte, die radikale Rechte versuchen auszunutzen, haben bestimmte Entwicklungen beschleunigt, die schon vorher als Gefährdungen sichtbar waren und in den früheren Mitte-Studien dokumentiert sind. Gerade mit dem Blick auf die dort untersuchten rechtsextremen und rechtspopulistischen Einstellungen ist die Mitte nach unserem Befund gefordert. Schon vor der Pandemie wurden der Hass gegen Minderheiten, die Verbreitung von Hassrede im Internet und vor allem rechtsextreme Gewalt und Terror immer sichtbarer. In den letzten sieben Jahren ist Deutschland geprägt worden von einem massiven Erstarken des organisierten Rechtsextremismus und Rechtsterrorismus, was sich in unzähligen Hasstaten, Attentaten und Kampagnen im Internet zeigte. Die Mitte wird derzeit von einer massiven Krisenpropaganda der Rechten (Diehl 2016) getroffen, die mit Konfliktthemen wie Freiheit und vermeintlichen Vorrechten versucht, die Pandemielage für ihre Ziele zu instrumentalisieren. Aus der Mitte heraus entstand eine rechtspopulistische Bewegung. Diese organisierte sich in der *Alternative für Deutschland* und rief dazu auf, sich »unser Volk zurückzuholen«. Sie lockte die Menschen in der Mitte der Gesellschaft mit Heilsbildern einer homogenen »Volksgemeinschaft der Deutschen«, mit Hass- und Zerrbildern einer »Überfremdung durch Immigration« und mit der Behauptung, dass »korrupte Eliten« das »Volk betrügen«. Sie konnte in der bisherigen Mitte eine *Parallelmitte* bilden, die nun versucht, sich zur *bürgerlichen Mitte* zu erklären. Die Mitte beschäftigte sich lange damit, wie sie »mit Rechten reden« könne, »Rechte« integrieren könne. Sie adaptierte schnell wohlmeinende Erklärungen über den »besorgten Bürger«, anstatt darüber zu sprechen, wie sehr die Demokratie sich destabilisiert, dekonsolidiert und heute weniger auf einen breiten Grundkonsens noch auf eine funktionierende Konfliktkultur setzen kann.

Vielleicht sitzt der Schock über die Hasswelle und die Entdeckung rechtsextremer Terrorgruppen, die unbehelligt in der Mitte untertauchen konnten und können, auch deshalb so tief. Die Mitte war und ist jenseits der bislang genannten Krisen mit massiven Angriffen auf Menschen konfrontiert. Die Zahl politisch motivierter Straftaten erreichte 2020 den höchsten Stand seit Beginn der Erfassung vor rund 20 Jahren, so berichtete die Bundesregierung auf eine Anfrage der Grünen im März 2021. Von den mehr als 44.034 Straftaten im

Hellfeld – das Dunkelfeld dürfte weitaus größer sein – waren 3.354 Gewalt-delikte, und damit hat auch die politisch motivierte Gewalt einen neuen Höchst-stand erreicht. Dazu zählen vor allem immer mehr antisemitische Gewalttaten – und das im 75. Jahr nach dem Zusammenbruch des Nationalsozialismus und der Erinnerung an die Shoah. Aber auch Hass- und Gewalttaten gegen Immi-grant_innen, Muslime und viele zivilgesellschaftliche Gruppen, die von den Angreifer_innen vorher zu *Fremden* erklärt wurden, sowie gegen Amts- und Würdenträger_innen wie auch Polizist_innen oder Rettungskräfte sind zu ver-zeichnen. Mehr als die Hälfte der politisch motivierten Straftaten im vergange-nen Jahr – rund 23.400 – rechneten die Behörden laut vorläufigen Zahlen dem rechten Spektrum zu. Knapp 11.000 Straftaten galten dagegen als linksextrem motiviert. Sie wurden meist im Kontext von besonderen Protestaktionen verübt und sind somit anders einzuordnen als Rechtsextremismus und Alltagsrassis-mus.[4] In den Zeiten der Pandemie kommen auch Hetze und Gewalt aus den Reihen von Anticoronademonstrationen dazu. Es sind Demonstrationen, die für esoterische, sektiererische, fundamentalistisch friedensorientierte, selbst er-nannte *quer denkende*, impfgegnerische, rechtspopulistische, rechtsextremistische und andere Gruppen durch Verschwörungserzählungen einen Hort des Wider-standes bieten. Diese Bewegung kam – bei allen Okkupationsbestrebungen der extremen Rechten und Rechtspopulist_innen – aus der Mitte, wo das Ver-schwörungspotenzial enorm gewachsen war, wie schon die Mitte-Studie 2018/19 gezeigt hatte.

Die Mitte-Studien berichteten schon 2014 von der Fragilität der Mitte, die sich in den Hass hineinziehen lässt. Sie berichtete 2016 von Spaltungen zwischen der Mitte und ihren rechten Rändern und im Jahr 2019 von den Verlusten an die rechten Ränder. Es war der Mitte bewusst, dass vor allem Hass die Demo-kratie bedroht. Das war kaum zu leugnen. In der Umfrage 2018/19 stimmten 60 % der Befragten der Meinung zu: »Der Rechtspopulismus in unserer Ge-sellschaft bedroht die Demokratie«, und 83 % meinten: »Ich finde es gut, wenn sich Menschen gegen die Hetze gegen Minderheiten einsetzen.« Die Mehrheit

---

4 Die Statistik weist mehr linksextrem (1.570) als rechtsextrem (1.071) motivierte Gewalttaten aus. Allerdings werden erheblich mehr Körperverletzungen von Rechtsextremen (889) als von Links-extremen (531) verübt.

war der Meinung, es sei unerlässlich, dass Deutschland demokratisch regiert werde (86 %), allerdings waren darunter auch 20 %, die rechtspopulistische Orientierungen aufwiesen. 22 % meinten gar direkt und 13 % »teils/teils«: »*Was Deutschland jetzt braucht, ist eine einzige starke Partei, die die Volksgemeinschaft insgesamt verkörpert.*« Soziale Vorurteile gegen Gruppen, also das, was wir als Menschenfeindlichkeiten bezeichnen, waren stark verteilt (Zick, Küpper & Berghan 2019). Indikatoren, die eine Demokratiegefährdung anzeigen, waren genügend vorhanden. Auch vorher hätte schon bekannt sein müssen, dass Krisen die Mitte stark fordern.

Die demokratisch orientierte Mitte, in deren Zentrum auch die Zivilgesellschaft beheimatet ist, wurde nicht nur vom Bekanntwerden rechtsterroristischer Strukturen in Deutschland erschüttert, sondern auch von dem rechtsterroristischen Mord an Dr. Walter Lübcke am 2. Juni 2019, dem Terroranschlag auf die Synagoge in Halle (Saale) am 9. Oktober 2019, bei dem zwei Menschen starben, und dem Attentat von Hanau am 19. Februar 2020, bei dem der Täter 10 Menschen tötete. Der Terror kam aus der Mitte und schlug in der Mitte zu. Erschüttert wurde die demokratische Mitte auch vom Rassismus. Und es zeigte sich, wie groß und dringend der Bedarf an mehr Wissen über den Rassismus in der Mitte der Gesellschaft ist. Am 25. Mai 2020 wurde in den USA George Floyd ermordet, und auch in Deutschland ist nun die von der Black-Lives-Matter-Bewegung, vielen NGOs und der Forschung geforderte Analyse, Aufklärung und Bekämpfung des Rassismus im Land ein Thema. Die Mitte ist gefordert, sich damit zu beschäftigen und mindestens die Frage zu klären, wie und wo der Rassismus die Gesellschaft prägt, also eine Ideologie, die Menschen ihre Würde aberkennt (⇒ Kap. 4, S. 141 ff.).

Dabei ist der Mitte diese Bedrohung absolut bekannt und wichtig. In der Mitte-Studie 2020/21 haben wir gleich zu Beginn nach den wichtigsten Gefährdungen der Gesellschaft gefragt. Dazu wurde den Befragten eine Liste zentraler gesellschaftlicher Herausforderungen vorgelesen, und sie konnten auf einer 5-stufigen Antwortskala einschätzen, ob diese gar keine oder eine sehr große Bedrohung sind. Gefragt wurde nach den oben genannten Krisengefährdungen. In Tabelle 1.1.1 sind alle weiteren Bedrohungen wie auch die prozentualen Zustimmungen dazu aufgeführt. Dabei wird die mit der Pandemie einhergehende ungleiche Bedrohung für ökonomisch starke und schwache Gruppen berücksichtigt.

Prozentuale Zustimmung der Bedrohungswahrnehmungen für das Land in der Gesamtstichprobe und Einkommensgruppen[a] (Angaben in Prozent)　　　Tabelle 1.1.1

Ist eine »Bedrohung für das Land« …		Einkommensgruppen[b]		
	gesamt (n = 1.750)	gering (n = 154)	mittel (n = 817)	hoch (n = 475)
Rechtsextremismus	70,3	64,9 (3)	70,9 (1)	72,0 (1)
Klimawandel	68,6	65,0 (2)	68,6 (2)	68,8 (2)
Soziale Spaltung	61,4	71,0 (1)	61,9 (3)	61,6 (3)
Coronapandemie	59,0	62,4 (5)	57,5 (4)	59,1 (4)
Vereinsamung	52,4	64,3 (4)	41,8 (5)	50,1 (5)
Islamismus	35,3	28,5 (9)	34,7 (7)	35,6 (6)
Linksextremismus	34,8	35,7 (7)	23,6 (10)	24,8 (9)
Wettbewerb und Leistungsdruck	34,3	43,5 (6)	35,1 (6)	29,0 (7)
Verlust von Traditionen und Werten	32,4	28,3 (10)	33,7 (8)	28,4 (8)
Einschränkung von Grundrechten	25,3	25,7 (11)	25,1 (9)	21,0 (10)
Globalisierung	21,4	29,2 (8)	20,8 (11)	17,3 (11)
Zuwanderung	19,7	24,0 (12)	19,7 (12)	16,0 (12)

Anmerkungen [a] Einkommensgruppen: **gering**: < 70 % des Medians des Äquivalenzeinkommens; **mittel**: 70 % bis < 150 % des Medians; **hoch**: ≥ 150 % des Medians. [b] Zahlen in Klammern zeigen an, welche Bedrohung an erster Stelle (1) wie letzter Stelle steht (12).

Die Ergebnisse zeigen eindrucksvoll, wie einig die Befragten sich darin sind, welche Bedrohung für Deutschland besonders gefährlich ist: der *Rechtsextremismus*. Er wird als wichtigste Bedrohung in mittleren und niedrigeren Einkommensgruppen wahrgenommen, unter einkommensstarken Gruppen nimmt er Platz 2 ein. Dort steht der *Klimawandel* an erster Stelle. Nicht weitere Demokratiebedrohungen oder soziale und individuelle Ungleichheitsfragen stehen auf Platz 2 aller Gruppen, sondern der *Klimawandel*. Erst dann folgt die *Pandemie*, die immer noch von einer Mehrheit von nahezu 60,5 % als Bedrohung für das Land wahrgenommen wird, ebenso wie die *Vereinsamung*. Nur noch von circa einem Drittel werden andere Extremismen als Bedrohung eingestuft, weniger als ein Drittel sieht das Land bedroht durch die *Einschränkung von Grundrechten* oder die *Globalisierung*. Die *Zuwanderung*, die die Jahre 2014 bis 2017 enorm geprägt hat, wird nur noch von weniger als einem Viertel der Befragten als Bedrohung für das Land beurteilt.

In den Urteilen spiegeln sich die beiden zentralen Herausforderungen für die Demokratie – *soziale Integration* und *Klimawandel* – wider. Die Mitte scheint sich der Herausforderungen bewusst zu sein. Die Bedrohungswahrnehmung ist hoch, die Herausforderungen sind massiv nach den oben skizzierten Bewertungen. Krisen erreichen und verändern Wahrnehmungen und Einstellungen jenseits der strukturellen Veränderungen und politischen Regulierungen. Krisen-effekte können positiv sein und den sozialen wie kulturellen Wandel befördern, eben weil sie Konflikte hervorrufen, die konstruktiv gelöst werden. Krisen-effekte können jedoch auch antidemokratische, Ungleichwertigkeit fördernde, desintegrative wie politisch und sozial regressive Wirkungen haben. Die wahr-genommenen Bedrohungen in der Mitte kündigen das an. Krisen können so stark sein, dass sie zu Ängsten und zur Schockstarre führen. Ohnmacht ist ge-rade für rechte Propaganda eine günstige Ausgangsbedingung (Löwenthal 2021). Krisen können Rassismus verstärken, wie die Hasstaten gegen asiatisch mar-kierte Menschen zu Beginn der Coronapandemie zeigten (⟶ auch Kap. 6, S. 181 ff.). Krisen wie die Coronapandemie können Entwicklungen aber auch in Teilen ausbremsen, weil anderes wichtig ist und öffentliche Konflikte kaum entstehen.

Die Themen der Mitte-Befragung 2020/21

Die Mitte-Studie 2020/21 gibt eine Zustandsbeschreibung der Mitte vor dem Hintergrund der skizzierten Entwicklungen anhand einer repräsentativen Be-völkerungsumfrage. Die Methodik wird im nächsten Abschnitt vorgestellt. Die Umfrage richtet sich im Kern auf die Zustimmung, Ablehnung oder Ambivalenz zu antidemokratischen Überzeugungen, die aus verschiedenen Einstellungen und ihren Verbindungen resultieren. Das Ausmaß, in dem *demokratiefeindliche und rechtspopulistische Einstellungen* geteilt werden, steht dabei zunächst im Fokus (⟶ Kap. 2, S. 43 ff.). Die Frage, wie gut oder schlecht die Mitte die Demokratie findet, ist zentral, um zu wissen, wie stabil die Demokratieorien-tierung ist. Einerseits legt die Studie dabei den Schwerpunkt auf Einstellungen zum System der Demokratie, andererseits auf den Rechtspopulismus, der ein Teil dieser Demokratie geworden ist und sie zugleich angreift. Darin genau besteht die Demokratiekrise jenseits extremistischer Unterhöhlungen.

Im nächsten Schritt werden Ausmaß und Verteilung *rechtsextremer Einstellungen in der Mitte* untersucht (⇒ Kap. 3, S. 75 ff.). Die Analyse des Rechtsextremismus in der Mitte ist das Markenzeichen der Mitte-Studien und erfolgt seit 15 Jahren mit demselben Messinstrument, einer zuverlässigen Gesamtskala zur Erfassung des Rechtsextremismus sowie einer Analyse seiner zentralen Dimensionen. Angesichts der Veränderungen der medialen Kommunikation und des medialen Konsums sowie der Entwicklung der digitalen politischen Kommunikation legt die Analyse einen Schwerpunkt auf den Zusammenhang zwischen rechtsextremen Einstellungen und *Mediennutzung*. Ebenso werden *regionale Unterschiede* beim Rechtsextremismus genauer untersucht, denn in den vergangenen Jahren haben sich nicht nur Ost-West-Differenzen gezeigt, sondern auch regionale Ausprägungen bei Hasstaten, bei der Wahl rechter Parteien sowie anderen Konfliktfeldern. Ein zusätzlicher Fokus gebührt dem *Sport*, um zu prüfen, ob die These zutrifft, dass die Mitgliedschaft in Sportvereinen mit einer höheren Affinität der Mitte für rechtsextreme Einstellungen einhergeht. Dies hatte sich in anderen Studien gezeigt (Delto 2018).

Ein weiterer wichtiger Punkt ist die Analyse der Verbreitung von *Rassismus* in Deutschland (⇒ Kap. 4, S. 141 ff.). Hierzu wurden in der Mitte-Studie 2020/21 neue Instrumente entwickelt und neue Analysen zu traditionellen und modernen Formen von Rassismus vorgestellt. Zu diesem Schwerpunkt gehört der ungeheuerliche wie berührende Fall von Rassismus, von dem Souad Lamroubal berichtet (⇒ Kap. 5, S. 173 ff.). Die Frage der Verbreitung von *Gruppenbezogenen Menschenfeindlichkeiten* – also negativen Stereotypen, Vorurteilen, Herabwürdigungen und rassistischen Meinungen über Gruppen – wird im Anschluss an die Rassismusanalyse behandelt (⇒ Kap. 6, S. 181 ff.).

Im nächsten Schritt erfolgt dann eine genauere Betrachtung des Zusammenhangs zwischen *Wahlverhalten* und demokratiegefährdenden Einstellungen (⇒ Kap. 7, S. 213 ff.). Gerade im Jahr der Bundestagswahl 2021, nach dem flächendeckenden Einzug der AfD in die Länderparlamente und den jüngsten

Kampagnen rechtsextremer und rechtspopulistischer Gruppen, Wahlen weniger als demokratische Akte, sondern als Widerstandshandlungen zu inszenieren, scheint uns das besonders erkenntnisweisend.

Die Frage der Gleichwertigkeit oder Ungleichwertigkeit von Gruppen sowie jene Einstellungen zum »System Demokratie«, die von Ablehnung geprägt sind, formen immer stärker neue rechtsextreme beziehungsweise neurechte Ideologien, die eine Brücke herstellen zwischen rechtsextremen, rechtspopulistischen und menschenfeindlich orientierten Gruppen (⟶ Kap. 8, S. 225 ff.). Dazu gehört auch ein zunehmender *Antigenderismus*, also die Ablehnung der Gleichstellung von Frauen und Männern beziehungsweise der Zuspruch zu frauenfeindlichen wie gleichstellungsfeindseligen Ideologien, die in der Mitte-Studie 2020/21 erstmalig geprüft wurden. Außerdem setzen wir einen Akzent bei einem zentralen künftigen Konfliktthema, das insbesondere von Neurechten derzeit ideologisch besetzt wird: *der Klimakrise*, die bereits als ein Bedrohungsfeld der Mitte ausgemacht wurde. Der Klimawandel rangiert an zweiter Stelle der wahrgenommenen Bedrohungen des Landes (s. o.). Das Thema steht im Fokus einer weiteren vertiefenden Analyse der Zusammenhänge mit antidemokratischen Orientierungen in der Mitte. Inwieweit lässt sich die Mitte von ideologischen Besetzungen des Klimathemas durch rechtspopulistische und rechtsextremistische Ideen anstecken?

Diese Analyse hängt eng zusammen mit der erneuten Frage, wie weit *Verschwörungsmythen und -ideologien* in der Mitte verbreitet sind (⟶ Kap. 9, S. 283 ff.). Dazu wird jene Analyse aufgegriffen, die die Mitte-Studie 2018/19 erstmalig in Deutschland in einer Repräsentativumfrage vorgenommen hat, also noch vor dem Aufschwung der Verschwörungsgruppen auf den sogenannten Hygienedemos.

In einem letzten Analyseschritt wird der Blick auf zwei zentrale Themen gelenkt, die für die Frage, mit welchen Mitteln und Angeboten antidemokratischen Orientierungen zu begegnen ist, besonders wichtig sind: *Perspektivenübernahme* und *politische Bildung*. Hierzu wird zunächst eine psychologische Analyse und eine politik- sowie erziehungswissenschaftliche Einordnung der Studienbefunde vorgenommen (⟶ Kap. 10, S. 301 ff.). In der Analyse wird untersucht, ob die Fähigkeit zur *Mentalisierung*, die relevant ist für die Fähigkeit, Perspektiven anderer einzunehmen, mit illiberalen Einstellungen einhergeht. Mentalisierung bedeutet, das eigene Verhalten und das Verhalten anderer durch die Zuschreibung mentaler Zustände (z. B. Intentionen, Wünsche, Bedürfnisse) zu interpretieren und zu verstehen. Diese Fähigkeit ist grundlegend, um in Konflikten, die sich um Interessen, Identität und Werte drehen, konsensfähig zu sein und die Beschädigung anderer frühzeitig erkennen zu können.

Dass die *politische Bildung* in einer Demokratie wie der Bundesrepublik ein großer Hoffnungsträger bei der Prävention von antidemokratischen und menschenfeindlichen Ideologien ist, steht vielleicht nicht infrage, muss aber dennoch genauer hinterfragt werden. Von welcher politischen Bildung ist eigentlich die Rede? Und welche politischen Bildungsanstrengungen leiten sich aus den Ergebnissen der Mitte-Studie 2020/21 ab? (➞ Kap. 11, S. 311 ff.).

Die empirischen Analysen werden deutlich machen, dass es nach den schweren Zeiten der Spaltung und Polarisierung demokratieförderliche Entwicklungen gibt, zumindest gemessen an den Einstellungen. Es wird aber nicht gelingen, die Mitte aus der Verantwortung zu entlassen, und genau das sollte ihr die Kraft, die ihr verloren ging, zurückgeben. Die Mitte ist gefordert; davon nehmen sich die Autor_innen dieser Studie nicht aus. Das heißt aber auch, dass der Mitte zuzutrauen ist, die Herausforderungen zu meistern. Demokratien leben von mündigen Bürger_innen, und das heißt von Menschen, die sich offen und unter Berücksichtigung verschiedener Perspektiven den Konflikten, Gefährdungen und Herausforderungen der Gesellschaft stellen. In diesem Sinne ist die Mitte so stark gefordert wie nie zuvor und muss dabei an ihrem eigenen Anspruch gemessen werden: Denn die absolute Mehrheit von 72,1 % der in der Mitte-Studie 2020/21 befragten Menschen sagt von sich: »Ich bin ein_e überzeugte_r Demokrat_in«; 17,4 % meinen »teils/teils« und 9,4 % weisen das von sich.

1.2 Methodik und Design der Mitte-Studie 2020/21

Maike Rump · Astrid Mayerböck

Die Ergebnisse der Mitte-Studie 2020/21 basieren auf einer Repräsentativbefragung der erwachsenen deutschen Wohnbevölkerung. Die Erhebung wurde von »**uz**bonn – Gesellschaft für empirische Sozialforschung und Evaluation« zwischen dem 2. Januar und 17. Februar 2021 durchgeführt. Es sollte jedoch beachtet werden, dass einige Einstellungsmuster und Meinungen stabiler sind, als andere und nicht erst zum Zeitpunkt der Befragung festgelegt werden. Die Studienergebnisse beziehen sich deswegen sowohl auf das Jahr 2020, als auch auf den Beginn des Jahres 2021. Wie in den vorherigen Jahren hat das Institut für interdisziplinäre Konflikt- und Gewaltforschung (IKG) den Fragebogen für die telefonische Befragung mit dem Umfrageinstitut abgestimmt und neben den bewährten Instrumenten aktuelle gesellschaftliche Fragen ergänzt. Das gilt in dieser Erhebung auch für die demografischen Variablen, die etwa um die Frage der Kurzarbeit ergänzt wurden. Der Fragebogen wurde im Dezember 2020 einem Pretest unter realen Feldbedingungen mit 25 Personen unterzogen und anschließend überarbeitet.

Analog zu den Befragungen 2016 und 2018/19 wurde diese Befragung wieder als computergestützte Telefonbefragung (CATI, Computer Assisted Telephone Interview) durchgeführt. Die Dauer betrug im Durchschnitt 31,4 Minuten. Die studienspezifisch geschulten Interviewer_innen führten insgesamt 1.750 vollständige Interviews. Bei Bedarf verschickten sie ein Informationsschreiben an potenzielle Teilnehmer_innen per Mail, um über die Hintergründe der Studie aufzuklären, Adressquellen offenzulegen und datenschutzrechtliche Belange zu klären. Zudem konnten sich Interessierte direkt an die Friedrich-Ebert-Stiftung (FES) wenden, um sich zu informieren; hiervon wurde ebenfalls Gebrauch gemacht.

Stichprobenziehung

Die Umfrage ist repräsentativ für die erwachsene deutsche Wohnbevölkerung. Um die Anforderungen an die Repräsentativität der Studie zu erfüllen, wurde ein Dual-Frame-Ansatz (mit 60 % Festnetz- u. 40 % Mobilfunkanteil)[5] umgesetzt. Hintergrund dieser Herangehensweise ist der steigende Anteil der Bevölkerung, der nur noch über Mobilfunktelefone erreichbar ist und nicht mehr über einen Festnetzanschluss verfügt.[6] Es ist zu erwarten, dass sich sogenannte Mobile-Only-Nutzer_innen systematisch von Personen unterscheiden, die auch über Festnetzanschlüsse erreichbar sind. Die Repräsentativität eines reinen Festnetzsamplings wäre somit eingeschränkt.

Grundsätzlich lässt sich Repräsentativität realisieren, indem jedes Element der Grundgesamtheit durch zufällige Auswahl dieselbe Wahrscheinlichkeit hat, in die Stichprobe zu gelangen und befragt zu werden. Um Repräsentativität sicherzustellen, wurde bezüglich des Festnetzsamples eine zweistufige Zufallsauswahl realisiert: Zunächst wurden Festnetztelefonnummern mittels Random Digit Dialing (RDD) nach Gabler-Häder zufällig generiert. Dieses Verfahren stellt sicher, dass potenziell alle Haushalte mit Festnetztelefon Teil der Bruttostichprobe sein können – und nicht nur solche, die im Telefonbuch verzeichnet sind. Der Hintergrund hierfür ist, dass sich im Telefonbuch verzeichnete Haushalte systematisch von der Gruppe nicht verzeichneter unterscheiden. Unterschiede sind beispielsweise hinsichtlich Alter, Geschlecht, beruflichem beziehungsweise sozialem Status et cetera zu erwarten. Die zweite Stufe der Zufallsauswahl bestand für Festnetzkontakte in der Ermittlung der Zielperson innerhalb des erreichten Haushalts durch die Nutzung des sogenannten Last-Birthday-Schlüssels. Dieser stellt eine zufällige Auswahl potenzieller Zielpersonen (erwachsene Personen mit Wohnsitz in Deutschland) im Haushalt und somit eine maximale Annäherung an die Repräsentativität der zu befragenden Gruppe sicher. Hierbei wurden alle Personen berücksichtigt, die (regelmäßig) im Haushalt leben und nicht nur die gerade anwesenden Personen.

---

5   Der finale Nettodatensatz von 1.750 Fällen besteht aus 58,3 % Festnetz- und 41,7 % Mobilfunkinterviews.

6   Selbst wenn ein Festnetztelefon im Haushalt existiert, sind insbesondere junge Menschen im Alter zwischen 18 und 24 Jahren in der Regel hierüber kaum erreichbar.

Um die Anforderungen an die Repräsentativität der Studie zu erfüllen, wurden auch die Mobilfunknummern zufällig generiert und angerufen. Bei dem Prozess der zufälligen Generierung von Mobilfunknummern kooperiert **uz**bonn mit der »GESIS – Leibniz-Institut für Sozialwissenschaften« in Mannheim. Die Anzahl theoretisch vergebener mobiler Telefonnummern liegt bei knapp 300 Millionen. Diese Nummern wurden durch die Bundesnetzagentur an verschiedene Mobilfunkanbieter vergeben. Im Telefonbuch eingetragen ist nur ein geringer Teil der Mobilfunknummern, was die Notwendigkeit der zufälligen Generierung von Mobilfunknummern verdeutlicht. Für eine Zufallsgenerierung liegt der GESIS ein Auswahlrahmen vor, der zweimal jährlich aktualisiert wird. Der Auswahlrahmen umfasst dabei Nummern aller drei Netzbetreiber in Deutschland (Telekom, Vodafone und Telefónica mit o2 und E-Plus). Bei den von der GESIS generierten Ziffernfolgen handelt es sich sowohl um vergebene als auch um nicht vergebene Mobilfunknummern. Nicht geschaltete Nummern (stichprobenneutrale Ausfälle) müssen daher aus der großen Anzahl generierter Nummern zunächst aussortiert werden. Die Auswahl gültiger Mobilfunknummern kann mittels Home Location Registry (HLR) Lookup durchgeführt werden, ein (kostenpflichtiges) Verfahren, das explizit von der GESIS empfohlen wird. Mit diesem Verfahren können aus den zufällig generierten Nummern diejenigen herausgefiltert werden, die tatsächlich vergeben sind. Das Verfahren wird über eine Datenbank realisiert und führt nicht zu Störungen bei potenziellen Zielpersonen, indem die Telefonnummern automatisch »ausprobiert« werden. Der beim Festnetzsampling beschriebene zweite Schritt der Zufallsauswahl (Last-Birthday-Schlüssel) wurde für das Mobilfunksample weggelassen, da davon ausgegangen werden kann, dass Mobiltelefone in der Regel von nur einer Person genutzt werden.

Tabelle 1.2.1 gibt einen Überblick über die Ausschöpfung sowie über stichprobenneutrale und nicht neutrale Ausfälle.

Insgesamt wurden im Rahmen der Studie 61.726 zufällig generierte Festnetz- und Mobilfunknummern kontaktiert. Knapp 75 % der eingesetzten Bruttostichprobe fielen als sogenannte »stichprobenneutrale Ausfälle« aus dem Sample, da verfügbare Telefonnummern nicht funktionierten beziehungsweise zu einem gewerblichen (statt privaten) Anschluss führten oder weil erreichte Personen

Ausschöpfung der Mitte-Umfrage 2020/21 (Angaben absolut und in Prozent)   Tabelle 1.2.1

	n =	% Gesamt-sample	% korrigier-tes Sample
Gesamtsample	61.726	100,00	
Summe stichprobenneutraler Ausfälle	45.907	74,4	
Korrigiertes Sample (ohne stichprobenneutrale Ausfälle)	15.819		100,00
Erreichbarer Sampleanteil, welcher während der Feldzeit nicht zum Interview führte (Termine, Anrufbeantworter, besetzt)	1.597		10,10
Summe der Verweigerungen durch Ziel- oder Kontaktpersonen (Nonresponse)	12.323		77,90
Abgeschlossene Interviews	1.750		11,06
Abgebrochene Interviews	149		0,94
Begonnene Interviews	1.899		12,00

wegen mangelnder Sprachkenntnisse nicht befragbar waren. Das um stichprobenneutrale Ausfälle reduzierte Sample umfasste somit 15.819 Telefonnummern. 10,1 % der Nummern des korrigierten Samples waren grundsätzlich gültig (im Gegensatz zu stichprobenneutralen Ausfällen wurde hier ein Freizeichen, eine Privatperson oder ein Anrufbeantworter erreicht); zum Teil wurden Interviewtermine vereinbart, die während der Feldzeit jedoch nicht realisiert werden konnten. 77,9 % des korrigierten Samples verweigerte aus verschiedenen Gründen die Teilnahme an der Befragung. Mit 12 % des um stichprobenneutrale Ausfälle bereinigten Samples wurden Interviews begonnen, in 11,06 % der Fälle wurden diese bis zu Ende geführt.

Generell erzielt man in telefonischen Befragungen nicht so hohe Ausschöpfungsquoten wie in persönlichen Face-to-Face-Befragungen (Steinkopf, Bauer & Best 2010), mit den berichteten Werten liegen wir in dieser Erhebung aber im üblichen Bereich (Blasius & Reuband 1995).

Gewichtung

Die Repräsentativität der Stichprobe sollte primär mittels Auswahlverfahren (Ziehung der Bruttostichprobe) sichergestellt werden. Durch systematische Teilnahmeverweigerungen kommt es in der Nettostichprobe dennoch zu Verzerrungen (insbesondere hinsichtlich der Bildung). Zur besseren Abbildung der tatsächlichen Struktur der Bevölkerung durch den Datensatz wurde dieser zum Schluss gewichtet. Hierbei wurden in Abhängigkeit der Auswahlwahrschein-lichkeit der Studienteilnehmer_innen Designgewichte berechnet. Zudem er-folgte die Gewichtung mit einem Anpassungsgewicht aufgrund von zuvor ab-gestimmten Sollkriterien.

Designgewicht

Die Grundannahme einer repräsentativen Erhebung ist, dass jede_r potenziel-le Teilnehmer_in (Population) genau dieselbe Wahrscheinlichkeit hat, befragt zu werden. Tatsächlich ist diese Annahme identischer Wahrscheinlichkeiten nicht immer erfüllt. So hat ein Haushalt mit mehreren Telefonnummern bei-spielsweise a priori eine höhere Wahrscheinlichkeit, zufällig angerufen zu werden, als ein Haushalt mit nur einer Telefonnummer. Innerhalb des Haushaltes ist die Wahrscheinlichkeit, zufällig befragt zu werden, umso höher, je weniger weitere Repräsentant_innen der zu befragenden Population im Haushalt le-ben. Ebenso gelangt eine Person mit (ggf. mehreren) Festnetz- und Mobilfunk-nummern wahrscheinlicher in die Stichprobe als eine Person, die entweder nur über Festnetz oder nur über Mobilfunk erreichbar ist.

Im ersten Schritt wurde daher ein Designgewicht berechnet, welches den unter-schiedlichen Voraussetzungen der Auswahlwahrscheinlichkeit der Studienteil-nehmer_innen Rechnung trägt. Nach dem Dual-Frame-Ansatz wird die Aus-wahlwahrscheinlichkeit einer Person aus einer kombinierten Festnetz-Mobil-funk-Stichprobe[7] berechnet.

Anpassungsgewicht

Neben der Berechnung eines Designgewichts wurde ein sogenanntes Anpas-sungsgewicht ermittelt, welches die Anpassung der Stichprobe an zuvor abge-stimmte Bevölkerungsverteilungen sicherstellt. Dies ist notwendig, da es durch Teilnahmeverweigerungen in Zufallsstichproben zu gewissen Verzerrungen

---

7   Unter Berücksichtigung der Zahl der Festnetz- bzw. Mobilfunknummern, über die eine Person erreichbar ist, des Auswahlrahmens und der Stichprobengröße von Festnetz- und Mobilfunknum-mern sowie ggf. der Haushaltsgröße (bezogen auf die Zielpopulation).

hinsichtlich der Verteilung bestimmter Merkmale kommen kann. Aus diesem Grund wurde das beschriebene Designgewicht durch ein Anpassungsgewicht ergänzt, welches die Repräsentativität der Befragten hinsichtlich Geschlecht, Alterskategorie, Bundesland des Wohnsitzes sowie Bildungsstand, Gemeindegröße und Haushaltsgröße berücksichtigt.

Informationen zur Verteilung der Merkmale in der Grundgesamtheit wurden vom Statistischen Bundesamt auf der Basis von Fortschreibungen des Mikrozensus 2011 zur Verfügung gestellt. Die Gewichtung der Daten wurde durch **uz**bonn vorgenommen.

Zusammensetzung der Stichprobe

In Tabelle 1.2.2 (➡ S. 38 f.) sind die soziodemografischen Kernmerkmale der Stichprobe der Mitte-Studie 2020/21 aufgeführt.

Das Durchschnittsalter liegt bei 53 Jahren. Es wurden etwas häufiger Frauen befragt als Männer, nämlich 929 Frauen und 821 Männer. Keine Person gab ein nicht binäres Geschlecht an. Die Mehrheit der Befragten hat das Abitur oder einen gleichwertigen Abschluss, etwa ein Viertel der Befragten hat einen Realschulabschluss. Der überwiegende Teil der Befragten ist angestellt erwerbstätig, 12,5 % sind selbstständig oder freiberuflich tätig. 6,6 % der abhängig Beschäftigten befanden sich im letzten Jahr in Kurzarbeit, auf 5,6 % trifft dies zum Zeitpunkt der Befragung zu. Der Großteil der Befragten (17,5 %) erzielt ein monatliches Haushaltsnettoeinkommen von über 5.000 Euro, allerdings sind genauso viele Menschen nicht bereit, ihr Einkommen anzugeben. 54,5 % gehören einer der beiden christlichen Religionsgemeinschaften an und 37 % keiner. 20,1 % sind überwiegend in Ostdeutschland aufgewachsen, 73,1 % in Westdeutschland und 5,7 % nicht in Deutschland.

Auswirkungen des Lockdowns auf die Datenerhebung

Im Kontext der Covid-19-Pandemie hat **uz**bonn die technischen Voraussetzungen für die Heimarbeit von Interviewer_innen stark ausgebaut, sodass Telefoninterviews (gleichermaßen supervidiert wie vor Ort) bei Bedarf verstärkt von zu Hause aus durchgeführt werden konnten. Ein Teil der Interviewer_innen führte die Interviews von zu Hause aus durch. Aufgrund der Lockdownsituation

Ungewichtete Stichprobenverteilung (n = 1.750) (Angaben absolut und in Prozent)   **Tabelle 1.2.2**

	Ausprägung	absolut	%
Alter	(18–21 Jahre)	52	3,0
	(22–34 Jahre)	246	14,1
	(35–49 Jahre)	387	22,1
	(50–64 Jahre)	603	34,5
	(ab 65 Jahre)	431	24,6
	Weiß nicht/k. A. [a]	31	1,8
Geschlecht	Männer	821	46,9
	Frauen	929	53,1
	Nicht binär	–	–
	Weiß nicht/k. A.	–	–
Schulabschluss	Schule beendet ohne Abschluss	14	0,8
	Volks-/Hauptschulabschluss	202	11,5
	Mittlere Reife, Realschulabschluss (Fachschulreife)	420	24,0
	Polytechnische Oberschule (POS) mit Abschluss 8. Klasse	11	0,6
	Polytechnische Oberschule (POS) mit Abschluss 10. Klasse	43	2,5
	Fachhochschulreife (Abschluss einer Fachoberschule etc.)	162	9,3
	Abitur (Hochschulreife) oder Erweiterte Oberschule (EOS) mit Abschluss 12. Klasse oder Berufsausbildung mit Abitur	876	50,1
	Einen anderen Schulabschluss	3	0,2
	Bin noch Schüler	3	0,2
	Weiß nicht/k. A.	16	0,9
Berufskreis	Arbeiter	151	9,1
	Angestellte	1.064	64,4
	Beamte	185	11,2
	Selbstständige/Freie Berufe	218	13,2
	Weiß nicht/k. A.	32	2,0
Kurzarbeit [b]	Ja, aktuell	98	5,6
	Ja, aber aktuell nicht	115	6,6
	Nein	794	45,4
	Weiß nicht/k. A.	743	42,5

Ungewichtete Stichprobenverteilung (n = 1.750) (Angaben absolut und in Prozent)   **Tabelle 1.2.2**

Haushalts-nettoeinkommen	Unter 500 Euro	12	0,7
	500 bis unter 1.000 Euro	60	3,4
	1.000 bis unter 1.500 Euro	99	5,7
	1.500 bis unter 2.000 Euro	153	8,7
	2.000 bis unter 2.500 Euro	168	9,6
	2.500 bis unter 3.000 Euro	147	8,4
	3.000 bis unter 3.500 Euro	161	9,2
	3.500 bis unter 4.000 Euro	119	6,8
	4.000 bis unter 4.500 Euro	101	5,8
	4.500 bis unter 5.000 Euro	120	6,9
	Über 5.000 Euro	307	17,5
	Weiß nicht/k. A.	303	17,3
Religions-zugehörigkeit	Evangelisch	496	28,3
	Katholisch	458	26,2
	Anderer Glaube c	123	7,0
	Keine	648	37,0
	Weiß nicht/k. A.	25	1,4
Überwiegend aufgewachsen in …	Ostdeutschland	351	20,1
	Westdeutschland	1.280	73,1
	Nicht in Deutschland	99	5,7
	Weiß nicht/k. A.	20	1,1

Anmerkungen a »Weiß nicht« und keine Angabe (k. A.) wurden getrennt erhoben und hier nur aus Platzgründen zusammengefasst. b Es wurden nur berufstätige Menschen gefragt. c **Anderer Glaube:** Freikirchlich, Andere christliche Glaubensgemeinschaft, Muslimisch, Fernöstliche Glaubensgemeinschaft, Jüdisch. | k. A. = keine Angabe.

wurde die sonst übliche Startzeit von circa 17 Uhr für Privathaushaltetelefonie etwas vorgezogen.

Der Lockdown spielte natürlich auch für die Zusammensetzung der Stichprobe eine Rolle, jedoch nur bezogen auf die Rohdaten. Das bedeutet, verglichen mit der Erhebung 2018/19 wurden etwas mehr Beamte (4 % mehr), etwas mehr Personen in der Altersgruppe der 18- bis 24-Jährigen (5 % mehr) und 6 %

weniger Menschen in der Altersgruppe der 65- bis 74-Jährigen befragt. Aufgrund der Gewichtung nach Alter, Geschlecht, Bildung und Bundesland kann jedoch davon ausgegangen werden, dass dies keinen Effekt hat.[8] Studien aus dem vergangenen Jahr zeigen jedoch einen Effekt der Coronapandemie auf bestimmte Einstellungsmuster. So war das Vertrauen der Bürger_innen in politische Institutionen im Frühjahr 2020 sehr hoch, obwohl die Eingriffe in das alltägliche Leben nicht nur unerwartet waren, sondern auch weitreichend. Allerdings beobachtet der ARD-DeutschlandTrend im Januar 2021, dass der Lockdown als Belastung empfunden wird, während im März 2021 ein Drittel der Befragten die Coronamaßnahmen für nicht mehr ausreichend halten, um die Pandemie einzudämmen.[9] Die Ergebnisse und zeitlichen Veränderungen gegenüber den Vorjahren sollten deswegen auch im Licht der besonderen Situation interpretiert werden.

Fortschreibung der Langzeitbeobachtung von Gruppenbezogener Menschenfeindlichkeit (GMF), sozialer Erwünschtheit, »weiß nicht«, keine Angabe als Antwortoption

In der Mitte-Studie 2020/21 gibt es im Vergleich zu den Vorerhebungen die Neuerung, dass alle Items ausschließlich auf einer 5-stufigen Skala erhoben wurden. Der Grundstein zur Umstellung des Umfragedesigns wurde bereits mit der letzten Erhebung 2018/19 gelegt. Es konnte gezeigt werden, dass die 5-stufige Erhebung nicht nur aus messtheoretischer Sicht sinnvoll, sondern auch valide ist. Inhaltlich geht die Einführung einer Mittelkategorie zulasten einer einfachen Interpretation. Schließlich bleibt unklar, ob die Mittelkategorie, die mit »teils/teils« beschriftet ist, aus Gründen der teilweisen Zustimmung oder Ablehnung gewählt wird oder aus wirklicher Unentschiedenheit. Allerdings überwiegt der Vorteil, dass Befragte nicht durch das Weglassen der Mittelkategorie forciert werden, sich für Zustimmung oder Ablehnung zu entscheiden (Berghan & Faulbaum 2019, S. 43 ff.; Zick et al. 2019, S. 65 ff.).

---

8   Das zeigt auch ein Vergleich der gewichteten und ungewichteten Daten, die voneinander abweichen, aber nicht übermäßig.
9   https://www.tagesschau.de/inland/deutschlandtrend/deutschlandtrend-2561.html [Aufruf am 22.3.2021].

Ähnlich ist das Vorgehen beim Anbieten der »weiß-nicht«- beziehungsweise »keine-Angabe«-Antwortoption. Einerseits ermöglichen sie die für die Befragten mitunter bequeme Option, sich nicht klar positionieren zu müssen. Andererseits gibt es Fragen, auf die eine Person vielleicht auch nach kurzer Bedenkzeit keine Antwort weiß oder diese als so persönlich empfindet, dass sie die Frage nicht beantworten möchte. Die Interviewer_innen sind besonders geschult und lesen »weiß nicht« und »keine Angabe« nicht als Antwortoptionen vor, sondern codieren die Angaben entsprechend, wenn sie von den Befragten eigenständig geäußert werden. Das ist ein gängiges Verfahren, um zu verhindern, dass Befragte diese Kategorie aus Verlegenheit wählen, sondern sich zu der Frage keine Meinung bilden möchten oder es nicht wissen.

Verwandt damit ist das Problem der sozialen Erwünschtheit. Die Befragung findet im persönlichen Gespräch am Telefon statt, aus Sicht der Befragten handelt es sich um eine Gesprächssituation, in dem Verhalten oder Einstellungen, die von der empfundenen Norm abweichen, etwas seltener korrekt berichtet werden. Ein Beispiel ist die Wahlnorm. In Umfragen wird tendenziell häufiger berichtet, dass man zur Wahl gegangen ist. Meist ist die berichtete Wahlbeteiligung höher als die tatsächliche, eben weil es sich um das sozial erwünschte Antwortverhalten handelt. Dieser Effekt beeinflusst auch das Antwortverhalten zu medial viel diskutierten Themen wie etwa Verschwörungsglaube oder Antisemitismus, aber auch rechtsextreme Einstellungen.

2 Volkes Stimme – antidemokratische und populistische Einstellungen

Beate Küpper · Wilhelm Berghan · Andreas Zick · Maike Rump

2.1 Grundpfeiler und populistische Gefährdungen der Demokratie

Die Bundesrepublik Deutschland ist eine Demokratie, deren grundlegende Werte und Normen durch das Grundgesetz klar abgesteckt sind. Entstanden nach den Erfahrungen von Nationalsozialismus und Holocaust, setzt das Grundgesetz die Würde aller Menschen heute an erste Stelle. Als zentralen Punkt betont es zudem die Gleichheit aller Menschen vor dem Gesetz, ergänzt um das Verbot von Benachteiligung aufgrund von Geschlecht, Abstammung, »Rasse«, Sprache, Heimat und Herkunft, Glaubens-, religiösen oder politischen Anschauungen oder einer Behinderung (➡ Kap. 4, S. 141 ff.) Es garantiert zudem das Recht auf Meinungsfreiheit in den von den allgemeinen Gesetzen gesteckten Grenzen. Wird die Demokratie infrage gestellt, tasten Hass und Hetze die Würde von Menschen und Gruppen an oder rufen gar zur Gewalt auf, ist dies nicht mehr durch das Recht gedeckt. Die Staatsform der repräsentativen Demokratie sieht vor, dass politische Entscheidungen weitgehend nicht direkt vom Volk getroffen werden, sondern von vom Volk gewählten Stellvertreter_innen, die sich im Parlament versammeln. Umso wichtiger ist die Beteiligung der Bürger_innen an der Demokratie über Wahlen und die Mitarbeit in Parteien, Verbänden, Initiativen und ihr Engagement in der Zivilgesellschaft.

Aus diesem Grundgerüst und den Erwartungen an Staat, Parlamente, Justiz wie an die Bürger_innen selbst ergeben sich Herausforderungen, wie aber auch die Sollbruchstellen für die Demokratie. Sie wird in Deutschland – wie auch in vielen anderen Ländern – vom Aufschwung des Populismus und insbesondere des Rechtspopulismus auf die Probe gestellt. Er sieht das »Volk« mit gegnerischen »Eliten« und »den anderen, Fremden« konfrontiert, gegen die er es in Stellung bringt. Gilt der Populismus den einen als Teil von Demokratie und ihr als Korrektiv, sehen die anderen ihn als ihren Totengräber (Hartleb 2012). Im Populismus nehmen politische Akteure für sich in Anspruch, nur sie allein verträten

Volkes wahre Stimme und gebärden sich auch jene, die von sich behaupten, die Mitte zu repräsentieren, als Widerstandskämpfer_innen gegen die repräsentative Demokratie, behaupten gar leichtfertig, das Grundgesetz sei außer Kraft gesetzt und verbreiten selbst in Parlamenten Hass und Hetze gegen Minderheiten. All dies war schon bei der Fluchtbewegung nach Deutschland in den Jahren 2015/16 hörbar und ist es aktuell wieder im Jahr der Coronapandemie.

Das Wesen des Populismus besteht gerade darin, unscharf, beweglich und dynamisch zu sein und sich immer auch dem Zeitgeist anzupassen. Das erschwert es, ihn zu verstehen wie zu entlarven. Verdeckt wird damit seine Funktion als Bindeglied, seine durchlässige Grenze und offene Flanke zum Rechtsextremismus (⇨ Kap. 3, S. 75 ff.), der nicht nur Ideologieelemente mit dem Rechtspopulismus teilt, sondern auch bereit ist, diese mit Gewalt durchzusetzen. Das lange und holprige Bemühen des Verfassungsschutzes, Teile der Rechtsaußenpartei Alternative für Deutschland (AfD) unter Beobachtung zu stellen, sind ein Beleg dafür.

Die kritische Frage ist, wie sich die Demokratie in Deutschland hier behauptet. Noch kritischer ist die Frage, was dies dann über die Stabilität und Qualität der Demokratie aussagt, wenn solche und ähnliche populistische Behauptungen in der Mitte auf Anklang stoßen. Hier rücken die *Einstellungen der Bürger_innen zur Demokratie* in den Blick. Genau davon berichtet die Mitte-Studie 2020/21, wobei sie vor allem solche Einstellungen betrachtet, welche potenziell die Demokratie gefährden. Das vorliegende Kapitel stellt hierzu die aktuellen Ergebnisse der Mitte-Studie 2020/21 vor.

2.2   Was kennzeichnet Populismus?

Die Demokratiefeindlichkeit des Rechtsextremismus ist unumstritten, die Abschaffung der Demokratie ein von ihm selbst ausgerufenes Ziel. Darum steht er unter Beobachtung des Verfassungsschutzes und wird in zahlreichen staatlich geförderten sowie von zivilgesellschaftlichen Organisationen getragenen Präventionsprogrammen angesprochen wie bekämpft. Hingegen ist das Verhältnis von (Rechts-)Populismus und Demokratie unklar und umstritten.

Populismus kann zunächst allgemein als ein Wenden an das Volk und Sprechen für das »Volk« beschrieben werden. Er erzählt, so zusammenfassend Diehl (2018), die Geschichte eines von einer illegitimen, korrupten, nur am eigenen Machterhalt interessierten Elite unterdrückten Volkes, von dieser um das betrogen, was ihm vermeintlich zusteht. Es gelte daher, diese Elite zu stürzen, um die Souveränität des Volkes wiederzugewinnen. Ein auserwählter Führer aus dem Volk, gleichsam Herz und Seele des Volkes, verleiht ihm seine Stimme und führt es in die Befreiung. Am Ende werde – so das Versprechen – die Macht dem Volk zurückgegeben, die ihm in einer Demokratie zusteht.

Der Populismus ist in seiner Grundstruktur demnach durch zwei Antagonismen gekennzeichnet: einen vertikalen Antagonismus zwischen »den Eliten« – verkörpert durch Politiker_innen, öffentlich-rechtliche und linksliberale Medien, die »Mainstream«-Wissenschaft oder schlicht »das System« – und »das Volk«, das moralisch überhöht wird als ehrlich, rein, hart arbeitend und mit gutem Bauchgefühl für das, was richtig und wahr ist (u. a. Mudde & Rovira Kaltwasser 2017). Daneben zeichnet sich ein horizontaler Antagonismus zwischen einem homogen gedachten »wir« und »den anderen« ab, über den Identität, Zugehörigkeit und Ausgrenzung verhandelt werden. Hierin offenbart sich ein Antipluralismus, der sich sowohl auf unterschiedliche Interessenlagen wie gegebenenfalls auch auf soziale Gruppen bezieht, die als »fremd, anders, abweichend, unnormal oder ungleich« betrachtet und als Sündenböcke für Missstände benannt und verantwortlich gemacht werden. Damit verknüpft sind die Betonung und Forderung von Volkssouveränität. Der Populismus operiert dabei mit Vereinfachung, Personalisierung, Emotionalisierung, Skandalen und Tabubrüchen, vertritt ein manichäisches Weltbild in schwarz-weiß/gut-böse und lehnt eine Mediation zwischen Volk und Führung ab (etwa durch repräsentative Vertretung oder öffentlich-rechtliche Medien). Artikuliert und begleitet wird dies mit einer bisweilen überschäumenden Wut, die letztlich auch Gewalthandeln propagiert und legitimiert (➠ Kap. 8, S. 225 ff.). Dabei vereint der Populismus vermeintliche Gegensätze wie den Autoritarismus – mit seiner Forderung nach einer Führungsfigur – und antiautoritäre Züge, symbolisiert im Ruf nach Freiheit und gerichtet gegen die etablierten Eliten.

Dieses eher abstrakte »Gerüst« (Grundlogik des Populismus; Diehl 2012) kann sich durch Ideologien unterschiedlicher Couleur (»thick ideologies«) aufladen, so eine prominente Annahme (Mudde & Rovira Kaltwasser 2018). Während sich der *Linkspopulismus* primär »gegen die Eliten« wende und mit Antikapitalismus, Antiglobalisierung und Antiamerikanismus auflade, richte sich der *Rechtspopulismus* gegen »die Fremden« (äußert sich damit auf der horizontalen Achse) und gehe einher mit Nationalismus und Fremdenfeindlichkeit (einige sprechen daher auch von Nationalpopulismus; Eatwell & Goodwin 2018). In Deutschland richtet sich dies derzeit vor allem gegen Eingewanderte, Muslim_innen, Rom_nja und Asylsuchende, begleitet auch von Antisemitismus (→ Kap. 6, S. 181 ff.) und Antigenderismus (→ Kap. 8.1, S. 246 ff.).

Populismus manifestiert sich in Stil und Diskurs, politischer Strategie wie Ideologie (u. a. Decker & Lewandowski 2017), also in politischer Kultur (Rosanvallon 2020) und ist zugleich deren Gefahr. Er offenbart sich nicht nur in der Ausrichtung und im Agieren politischer Akteure, sondern auch den Einstellungen und Grundüberzeugungen der Bevölkerung. Populistische Akteure greifen die in der Bevölkerung mehr oder minder schlummernden Stimmungslagen auf – Misstrauen, Gefühle der Benachteiligung und Bedrohung bis hin zu tief verwurzelten Ressentiments gegen »die anderen« und »die da oben« – und befeuern sie, gepaart mit Verachtung und Lächerlichmachen derjenigen, die zu Feinden erklärt wurden. Jene, die auf diese Weise erfolgreich angesprochen worden sind, schaukeln sich bisweilen gegenseitig hoch bis hinein in Gewaltfantasien, sodass ihr Hass sich auch in Angriffen gegen Repräsentant_innen der sogenannten Eliten entlädt (→ Kap. 3, S. 75 ff.). Die Stärke des Populismus liegt in seiner Mobilisierungsfähigkeit. In der modernen Kommunikationsgesellschaft spielen dabei das Internet und die Sozialen Medien eine wichtige Rolle (u. a. Krämer & Holtz-Bacha 2020) (→ Kap. 3.2, S. 123 ff.).

Populismus heftet sich bevorzugt an Themenfelder, die populär sind und für Veränderungen des gewohnten Lebensstils stehen. Er gibt ihnen einen populistischen *Spin*, also einen Dreh hin zur oben beschriebenen populistischen Grunderzählung und -logik (dazu z. B. Boberg et al. 2020, am Beispiel von über Internetplattformen/Social Media verbreiteten Inhalten zur Coronapandemie). Dafür bieten sich die Megatrends Globalisierung, Migration, Klima, Digitalisierung und Technologisierung an, sowie, aktuell, die Covid-19-Pandemie. Auch die Themen Grundrechte und Teilhabe von Gruppen, die bis dato wenig zu sagen hatten, gehören dazu, zum Beispiel auch die Gleichstellung von Frauen und Männern (Stichwort Gender; ⇒ Kap. 8.1, S. 246 ff.). Er unterfüttert diese Trends mit Halb- und Unwahrheiten, oft in Form von Verschwörungsmythen, die hinter all dem das verborgene Handeln einflussreicher Gruppen erkennen wollen (⇒ Kap. 9, S. 283 ff.). In Krisenzeiten beziehungsweise in Zeiten, die als krisenhaft erlebt oder empfunden werden, ist der Populismus besonders virulent, so eine gängige These.

2.3 Populismus als Herausforderung für die Demokratie

Die Frage, wie gefährdend oder befördernd Populismus für die Demokratie ist, wird kontrovers diskutiert. Die Einschätzung, der Populismus könne sowohl ein Korrektiv als auch eine Gefahr für die Demokratie sein, hängt dabei von dem Verständnis von Demokratie und den Erwartungen an die Demokratie ab, also wie autoritär oder liberal sie ist oder sein kann, und von ihrer Qualität, also wie gut, transparent, korruptionsresistent und so weiter sie aufgestellt ist (Mudde & Rovira Kaltwasser 2018). Es gibt Positionen, die meinen, der Populismus könne auf Missstände aufmerksam machen, vormals ungehörten politischen Positionen und übergangenen Interessen zur Beachtung verhelfen. Es wird davor gewarnt, ihn allzu leicht »in eine rechte Ecke« zu stellen. In jedem Fall biete er ein ernst zu nehmendes Gegenmodell zu einer auf den Prinzipien von Liberalität und Repräsentation aufgebauten Demokratie, auch wenn er ihrer Komplexität nicht gerecht werde (Rosanvallon 2020). Der Populismus birgt jedoch auch antidemokratische und demokratiegefährdende Elemente. So verspricht er zwar, die Macht dem Volk zurückzugeben, überträgt sie aber stellvertretend einem Führer, während demokratische Institutionen und Prozesse als Hindernis betrachtet und Mitsprache begrenzt werden. Diehl (2012) spricht hier von einem parasitären Verhältnis des Populismus zur Demokratie – er bediene sich seiner, höhle sie aber von innen aus. Der antidemokratische Kern des Populismus speist sich nach Müller (2016) aus der Annahme eines homogenen Volkes, welches durch einen einzigen Führer vertreten werden kann, der den Willen des Volks gleichsam erspürt, während all jene, die anderes meinen und wollen, als illegitim oder kriminell, in jedem Fall als nicht zum Volk gehörend betrachtet werden. Ausgeschlossen werden auch all jene, die aufgrund zugewiesener Gruppenmerkmale als »anders« markiert werden. Der Populismus stellt damit mindestens die Grundvorstellungen der liberalen und pluralen Demokratie auf die Probe (dazu u. a. auch Krastev 2017 mit Blick auf Europa). Dies gilt umso mehr für den *Rechtspopulismus*, unabhängig davon, aus welcher politischen Richtung er geteilt und verbreitet wird, greift er doch im Kern die Würde und Gleichheit aller Menschen an. Die Attraktivität des Rechtspopulismus besteht nicht zuletzt darin, dass er Vorrechte vor den als »anderes« Markierten verspricht und verbürgt, den »Willen des Volkes« zu vertreten, was übersetzt wird in »den eigenen Willen«.

2.4   Einstellungen zur Demokratie – empirische Befunde

Die große Mehrheit in Deutschland befürwortet die Demokratie, wie Meinungsumfragen immer wieder belegen. Kaum jemand möchte die Demokratie abschaffen, so der Befund einer Umfrage der Konrad-Adenauer-Stiftung (dies wollen lediglich 4 %, Neu 2019; s. a. die SINUS-Studie zum Tag der Demokratie 2019). Auch die Mitte-Studie 2018/19 bestätigte die große Zustimmung zur demokratischen Verfasstheit. 86 % der Befragten fanden es damals »unerlässlich, dass Deutschland demokratisch regiert wird«. Die ganz große Mehrheit der Befragten stellte sich damals wie heute hinter die Leitidee des Grundgesetzes. So stimmen in der aktuellen Mitte-Studie 2020/21 87,7 % der Aussage zu: »In einer Demokratie sollte die Würde und Gleichheit aller an erster Stelle stehen« (für diese und die folgenden Aussagen und Zustimmungswerte ➡ Tab. 2.1, S. 50 f.). Auch die Vorstellungen einer liberalen, pluralen und zugleich lebendigen Demokratie werden von dem überwiegenden Teil der Bevölkerung geteilt, zumindest auf den ersten Blick. Über zwei Drittel (71,1 %) der Befragten sind in der aktuellen Erhebung der Ansicht »Verschiedene kulturelle Gruppen bereichern unsere Gesellschaft«, fast ebenso viele fordern »Wir müssen uns stärker für eine vielfältige und offene Gesellschaft engagieren« (69,2 % Zustimmung), zugleich sind aber 21,7 % diesbezüglich unentschlossen, 9,2 % lehnen dies sogar ab. Die große Mehrheit in Deutschland (72,8 %) sagt von sich selbst: »Ich bin ein überzeugter Demokrat/eine überzeugte Demokratin«, lediglich 9,5 % glauben dies von sich selbst nicht.

Vertrauen ist ein zentraler Faktor des gesellschaftlichen Zusammenhalts (u. a. Allmendinger & Wetzel 2020). Populistische Akteure schüren gezielt das Misstrauen in staatliche Institutionen, öffentlich-rechtliche Medien und die etablierte Wissenschaft, und sie attackieren Organisationen und Personen aus der Zivilgesellschaft, die sich für Demokratie engagieren. Studien belegen ein vergleichsweise hohes generelles Institutionenvertrauen in Deutschland, auch wenn dies nicht ganz so hoch ist wie in den skandinavischen Ländern und den Beneluxstaaten sowie der Schweiz (Enste & Suling 2020). Das generelle Vertrauen in staatliche Institutionen wie Behörden, Gerichte und Universitäten ist in Deutschland hoch, wie die Mitte-Studie 2020/21 bestätigt; nur 14,3 % der Befragten vertrauen diesen nicht. Rund ein Viertel der Befragten (23,9 %) antwortet hierauf mit »teils/teils«. Studien, die hier differenzierter nach spezifischen Institutionen fragen, belegen ein hohes Vertrauen in Polizei und Gerichte, auch in die Wissenschaft, jedoch ein geringes Vertrauen in den Bundestag und ein besonders geringes in die Parteien (u. a. Neu 2019; Decker et al. 2020). Auch das Vertrauen in den korrekten Ablauf von Wahlen in Deutschland ist den Befunden nach hoch (Tab. 2.1, S. 50 f.; Kap. 7, S. 213 ff.)

Die tatsächliche Umsetzung der Demokratie wird hingegen weniger positiv beurteilt. So ist etwa nur rund ein Drittel der Befragten laut einer Umfrage der Konrad-Adenauer-Stiftung aus dem Jahr 2019 zufrieden mit der Demokratie in Deutschland, fast die Hälfte ist lediglich »teils/teils« zufrieden (Neu 2019). In der Mitte-Studie 2018/19 bewerteten rund zwei Drittel (65 %) der Befragten das Funktionieren der Demokratie als »im Großen und Ganzen ganz gut«, ein Drittel war hiervon weniger oder nicht überzeugt. Verbreitet ist zudem das Gefühl politischer Machtlosigkeit. In der aktuellen Mitte-Studie 2020/21 glaubt über ein Viertel der Befragten (28,2 %): »Leute wie ich haben sowieso keinen Einfluss darauf, was die Regierung tut«, 21,2 % halten »es für sinnlos«, sich »politisch zu engagieren« und weniger als die Hälfte der Befragten (45,4 %) sehen in ihrem Umfeld Möglichkeiten, sich politisch zu beteiligen (dies, obwohl Parteien und zivilgesellschaftliche Organisationen regelmäßig um das Mitmachen werben und viele einen Mitgliederschwund verzeichnen). Schon in der vergangenen Mitte-Studie 2018/19 wurde deutlich: Wer sich politisch machtlos fühlte, war weniger von der Demokratie überzeugt beziehungsweise umgekehrt, wer die Demokratie befürwortete, fühlte sich selbst seltener machtlos und begrüßte unter anderem häufiger das Engagement gegen Hass gegen Minderheiten (Berghan & Zick 2019).

In ihrer Bewertung des Funktionierens der Demokratie in Deutschland unterscheiden sich Befragte mit unterschiedlicher Parteipräferenz, wie neben der

Demokratievertrauen, demokratische Selbsteinschätzung und das Gefühl politischer Machtlosigkeit 2020/21 (Angaben in Prozent)   **Tabelle 2.1**

Trifft ... ➡
Einzelitems zur Selbsteinschätzung demokratischer Ideale
Ich bin ein überzeugter Demokrat/eine überzeugte Demokratin.
Ich behandle alle Menschen gleich.
In einer Demokratie sollten die Würde und Gleichheit aller an erster Stelle stehen.
Wir müssen uns stärker für eine vielfältige und offene Gesellschaft einsetzen.
Ich habe in meinem Umfeld die Möglichkeit, mich politisch zu beteiligen.
Demokratievertrauen (M = 4,06; SD = ,93; n = 1.745; α = ,69)
Alles in allem vertraue ich den staatlichen Institutionen wie Behörden, Gerichten und Universitäten in Deutschland.
Ich vertraue darauf, dass die Wahlen in Deutschland alles in allem korrekt durchgeführt werden.
Politische Machtlosigkeit (M = 2,66; SD = 1,09; n = 1.750; α = ,57)
Leute wie ich haben sowieso keinen Einfluss darauf, was die Regierung tut.
Ich halte es für sinnlos, mich politisch zu engagieren.

Anmerkungen M = arithmetischer Mittelwert; SD = Standardabweichung; n = Anzahl der Befragten; α = Cronbachs Alpha.

Mitte-Studie auch andere Studien belegen. Während die Wähler_innen von Bündnis 90/Die Grünen in großer Mehrheit von der Funktionsfähigkeit der Demokratie überzeugt sind, sind es vor allem unter den potenziellen Wähler_innen der Partei Alternative für Deutschland (AfD) viele nicht (SINUS/YouGov-Studie 2019). Unter diesen ist auch in der aktuellen Mitte-Studie 2020/21 das Gefühl politischer Machtlosigkeit besonders verbreitet.

Zusammengefasst unterstützt die ganz große Mehrheit in Deutschland die liberale Demokratie und hält sich selbst auch für demokratisch, während gewisse Vorbehalte gegenüber dem Funktionieren der Demokratie geäußert werden. Insbesondere das Gefühl der politischen Machtlosigkeit ist verbreitet. Ein kleiner Teil der Bevölkerung ist hingegen deutlich distanzierter gegenüber der Demokratie, besonders unzufrieden mit ihr und fühlt sich politisch besonders machtlos – auffallend weitverbreitet ist dieser Eindruck bei Wähler_innen der AfD. Noch bleibt abzuwarten, welche längerfristigen Auswirkungen das zum

Tabelle 2.1

... überhaupt nicht zu	... eher nicht zu	teils/teils	... eher zu	... voll und ganz zu
4,4	5,1	17,5	20,9	51,9
1,7	3,1	10,1	29,4	55,7
2,1	3,0	7,1	14,9	72,8
3,0	6,2	21,7	29,3	39,9
16,2	20,2	18,3	23,6	21,8
6,8	7,5	23,9	33,1	28,6
2,8	2,9	7,8	21,0	65,4
18,9	23,2	29,7	13,6	14,6
28,9	25,5	24,3	10,4	10,8

Zeitpunkt der Niederschrift dieses Kapitels rapide sinkende Vertrauen in das Krisenmanagement der Bundesregierung angesichts der Coronapandemie (vgl. dazu ARD-DeutschlandTrend v. Frühjahr 2021) gegebenenfalls auf das allgemeine Vertrauen in die Demokratie haben wird und eine reflektierte Kritik an staatlichem Handeln in populistische umschlägt beziehungsweise von politischen Akteuren instrumentalisiert werden kann.

2.5 Erfassung populistischer und rechtspopulistischer Einstellungen

Es liegen inzwischen etliche Ansätze vor, die darauf ausgerichtet sind, ein allgemein populistisches Demokratieverständnis (z. B. Steiner & Landwehr 2018) beziehungsweise den oben skizzierten »reinen Populismus« im Sinne einer »dünnen Ideologie« ohne den Bezug zu konkreten ideologischen Inhalten zu erfassen (z. B. Vehrkamp & Merkel 2020 auf Basis verschiedener im internationalen Raum genutzter Messinstrumente, u. a. Akkerman, Mudde & Zaslove

2014).[1] Zu den zentralen Dimensionen gehören hierbei der beschriebene Anti-Elitismus (Hawkins et al. 2019), darüber hinaus der Antipluralismus mit Blick auf verschiedene Interessen sowie die Forderung nach Volkssouveränität. In der Mitte-Studie 2020/21 erheben wir nun ergänzend auch den oben skizzierten allgemeinen Populismus. Dies ermöglicht es zu prüfen, inwieweit sich eine ideologisch zunächst »neutrale populistische Grundhaltung« in der Mitte mit rechten Ideologieinhalten auflädt. Diese allgemein populistische Grundhaltung erfassen wir mit insgesamt neun respektive sieben Aussagen[2], in denen sich in enger Anlehnung an vergleichbare Studien die drei oben genannten Populismusdimensionen spiegeln, und die zugleich eine Fortschreibung der bisher in der Mitte-Studie verwendeten Erhebung erlauben. Alle Aussagen und Zustimmungswerte finden sich in Tabelle 2.2 (⟶ S. 54 f.).

Obwohl sich ein Großteil der Befragten demokratisch verortet (s. o.), zeigt sich zugleich eine Ambivalenz in den Einstellungen. So äußert ein nicht unerheblicher Anteil der Bevölkerung ein abschätziges Misstrauen in demokratische Prozesse und Akteure. Rund ein Drittel der Befragten ist der Ansicht, demokratische Parteien lösten Probleme nicht, sondern zerreden sie nur, und unterstellt ihnen pauschal, allein an den Stimmen, aber nicht an den Ansichten der Wähler_innen interessiert zu sein. Bei härter formulierten Aussagen ist die Zustimmung zwar erwartbar etwas geringer, doch immerhin glaubt knapp ein Viertel der Befragten (23,3 %), die Regierung verschweige der Bevölkerung »die Wahrheit«, und 15,8 % sind der Meinung, »die regierenden Parteien betrügen das Volk«. In diesen Aussagen spiegelt sich ein grundsätzliches und pauschales Misstrauen gegenüber »den Eliten« wider, wie es für den Populismus kenn-

---

1   Eine kritische Überprüfung diverser Skalen und Empfehlungen für die Erfassung findet sich u. a. bei Castanho Silva et al. (2018) und Van Hauwaert et al. (2019).
2   Der 9-Item-Index enthält alle unter Populismus geführten Items aus Tab. 2.2 (⟶ S. 54 f.). Zwei Aussagen erfassen ganz dezidiert und harsch eine populistische Form der Elitenkritik (vgl. Van Hauwaert et al. 2018, die empfehlen, sowohl weicher als auch drastischer formulierte Aussagen zu nutzen, um die ganze Bandbreite populistischer Einstellungen abzubilden). Diese wurden ergänzend in einer zufälligen Hälfte der Stichprobe erhoben. Für die folgenden Auswertungen in diesem Kapitel wird mit dem reduzierten 7-Item-Index gearbeitet, um Vergleiche zwischen demografischen Gruppen auf eine größere empirische Basis zu stellen. Die anderen Kapitel in diesem Band nutzen den kompletten 9-Item-Index für weitere Fragestellungen. Der 9er-Index und der 7er-Index Populismus korrelieren zu r = ,96, sind also nahezu identisch.

zeichnend ist und auch in neurechten Diskursen übernommen wird (➡ Kap. 8, S. 225 ff.). Jede_r vierte bis fünfte Befragte teilt zudem antipluralistische Auffassungen. So sind 20,3 % der Befragten der Ansicht, es würde »zu viel Rücksicht auf Minderheiten« genommen, fast ein Viertel (23,2 %) ist der Meinung, im nationalen Interesse könnten »nicht allen die gleichen Rechte gewährt werden«. Hierin drückt sich eine illiberale Vorstellung von Demokratie aus, die sich nicht nur gegen Interessensminderheiten richtet, sondern gegebenenfalls auch gegen marginalisierte Gruppen, und die als Scharnier für gruppenbezogen menschenfeindliche Einstellungen dienen könnte (➡ Kap. 6, S. 181 ff.). Die ebenfalls für den Populismus konstitutive Forderung nach einem Mehr an Volkssouveränität findet sich in der Aussage wieder, wichtige Fragen nicht von Parlamenten, sondern in Volksabstimmungen zu entscheiden; nahezu die Hälfte der Befragten (47,2 %) befürworten dies eher oder voll und ganz. Selbstverständlich ist die Forderung nach direkter Demokratie nicht zwingend populistisch, wird aber eben auch im Populismus erhoben. Nach empirischer Prüfung wurde aus den in Tabelle 2.2 (➡ S. 54 f.) abgebildeten Aussagen ein *Mittelwertindex Populismus* gebildet.

Anders als der allgemeine Populismus wird Rechtspopulismus über spezifische ideologische Inhalte abgebildet (z. B. de Witte et al. 2006; Gleiches gilt auch für Linkspopulismus, u. a. Jungkunz 2018). In der Mitte-Studie haben wir bisher den Rechtspopulismus über die Dimensionen Demokratiemisstrauen, Law-and-Order-Autoritarismus und die Abwertung von als fremd markierten Gruppen erhoben; berücksichtigt wurden hier die Einstellungen gegenüber jenen Gruppen, die in den letzten Jahren besonders im Fokus standen (die Abwertung von Ausländer_innen beziehungsweise Eingewanderten, Asylsuchenden, Muslim_innen sowie von Sinti_zze und Rom_nja). In der Vergangenheit wurde zudem auch der Antisemitismus als wichtige Dimension des Rechtspopulismus in den Index mit aufgenommen (in Anlehnung an die Erfassung von Schäfer, Mansel & Heitmeyer 2002 in der Langzeitstudie Gruppenbezogene Menschenfeindlichkeit (GMF); ➡ Kap. 6, S. 181 ff.). Antisemitismus schwingt im Rechtspopulismus fast immer mit, doch war er in den vergangenen Jahren in den öffentlichen Diskursen, Debatten und Kampagnen, die sich an die Mitte richteten, weniger dominant. Rechtspopulistische Akteure haben vielmehr gezielt versucht, sich als judenfreundlich beziehungsweise israelfreundlich zu

Populistische Einstellungen zur Demokratie 2020/21 (Angaben in Prozent)   **Tabelle 2.2**

Trifft … →

Populismus (9-Item-Index: **M** = 2,84; **SD** = ,81; **n** = 836; α = ,84) (7-Item-Index: **M** = 2,92; **SD** = ,82; **n** = 1.750; α = ,77)
Die demokratischen Parteien zerreden alles und lösen die Probleme nicht.
Politiker nehmen sich mehr Rechte heraus als normale Bürger.
Die Parteien wollen nur die Stimmen der Wähler, ihre Ansichten interessieren sie nicht.
[Die Regierung verschweigt der Bevölkerung die Wahrheit.]
[Die regierenden Parteien betrügen das Volk.]
Die Demokratie führt eher zu faulen Kompromissen als zu sachgerechten Entscheidungen.
Es wird zu viel Rücksicht auf Minderheiten genommen.
Im nationalen Interesse können wir nicht allen die gleichen Rechte gewähren.
Wichtige Fragen sollten nicht von Parlamenten, sondern in Volksabstimmungen entschieden werden.

Stimme … →

Law-and-Order-Autoritarismus (M = 3,27; SD = 1,12; n = 1.742; α = ,76)
Verbrechen sollten härter bestraft werden.
Um Recht und Ordnung zu bewahren, sollte man härter gegen Außenseiter und Unruhestifter vorgehen.

Abwertung als »fremd« markierter Gruppen (→ Kap. Gruppenbezogene Menschenfeindlichkeit)

Anmerkungen M = arithmetischer Mittelwert; **SD** = Standardabweichung; **n** = Anzahl der Befragten; α = Cronbachs Alpha.

inszenieren, auch wenn sie zugleich nach wie vor antisemitische Verschwörungsmythen verbreiten, und es immer wieder auch öffentlich zu antisemitischen Ausfällen gekommen ist. Unklar ist, wie sich dies in den Einstellungen der Bevölkerung niederschlägt. Wir prüfen daher den Zusammenhang von Antisemitismus mit dem Index Rechtspopulismus noch einmal gesondert (zum Antisemitismus → Kap. 6, S. 181 ff.).

Tabelle 2.2

... überhaupt nicht zu	... eher nicht zu	teils/teils	... eher zu	... voll und ganz zu
12,9	21,7	34,8	15,0	15,6
8,7	22,2	27,4	21,8	19,9
7,5	25,3	33,1	17,1	17,0
23,9	23,6	29,2	9,5	13,8
34,0	30,5	19,7	7,6	8,2
19,1	28,3	30,3	12,5	9,9
23,0	31,6	25,2	12,3	8,0
28,8	22,2	25,9	14,5	8,7
11,4	17,2	24,2	17,0	30,2

... überhaupt nicht zu	... eher nicht zu	teils/teils	... eher zu	... voll und ganz zu
9,3	9,7	32,9	18,6	29,4
13,7	17,0	33,9	21,5	13,9

Eine den Rechtspopulismus kennzeichnende straffe, *autoritäre Law-and-Order-Haltung* wird von nicht wenigen Befragten vertreten. Fast die Hälfte der Befragten (48 %) fordert eine härtere Bestrafung von Verbrechen. Rund ein Drittel (35,4 %) will ein härteres Vorgehen gegen Außenseiter und Unruhestifter. Nicht wenige teilen zudem einen auf soziale Gruppen bezogenen Antipluralismus, hier erfasst über die *Abwertung als »fremd« markierter Gruppen*, wie sie auch als Elemente einer Gruppenbezogenen Menschenfeindlichkeit beschrieben werden (⟶ Kap. 6, S. 181 ff.). So hält beispielsweise rund jede_r Zehnte die Bundesrepublik »durch die vielen Ausländer in einem gefährlichen Maß [für] überfremdet« und will Muslim_innen die Zuwanderung untersagen, fast jeder Fünfte glaubt »Sinti und Roma neigen zur Kriminalität« und vermutet, Asylsuchende kämen nur nach Deutschland, »um das Sozialsystem auszunutzen«.

Bemerkenswert ist nun der enge empirische Zusammenhang zwischen dem *allgemeinen Populismus* und den oben skizzierten *rechten Ideologieelementen*. Allgemein populistisch eingestellte Befragte neigen deutlich häufiger zum Autoritarismus sowie zur Feindlichkeit gegen Eingewanderte und Ausländer, Muslim_innen, Sinti_zze, Rom_nja und Asylsuchende.[3] Die engen Zusammenhänge rechtfertigen es empirisch, sie zu einem Konstrukt zusammenzufassen. Ergänzend wurde daher ein *Mittelwertindex Rechtspopulismus* gebildet, der die oben angeführten Subdimensionen des allgemeinen Populismus inklusive des Demokratiemisstrauens mit den rechten Ideologieelementen eines Law-and-Order-Autoritarismus und der Abwertung von als fremd markierten Gruppen zusammenfasst.[4] Wie bereits in der Mitte-Studie 2016 erweist sich zudem der Antisemitismus als deutlich mit dem Rechtspopulismus korreliert, etwas schwächer aber auch mit allgemeinem Populismus.[5] Außerdem bestehen signifikante, moderate Zusammenhänge zwischen Populismus und deutliche Zusammenhänge zwischen Rechtspopulismus und allen weiteren Elementen von Gruppenbezogener Menschenfeindlichkeit (⟶ Kap. 6, S. 181 ff.).[6] Augenfällig ist zudem

---

3   Pearson-Korrelation 7er-Index Populismus mit Law-and-Order-Autoritarismus: r = ,42; Fremdenfeindlichkeit: r = ,52; Abwertung von Asylsuchenden: r = ,48; Abwertung von Muslimen: r = ,45; Abwertung von Sinti und Roma: r = ,40.

4   Diese Items beziehungsweise Dimensionen lassen sich theoretisch zwar durchaus trennen, explorative Faktorenanalysen zeigen jedoch, dass sie überzeugend auf einem gemeinsamen Faktor laden und die zusammengefasste Skala eine sehr gute interne Konsistenz aufweist (Cronbachs Alpha 7er-Index Populismus = ,77; 9er-Index Populismus = ,84; Index Rechtspopulismus = ,82).

5   Pearson-Korrelation 7er-Index Populismus/Rechtspopulismus mit klassischem Antisemitismus: r = ,40/,55, mit israelbezogenem Antisemitismus: r = ,39/,46.

6   Pearson-Korrelationen des 7er-Index Populismus/Rechtspopulismus mit ethnischem Rassismus: r = ,34/,55; Sexismus: r = ,25/,35; der Abwertung von Homosexuellen: r = ,32/,41 und Trans*Personen: r = ,32/,42; der Abwertung von Langzeitarbeitslosen: r = ,45/,58 und obdachlosen Personen: r = ,29/,47 sowie mit der Forderung von Etabliertenvorrechten: r = ,46/,58; alle Korrelationen sind hoch signifikant mit p ≤ ,001.

die eindeutige Korrelation mit der Forderung von Etabliertenvorrechten. Ein aus diesen Elementen zusammengefasster GMF-Index korreliert sehr hoch mit allgemeinem Populismus (r = ,60; ➠ Tab. 2.4, S. 63 f.). Darüber hinaus hängt die Neigung zu (rechts-)populistischen Einstellungen mit einer EU-ablehnenden Haltung zusammen.[7]

2.6 Verbreitung (rechts-)populistischer Einstellungen in der Bevölkerung

Auch wenn wir *Populismus* graduell im Sinne eines *Mehr-oder-weniger-populistisch* verstehen, wurden die Befragten der Anschaulichkeit halber in zwei Gruppen (populistisch/nicht populistisch) unterschieden. Eine solche Dichotomisierung ist immer künstlich und verdeckt Zwischentöne, ambivalente und indifferente Einstellungen. Wir haben daher zum einen ein *hartes Kriterium* für »*klar populistisch eingestellt*« gewählt; darunter fallen nur Befragte, die bei allen Aussagen (➠ Tab. 2.2 oben, S. 54 f.) mindestens »eher« oder sogar »voll und ganz« zugestimmt haben. Zum anderen wurde ein *weicheres Kriterium* festgelegt, welches auch »*tendenziell populistisch eingestellte*« Befragte umfasst, die also ein Potenzial für Populismus aufweisen. Hierunter fallen solche Befragte, die den Aussagen mindestens »teils/teils« zugestimmt haben.[8]

Bemessen an dem harten Kriterium muss ein knappes Viertel der Befragten (25,3 %) als *klar populistisch* identifiziert werden. Nach dem weicheren Kriterium sind sogar 41,5 % der Befragten *in der Tendenz populistisch* eingestellt (➠ Tab. 2.3, S. 61). Dies entspricht trotz etwas unterschiedlicher Erfassungsmethode der Größenordnung, die auch das Populismusbarometer im Juni 2020, also rund ein halbes Jahr vor der Mitte-Studie 2020/21, ermittelt hat (Vehrkamp & Merkel 2020). 13,5 % der Befragten sind *eindeutig rechtspopulistisch* eingestellt (gemessen an einem harten Kriterium), 33,3 % *tendenziell* (gemessen an einem weicheren Kriterium).

---

7   Pearson-Korrelationen des 7er-Index Populismus/Rechtspopulismus mit der Ablehnung der Aussage: »Der Zusammenhalt in der EU muss gestärkt werden«: r = ,30/,34.

8   Nach hartem Kriterium gelten Befragte als populistisch eingestellt, deren Wert zusammengefasst über alle Items hinweg im eindeutigen Zustimmungsbereich liegt (Mittelwert > 3,5 auf der Antwortskala von 1–5), nach weichem Kriterium in eine populistische Richtung tendierend jene, die über alle Items hinweg mindestens »teils/teils« zugestimmt haben (Mittelwert > 3).

Sowohl *populistische* als auch *rechtspopulistische* Einstellungen sind unter Befragten, die überwiegend in Ostdeutschland leben, nur augenscheinlich, statistisch aber nicht überzufällig weiter verbreitet als unter jenen, die im Westen leben (→ Abb. 2.1). Das ist anders, wenn Befragte verglichen werden, die überwiegend im Osten respektive Westen Deutschlands aufgewachsen sind.[9]

Verglichen mit Befragten, die überwiegend im Westen aufgewachsen sind, neigen diejenigen, die überwiegend im Osten aufgewachsen sind, signifikant häufiger sowohl zu populistischen als auch zu rechtspopulistischen Einstellungen (→ Abb. 2.1). Vergleicht man die Befragten danach, wo sie leben – im Osten oder Westen –, verringern sich die Unterschiede etwas und sind nur für den *Rechts*populismus signifikant: *Rechtspopulistische* Einstellungen sind unter Befragten, die in Ostdeutschland leben, signifikant weiter verbreitet als unter jenen, die im Westen leben. *Populistische* Einstellungen sind im Osten hingegen kaum verbreiteter als im Westen. Dies stützt noch einmal die Beobachtung, nach der im Osten vor allem die Fremdenfeindlichkeit weiter verbreitet ist als im Westen (→ Kap. 6, S. 181 ff.). Es liefert auch Hinweise für die These, nach der Sozialisationserfahrungen bedeutsamer sein könnten als Kontextbedingungen. Dies bedeutet allerdings weder, dass alle Ostdeutschen zum (Rechts-)Populismus neigen noch, dass dieser sich nicht auch unter westdeutschen Anhänger_innen findet (dazu ausführlich bereits Küpper, Schröter & Zick in der Mitte-Studie 2018/19; auch Zick & Küpper 2021) (→ Abb. 2.1).

Es bestätigen sich hier die aus der Mitte-Studie 2018/19 und etlichen verwandten Studien bekannten Befunde zu den Unterschieden zwischen demografischen Gruppen. Besonders relevant sind die formale Bildung[10] und das Alter: Formal niedriger Gebildete sowie ältere Befragte sind häufiger populistisch und rechts-

---

9   Ost/West wurde für diese Analysen nach Bundesland unterschieden. Befragte aus Berlin wurden abweichend zum Vorgehen des Statistischen Bundesamts nicht zum Osten addiert, sondern danach unterschieden, wo sie überwiegend aufgewachsen sind. Von allen Befragten geben 20,9 % an, überwiegend im Osten Deutschlands, 71,2 % überwiegend im Westen Deutschlands und 6,5 % nicht in Deutschland aufgewachsen zu sein; 1,4 % antworten mit »weiß nicht« oder machen hierzu keine Angabe (gewichtete Stichprobe). Die Anzahl der überwiegend im Ausland aufgewachsenen Befragten ist zu gering für eine verlässliche, gesonderte Analyse, zudem ist die Zusammensetzung sehr heterogen. Augenscheinlich liegen die Zustimmungswerte zwischen denen der überwiegend im Osten beziehungsweise Westen Aufgewachsenen.

Zustimmung zur populistischen und rechtspopulistischen Orientierung im Erhebungszeitraum 2020/21 in Ost- und Westdeutschland (Angaben in Prozent)   **Abb. 2.1**

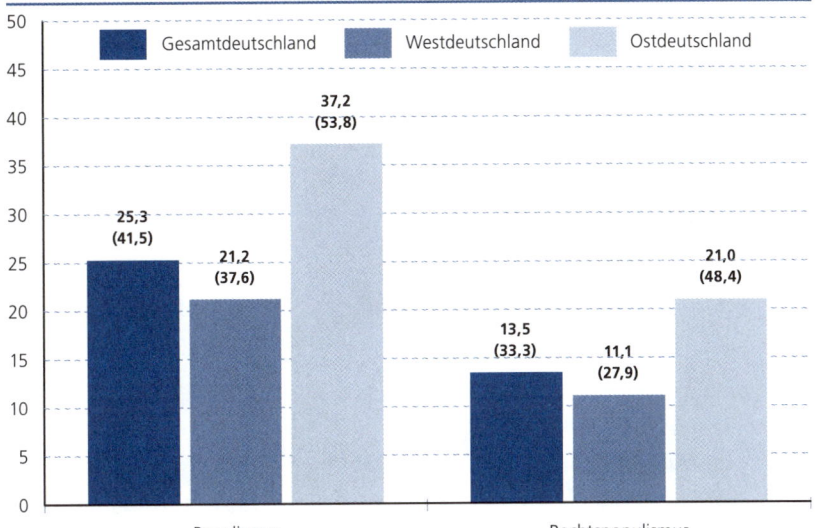

Anmerkungen Populismus nach hartem Kriterium (Cut-Off > 3,5), in Klammern das Potenzial für Populismus nach weichem Kriterium (Cut-Off > 3). Die Unterschiede zwischen Befragten, die in Ost- und Westdeutschland wohnen, sind nach beiden Kriterien nicht signifikant (hier nicht dargestellt). Die Unterschiede zwischen Befragten, die überwiegend in Ost- oder Westdeutschland aufgewachsen sind, sind hingegen hoch signifikant (hier dargestellt).

populistisch eingestellt. Auch das Einkommen spielt eine gewisse Rolle: Befragte mit niedrigem Einkommen neigen häufiger zu Populismus und Rechtspopulismus als jene mit mittlerem und höherem Einkommen. Das Geschlecht ist entgegen klassischen Stereotypen nicht relevant, Männer und Frauen sind in Deutschland annähernd gleich populistisch und rechtspopulistisch eingestellt.

Im Vergleich zu 2018/19 ist der Anteil der *rechtspopulistisch* Eingestellten in der Bevölkerung 2020/21 zurückgegangen (➙ Abb. 2.2, S. 60); Gleiches

---

10 Die Gründe für den inversen Zusammenhang zwischen Bildung und antidemokratischen Einstellungen können vielfältig sein und von einem methodischen Effekt sozialer Erwünschtheit bis zu tatsächlich liberalisierenden Bildungsprozessen reichen. Für tiefer gehende Ausführungen sei auf weitere Analysen (vgl. z. B. Heyder 2003; Hughes 2017; Hopf 1999) sowie das Abschlusskapitel in diesem Band verwiesen (➙ Kap. 11, S. 311 ff.).

belegt das Populismusbarometer 2020 für *populistische Einstellungen* (Vehrkamp & Merkel 2020).

Anteil rechtspopulistisch eingestellter Personen in 2018/19 und 2020/21 (reduzierter Rechtspopulismusindex) [a] (Angaben in Prozent)   **Abb. 2.2**

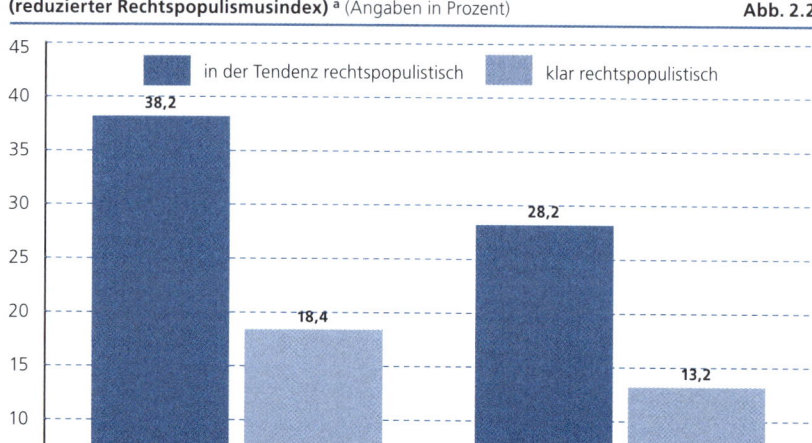

Anmerkungen Vergleich auf Basis der Wohnbevölkerung, angepasster, identischer Index 2018/19; daher kleine Abweichungen der Prozentangaben zur Publikation der Mitte-Studie 2018/19. | [a] Aus Platzgründen im Fragebogen wurden in 2020/21 nicht alle Items so erfasst wie in 2018/19. Für den Zeitvergleich wurde ein rückwirkend angepasster Index zusammengesetzt aus den identischen Items für beide Erhebungswellen berechnet, hier als reduzierter Rechtspopulismusindex bezeichnet.

2.7 (Rechts-)populistische Einstellungen nach politischer Selbstpositionierung

Populistisch eingestellte Personen bevorzugen tatsächlich häufiger populistische Parteien, je nach Couleur ihrer Einstellungen entsprechend links- oder rechtspopulistische (Hawkins & Kessel 2018 geprüft in neun europäischen Ländern). Dies ist jedoch kein Eins-zu-eins-Zusammenhang, das heißt, es gibt etliche Personen, die anders wählen, als sie eingestellt sind. In Deutschland sind (rechts-) populistische Einstellungen unter Wähler_innen der AfD auffallend weiterverbreitet (Vehrkamp & Merkel 2020; Zick, Küpper & Berghan 2019). Nichtsdestotrotz teilt auch eine gewisse Zahl von Wähler_innen anderer Parteien (rechts-)populistische Einstellungen.

Dies bestätigt sich in der Mitte-Studie 2020/21. Potenzielle Wähler_innen von Bündnis 90/Die Grünen neigen mit Abstand am seltensten zu populistischen oder rechtspopulistischen Einstellungen, während die Wähler_innen der CDU/CSU, SPD und Linken zu rund einem Drittel mindestens in der Tendenz (rechts-)populistisch eingestellt sind. Auch unter den Nichtwähler_innen befinden sich vergleichsweise viele, die (rechts-)populistische Einstellungen teilen. Auffallend hoch ist dieser Anteil unter den potenziellen Wähler_innen der AfD, von denen über 90 % mindestens in der Tendenz populistisch und rechtspopulistisch eingestellt sind (➡ Tab. 2.3).

Populistische bzw. rechtspopulistische Tendenz nach Parteipräferenz
(Angaben in Prozent)   Tabelle 2.3

	CDU/CSU	SPD	FDP	B'90 [a]	Die Linke	AfD	NW [b]
Populismus * (***)**	22,3 (40,9)	21,1 (35,4)	28,0 (48,0)	6,1 (14,5)	18,8 (35,9)	81,5 (95,3)	49,2 (71,2)
Rechtspopulismus * (***)**	14,4 (36,9)	8,3 (26,5)	18,7 (34,7)	1,2 (7,9)	10,9 (20,3)	64,6 (92,3)	25,4 (59,5)

Anmerkungen Cut-off-Kriterium > 3,5; Cut-off Kriterium > 3 in Klammern. | [a] Bündnis 90/Die Grünen; [b] Nichtwahl.

(Rechts-)populistisch eingestellte Befragte positionieren sich zudem selbst häufiger rechts der politischen Mitte (ebd.). Umgekehrt ist der Anteil der (rechts-)populistisch Eingestellten unter jenen besonders hoch, die sich politisch eher rechts und ganz rechts einordnen; auch dies bestätigt sich in der Mitte-Studie 2020/21. Befragte, die sich politisch »genau in der Mitte«, »eher links« oder »links« einordnen, neigen vergleichsweise seltener zu (rechts-)populistischen Einstellungen. Unter jenen, die sich selbst politisch »genau in der Mitte« verorten, ist hingegen mehr als ein Drittel zumindest in der Tendenz populistisch beziehungsweise rechtspopulistisch eingestellt (➡ Abb. 2.3, S. 62).

Populistische und rechtspopulistische Orientierung nach politischer Selbstverortung [a] (Angaben in Prozent)   **Abb. 2.3**

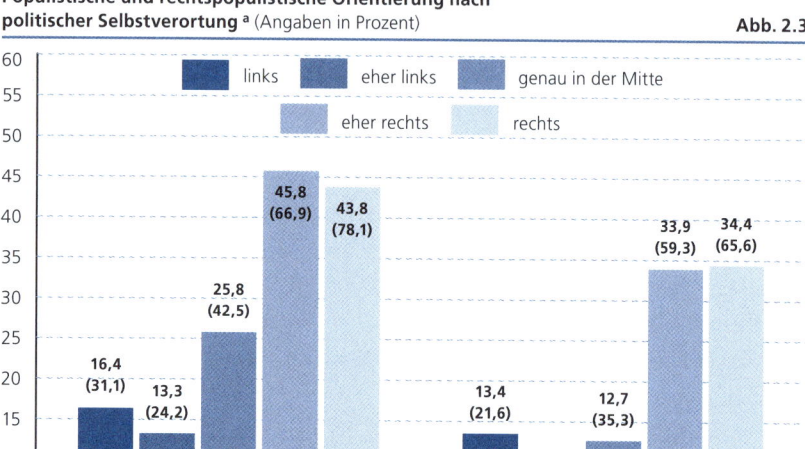

Anmerkungen Cut-off-Kriterium > 3,5; Cut-off Kriterium > 3 in Klammern. | [a] Auf die Frage, wo sie ihre politischen Ansichten selbst verorten, antworten die Befragten auf der vorgegebenen Antwortskala: 4,2 % »links«, 22,4 % »eher links«, 58,7 % »genau in der Mitte«, 6,8 % »eher rechts«, 1,6 %, »rechts«; 6,1 % antworten mit »weiß nicht« bzw. machen keine Angabe.

2.8 Wie (rechts-)populistische mit rechtsextremen Einstellungen und jenen zur Demokratie zusammenhängen

Unter populistisch Eingestellten ist das Vertrauen in demokratische Institutionen und den korrekten Ablauf der Wahlen (➡ Kap. 7, S. 213 ff.) deutlich geringer ausgeprägt. Zudem fühlen sie sich häufiger politisch machtlos und sehen weniger die Möglichkeit, sich in ihrem Umfeld politisch zu betätigen. Während sie den Zusammenhalt der Deutschen eher beklagen, wenden sie sich gleichzeitig eher gegen eine vielfältige, offene Gesellschaft; der enge Zusammenhang mit Gruppenbezogener Menschenfeindlichkeit wurde bereits angesprochen. Sie halten sich zudem seltener selbst für »eine_n überzeugte_n Demokrat_in«. Jedoch lehnen sie weder häufiger noch seltener die Grundlagen der deutschen Demokratie – Würde und Gleichwertigkeit – ab. In Tabelle 2.4 finden sich die hier und im Folgenden angesprochenen Zusammenhänge (➡ Tab. 2.4, S. 63 f.).

Grundsätzlich ist das Muster der Zusammenhänge von allgemeinem Populismus und Rechtsextremismus (➡ Kap. 3, S. 75 ff.) auf der Einstellungsebene mit den eingangs skizzierten generellen Einstellungen zur Demokratie recht ähnlich. Es fallen beim Populismus im Vergleich zum Rechtsextremismus jedoch die starken Zusammenhänge mit mangelndem Vertrauen in staatliche Institutionen und die Wahlen sowie mit dem Gefühl politischer Machtlosigkeit auf, während umgekehrt rechtsextreme Einstellungen im Vergleich zum Populismus noch deutlicher mit der Ablehnung einer offenen und pluralen Gesellschaft einhergehen.

Sowohl auf der Ebene der politischen Akteure und Parteien (Priester 2010) als auch auf der Einstellungsebene verschwimmen Rechtspopulismus und Rechtsextremismus ineinander (Küpper, Berghan & Rees 2019). Zumindest in Deutschland gilt dies auch für *populistische* und *rechtsextreme* Einstellungen (dazu auch Vehrkamp 2021). In der Mitte-Studie 2020/21 werden sehr deutliche Zusammenhänge zwischen *allgemein populistischen* und *rechtsextremen Einstellungen* offenkundig (Korrelation Populismus und Rechtsextremismus, r = ,60***), noch stärker sind die Zusammenhänge zwischen *rechtspopulistischen* und rechtsextremen Einstellungen. Wer populistisch ist, und mehr noch, wer rechtspopulistisch eingestellt ist, neigt überzufällig auch rechtsextremen Einstellungen zu (➡ Tab. 2.5, S. 66).[11] Dabei sind die engen Zusammenhänge nicht allein auf die soziale Dimension des Rechtsextremismus – in dem Fall Fremdenfeindlichkeit, Antisemitismus und Sozialdarwinismus – begrenzt (hier überrascht die Nähe nicht), sondern sie erstrecken sich auch auf seine politischen Dimensionen, zu denen in der Tradition der Mitte-Studie die Befürwortung einer Diktatur, nationaler Chauvinismus und die Verharmlosung des Nationalsozialismus zählen.

---

11 Korrelationen bemessen Zusammenhänge unabhängig der absoluten Größenordnung, d. h., auch wenn die absolute Häufigkeit der Zustimmung zu den drastisch formulierten Aussagen zur Erfassung des Rechtsextremismus geringer ist als zu Populismus, sind die Zusammenhänge hoch signifikant.

Zusammenhänge zwischen (Rechts-)Populismus sowie Rechtsextremismus mit Einstellungen zur Demokratie (Pearson Korrelationskoeffizienten)   Tabelle 2.4

	GMF-Index [a]	Rechtsextremismus-Index	Demokratievertrauen	Politische Machtlosigkeit	Möglichkeit der politischen Beteiligung
Populismus-Index	,604 ***	,565 ***	–,463 ***	,483 ***	–,299 ***
Rechtsextremismus-Index			–,362 ***	,365 ***	–,354 ***
Demokratievertrauen				–,294 ***	,231 ***
Politische Machtlosigkeit					–,267 ***
Möglichkeit der politischen Beteiligung					
Würde und Gleichheit an erster Stelle					
Der Zusammenhalt der Deutschen ist gefährdet					
Zu viele kulturelle Unterschiede schaden dem Zusammenhalt					
Stärker für eine vielfältige und offene Gesellschaft engagieren					

Anmerkungen * p = ≤ ,05; ** p = ≤ ,01; *** = p ≤ ,001. | [a] Die Korrelation mit dem Gesamtindex GMF wird abweichend zu den anderen Korrelationen nur für einen Teil der Stichprobe berechnet (n = 901), da nicht alle GMF-Elemente in der Gesamtstichprobe erhoben wurden.

2.9   (Rechts-)Populismus und Gewalt

Obwohl sich der Populismus der Theorie nach dadurch auszeichnet, dass er auf Emotionen setzt, und obwohl der Rechtspopulismus außerdem gewisse ideologische Elemente mit dem Rechtsextremismus teilt, wird das Thema Gewalt in ihrem Zusammenhang bislang erstaunlich wenig diskutiert. Faktisch werden

Tabelle 2.4

Würde und Gleichheit an erster Stelle	Der Zusammenhalt der Deutschen ist gefährdet	Zu viele kulturelle Unterschiede schaden dem Zusammenhalt	Stärker für eine vielfältige und offene Gesellschaft engagieren	Ich bin ein überzeugter Demokrat/eine überzeugte Demokratin
−0,031	,290 ***	,387 ***	−,364 ***	−,328 ***
−,241 ***	,263 ***	,493 ***	−,514 ***	−,431 ***
,116 ***	−,187 ***	−,205 ***	,276 ***	,378 ***
−,055 *	,094 ***	,225 ***	−,212 ***	−,271 ***
,110 ***	−,105 ***	−,226 ***	,200 ***	,295 ***
	−0,009	−,148 ***	,168 ***	,199 ***
		,351 ***	−,162 ***	−,102 ***
			−,386 ***	−,285 ***
				,250 ***

jedoch aus den Reihen von rechtspopulistischen politischen Akteuren und Mitläufer_innen immer wieder teils offen, teils verklausuliert Bedrohungen verbreitet. Dazu gehören etwa mit Gewaltfantasien und Aufrufen gespickte Hasspostings. Auf Demonstrationen mit (rechts-)populistischem Einschlag (so z. B. Pegida und die heutigen Anticoronademonstrationen der sogenannten »Querdenker«) werden nicht nur Beleidigungen und Beschimpfungen, sondern auch offene Drohungen geäußert, und es kommt zu aggressiven Übergriffen (➟ Kap. 3,

Korrelationen zwischen (Rechts-)Populismus und Rechtsextremismus
(Pearson Korrelationskoeffizienten)   Tabelle 2.5

	Populismus	Rechtspopulis-mus
Befürwortung einer rechtsgerichteten Diktatur	,42 ***	,56 ***
Chauvinismus	,51 ***	,67 ***
Verharmlosung des Nationalsozialismus	.40 ***	,50 ***
Fremdenfeindlichkeit	,52 ***	,70 *** a
Antisemitismus	,41 ***	59 ***
Sozialdarwinismus	,36 ***	,51 ***
Gesamtindex Rechtsextremismus	,57 ***	,74 *** a

Anmerkungen * p = ≤ ,05; ** p = ≤ ,01; *** = p ≤ ,001. | [a] Die Subdimension Fremdenfeindlichkeit geht als ideologische Schnittmenge sowohl in den Index Rechtspopulismus als auch in den Index Rechtsextremismus ein. Für die hier angegebenen Korrelationen wurde Fremdenfeindlichkeit aus dem Index Rechtspopulismus ausgeschlossen, um keine Dopplung zu messen.

S. 75 ff. u. 8, S. 225 ff.). Sie treffen all jene, die ihnen als Angehörige eines verhassten liberalen Establishments und als »Volksverräter« gelten. Plakate und Memes im Internet zeigen sie hängend am Galgen (dazu der vielstimmige Chor »hängt sie auf« von Anhänger_innen des ehemaligen US-Präsidenten Donald Trump, gerichtet gegen seine Konkurrentin Hillary Clinton).

Schon die Befunde der Mitte-Studie 2018/19 verwiesen auf den positiven Zusammenhang zwischen *Rechtspopulismus* und *Gewaltaffinität* auf Ebene der Einstellungen. Auch jetzt bestätigt sich wieder ein deutlicher Zusammenhang zwischen Rechtspopulismus und der Billigung von Gewalt zur Durchsetzung politischer Ziele, um zu zeigen, »wer Herr im Haus ist« und gegen Politiker_innen, die nun erstmals erhoben wurde (zur Erfassung ➟ Kap. 8, S. 225 ff.). Der allgemeine und zunächst ideologisch neutral erscheinende Populismus (im Sinne einer »dünnen Ideologie«) korreliert nur wenig schwächer und ebenfalls hoch signifikant mit Gewaltbilligung.[12]

---

12   Pearson-Korrelationen des 7er-Index Populismus/Rechtspopulismus mit der Billigung von Gewalt: r = ,35/,48.

Unter jenen, die nicht allgemein populistisch eingestellt sind, sprechen sich lediglich 3,2 % für Gewalt aus, unter jenen, die populistisch eingestellt sind 8,5 %, also fast drei Mal so viele (gemessen an dem harten Kriterium für populistisch sind es sogar 10,1 %). Von den Befragten, die zu rechtspopulistischen Einstellungen neigen, sind 12,1 % gewaltaffin (im Vergleich zu 2,1 % unter den nicht rechtspopulistisch Eingestellten und 18,4 % unter den deutlich rechtspopulistisch Eingestellten). 11,9 % der allgemein populistisch Eingestellten stimmen der Aussage zu: »Einige Politiker haben es verdient, wenn die Wut gegen sie auch schon mal in Gewalt umschlägt«. Weitere 12,1 % antworten hier mit »teils/teils« (unter den nicht populistisch Eingestellten sind dies lediglich 2,1 % und 3,4 % »teils/teils«). Unter denen, die zum Rechtspopulismus neigen, sind dies sogar noch etwas mehr. Die einfache Annahme, der Rechtsextremismus sei an Gewalt gekoppelt, der Rechtspopulismus nicht, lässt sich also nicht aufrechterhalten. Doch auch der allgemeine Populismus hat ein gewisses Gewaltpotenzial, das sich nicht zuletzt gegen Politiker_innen richten kann; dies lässt sich selbst bei jenen beobachten, die lediglich in Richtung Populismus tendieren.

2.10 (Rechts-)Populismus und die Wahrnehmung von Bedrohungen

Populismus wird vielfach als eine (Protest-)Reaktion auf Missstände gewertet, die aus kulturellen wie sozioökonomischen Entwicklungen resultieren, die problematisch sind beziehungsweise als problematisch erlebt werden (bereits bei Ionescu & Gellner 1969). Krisenzeiten gelten hierbei als Katalysatoren. Insbesondere die wirtschaftliche und kulturelle Modernisierung und Liberalisierung stehen im Verdacht, dem Populismus den Boden zu bereiten, der in den Ruf nach »Gehörtwerden« und »Befreiung«, ebenso wie in Nationalismus und Fremdenfeindlichkeit münden kann (u. a. Eatwell & Goodwin 2018). Populismus wird gewissermaßen als Aufschrei der Verlierer von Modernisierung und Transformation verstanden. In diesem Sinne wird er auch als Konflikt zwischen den beweglichen Kosmopoliten und den ihrer Scholle verhafteten Kommunitaristen verstanden (vgl. dazu auch de Wilde et al. 2019; Reckwitz 2019). Der Populismus greift dabei einerseits schwelende Stimmungslagen auf und befeuert sie, andererseits richtet er zur Durchsetzung eigener Interessen auch gezielt den Blick auf Missstände und definiert bestimmte Zustände als solche (z. B. die Zugehörigkeit zur Europäischen Union, den Bau von Moscheen oder Windrädern).

Damit verknüpft ist die Annahme, Bedrohung – eine nachweisbare oder gefühlte – spiele eine zentrale Rolle im (Rechts-)Populismus. Auf den Punkt gebracht heißt dies: Weil bislang etablierte Personengruppen Bedrohungen ausgesetzt sind oder dies so fühlen, sehen sie im Populismus ihre einzige Rettung oder fühlen sich durch ihn angesprochen. In der Tat heizen populistische Akteure Bedrohungsgefühle gezielt an, um sich dann als Retter des Volks zu inszenieren, welches von den unfähigen, abgehobenen und korrupten Eliten ausgebeutet und im Stich gelassen wurde. Dabei geht es im Kern immer um Bedrohung durch Veränderungen, die den gewohnten Lebensstil, Gewohnheiten und Selbstverständlichkeiten und damit verbunden auch überkommene Machtstrukturen infrage stellen. Deutschland wird in diesem Sinne vor allem als durch die Einwanderung »Fremder« (propagandistisch auch als »Unterwanderung« dargestellt) und damit einhergehenden gesellschaftlichen Veränderungen bedroht gesehen. Diese würde von »linksliberalen Eliten« befördert, die auch ansonsten die überkommene Ordnung und die gewohnte Lebensweise verändern wollten. Im Diskurs ist hier die Rede von dem (vermeintlichen) Verlust von Identität, Werten und Traditionen. Die Bedrohung durch den Klimawandel hingegen wird von rechts außen als Bedrohung eher geleugnet, verlangt doch dessen Anerkennung entsprechende Veränderungen des energieintensiven Lebensstils (➬ Kap. 8.2, S. 262 ff.).

Um hierauf einen empirischen Blick werfen zu können, wurden im Rahmen der Erhebung die Befragten gebeten, auf einer 5-stufigen Antwortskala von 1 »gar keine Bedrohung« bis 5 »sehr große Bedrohung« anzugeben, inwiefern eine Reihe von Herausforderungen aus ihrer Sicht eine Bedrohung für Deutschland darstellen (➬ Kap. 1, S. 17 ff.). In Tabelle 2.6 (➬ S. 69) sind die Korrelationen zwischen der populistischen und rechtspopulistischen Orientierung mit diesen als Bedrohung erlebten Herausforderungen aufgeführt. Je eher Befragte in Richtung Populismus oder gar Rechtspopulismus tendieren, desto bedrohlicher schätzen sie eine ganze Reihe von Herausforderungen ein. Besonders deutlich wird dies bei den Themen Zuwanderung, Einschränkung von Grundrechten und Verlust von Traditionen und Werten, schwächer auch bei Islamismus, Linksextremismus und Globalisierung. Umgekehrt werden Rechtsextremismus und Klimawandel (➬ Kap. 8.2, S. 262 ff.) von (rechts-)populistisch eingestellten Befragten seltener als Bedrohung betrachtet. Nur geringere Zusammenhänge bestehen in Bezug auf die Wahrnehmung der Coronapandemie und von Vereinsamung als bedrohlich, hier unterscheiden sich populistisch und nicht populistisch eingestellte Befragte kaum. (Rechts-)Populismus korreliert im Übrigen zudem auch nur geringfügig mit der eigenen Betroffenheit durch die Coronapandemie (r = ,16***). Etwas deutlicher sind die Zusammenhänge mit der Sorge um die wirtschaftliche Lage des Landes (r = ,22***) beziehungsweise mit der Sorge, die eigene finanzielle Situation (r = ,22***) könne sich durch die Pandemie verschlechtern. Dies spricht gegen die Annahme, die Motivation, sich populistischen Aktivitäten gegen die Maßnahmen zur Eindämmung der Pandemie anzuschließen, sei in wirtschaftlichen Sorgen begründet. Interessanterweise zeigen sich nur geringe bis keine Zusammenhänge mit der Wahrnehmung von sozialer Spaltung als Bedrohung. Auch wenn generell viele Befragte soziale Spaltung als Bedrohung empfinden, hat dies also zunächst einmal nichts mit der Neigung zu (rechts-)populistischen Einstellungen zu tun.

Interkorrelationen der populistischen und rechtspopulistischen Orientierung mit der Einschätzung verschiedener Herausforderungen Deutschlands als Bedrohung   Tabelle 2.6

	Populismus	Rechtspopulis- mus
Klimawandel	–,11 ***	–,13 ***
Coronapandemie	,13 ***	,16 ***
Zuwanderung	,48 ***	,65 ***
Soziale Spaltung	,09 ***	,03 n. s.
Globalisierung	,27 ***	,31 ***
Rechtsextremismus	–,12 ***	–,09 ***
Linksextremismus	,27 ***	,34 ***
Islamismus	,27 ***	,41 ***
Einschränkung von Grundrechten	,41 ***	,34 ***
Verlust von Traditionen und Werten	,32 ***	,42 ***
Vereinsamung	,11 ***	,12 ***
Wettbewerb/Leistungsdruck	,17 ***	,16 ***

Anmerkungen * p = ≤ ,05; ** p = ≤ ,01; *** = p ≤ ,001.

2.11 Populistische Einstellungen in Deutschland öffnen die Mitte für antidemokratische Ideologien

Ein kritischer Blick auf den Zustand der Demokratie ist in einer demokratisch verfassten Gesellschaft richtig und wichtig. Auch Misstrauen gegenüber Machtmissbrauch, Fragen der Ungleichheit wie Freiheitseinschränkungen oder die Auseinandersetzung um einen angemessenen Umgang mit der Coronapandemie gehören dazu. Noch mehr wird dies von Bedeutung sein, wenn es um deren Folgen geht. Nicht ohne Grund kann in einer repräsentativen Demokratie den Regierenden auch das Misstrauen ausgesprochen werden, wenn sie den tatsächlichen Herausforderungen oder Bedrohungen für die Gesellschaft nicht mehr gerecht werden (z. B. Mühlfried 2019). Demokratie lebt von kritischen Korrektiven, demokratischen Auseinandersetzungen und der Beteiligung aller. Umso schwerer wiegt die empirische Beobachtung, wonach Demokratie zwar von fast niemandem infrage gestellt wird, jedoch durchaus Unzufriedenheit mit ihrem Funktionieren besteht (Mitte-Studie 2018/19; Neu 2019). Besorgniserregend ist dies, wenn diese Unzufriedenheit einen (rechts-)populistischen Dreh erhält, der zum Rechtsextremismus hin öffnet, und auch ein Teil der »Mitte der Gesellschaft« in Distanz zur Demokratie geht (Mitte-Studie 2020/21).

Ein Großteil der Befragten ist nach den vorgestellten Analysen demokratisch eingestellt, erkennt die Würde und Gleichheit aller Menschen an und ist davon überzeugt, alle Menschen gleichzubehandeln. Das ist ein großes Potenzial einer offenen Gesellschaft. Doch wie bereits in der Erhebung 2018/19 spiegelt sich in der Mitte-Studie 2020/21 in den Einstellungen zur Demokratie eine Gleichzeitigkeit von demokratischen und antidemokratischen Positionen wider. Ein relevanter Teil der Befragten äußert sich generell abwertend gegenüber politischen Repräsentant_innen und zeigt illiberale und antipluralistische Einstellungen.

So neigt der größere Teil der Gesellschaft nicht dem (Rechts-)Populismus zu und der Anteil, der dies tut, ist im Vergleich zur Mitte-Studie 2018/19 sogar kleiner geworden. Die gesellschaftspolitischen Debatten wurden in den vergangenen zwei Jahren nicht nur von der Coronapandemie bestimmt, sondern auch vom Klimawandel, dem Brexit und dem aufgeheizten Wahlkampf und schließlich Abgang des ehemaligen Präsidenten der USA Donald Trump, der den Rechtspopulismus par excellence verkörperte. All dies scheint zu einer gewissen Erdung beigetragen zu haben – ein großer und noch größer gewordener Teil der Bevölkerung scheint des Populismus überdrüssig, ist (auch von ihm) erschöpft und sehnt sich – so eine mögliche Interpretation – nach mehr Ruhe und Solidität. Nicht zuletzt durch die rechtsterroristischen Attentate der letzten Jahre, damit verbunden die vermehrte Aufmerksamkeit der Sicherheitsbehörden, die Debatten um hetzerische Hasspostings sowie die Aufklärung in und durch die Medien scheint das Bewusstsein gestiegen, wohin der (Rechts-)Populismus im schlimmsten Fall führen kann. Doch auch wenn der Anteil (rechts-)populistisch Eingestellter in der Bevölkerung rückläufig ist, ist das Potenzial nach wie vor da. Hier ist dann auch die Neigung zu rechtsextremen Einstellungen verbreiteter. Politische Selbstverortung und Parteipräferenzen sind dabei nicht allein ausschlaggebend, denn auch unter den Befragten, die etablierte Parteien präferieren und/oder sich politisch in der Mitte verorten, ist ein solches vorhanden.

Die Hoffnung, Populismus – vom dem einige meinen, er gehöre in der politischen Auseinandersetzung nun mal dazu – könne ein kritisches Korrektiv für die Demokratie sein, erscheint indes fraglich. In seiner wenig reflektierten Kritik und seinem pauschalen Misstrauen befördert der Populismus und mehr noch der Rechtspopulismus eine Stimmung, welche die Demokratie als solche infrage stellt. Er manifestiert, produziert und legitimiert Ungleichwertigkeit von gesellschaftlichen Gruppen, ist unsolidarisch, grenzt aus, richtet sich sogar gewaltsam gegen »die anderen«. Er erkennt die Komplexität demokratischer Aushandlungsprozesse in einer von Pluralität geprägten Gesellschaft nicht an; dies nicht nur abstrakt, sondern ganz konkret in Form von rassistischer und menschenfeindlicher Abwertung, Diskriminierung und Gewalt. Das macht ihn nicht nur potenziell antidemokratisch und destruktiv, sondern spiegelt sich in den Einstellungen derer, die seiner Logik und Erzählung folgen. Dies gilt erst recht für den Populismus rechter Prägung, wenn er sich explizit gegen als »anders« markierte soziale Gruppen richtet.

Umso mehr Aufmerksamkeit verdient der Befund, wie eng die allgemeine Neigung zum Populismus mit der zu rechten Ideologien zusammenhängt. Auf der hier untersuchten Ebene der Einstellungen der Bevölkerung in Deutschland lassen sich allgemein populistische Einstellungen von rechten Ideologiefacetten kaum voneinander trennen. Die zunächst eher abstrakten Einstellungen zur Demokratie wie das Demokratiemisstrauen – oder vielmehr die Demokratieschelte –, der illiberale Antipluralismus und die Forderung nach mehr Volkssouveränität gehen Hand in Hand mit autoritären und gruppenbezogen menschenfeindlichen Einstellungen. Gemeinsam mit diesen bilden die populistischen Einstellungen ein rechtes Orientierungsmuster mit hoher Korrelation zu rechtsextremen Ideologiefragmenten. Dies widerspricht fundamental dem Geist des Grundgesetzes.

Besonders relevant erscheint in diesem Zusammenhang, wie sehr der Populismus auf der Ebene der Einstellungen mit unterschiedlichen Bedrohungswahrnehmungen zusammenhängt. (Rechts-)populistisch eingestellte Befragte nehmen viele gesellschaftliche Gefährdungen anders wahr als jene ohne diese Neigung. Während sie Zuwanderung, Verlust von Traditionen und Werten als besonders bedrohlich für das Land einschätzen, werden Klimawandel und Rechtsextremismus von rechtspopulistisch eingestellten Befragten eher nicht als Gefährdung betrachtet. Viele Befragte bewerten soziale Spaltung als eine Bedrohung für die Gesellschaft, dies jedoch ungeachtet ihrer (rechts-)populistischen Einstellungen. Und Einkommensschwächere neigen zwar eher zu einem (rechten) Populismus, aber sie sind keineswegs die Einzigen. So zentral also ein würdiges Leben auch für sozioökonomisch schwächer Gestellte ist, und auch wenn die Schwächung oder gar Überwindung sozialer Spaltung für sich genommen wünschenswert sein mag – die Annahme, mehr soziale Gerechtigkeit würde dem (Rechts-)Populismus Einhalt gebieten, bestätigt sich empirisch nur bedingt.

Die empirischen Beobachtungen sprechen insgesamt gesehen gegen die These, im Populismus drücke sich eine konstruktive Kritik an Demokratie, ein ihr förderliches Misstrauen in das politische System oder ein progressives Anliegen hin zu einer gerechteren Gesellschaft aus, wie dies einige hoffen (u. a. Mouffe 2018). Zumindest dort, wo eine liberale Demokratie und offene Gesellschaft zu den erklärten Grundwerten gehören wie in Deutschland, hat ungeachtet ihrer Unvollkommenheit eine populistisch unterfütterte Kritik an der Demokratie einen rechtsgerichteten Beiklang. *Rechts*populistisch Eingestellte sehen sich nicht nur durch Veränderungen bedroht und kollektiv benachteiligt, sondern vertreten zugleich häufiger neoliberale Werte, wie die Mitte-Studien zuvor belegten.

Nun wird deutlich, dass auch »die *Populistischen*« eher weniger von einer vielfältigen und offenen Gesellschaft halten. Von einer Solidarität zwischen ausgegrenzten sozialen Minderheiten in prekären Verhältnissen vereint durch den Populismus kann angesichts der empirischen Zusammenhänge nicht die Rede sein. Vielmehr geht die Neigung zum Populismus auf der Einstellungsebene vielfach mit einer Offenheit für einen rechtspopulistischen Diskurs einher, mit generellem Misstrauen gegenüber staatlichen Institutionen und Distanz zur Demokratie, gekoppelt an die Abwertung und Ausgrenzung marginalisierter Gruppen. Dies spiegelt sich dann auch in der Präferenz von Rechtsaußenparteien. Der Populismus hierzulande ist also zumindest auf ideologischer Ebene von *Rechts*populismus kaum zu unterscheiden. Dies ist zunächst einmal unabhängig von der politischen Seite, von der aus er betrieben wird, und unabhängig davon, wo sich die, die ihm folgen, im politischen Spektrum verorten. Allerdings häuft er sich auffällig bei jenen, die sich im Spektrum rechts der Mitte verorten.

Durch die Befunde schimmert eine Gemengelage, die bislang überraschend selten debattiert wird: (Rechts-)Populistisch Orientierte sind nicht nur jene, die übersehen und an den Rand gedrängt werden, in prekären Verhältnissen verhaftet sind, in der schnelllebigen Welt nicht mithalten können und ihre Verzweiflung und Wut den weltoffenen, beweglichen, liberalen Kosmopolit_innen entgegenrufen. Es sind auch nicht (nur) jene, die eine autoritäre Staatsvorstellung teilen. Im Gegenteil, es sind vielmehr Personen, die dem Staat gegenüber mit Kritik und Misstrauen begegnen, weil er gegenüber bislang ausgegrenzten Gruppen in ihren Augen zu plural und liberal ist, während sie zugleich ihr eigenes Gehörtwerden und ihre eigenen Rechte einklagen und demonstrieren (➡ Kap. 8, S. 225 ff.). Es sind Personen mit politischen Vorstellungen und Machtinteressen, die – so hat es den Anschein – weniger kollektiv als individualistisch ausgerichtet sind, und die auch einer individualisierten Protest- und Hasskultur nicht ablehnend gegenüberstehen. Sie scheinen offenkundig durchaus beweglich und fähig, ihre individuellen Freiheiten lautstark einzufordern, auch gegen ein solidarisches Rücksichtnehmen, wie sich aktuell an den Coronaprotesten ablesen lässt. Wer das Gefühl politischer Machtlosigkeit teilt und sich nicht scheut, (rechts-)populistischen Strömungen zu folgen, versteht politische Macht nach Datenlage eher nicht im Sinne einer liberalen Demokratie und offenen Gesellschaft, die allen gleichermaßen Teilhabe ermöglichen will.

Wer also allzu leicht auf »Diskurs« und »mehr Partizipation« als Heilmittel gegen Populismus setzt, sollte mitbedenken, dass damit womöglich auch dem Rechtspopulismus der Weg in die Mitte weiter bereitet wird. Wer der Ansicht ist, es bestehe eine »Repräsentationslücke«, weil Bürger_innen mit ebendiesen Positionen nicht ausreichend parlamentarisch vertreten sind, möge die Dynamik des Populismus im Blick behalten. Meinungen sind kein statisches Gebilde, sondern unterliegen Prozessen, die auch ins Antidemokratische führen können, wie die Geschichte lehrt. Der Populismus unterliegt nicht nur der strategischen Einflussnahme von ganz rechts außen, die den »Diskurs« als Trojanisches Pferd in die Mitte nutzen (→ Kap. 8, S. 225 ff.). Er birgt auch ein gefährliches Selbstläuferpotenzial hin zu mehr Radikalität, will er sich doch stets selbst noch einmal übertreffen. Zugleich bietet er Rechtfertigung auch für Hass und Gewalt sowie Entlastung, dafür in Verantwortung genommen zu werden.

3.0 Rechtsextreme Einstellungen in der Mitte 2020/21

Beate Küpper · Andreas Zick · Maike Rump

3.0.1 Rechtsextremismus in seiner sichtbarsten Erscheinungsform

Kein anderes europäisches Land hat in den vergangenen Jahren so viel rechtsextreme Gewalt erlebt wie Deutschland. Die rechtsterroristischen, rassistischen und antisemitischen Anschläge von Halle und Hanau sowie der Mord an dem Kasseler Regierungspräsidenten Walter Lübcke sind nur die signifikantesten Ereignisse. Im Hintergrund stehen hoch radikalisierte rechtsextreme Netzwerke online wie offline, die ihrerseits mit rechtspopulistischen wie menschenfeindlichen Netzwerken interagieren. Dazu gehören auch solche in den Sicherheitsorganen[1] und Zellen, die sich aus der Bevölkerung heraus gebildet und konkrete Anschlagspläne und/oder Vorbereitungen für einen imaginierten Tag X (Goertz 2020) getroffen haben. Einige Gruppen verfolgen dabei die Strategie der rechtsextremen *Akzeleration*, das heißt einer Beschleunigung der Stimmungslage und Ereignisse mit dem Ziel, Chaos zu stiften und die Demokratie zu destabilisieren, mit welchen Mitteln auch immer. Dazu zählen explizit Terroranschläge auf muslimische, jüdische oder linke Personen, auch mit dem Ziel, Gegengewalt zu erzeugen. Es geht bei allem darum, eine neue alte Ordnung herzustellen mit überkommenen Machtstrukturen zugunsten weißer, heterosexueller Männer (Lauer & Jakobson 2020).[2] Angesichts der neuen Gefahren sind dabei die noch immer nicht vollständige Aufdeckung der Hintergründe des NSU-Terrors und die vielen weniger beachteten rechtsextremen Anschläge, Tötungsversuche und Morde der vergangenen Jahre umso irritierender.

---

1 Siehe dazu u. a. den Lagebericht des Bundesinnenministeriums (September 2020): Rechtsextremismus in den Sicherheitsbehörden. https://www.verfassungsschutz.de/SharedDocs/publikationen/DE/2020/lagebericht-rechtsextremisten-in-sicherheitsbehoerden.html [Aufruf am 1.6.2021].

2 Eine kurze Zusammenfassung von Lauer/Jakobson (2020) findet sich hier: https://www.belltower.news/akzelerationismus-schneller-in-den-untergang-94829/ [Aufruf am 1.6.2021].

Der organisierte Rechtsextremismus ist ein beständiger Teil des Ganzen und trotz des Verfolgungsdrucks, der sich seit den letzten Anschlägen erhöht hat, recht lebendig. Das Bundesamt für Verfassungsschutz verweist für das Jahr 2019 auf ein aktives Potenzial von 32.080 rechtsextremen Personen, das im Vergleich zum Vorjahr um ein Drittel angewachsen ist, und von denen 13.330 in Parteien Mitglied sind. Rund 13.000 werden als gewaltbereit eingestuft. Dort, wo Rechtsaußenparteien besonders erfolgreich sind, gibt es besonders viele rechte Straftaten (⇒ Kap. 3.1, S. 112 ff.). Zugenommen haben 2019 außerdem Musikveranstaltungen der rechtsextremen Szene, die als wichtiger Identitäts- und Mobilisierungsraum gelten müssen.

Im Coronajahr 2020 ist nun die Anzahl rechtsextremer Straf- und Gewalttaten noch einmal gestiegen. Nach vorläufigem Stand wurden rund 44.000 politisch motivierte Straf- und Gewalttaten durch die Polizei registriert.[3] Dies sind noch einmal 8,5 % mehr im Vergleich zum Vorjahr, nachdem bereits in 2019 eine deutliche Zunahme verzeichnet worden war. Damit erreicht ihre Zahl den bisherigen Höchststand seit Beginn der Zählung vor 20 Jahren und übertrifft sogar die hohen Werte aus dem Jahr 2016.

Ein großer Teil dieser Straftaten fällt in das Feld der Propagandadelikte. Doch auch Hasskriminalität – nach polizeilicher Definition »durch gruppenbezogene Vorurteile motivierte« Taten – ist um 19 % auf 10.240 Fälle im Jahr 2020 gestiegen, darunter vor allem fremdenfeindlich, rassistisch und auch antisemitisch motivierte. Der Fall von Rassismus, den wir in Kapitel 5 (⇒ S. 173 ff.) berichten, ist prototypisch. Jenseits dieses sichtbaren Feldes, das heißt der polizeilich bekannt gewordenen und als Hasstaten eingestuften Fälle, liegt ein noch größeres Dunkelfeld; hinzu kommen viele Fälle von Hass und Bedrohung unterhalb der Strafbarkeitsgrenze.

Ebenso wurden deutlich mehr Hasspostings gemeldet. Angestiegen sind dabei nicht nur Straf- und Gewalttaten aus dem rechten, sondern auch aus dem

---

3   Bundesministerium des Inneren (2021): Politisch motivierte Kriminalität im Jahr 2020. Bundesweite Fallzahlen, Stand 4.5.2021. https://www.bka.de/SharedDocs/Downloads/DE/UnsereAufgaben/Deliktsbereiche/PMK/2020PMKFallzahlen.pdf [Aufruf am 1.6.2021].

linken Spektrum, wobei die gegen Menschen gerichteten Bedrohungen und Angriffe ganz überwiegend rechts verortet werden. Bemerkenswert ist 2020 zudem ein hoher Anteil an Straftaten im Zusammenhang mit der Covid-19-Pandemie. Dazu gehören auch politisch nicht zuzuordnende Übergriffe verübt aus dem Umfeld der »Coronaleugner«. Während die Zahl der rechtsextremen Demonstrationen im öffentlichen Raum rückläufig ist, versammeln sich inzwischen Rechtsextreme offen und laut auf den Demonstrationen gegen Maßnahmen zur Eindämmung der Coronapandemie, dominieren diese oder melden sie selbst an (⟶ Kap. 9, S. 283 ff.). Vertreten sind Parteien wie die NPD, Die Rechte und Der III. Weg, lokale Widerstandsgruppen wie Pro Chemnitz, Neonazigruppierungen der rechtsextremen Hooligan- und Kampfsportszene, die Reichsbürger- und Selbstverwalterszene, Anhänger_innen der QAnon-Verschwörungserzählung und rechtsradikal orientierte Funktionäre der AfD.[4] Aus den Demonstrationen heraus werden immer wieder Straftaten verübt, neben Volksverhetzung auch gewalttätige Übergriffe gegen Journalist_innen und Gegendemonstrant_innen.[5] Als Folge wurde Deutschlands Pressefreiheit im internationalen Vergleich von gut auf nur noch zufriedenstellend herabgestuft.[6]

Besorgniserregend sind in dem Zusammenhang zudem die zunehmenden Drohungen, der Hass und die Gewalt gegen Politiker_innen. Auch dies hat sich in der Coronapandemie noch einmal deutlich verschärft. Einer Erhebung des Deutschen Städte- und Gemeindebunds (2021) zufolge haben inzwischen zwei Drittel der Bürgermeister_innen Erfahrung mit wüster Beschimpfung, Bedrohung oder gar tätlichen Übergriffen machen müssen, auch die Familien werden bedroht; die Frauen unter ihnen sind noch einmal in besonderer Weise betroffen, ebenso, wie einzelne Beispiele vermuten lassen, Amtsträger_innen und Kandidierende mit migrantischem Hintergrund. Wie schon bei den Angriffen

---

4   Zur Beteiligung rechtsextremer Akteure an den Anticoronademonstrationen s. die Antwort des Innenministeriums auf die diesbezüglichen Fragen von Bündnis 90/Die Grünen – Antwort-Katalog, Deutscher Bundestag Drucksache 19/25993; https://dip21.bundestag.de/dip21/btd/19/259/1925993.pdf [Aufruf am 1.6.2021].

5   Deutscher Bundestag – 19. Wahlperiode, Drucksache 10/25940; https://dip21.bundestag.de/dip21/btd/19/259/1925940.pdf [Aufruf am 1.6.2021].

6   Reporter ohne Grenzen (2021): Rangliste der Pressefreiheit 2021. https://www.reporter-ohne-grenzen.de/fileadmin/Redaktion/Downloads/Ranglisten/Rangliste_2021/Rangliste_der_Pressefreiheit_2021_-_RSF.pdf [Aufruf am 1.6.2021].

auf Geflüchtete und deren Unterkünfte, die zur Zeit der großen Fluchtbewegung nach Deutschland 2015/16 ihren Höchststand erreichten, geht ein nicht unerheblicher Teil dieser Taten auf das Konto von Menschen, die zuvor nicht auffällig geworden und bislang nicht in der rechtsextremen Szene verankert waren – Bürger_innen aus der Mitte der Gesellschaft (vgl. auch Forschungsgruppe Anti-Asyl-Agitation 2020). Als Folge ist es in etlichen kleinen Gemeinden schwierig geworden, Personen zu finden, die sich für ein kommunalpolitisches Amt aufstellen lassen wollen, das in der Regel ehrenamtlich ausgeübt wird. Betroffen sind zudem neben unmittelbar adressierten Personen auch Menschen, die haupt- oder ehrenamtlich Unterstützung für Gruppen leisten, gegen die sich Menschenfeindlichkeit richtet. Auch Menschen, die sich für eine offene Gesellschaft und liberale Demokratie engagieren, sind Angriffen ausgesetzt. Dabei können sie bisweilen nur bedingt auf den Schutz und die Unterstützung durch den Arbeitgeber und Kolleg_innen hoffen (u. a. Balint et al. 2021).

Über das Internet und in den Sozialen Medien (➟ Kap. 3.2, S. 123 ff.) ebenso wie über Strukturen im lokalen Raum (➟ Kap. 3.1, S. 112 ff.) werden auch Menschen aus der Mitte der Gesellschaft (gezielt) angesprochen und lassen sich ansprechen. Dort, wo sich rechtsextreme Akteure verankern können, verschieben sich die Normalitätswahrnehmungen (Zick & Küpper 2016). Die jüngere Geschichte der Radikalisierung des Rechtspopulismus (➟ Kap. 2, S. 43 ff.), der sich nicht so schnell verflüchtigt (Decker & Lewandowsky 2017), weil es ihm gelingt, extreme, herabwürdigende und verachtende Einstellungen und Demokratieangriffe an der Grenze zur Gewalt zu halten, ist schon jetzt ein historisches Dokument solcher Normalitätsverschiebungen hin zum Rechtsextremismus.

Die Bevölkerung in Deutschland bekommt dies durchaus mit und empfindet es bedrohlich. Zwei Drittel der Befragten der Mitte-Studie 2020/21 nehmen den Rechtsextremismus als Bedrohung für das Land wahr; damit steht er an erster Stelle möglicher Bedrohungen (➟ Kap. 1, S. 17 ff.). Das schützt sie allerdings nicht davor, explizit oder implizit rechtsextreme Ideologiefragmente zu teilen und somit das Eindringen des Rechtsextremismus in die Mitte zuzulassen. Das schützt sie auch nicht davor, die eigene rechte Tradition und damit verknüpfte Einstellungen weiterzuführen (Frei, Morina & Maulbach 2019). Je mangelhafter dabei das Wissen über die Zeit des Nationalsozialismus, desto eher wird die Mitwirkung der deutschen Bevölkerung an den NS-Verbrechen heruntergespielt, ihr Leiden mit dem der Opfer der Verbrechen gleichgesetzt und das Überdauern nationalsozialistischen Gedankenguts in der Mitte der Bevölkerung heute für gering erachtet (MEMO-Studie IV; Papendick, Rees, Scholz & Zick 2021). Und dies angesichts all der Empörung über und Erschütterung durch die Gewalt – oder vielleicht gerade wegen der Gewalt früher wie heute. Auch das gehört zur Dimension des Rechtsextremismus: die Leugnung, die Behauptung, selbst Opfer zu sein, und die Legitimierung von Gewalt als Widerstandsakt. Es muss der Mitte, die dennoch daran festhält, dass die Demokratie ein gutes System ist, und die sich für demokratisch hält, umso wichtiger sein zu wissen, inwieweit sie selbst rechtsextreme Einstellungen teilt oder wie gut sie in der Lage ist, diese zurückzuweisen und Widerstandsfähigkeit zu demonstrieren.

Im Folgenden werden die Befunde zu rechtsextremen Einstellungen in der Mitte 2020/21 in der Tradition der Mitte-Studie berichtet, die dies seit 2006 tut, um der Mitte eine Grundlage zu geben, über sich selbst zu reflektieren. Bevor die Ergebnisse der Umfrage vorgestellt werden, soll in aller Kürze das Phänomenfeld Rechtsextremismus erläutert werden, um noch einmal deutlich zu machen, warum auch die Befürwortung von Fragmenten rechtsextremer Ideologie Aufmerksamkeit verdient.

3.0.2 Das Phänomenfeld Rechtsextremismus

Rechtsextremismus ist explizit demokratiefeindlich. Er wendet sich gegen die moderne demokratische Verfassung – einschließlich Gewaltenteilung, Rechtsstaatlichkeit und Minderheitenschutz – und gegen eine offene Gesellschaft einschließlich des Bekenntnisses zu den Grundrechten und zur Pluralität (Pfahl-Traughber 2018). Zentrales Merkmal des Rechtsextremismus ist die Ablehnung des Gleichheitsgrundsatzes zugunsten einer ethnisch definierten Nationalzugehörigkeit (»deutsches Volk«, »Deutschsein«), welche sich auf eine rassistisch definierte (»weiße«) Abstammung gründet (ebd.). Definitionen des Rechtsextremismus unterscheiden sich danach, inwieweit neben der rechten Ideologie auch die Dimension der Gewalt als wesentliches Kennzeichen erachtet wird. Dass Verharmlosung und Verherrlichung von Gewalt, auch die Verklärung der nationalsozialistischen Gewalttaten, Teil des Rechtsextremismus sind, auch wenn die eigene, direkte Gewaltausübung nicht immer im Vordergrund steht, ist jedoch weitgehend unumstritten. Heitmeyer (1998) versteht die Gewaltaffinität neben den Ungleichwertigkeitsideologien daher als zentrales Element. Dafür spricht nicht nur die manifeste Gewalt im Phänomenbereich Rechtsextremismus, sondern auch, dass die Durchsetzung der Ideologie und damit verbunden der Vorherrschaft ausgewählter Gruppen mit Gewalt, den Rechtsextremismus explizit wie implizit in all seinen Facetten prägt. Dazu gehört neben der eigenen Gewaltbereitschaft die Billigung von Gewalt wie die Aufforderung zu Gewalt.

Der Rechtsextremismus kann »in unterschiedlichen Intensitätsgraden« sowie variabel in Handlungsstil und Ideologie auftreten (Pfahl-Traughber 2018, Bezug nehmend auf Adorno 1967; Sontheimer 1978). In der Rechtsextremismusforschung, die sich auf offen rechtsextreme Milieus und den organisierten Rechtsextremismus konzentriert, geht es darüber hinaus um die Frage nach einem »geschlossen rechtsextremen Weltbild«, also um eine eindeutige und umfassende Ideologie und Wirklichkeitsinterpretation. Doch auch jenseits davon finden sich Facetten des Rechtsextremismus, dies gilt umso mehr für seine Ideologie. Inwieweit sich rechtsextremistische Fragmente auch in der »Mitte der Gesellschaft« finden – egal ob sozial, kulturell, politisch oder ökonomisch definiert –, ist Thema der Mitte-Studie.

In einer Konsensdefinition einer Expert_innengruppe, die sich zur ersten Mitte-Studie zusammengesetzt hatte, wurden sechs zentrale Ideologiedimensionen identifiziert (Brähler & Decker 2006), denen auch diese Mitte-Studie 2020/21 folgt: *Befürwortung einer rechtsgerichteten Diktatur, nationaler Chauvinismus, Verharmlosung des Nationalsozialismus, Fremdenfeindlichkeit* gerichtet gegen jene, die als »Ausländer« markiert werden, *Antisemitismus* und *Sozialdarwinismus*, der unterstellt, es gäbe eine natürliche Hierarchie zwischen »Leben und Völkern«, in der die Deutschen anderen »Völkern« überlegen seien. Die ersten drei Dimensionen erfassen *politische Einstellungen*, die sich *gegen eine demokratische Verfasstheit wenden*, die folgenden drei Dimensionen *soziale Einstellungen*, in denen sich der *völkische Charakter* des Rechtsextremismus spiegelt (➙ Kap. 8, S. 225 ff.). Wer hiervon nur einige Ideologieelemente teilt oder nur bedingt davon überzeugt ist, zeigt eine gewisse Offenheit für Rechtsextremismus; bei stärkerer Überzeugung tendiert die Person schon in eine rechtsextreme Richtung, und wer all diesen Ideologieelementen folgt, hat ein geschlossen rechtsextremes Weltbild, so die Definition.

Stöss (2010) unterscheidet diese Ideologieebene von der oben skizzierten Verhaltensebene (rechtsextreme Straf- und Gewalttaten, Unterstützung und Beteiligung an rechtsextremen Aktivitäten und Gruppierungen, rechtsextreme Parteien), die leichter erkennbar ist. Beides hängt lose miteinander zusammen: Der überzeugte, organisierte beziehungsweise gewaltsame Rechtsextremismus gründet sich auf Ideen und Strukturen – rechtsextreme Taten kommen bisweilen aber auch ohne vertiefte Ideologie aus. Umgekehrt sind in der breiten Bevölkerung vorhandene Einstellungsmuster und Ideologiefragmente anschlussfähig, letztlich auch für rechtsextremes Verhalten, gleichwohl führen sie in der Regel nicht in den offenen harten Rechtsextremismus – und wenn doch, dann zeitlich verzögert. Nichtsdestotrotz erleichtern sie das Werk des harten Rechtsextremismus, eröffnen ihm Anschlussfähigkeit und werden nicht zuletzt auch zur Legitimierung rechtsextremer Taten genutzt (Wahl 2003).

Das *Phänomenfeld Rechtsextremismus* lässt sich zur Veranschaulichung an einem *Eisberg-Modell darstellen* (⟼ Abb. 3.0.1, S. 82).

An der freiliegenden Spitze steht der *offen erkennbare Rechtsextremismus*, wie er sich in Rechtsterrorismus, Straf- und Gewalttaten sowie rechts motivierten Hasstaten gegen andere zeigt, wie auch in der Unterstützung und Wahl rechtsextremer Parteien. Dazu gehören klassische nationalsozialistisch-faschistische Kameradschaften, rechtsextreme Hooligans und moderne rechtsextreme Martial-Arts-Gruppen, Bürgerwehren, Chatgruppen, Musikgruppen und Musiklabels sowie Netzwerke. Dazu gehören auch »Einzelkämpfer_innen«, die sich nichtsdestotrotz als Teil eines Verbands Gleichgesinnter sehen und zumindest über das Internet oder imaginiert an rechtsextremen Gruppen partizipieren. Rechtsextremismus zeigt sich zudem verdeckter in den Organisations- und Kommunikationsformen der Neuen Rechten, die die völkische Ideologie intellektuell überspielt und in einer auf den ersten Blick weniger offensichtlich demokratie- und verfassungsfeindlichen Art und Weise vertreten (⟼ Kap. 8, S. 225 ff.).

Der Phänomenbereich rechts außen im Eisberg-Modell   Abb. 3.0.1

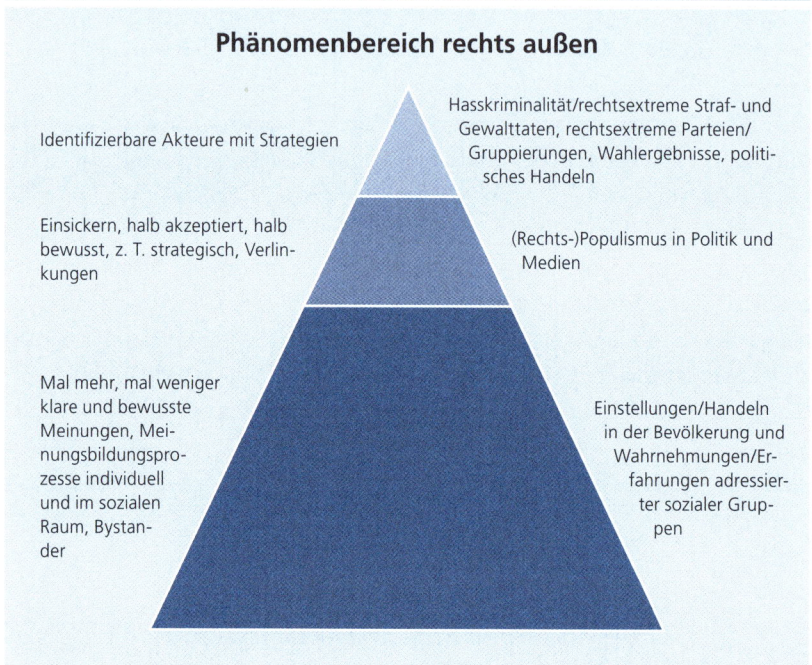

Im Graubereich unter der Wasseroberfläche liegt der *(Rechts-)Populismus* (⇒ Kap. 2, S. 43 ff.). Er wird erkennbar bei Akteuren, Parteien und Strömungen, in Erzählungen von dem durch »korrupte Eliten« und (fremde) »andere« bedrohten und betrogenen »Volk«. Diese Erzählungen fördern einen Nationalchauvinismus und Sozialdarwinismus, der sich mit antisemitischen, fremdenfeindlichen und weiteren menschenfeindlichen Einstellungen vermischt. Mit seiner Unschärfe, Flexibilität und Mobilisierungsfähigkeit fungiert er als Transmitter zwischen dem offenen Rechtsextremismus und der Bevölkerung. Verschwörungsmythen bilden hierfür einen besonderen Kitt und eine Brücke in die Mitte der Gesellschaft; aktuell wird dies auch bei Verschwörungserzählungen rund um die Coronapandemie erkennbar (⇒ Kap. 9, S. 283 ff.).

Im dunklen Sockel des Eisbergs liegen die *Einstellungen und Handlungsweisen der breiten Bevölkerung.* Hier finden sich tief in der Kultur verankerte schwelende Ressentiments, subtile und offene *Gruppenbezogene Menschenfeindlichkeit* (⟶ Kap. 4, S. 141 ff. u. 6, S. 181 ff.). Sie zeigen sich in Einstellungen, Haltungen und Handlungen von Personen, in Ritualen, Gewohnheiten und Gestaltungen von Institutionen und Strukturen, in der Duldung und passiven oder gar aktiven Unterstützung rechtsextremer Parteien und Strömungen, bisweilen auch der stillschweigenden Befürwortung von Gewalt gegen Gruppen und Menschen.

Die drei Ebenen stehen miteinander in Wechselbeziehungen. Akteure von ganz rechts außen versuchen gezielt ansprechbare Personen aus der breiten Bevölkerung im Bauch des Eisbergs für sich zu gewinnen, beziehen aus deren Haltung Bestätigung und Legitimität.

Im Internet und in den Sozialen Medien begegnen sich Sympathisant_innen und Unterstützer_innen aus dem rechtsextremen Spektrum, aufgepeitschte und aufpeitschende Hetzer_innen und *Bystander*, also Menschen, die zunächst einmal nur danebenstehen, besonders leicht. Gepackt bei ihren Unsicherheiten, vielleicht auch einzelnen negativen Erfahrungen und schlummernden Ressentiments, lassen sich einige in Hass und Hetze hineinziehen, übernehmen rechtsextreme Phrasen, bis sie später mehr und mehr auch ideologisch überzeugt sind, vielleicht sogar selbst bewusst aktiv werden. Ähnliches lässt sich aber auch auf der Straße beobachten, bei Pegida und ihren Ablegern, derzeit auf Demonstrationen gegen Coronamaßnahmen – vor allem auf solchen, die bereits durch Auftreten, Verlautbarungen oder eingeladene Redner_innen Ansprechbarkeit signalisieren. Über den Protest, verknüpft mit Hassreden und Hasskampagnen, sickern rechtsextreme Ideologien in die Mitte ein, die sich an ihre Präsenz gewöhnt. Umgekehrt finden rechtsextreme Gruppen dort auch einen gewissen Resonanzboden. Einzelne werden so zu Handelnden, sei es über Internet und Soziale Medien, sei es, indem sie andere bedrohen oder Gewalttaten verüben, die dann an der Spitze des Eisbergs sichtbar, aber nicht immer dem rechtsextremen Spektrum zugeordnet werden. Umso mehr gilt es, die Einstellungen im Bauch des Eisbergs zu identifizieren und zu analysieren, um präventiv die weniger offensichtlichen Gefährdungen der Demokratie zu ermitteln.

3.0.3 Rechtsextreme Einstellungen in der Mitte 2020/21

In der Tradition der Mitte-Studien wurden rechtsextreme Einstellungen über insgesamt sechs Dimensionen erfasst, wie sie von der oben zitierten »Konsensdefinition« entworfen worden sind. Jede der sechs Dimensionen wird mithilfe von jeweils drei Aussagen erfasst, die alle so formuliert sind, dass sie eindeutig der im Grundgesetz formulierten Idee einer liberalen und pluralen Demokratie widersprechen. Die Befragten wurden um Ablehnung beziehungsweise Zustimmung auf einer 5-stufigen Skala gebeten: 1 = »lehne völlig ab«, 2 = »lehne überwiegend ab«, 3 = »teils/teils«, 4 = »stimme überwiegend zu«, 5 = »stimme voll und ganz zu«. Nach empirischer Prüfung wurden die drei Aussagen zu jeweils einer der genannten Subdimension aufaddiert. Zur Bemessung von »Zustimmung« zu einer der Subdimensionen wird ein sehr strenges Kriterium angelegt: Nur wenn ein_e Befragte_r bei jeweils allen drei Aussagen einer Subdimension mindestens »überwiegend« zustimmt, wird dies für diese Subdimension als »Zustimmung« gerechnet (berechneter Summenindex zwischen 12 und 15 Punkten). Zusätzlich wurde über alle sechs Subdimensionen ein Gesamtindex Rechtsextremismus gebildet. Wenn Befragte über alle 18 Einzelaussagen im Zustimmungsbereich liegen, wird dies als Indiz für ein »geschlossen rechtsextremes Weltbild« gewertet (Summenindex über 63). In Tabelle 3.0.1 sind alle zur Erfassung rechtsextremer Einstellungen verwendeten Aussagen und die anteilige Zustimmung beziehungsweise Ablehnung der Befragten aufgeführt. Der empirisch enge Zusammenhang der einzelnen Aussagen und Subdimensionen bestätigt sich bemerkenswert deutlich als Ausdruck ein und desselben theoretischen Konstrukts »rechtsextreme Einstellungen«, in das sowohl politische wie soziale Subdimensionen einfließen.[7] (➙ Tab. 3.0.1, S. 86 f.)

---

7   Die Dimensionalität wurde empirisch zunächst noch einmal mittels explorativer Faktorenanalyse geprüft. Durchgeführt über alle 18 Einzelitems zeichnet sich ein starker Faktor ab, daneben zwei deutlich schwächere mit unklaren Ladungen. Im nächsten Schritt wurde die Analyse über die sechs Subdimensionen wiederholt. Diese bilden sich mit nahezu gleichstarken Ladungen auf einem einzigen Faktor 2. Ordnung ab (Varianzaufklärung 65 %; das Ergebnis ist nahezu identisch ergänzend getrennt für Ost- und Westdeutschland berechnet). Anschließend wurde die Struktur konfirmatorisch mittels Strukturgleichungsmodell getestet (Statistikprogramm Mplus mit robustem Schätzverfahren; n = 1.748). Das Modell mit einem latenten Faktor 2. Ordnung, welcher den Rechtsextremismus als verbindendes Element der sechs Subdimensionen (als latente Faktoren 1. Ordnung) widerspiegelt, hat einen guten Modellfit (Chi² = 373.406; df = 129; p = ,000; CFI = ,964; RMSEA = ,033; P-close = 1.000).

Der überwiegende Teil der Befragten lehnt die meisten der Aussagen ab, er ist also nicht rechtsextrem eingestellt. Lediglich der Bruchteil von 1,7 % hat ein sogenanntes »geschlossen rechtsextremes Weltbild«, stimmt also allen 18 Aussagen »überwiegend« oder »voll und ganz« zu. Verwandte Studien, die mit etwas anderer Erhebungsmethodik ohne beziehungsweise mit geringerem direkten Kontakt zu den Interviewer_innen arbeiten, kommen hier zu entsprechend höheren Zustimmungswerten.[8] So weist die Bertelsmann Stiftung auf Basis der Erhebung im Rahmen ihres Populismusbarometers 2020 (erhoben über ein Onlinepanel) unter den Wahlberechtigten einen Anteil von 8 % mit einem geschlossen rechtsextremen Weltbild aus (Vehrkamp 2021), die Leipziger Autoritarismusstudie (erhoben über anonym auszufüllende Fragebögen) einen Wert von 4,3 % für die deutsche Gesamtbevölkerung ab 16 Jahren. Bei differenzierter Betrachtung offenbart sich auch in der Mitte-Studie 2020/21 ein weniger positives und eindeutiges Bild. Etliche Befragte lehnen nicht alle Aussagen völlig ab, es gibt unklare »Teils/teils«-Positionierungen oder gar Zustimmung zu einzelnen Aussagen. Insgesamt liegen 12,1 % der Befragten mit ihrem Antwortmuster in einem Graubereich (Zustimmungswerte auf dem Gesamtindex Rechtsextremismus 45–63 bzw. 8–11 bei den Subdimensionen). Zusammengefasst zeigt also rund jede_r Siebte eine gewisse Offenheit für rechtsextreme Ideologien.

Lediglich 2,2 % der Befragten befürworten eine rechtsgerichtete Diktatur (Anteil der Befragten, die allen drei Aussagen zur Erfassung der gleichnamigen Subdimension »überwiegend« oder »voll und ganz« zustimmen). Allerdings liegen zusammengefasst über alle drei Aussagen dieser Subdimension 15,5 % der Befragten mit ihren Antworten im Graubereich. In diesem Sinne lehnen beispielsweise 70,7 % der Befragten eine Diktatur »im nationalen Interesse […] unter bestimmten Umständen« als »die bessere Staatsform« völlig ab. Umgekehrt bedeutet dies aber auch, dass fast ein Drittel der Bevölkerung nicht ganz klar gegen eine Diktatur ist. Ähnlich sieht dies bei der Zustimmung zu der Aussage aus: »Wir sollten einen Führer haben, der Deutschland zum Wohle aller mit starker Hand regiert«, die von 74,5 % der Befragten völlig abgelehnt wird. Nur

---

8   Dies ist eine übliche Beobachtung der Umfrageforschung: Bei heiklen Fragen, d. h. solchen, bei denen eine Zustimmung gegen landläufige soziale Normen verstößt, liegen die Zustimmungswerte gemeinhin höher, je anonymer beziehungsweise weniger unmittelbar die Befragung abläuft.

Rechtsextreme Einstellungen 2020/21 (Angaben in Prozent)   **Tabelle 3.0.1**

Ich ... ➡

Befürwortung einer rechtsgerichteten Diktatur (M = 5,08; SD = 2,55; n = 1.651; α = ,67)
Im nationalen Interesse ist unter bestimmten Umständen eine Diktatur die bessere Staatsform.
Was Deutschland jetzt braucht, ist eine einzige starke Partei, die die Volksgemeinschaft insgesamt verkörpert.
Wir sollten einen Führer haben, der Deutschland zum Wohle aller mit starker Hand regiert.
Chauvinismus (M = 7,05; SD = 3,10; n = 1.586; α = ,76)
Wir sollten endlich wieder Mut zu einem starken Nationalgefühl haben.
Was unser Land heute braucht, ist ein hartes und energisches Durchsetzen deutscher Interessen gegenüber dem Ausland.
Das oberste Ziel der deutschen Politik sollte es sein, Deutschland die Macht und Geltung zu verschaffen, die ihm zusteht.
Verharmlosung des Nationalsozialismus (M = 4,52; SD = 2,15; n = 1.541; α = ,66)
Ohne Judenvernichtung würde man Hitler heute als großen Staatsmann ansehen.
Die Verbrechen des Nationalsozialismus sind in der Geschichtsschreibung weit übertrieben worden.
Der Nationalsozialismus hatte auch seine guten Seiten.
Fremdenfeindlichkeit (M = 5,87; SD = 2,81; n = 1.650; α = ,81)
Die Ausländer kommen nur hierher, um unseren Sozialstaat auszunutzen.
Wenn Arbeitsplätze knapp werden, sollte man die Ausländer wieder in ihre Heimat zurückschicken.
Die Bundesrepublik ist durch die vielen Ausländer in einem gefährlichen Maß überfremdet.
Antisemitismus (M = 4,66; SD = 2,34; n = 1.493; α = ,83)
Auch heute noch ist der Einfluss der Juden zu groß.
Die Juden arbeiten mehr als andere Menschen mit üblen Tricks, um das zu erreichen, was sie wollen.
Die Juden haben einfach etwas Besonderes und Eigentümliches an sich und passen nicht so recht zu uns.
Sozialdarwinismus (M = 4,68; SD = 2,37; n = 1.679; α = ,70)
Wie in der Natur sollte sich in der Gesellschaft immer der Stärkere durchsetzen.
Eigentlich sind die Deutschen anderen Völkern von Natur aus überlegen.
Es gibt wertvolles und unwertes Leben.

Anmerkungen M = arithmetischer Mittelwert; SD = Standardabweichung; n = Anzahl der Befragten; α = Cronbachs Alpha.

die Hälfte der Befragten (49,8 %) lehnt die Forderung nach einer einzigen starken Partei ab, »die die Volksgemeinschaft insgesamt verkörpert«.

Tabelle 3.0.1

lehne völlig ab	lehne überwiegend ab	teils/teils	stimme überwiegend zu	stimme voll und ganz zu
70,7	14,4	11,0	2,2	1,7
49,8	15,4	16,4	9,1	9,3
74,5	9,9	8,2	4,3	3,1
26,7	14,7	27,3	17,3	14,0
39,2	19,1	28,3	8,4	4,9
43,8	20,3	23,3	7,8	4,9
74,4	12,8	8,2	2,5	2,0
68,9	14,6	10,8	3,6	2,1
65,9	14,9	13,8	3,4	2,1
35,3	22,0	32,5	5,7	4,4
61,9	18,5	13,7	4,2	1,7
48,4	19,0	21,3	5,7	5,7
59,2	21,5	15,0	2,4	1,9
65,5	20,7	9,9	1,9	2,0
67,1	17,8	11,7	1,3	2,1
62,4	18,0	13,2	3,2	3,2
69,1	14,3	12,3	2,0	2,3
76,4	7,0	9,3	3,3	4,0

Lediglich 1,4 % der Befragten verharmlosen den Nationalsozialismus (Anteil der Befragten, die allen drei Aussagen zur Erfassung der gleichnamigen

Subdimension »überwiegend« oder »voll und ganz« zustimmen). Weitere 9,4 % der Befragten liegen mit ihren Antworten bei dieser Subdimension im Graubereich. Jeweils etwa ein Viertel bis ein Drittel der Befragten lehnt einzelne der zu dieser Subdimension gehörenden Aussagen nicht völlig ab, meint also doch zumindest »teils/teils«, »der Nationalsozialismus hätte auch seine guten Seiten gehabt«, die Verbrechen des Nationalsozialismus in der Geschichtsschreibung »seien maßlos übertrieben« worden oder »ohne Judenvernichtung würde Hitler heute als großer Staatsmann angesehen«.

Ansichten, die nationalen Chauvinismus nahelegen, werden von fast jedem zehnten Befragten (8,6 %) geteilt. Weitere 34,1 % liegen mit ihren Zustimmungswerten im Graubereich. Entsprechend ist hier die nicht völlige Ablehnung der einzelnen Aussagen beziehungsweise sogar die Zustimmung dazu vergleichsweise am häufigsten. Rund ein Drittel der Befragten (31,3 %) fordert beispielsweise: »Wir sollten endlich wieder Mut zu einem starken Nationalgefühl haben.« Mehr als 10 % der Befragten stimmen »überwiegend« oder »voll« zu, »das oberste Ziel der deutschen Politik sollte es sein, Deutschland die Macht und Geltung zu verschaffen, die ihm zusteht« oder fordert ein »hartes und energisches Durchsetzen deutscher Interessen gegenüber dem Ausland«, ein weiteres Viertel antwortet hier mit »teils/teils«.

Auch bei den drei sozialen Subdimensionen ist die Quote derjenigen, die mit ihren Antworten klar im Zustimmungsbereich liegen, gering. Lediglich 4,5 % stimmen offen Fremdenfeindlichkeit, 2,9 % Sozialdarwinismus und nur 1,7 % Antisemitismus zu. Im Graubereich zwischen einer eindeutigen Zustimmung und Ablehnung liegen wiederum deutlich mehr Befragte – dies sind 21,3 % bei der Fremdenfeindlichkeit, 8,8 % beim Sozialdarwinismus und 10,3 % beim Antisemitismus. Bei der einen oder anderen Aussage liegt der Anteil jener, die ambivalent mit »teils/teils« antworten oder sogar einzelnen Aussagen zustimmen, zwischen 10 % und 40 %. So meint etwa rund ein Drittel (32,7 %) der Befragten mindestens »teils/teils«, die Bundesrepublik sei »durch die vielen Ausländer in einem gefährlichen Maß überfremdet«. Klassisch antisemitische Verschwörungsmythen vertritt jede_r fünfte Befragte (19,3 %), indem er oder sie auf die Aussage, »Auch heute noch ist der Einfluss der Juden zu groß« (→ Kap. 9, S. 283 ff.), mit mindestens »teils/teils« antwortet oder sogar »überwiegend«

oder »völlig« zustimmt. 16,6 % der Befragten sind mindestens »teils/teils« der Ansicht: »Es gibt wertvolles und unwertes Leben.«

Zustimmung zu den zusammenfassenden Subdimensionen rechtsextremer Einstellungen in Deutschland 2020/21 (Angaben in Prozent)   **Tabelle 3.0.2**

	Gesamtwohn-bevölkerung (n = 1.631)	in Ost-deutschland aufgewachsen (n = 366)	in West-deutschland aufgewachsen (n = 1.247)
Befürwortung Diktatur*	2,2	3,0	1,3
Chauvinismus	8,6	9,5	7,7
Verharmlosung des Nationalsozialismus	1,4	0,3	0,7
Fremdenfeindlichkeit*	4,5	7,1	4,1
Antisemitismus	1,7	1,8	1,3
Sozialdarwinismus*	2,9	6,0	0,8
Rechtsextremismus gesamt (geschlossen rechtsextremes Weltbild)	1,7	0,4	1,5

Anmerkungen * = p ≤ ,05; ** = p ≤ ,01; *** = p ≤ ,001. | Auf die Frage, wo sie überwiegend aufgewachsen sind, geben in der Gesamtstichprobe 20,9 % der Befragten an, überwiegend in Ostdeutschland aufgewachsen zu sein, 71,2 % überwiegend in Westdeutschland, 6,5 % im Ausland, 1,4 % geben an, dies nicht zu wissen bzw. machen keine Angabe (aufgrund der geringen Fallzahl und heterogenen Zusammensetzung wird darauf verzichtet, die Angaben für die im Ausland Aufgewachsenen in der Tabelle auszuweisen).

Zusammenfassend lässt sich festhalten: Eindeutig rechtsextreme Einstellungen werden nur von einem Bruchteil der Bevölkerung vertreten. Zugleich offenbart sich bei etlichen Befragten keine ganz klare Ablehnung von rechtsextremen Ideologieinhalten, ist ihnen gegenüber zumindest ambivalent, bei einzelnen Aspekten sogar zustimmend eingestellt. Erkennbar wird hier auch das Einfallstor für rechtspopulistische Propaganda, die mit einer homogenen Vorstellung des »Volks« sympathisiert, dessen Willen durch einen einzigen Führer verkörpert wird (➞ Kap. 2, S. 43 ff.), und gegen Minderheiten hetzt, was den Weg in den Rechtsextremismus öffnen kann.

Hinzu kommt die in Teilen durchaus vorhandene Billigung von Gewalt, wie sie bereits bei den vorangegangenen Mitte-Studien deutlich wurde. In der Mitte-Studie 2020/21 hält jede_r Siebte (13,5 %) der Befragten »Gewalt zur Erreichung politischer Ziele« zumindest teilweise, eher oder sogar voll und ganz »moralisch für gerechtfertigt«, fast ebenso viele (12,1 %) rechtfertigen zumindest teilweise Gewalt gegen Politiker_innen (⟶ Kap. 8, S. 225 ff.). Erneut bestätigt sich der enge Zusammenhang zwischen der Neigung zu rechtsextremen Einstellungen und der Billigung von Gewalt – je stärker Befragte auf Ebene der Einstellungen in Richtung Rechtsextremismus tendieren, desto eher billigen sie auch Gewalt (Korrelation r = ,59; ebd.).

3.0.4 Zeitliche Entwicklungen rechtsextremer Einstellungen

Im Vergleich zu 2018/19 ist der Anteil an Personen in der Bevölkerung, die rechtsextreme Einstellungen vertreten, weiter rückläufig. Hier entwickeln sich Ost- und Westdeutsche weiter auseinander, auch wenn die Unterschiede – wie unten angesprochen – nur bei einigen Subdimensionen signifikant sind: Während die Zustimmung zum Rechtsextremismus unter Westdeutschen weiter sinkt, stagniert sie unter Ostdeutschen beziehungsweise nimmt auf einigen Subdimensionen sogar (wieder) zu. Besonders auffällig ist die im Vergleich zu den Vorjahren häufigere Zustimmung zu Sozialdarwinismus unter Ostdeutschen. Diese Beobachtungen decken sich insgesamt weitgehend mit denen der verwandten Leipziger Autoritarismusstudie 2020 (Decker & Brähler 2020), deren Datenerhebung gut ein halbes Jahr früher im Frühsommer 2020 stattfand, also kurz nach der ersten Welle der Coronapandemie und dem ersten Lockdown, in der Zeit erster Lockerungen.[9] Auch der verwandte Thüringen-Monitor, der die gleichen Aussagen zur Erfassung rechtsextremer Einstellungen nutzt wie die Mitte-Studie, verzeichnet einen deutlichen Rückgang zur Erfassung rechtsextremer Einstellungen in Thüringen; hier lief die Erhebung im Herbst 2020 (⟶ Abb. 3.0.2, S. 92 u. 3.0.3, S. 93).

---

9   Die Leipziger Studie erhebt rechtsextreme Einstellungen über anonyme Fragebögen, was aufgrund der abweichenden Methodik durchweg zu etwas höheren Zustimmungswerten führt als die Mitte-Studie, die seit 2014 telefonische Interviews durchführt. Die dennoch grundsätzlich sehr ähnlichen Beobachtungen beider Studien validieren die Befunde gegenseitig.

Bemerkenswert ist die noch einmal deutlicher gewordene »Bewegung in die Mitte« hin zu den »Teils/teils«-Antwortoptionen, die sich schon in der letzten Erhebung angedeutet hat. Beobachten lässt sich dies bei etlichen der durchaus hart und eindeutig formulierten Aussagen zur Erfassung rechtsextremer Einstellungen. Während im Vergleich zwischen der Erhebung von 2014 und der von 2016 eine Polarisierung der Antworten erkennbar ist – ein jeweils noch größerer Anteil der Befragten lehnte in 2016 im Vergleich zu 2014 rechtsextreme Aussagen und Einstellungen völlig ab beziehungsweise stimmte diesen völlig zu –, wählten im Vergleich von 2016 auf 2018/19 mehr Befragte die mittlere Antwortkategorie »teils/teils«. Wie bereits zuvor speist sich 2020/21 der nun vergleichsweise noch einmal erhöhte Anteil ambivalent-unentschlossener Antworten von beiden Polen her, von der klaren Ablehnung wie der klaren Zustimmung. Die Polarisierung ist zwar immer noch sehr deutlich – der Großteil der Befragten stimmt hart formulierten Aussagen zum Rechtsextremismus nicht zu, lediglich ein kleiner Anteil stimmt zu –, doch schwächt sie sich leicht ab. Auch wenn es in jedem Jahr andere Befragte sind, die interviewt werden (die Studie ist als klassische Querschnittstudie angelegt, nicht als Panelstudie mit immer denselben Befragten), ist dies mit Blick auf die Stimmungslage in der Bevölkerung auffällig. Im Einzelfall kann die Antwort »teils/teils«-Ambivalenz, generelle Unsicherheit oder die aus der Einstellungsforschung bekannte Tendenz zur Mitte der Antwortskala ausdrücken. Es besteht allerdings der begründete Verdacht, einige der »Teils/teils«-Antworten könnten auch etwas abgeschwächte oder gar verklausulierte Zustimmung signalisieren – Befragte, die bei einzelnen rechtsextremen Aussagen mit »teils/teils« antworteten, stimmen anderen Aussagen in der Tendenz eher zu, als dass sie diese ablehnen. Ein leichtes Abflauen der Polarisierung bedeutet also nicht zwangsläufig, dass die Mitte demokratischer wird. Vielmehr wird die Mitte – so scheint es – indifferenter in Bezug auf Rechtsextremismus.

3.0.5 Rechtsextreme Einstellungen in demografischen Gruppen

Im Folgenden werden in aller Kürze Beobachtungen zu Unterschieden zwischen verschiedenen Bevölkerungsgruppen, unterteilt nach zentralen demografischen Merkmalen, berichtet. Das Ausmaß ausgeprägter rechtsextremer Einstellungen ist insgesamt, wie oben berichtet, gering, die Unterschiede also auf entsprechend niedrigem Niveau. Sie können aber jenseits der hier berichteten eindeutigen

Rechtsextreme Einstellungen in der (Wohn-)Bevölkerung 2014–2020/21 – politische Dimensionen (Angaben in Prozent)   **Abb. 3.0.2**

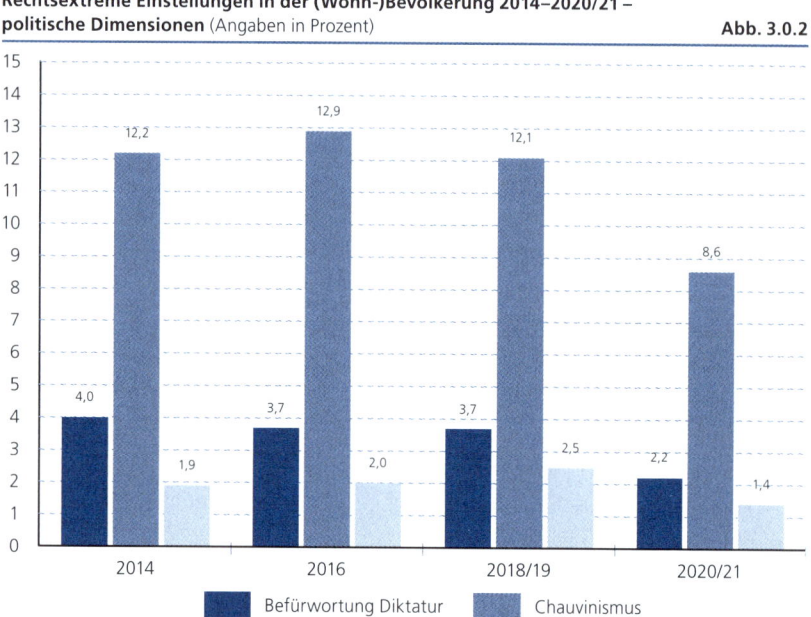

Anmerkungen Um den Vergleich zu ermöglichen, wurden rückwirkend die Zustimmungswerte für die erweiterte Stichprobe der Wohnbevölkerung in Deutschland (nicht nur der deutschen Staatsbürger_innen) neu berechnet; aus diesem Grund sind die Zustimmungswerte minimal abweichend zu den in vorangegangenen Mitte-Studien angegebenen.

Zustimmungswerte Hinweise auf eine mögliche Affinität und besondere Ansprechbarkeit geben, die nicht zuletzt für die Prävention von Bedeutung ist. Vorweggreifend sei angemerkt, dass sich in allen Bevölkerungsgruppen Tendenzen zu einzelnen der rechtsextremen Ideologieelemente finden. Ein Fingerzeig auf »die anderen« als einzige problematische Gruppe in puncto Rechtsextremismus ist also auch hier nicht angemessen.

Ost- und Westdeutsche. Im Osten Deutschlands sind rechtsextreme Einstellungen, insgesamt betrachtet, nicht weiter verbreitet als im Westen. Dies mag auf den ersten Blick überraschen, war aber bereits in der vergangenen Mitte-Studie 2018/19 der Fall. Allerdings liegt bei allen Subdimensionen der Anteil der

Rechtsextreme Einstellungen in der (Wohn-)Bevölkerung 2014–2020/21 – soziale (völkische) Dimensionen (Angaben in Prozent)　　　**Abb. 3.0.3**

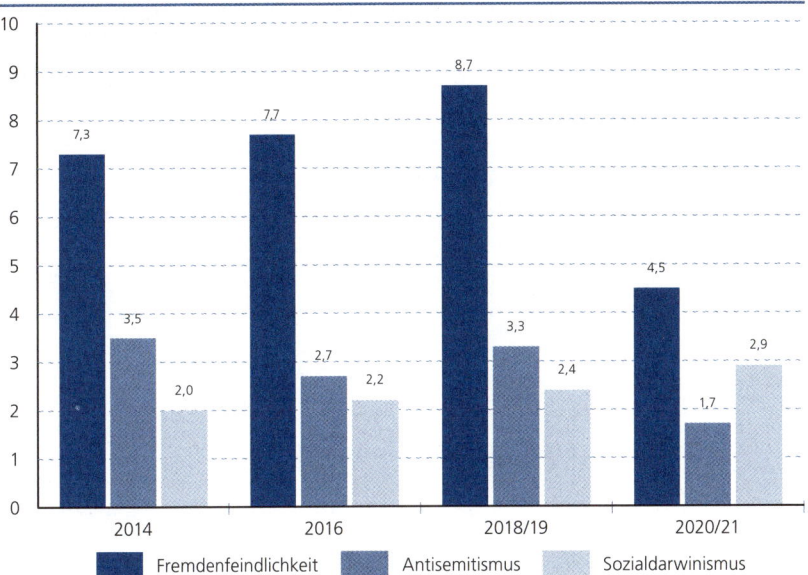

Anmerkungen Um den Vergleich zu ermöglichen, wurden rückwirkend die Zustimmungswerte für die erweiterte Stichprobe der Wohnbevölkerung in Deutschland (nicht nur der deutschen Staatsbürger_innen) neu berechnet; aus diesem Grund sind die Zustimmungswerte minimal abweichend zu den in den vorangegangenen Mitte-Studien angegebenen.

Zustimmungen im Osten durchweg etwas höher als im Westen. Deutlicher werden die Unterschiede, vergleicht man die Befragten danach, wo sie überwiegend aufgewachsen sind (➡ Tab. 3.0.2, S. 89). Unter den im Osten Aufgewachsenen sind die Befürwortung einer rechtsgerichteten Diktatur, Fremdenfeindlichkeit sowie insbesondere Sozialdarwinismus signifikant weiter verbreitet. Dies spricht – ähnlich wie beim Rechtspopulismus (➡ Kap. 2, S. 43 ff.) – dafür, dass die Sozialisation entscheidender ist als der Wohnort (für eine echte empirische Überprüfung ist die Stichprobe leider zu klein). Der im Osten sichtbarere Rechtsextremismus wird offenkundig nur von einem kleinen Teil der Bevölkerung getragen, die aber, auch das ist offenkundig, weniger erkennbare Gegenwehr leistet beziehungsweise zu leisten vermag.

Graubereich zwischen Zustimmung und Ablehnung zu den Subdimensionen rechtsextremer Einstellungen und Gewaltbilligung in Deutschland 2020/21 (Angaben in Prozent)   **Tabelle 3.0.3**

	Ab-lehnung	Grau-bereich	Zustim-mung
Befürwortung Diktatur (n = 1.651)	82,3	15,5	2,2
Nationaler Chauvinismus (n = 1.586)	57,3	34,1	8,6
Verharmlosung des Nationalsozialismus (n = 1.541)	89,2	9,4	1,4
Fremdenfeindlichkeit (n = 1.650)	74,1	21,3	4,5
Antisemitismus (n = 1.493)	88,0	10,3	1,7
Sozialdarwinismus (n = 1.679)	88,3	8,8	2,9
Manifest rechtsextremes Weltbild (n = 1.315)	86,2	12,1	1,7
Gewaltbilligung (n = 1.732)	82,9	11,8	5,3

Anmerkungen Gesamtstichprobe n = 1.750 | Aufgrund des strengen Vorgehens bei der Skalenbildung für die rechtsextremen Einstellungen und einzelner fehlender Werte variiert die Fallzahl und ist geringer als die der Gesamtstichprobe. Befragte machen aus unterschiedlichen Gründen bei einzelnen Aussagen keine Angaben. Ergänzende Analysen verweisen darauf, dass sie bei anderen Aussagen, bei denen sie eine Angabe machen, im Durchschnitt häufiger zustimmen. Subdimensionen Werte: Ablehnung 3–7, Graubereich 8–11, Zustimmung 12–15; Manifest rechtsextremes Weltbild: Ablehnung 18–44, Graubereich 45–63, Zustimmung 63–90.

Frauen und Männer (➡ Tab. 3.0.4). Rechtsextremismus wird üblicherweise als »eine Sache von Männern« betrachtet. Er feiert Männlichkeitskulte und wendet sich gegen die Gleichstellung von Frauen (➡ Kap. 8.1, S. 246 ff.), seine Führungsfiguren sind fast ausschließlich Männer. Rechtsextreme Parteien und Gruppierungen bestehen überwiegend aus Männern, und rechtsextreme Straftaten werden ebenfalls überwiegend von Männern verübt (allerdings ist all dies nicht allein auf den Rechtsextremismus begrenzt, sondern trifft schlechterdings auf viele Bereiche einer traditionell und nach wie vor von Männern dominierten Gesellschaft zu mit entsprechender Varianz in Abhängigkeit von Werthaltung und Beharrungskräften). Nach wie vor wird daher die Rolle von Frauen im Rechtsextremismus unterschätzt, und auch wenn das Phänomen rechtsextremer Mädchen und Frauen inzwischen mehr Aufmerksamkeit erhält, werden diese oft nicht als politisch handelnde Personen wahrgenommen (u. a. Röpke 2014; Birsl 2015). Doch auf ideologischer Ebene stehen Frauen den Männern im Rechtsextremismus kaum nach. Männer tendieren zwar durchweg etwas häufiger zu rechtsextremen Einstellungen, wie auch die Mitte-Studie 2020/21 wieder bestätigt, doch sind die Unterschiede gering und lediglich in der Subdimension des nationalen Chauvinismus signifikant, das heißt, Männer fordern häufiger als Frauen mehr Nationalstolz, Geltung und Macht für Deutschland und die Durchsetzung nationaler Interessen gegenüber anderen Ländern.

Rechtsextreme Einstellungen bei Männern und Frauen 2020/21
(Angaben in Prozent)   Tabelle 3.0.4

	Männer (n = 852)	Frauen (n = 898)
Befürwortung Diktatur	2,8	1,6
Chauvinismus **	10,4	6,7
Verharmlosung des Nationalsozialismus	1,7	1,1
Fremdenfeindlichkeit	5,5	3,6
Antisemitismus	2,0	1,4
Sozialdarwinismus	3,2	2,6
Rechtsextremismus gesamt (geschlossen rechtsextremes Weltbild)	2,1	1,2

Anmerkungen * = p ≤ ,05; ** = p ≤ ,01; *** = p ≤ ,001. | Berechnet nur für deutsche Staatsbürger_innen zeigt sich ein grundsätzlich sehr ähnliches Ergebnismuster; so berechnet sind die Unterschiede zwischen Frauen und Männern auch bei der Befürwortung einer rechtsgerichteten Diktatur und der Verharmlosung des Nationalsozialismus signifikant.

Alter (⟶ Tab. 3.0.5, S. 97). Rechtsextremismus wird häufig mit Blick auf Jugendliche diskutiert, Präventionsprogramme sind vielfach auf diese Altersgruppe zugeschnitten (z. B. im Bundesprogramm Demokratie leben!). In der Verbreitung rechtsextremer Einstellungen galt hingegen lange das Gegenteil: Je älter, desto rechtsextremer eingestellt (dazu die Mitte-Studien, auch die Langzeitstudie Gruppenbezogene Menschenfeindlichkeit 2002–2011, Heitmeyer 2002–2011). Es schien gewissermaßen nur eine Frage der Zeit, so vielleicht die insgeheim gehegte Hoffnung, bis der Rechtsextremismus sich von allein erledigt hat. Über die Erhebungswellen ließ sich sowohl ein Effekt des Alters wie der Generation beobachten: Rechtsextreme Einstellungen waren unter Älteren weiter verbreitet als unter Jüngeren, und gingen in allen Altersgruppen über die vergangenen

Jahrzehnte zurück (dazu zusammenfassend u. a. Zick, Berghan & Mokros 2020; Küpper & Rump 2021). Doch in den vergangenen Jahren deutete sich hier eine Trendumkehr an: Die über die Generationen rückläufige Entwicklung rechtsextremer Einstellungen setzte sich bei den Jüngeren nicht mehr fort, im Gegenteil, bei einigen Subdimensionen stieg die Zustimmung unter Jüngeren sogar wieder an.

Auch in der Mitte-Studie 2020/21 sind rechtsextreme Einstellungen bei den Älteren vergleichsweise am weitesten verbreitet (wenngleich auch dies auf niedrigem Niveau) und am wenigsten bei den Mittelalten; die Zustimmung unter den Jüngeren liegt dazwischen. Jüngere Befragte unter 30 Jahren befürworten allerdings eine Diktatur etwas häufiger als die über 60-Jährigen. Das »Nachziehen« rechtsextremer Einstellungen der Jüngeren auf das Niveau der Älteren, welches sich in den vergangenen Jahren angedeutet hat, scheint sich insgesamt aber nicht fortzusetzen. Hierbei zeichnet sich jedoch eine Auseinanderentwicklung zwischen den Jüngeren im Osten und im Westen ab: Rechtsextreme Einstellungen scheinen bei Jüngeren im Westen anhaltend rückläufig und sehr selten zu sein, tendenziell zunehmend und häufiger jedoch bei Jüngeren im Osten. Ältere in Ost und West unterscheiden sich kaum beziehungsweise liegen die Werte der Älteren im Westen bei einigen Subdimensionen sogar über denen der Älteren im Osten. Aufgrund der kleinen Stichprobe müssen diese Beobachtungen jedoch mit Vorsicht betrachtet werden; wir verzichten daher auf eine Darstellung der Altersgruppen differenziert nach Ost- und Westdeutschland (ganz ähnlich aber die Beobachtung der Leipziger Autoritarismusstudie; Decker & Brähler 2020) (➡ Tab. 3.0.5).

Bildung (➡ Tab. 3.0.6, S. 98). Bildung gilt als der Schlüssel gegen menschenfeindliche und rechtsextreme Einstellungen. Viele Studien und auch die Mitte-Studien belegen immer wieder eine abnehmende Zustimmung zu damit verknüpften Aussagen, je höher die Schulbildung ist. Dies gilt für die breite Bevölkerung, ungeachtet der Tatsache, dass Führungspersonen im Rechtsextremismus oft gut gebildet sind und es auch unter den Aktivist_innen und Mitläufer_innen etliche gut Gebildete gibt. Auch die Mitte-Studie 2020/21 bestätigt erneut: Unter Befragten mit niedriger Schulbildung ist der Anteil jener vergleichsweise am größten, die rechtsextremen Einstellungen zustimmen (auch

Rechtsextreme Einstellungen nach Alter 2020/21
(Angaben in Prozent)   Tabelle 3.0.5

	Jüngere (17–30 Jahre) (n = 221)	Mittelalte (31–60 Jahre) (n = 877)	Ältere (ab 61 Jahre) (n = 622)
Befürwortung Diktatur***	4,7	0,6	3,8
Chauvinismus*	4,4	8,4	10,3
Verharmlosung des Nationalsozialismus	0,0	1,6	1,8
Fremdenfeindlichkeit*	2,3	3,6	6,4
Antisemitismus***	0,0	0,8	3,7
Sozialdarwinismus	1,8	3,5	2,5
Rechtsextremismus gesamt (geschlossen rechtsextremes Weltbild)**	1,0	0,8	3,4

Anmerkungen * = p ≤ ,05; ** = p ≤ ,01; *** = p ≤ ,001. | Berechnet nur für deutsche Staatsbürger_ innen zeigt sich ein grundsätzlich sehr ähnliches Ergebnismuster; so berechnet neigen Jüngere etwas weniger zu einer Befürwortung einer rechtsgerichteten Diktatur als Ältere.

wenn absolut gesehen sehr gering). Unter den Befragten mit höherer Schulbildung gibt es so gut wie keine klar rechtsextrem Eingestellten, unter jenen mit mittlerer Schulbildung liegt der Anteil dazwischen; erkennbar ist dies bei allen Subdimensionen.

So klar die Befunde sind, müssen sie dennoch in ihrer Eindeutigkeit hinterfragt werden. Studien verweisen hier auf diverse Faktoren, die mit Bildung verknüpft sind, und die eine Rolle spielen. Dazu gehören neben kognitiven und eingeübten Fähigkeiten, mit Komplexität und Ambivalenz umgehen zu können, insbesondere die soziale Erwünschtheit und die Motivation, vorurteilsfrei zu sein, welche ebenfalls deutlich positiv mit der Bildung korrelieren. Zu einem gewissen Teil dürften die abweichenden Zustimmungswerte also auch an dem unterschiedlichen Vermögen der Befragten liegen, die abgefragten Aussagen als menschenfeindlich beziehungsweise rechtsextrem zu erkennen beziehungsweise auch an ihrer Motivation, der sozialen Norm, nicht menschenfeindlich und rechtsextrem zu sein beziehungsweise zu erscheinen, zu folgen. Hinzu kommen – und dies ist für die Prävention besonders wichtig – unterschiedliche inhaltliche Normvorstellungen, die nicht zuletzt von der sozialen Umgebung abhängen.

Die kritische Frage ist also: Welche Normen herrschen vor, oder welche Normen werden von befragten Personen als vorherrschend wahrgenommen? Kurz gesagt: Ist es aus ihrer Sicht angesagt, nicht rechtsextrem zu sein oder finden sie rechtsextreme Positionen zu einem gewissen Grad »normal«, weil sie dort, wo sie leben, tatsächlich von vielen geteilt werden (➝ Kap. 3.1, S. 112 ff.)? Wollen einige damit vielleicht auch provokant ihre Abgrenzung zum »Mainstream« und ihre »Meinungsfreiheit« unter Beweis stellen (➝ Kap. 8, S. 225 ff.)?

Darüber hinaus scheint es Studien zufolge nicht einfach nur die Schulbildung an und für sich zu sein, die einen Einfluss auf rechtsextreme Einstellungen hat, vielmehr kommt es auf die Art und Weise dieser Bildung an (was auch bedeutet, dass Bildung nicht gleichbedeutend mit der formalen Schulbildung ist). Kurz, es geht um Demokratiebildung (➝ Kap. 11, S. 311 ff.). Zudem gibt es Überlappungen zwischen Bildung und Einkommen, das heißt, es sind die gleichen Personen, die über eine geringe Bildung und ein geringes Einkommen verfügen, wobei die Bildung für das Ausmaß menschenfeindlicher und rechtsextremer Einstellungen in der Regel bedeutsamer ist als das Einkommen.

Rechtsextreme Einstellungen nach Schulbildung 2020/21
(Angaben in Prozent)   Tabelle 3.0.6

	niedrig (n = 525)	mittel (n = 559)	hoch (n = 615)
Befürwortung Diktatur ***	5,3	1,0	0,8
Chauvinismus ***	15,4	8,1	3,6
Verharmlosung des Nationalsozialismus	1,8	1,4	0,3
Fremdenfeindlichkeit ***	7,7	4,6	2,2
Antisemitismus **	3,1	1,1	0,5
Sozialdarwinismus ***	8,2	0,7	0,7
Rechtsextremismus gesamt (geschlossen rechtsextremes Weltbild) **	3,2	1,3	0,8

Anmerkungen * = p ≤ ,05; ** = p ≤ ,01; *** = p ≤ ,001

Einkommen (➝ Tab. 3.0.7). In der Mitte-Studie 2020/21 bestätigt sich erneut der aus den Vorjahren und weiteren Studien bekannte Einkommenseffekt: Einkommensschwache Personen neigen deutlich häufiger zu rechtsextremen Einstellungen als Angehörige der Mittelschicht und Einkommensstärkere. Auffällig ist der vergleichsweise hohe Anteil (12,3 %) an einkommensschwächeren Befragten, die sozialdarwinistische Ansichten teilen. Beim Sozialdarwinismus geht es um Hierarchie und Wertigkeit eben nicht aufgrund materieller Güter oder aufgrund des Einkommens (oder wie in einer Wettbewerbsgesellschaft propagiert, um Leistung), sondern aufgrund von Seinsfaktoren, in diesem Fall vor allem die nationale beziehungsweise »Volks«-Zugehörigkeit, rassifizierende Zuschreibung und solcher von Wertigkeit. Dabei spielt neben dem Einkommen (und auch unabhängig davon) insbesondere das Gefühl kollektiver Benachteiligung eine Rolle, sei es als Ostdeutsche gegenüber Westdeutschen (dazu u. a. Klein, Küpper & Zick 2009), sei es im Vergleich von Deutschen zu Ausländer_innen, die hier leben (u. a. Rippl & Baier 2005).

Rechtsextreme Einstellungen nach Einkommen 2020/21
(Angaben in Prozent)   **Tabelle 3.0.7**

Einkommens...	schwächere (n = 232)	mittlere (n = 809)	starke (n = 376)
Befürwortung Diktatur ✱✱✱	6,6	2,1	1,1
Chauvinismus ✱✱✱	16,9	8,3	6,9
Verharmlosung des Nationalsozialismus ✱✱	4,4	1,2	1,1
Fremdenfeindlichkeit	8,1	4,7	3,6
Antisemitismus ✱✱	5,0	1,1	2,0
Sozialdarwinismus ✱✱✱	12,3	1,9	0,5
Rechtsextremismus gesamt (geschlossen rechtsextremes Weltbild)	1,3	1,6	1,9

Anmerkungen ✱ = p ≤ ,05; ✱✱ = p ≤ ,01; ✱✱✱ = p ≤ ,001. | Als einkommensschwach gelten Personen mit weniger als 70 %, als einkommensstark Personen über 150 % des Äquivalenzeinkommens gemessen am Einkommensmedian, Personen mit mittlerem Einkommen (die Mittelschicht) verfügen über ein Einkommen dazwischen.

Berufliche Statusgruppen (→ Tab. 3.0.8, S. 101). Die Nazis gaben ihrer Partei den Namen »Arbeiterpartei«, und auch heute inszeniert sich die extreme Rechte vielfach als Fürsprecher für die »ausgebeutete« Klasse. Erfahrungen abhängiger Lohnarbeiter_innen mit prekären Arbeitsverhältnissen und Löhnen an der Armutsgrenze werden jedoch nicht in die Forderung nach Umverteilung von oben nach unten (wie dies klassisch die Linke tut) übertragen. Sie werden vielmehr »völkisch« übersetzt, das heißt mit der Vorstellung eines zusammengehörenden, in sich homogenen Volks verbunden, gerichtet gegen jene, die als »nicht wertig und nicht dazugehörig« betrachtet werden. Damit wird Umverteilung von »außen nach innen« (von außerhalb Deutschlands und von Migrant_innen an »echte Deutsche«) gefordert (dazu u. a. Dörre et al. 2018). Migrant_innen werden nicht nur als vermeintliche Konkurrenz um Arbeit und Wohlstand betrachtet, sondern auch darum, »wer hier das Sagen hat«. Populistische Logik und rechtsextreme Ideologie fügen sich hier zusammen (➡ Kap. 2, S. 43 ff.). Die Verknüpfung von Klasse und Volk findet sich dabei nicht nur im rechten, sondern bisweilen auch im linken politischen Spektrum, wobei dort sowohl ein inklusives als auch ein exklusives Verständnis von Volk vertreten wird. Ersteres ruft nach Solidarität über nationale Grenzen und kulturelle Herkünfte hinweg. Letzteres beschränkt diese Solidarität auf die eigenen nationalen Grenzen, bisweilen auch auf die als eigen definierten kulturellen Bezüge, was dann auch auf der Linken seinen Ausdruck in Fremdenfeindlichkeit finden kann.

Die besondere Empfänglichkeit von Arbeiter_innen für den Rechtsextremismus, die in anderen Studien nachgewiesen wurde, bestätigt sich in der aktuellen Mitte-Studie 2020/21 nur bedingt. Im Vergleich zu Angestellten und insbesondere zu Beamt_innen, vertreten Arbeiter_innen häufiger sämtliche Subdimensionen rechtsextremer Einstellungen, fallen letztlich aber nicht durch ein geschlossenes Weltbild auf; hierin unterscheiden sich die beruflichen Statusgruppen nicht. Allerdings teilen auch Selbstständige und Freiberufler_innen häufiger als Beamt_innen rechtsextreme Einstellungen, zum Teil (wenngleich aufgrund der geringen Stichprobengröße nicht signifikant) sogar häufiger als Arbeiter_innen; auffällig ist insbesondere ihre Neigung zu Sozialdarwinismus.

So kann etwa die AfD nicht nur überproportional bei arbeitslosen Personen und Arbeiter_innen punkten, sondern tut dies auch bei Selbstständigen, wie ein Blick auf etliche Wahlen der vergangenen Jahre zeigt. Absolut gesehen ist der Großteil der AfD-Wähler_innen nicht arbeitslos, kein_e Arbeiter_in und zählt zur (eher unteren) Mittelschicht. Auffällig in den Daten der Mitte-Studie 2020/21 ist darüber hinaus die vergleichsweise hohe Zustimmung zu rechtsextremen Einstellungen nicht nur unter prekär Beschäftigten, sondern auch unter Rentner_innen (hier konfundiert mit dem Alter; s. o.) und besonders unter Hausfrauen/-männern. Deutlich wird damit noch einmal, dass nicht allein ein finanziell prekärer Status eine Affinität zu rechtsextremen Einstellungen befördert, sondern auch der soziale Status, also Ansehen und Stand, verbunden mit, aber auch losgelöst vom Finanziellen von Bedeutung ist. Hierbei spielen dann auch Erwartungshaltungen und soziale Vergleiche eine Rolle, also das, was man meint, was einem (aufgrund von Seinsmerkmalen wie Alter, Geschlecht, Herkunft usw.) im Vergleich zu anderen zusteht.

Rechtsextreme Einstellungen nach beruflichen Statusgruppen 2020/21
(Angaben in Prozent)   Tabelle 3.0.8

	Arbeiter (n = 224)	Angestellte (n = 1.036)	Beamte (n = 117)	Selbstständige/ Freie Berufe (n = 201)
Befürwortung einer rechtsgerichteten Diktatur*	3,7	1,9	0,0	0,5
Chauvinismus	11,7	8,4	2,7	9,3
Verharmlosung des Nationalsozialismus	0,5	1,3	0,0	2,7
Fremdenfeindlichkeit*	9,6	3,3	3,5	4,7
Antisemitismus	2,4	1,6	0,0	3,1
Sozialdarwinismus*	3,8	2,2	0,0	7,6
Rechtsextremismus gesamt (geschlossen rechtsextremes Weltbild)	0,7	1,8	0,0	0,7

Anmerkungen * = p ≤ ,05; ** = p ≤ ,01; *** = p ≤ ,001.

Mitgliedschaft in einer Gewerkschaft (➡ Tab. 3.0.9, S. 103). Der Anspruch und das Selbstverständnis von Gewerkschaften gehen über die »Durchsetzung wirtschaftlicher und sozialer Interessen« der abhängig Arbeitenden hinaus. Vielmehr verstehen sich Gewerkschaften »auch als Vertreter gesellschaftspolitischer Interessen«, treten ein für »Demokratie und Freiheit, Gleichheit und Gerechtigkeit, Solidarität und Toleranz«, so der Deutsche Gewerkschaftsbund in einer Stellungnahme.[10] Anlass war ein wütender Angriff in den Sozialen Medien

---

10 https://www.dgbrechtsschutz.de/fuer/arbeitnehmer/themen/beitrag/ansicht/arbeitnehmer/wofuer-gewerkschaften-stehen/details/anzeige/[Aufruf am 12.4.2021].

anlässlich der gewerkschaftlichen Positionierungen gegen rassistische Hetze in Chemnitz, die offenbar nicht alle Mitglieder teilten und goutierten. Während einerseits Gewerkschaften seit Jahrzehnten gegen Rassismus und Rechtsextremismus engagiert sind, versuchen umgekehrt politische Akteure von ganz rechts außen mit ihrer Agenda in den Gewerkschaften Fuß zu fassen, beispielsweise über die Arbeit in den Betriebsräten (Schroeder et al. 2019). Bei den vergangenen Bundestagswahlen war die AfD unter Gewerkschaftsmitgliedern überproportional erfolgreich.[11] Das Thema Rechtsextremismus und Gewerkschaften ist also ein durchaus zwiespältiges.

In den vorangegangenen Mitte-Studien ließ sich eine Verschiebung beobachten: Waren 2014 Gewerkschaftsmitglieder in der Tendenz seltener rechtsextrem eingestellt als Nichtmitglieder, holen sie 2016 auf. Das Verhältnis drehte sich dann 2018/19 sogar um. In der aktuellen Mitte-Studie 2020/21 unterscheiden sich Gewerkschaftsmitglieder und Nichtmitglieder so gut wie nicht mehr in der Zustimmung zu rechtsextremen Einstellungen (ähnlich auch die Befunde der Leipziger Autoritarismusstudie). Die augenscheinlichen kleinen Unterschiede sind statistisch nicht signifikant. Einzig Sozialdarwinismus ist bei Gewerkschaftsmitgliedern signifikant verbreiteter, wenn auch absolut gesehen selten. Alles in allem bestätigt sich damit jedoch die Beobachtung, nach der Gewerkschaften eben nicht automatisch ein Bollwerk gegen Rechtsextremismus sind (Zeuner et al. 2007)[12] (⇒ Tab. 3.0.9).

Religionszugehörigkeit (⇒ Tab. 3.0.10, S. 104). Wie Gewerkschaften und Vereine (⇒ Kap. 3.3, S. 130 ff.), so gelten auch die großen Kirchen und Religionsgemeinschaften als Bindekräfte einer Gesellschaft, denen nicht nur Bedeutung für den Zusammenhalt über Milieus und das politische Spektrum hinweg zugeschrieben wird, sondern auch für die Stabilität der Demokratie.[13] Diese Bindekräfte lassen in den vergangenen Jahren deutlich nach. All diese Organi-

---

11   https://www.bundestag.de/resource/blob/272928/2bca1c3521f6d1ee3bc7b07f648deda5/Kapitel_01_11_Stimmabgabe_nach_Beruf_und_Konfession__Zweitstimme_-pdf-data.pdf [Aufruf am 1.6.2021].

12   Siehe hierzu auch Stöss, Fichter, Kreis & Zeuner 2004. Abschlussbericht zum Projekt »Gewerkschaften und Rechtsextremismus«; https://www.polsoz.fu-berlin.de/polwiss/forschung/oekonomie/gewerkschaftspolitik/materialien/GEWREXSCHLUSS/Kapitel_In.pdf [Aufruf am 12.4.2021].

Rechtsextreme Einstellungen nach Gewerkschaftsmitgliedschaft 2020/21
(Angaben in Prozent)   Tabelle 3.0.9

	ja (n = 306)	nein (n = 1.429)
Befürwortung Diktatur	2,4	1,9
Chauvinismus	9,4	8,2
Verharmlosung des Nationalsozialismus	1,8	1,3
Fremdenfeindlichkeit	3,0	4,9
Antisemitismus	1,5	1,7
Sozialdarwinismus **	5,1	2,3
Rechtsextremismus gesamt (geschlossen rechtsextremes Weltbild)	1,2	1,7

Anmerkungen * = p ≤ ,05; ** = p ≤ ,01; *** = p ≤ ,001.

sationen verzeichnen einen deutlichen Mitgliederschwund. Zudem – und das ist nicht neu – sind diese Organisationen nicht zwingend prodemokratisch. Gern gerät in Vergessenheit, dass Grundrechte und Demokratie nicht mit der Unterstützung, sondern gegen die Kirche durchgesetzt werden mussten. Und auch die Vermutung, ein heidnischer Nationalsozialismus hätte unter Christ_innen weniger verfangen, hält der Empirie nur sehr bedingt Stand; es dauerte nicht lange, und ein großer Teil der Bevölkerung machte auch über die Konfessionen hinweg im NS-Staat mit (Falter 2020). Seit einigen Jahren lässt sich beobachten, wie sich antidemokratische Strömungen von ganz rechts außen in den Kirchen formieren beziehungsweise in die Kirchen einsickern und das Christentum als Bollwerk gegen Modernisierung und Islam instrumentalisieren (zur Übersicht z. B. Backes & Hillmann 2020).

Auf der Ebene der Einstellungen wird seit fast 70 Jahren empirisch immer wieder die Feststellung Gordon Allports (1954) bestätigt: »Religion makes prejudice and it unmakes prejudice.« (Religion befördert Vorurteile und be-

---

13 Ähnliche Zuschreibungen gibt es auch für Familien. Tatsächlich fällt auf, dass rechtsextreme Einstellungen durchweg signifikant häufiger von Befragten ohne feste Partnerschaft geteilt werden. Dies deckt sich mit der lange bestätigten, inzwischen aber hinterfragten Beobachtung, nach der Männer in der rechtsextremen Szene weniger aktiv sind, wenn sie eine Partnerin und Familie haben (dies gilt ohnehin nicht in jedem Einzelfall).

seitigt Vorurteile.) (zur Übersicht u. a. Küpper 2017; s. dazu z. B. auch den Religionsmonitor der Bertelsmann Stiftung; Pickel 2019). Dies bestätigt sich im Rahmen der Mitte-Studien – aktuell in der Mitte-Studie 2020/21 – auch für rechtsextreme Einstellungen. Es zeichnet sich wieder ein differenziertes Muster ab, und die Unterschiede zwischen den Konfessionen beziehungsweise zu Konfessionslosen sind insgesamt nicht sehr hoch. So lässt sich eine pauschale Antwort auf die Frage, ob Christ_innen nun mehr oder weniger rechtsextrem eingestellt sind, nicht geben. Vor Rechtsextremismus schützt das Christentum offenkundig so einfach nicht. Die kritische, auch innerhalb der Kirchen aufgeworfene Frage ist, ob dies dem selbst gesetzten Anspruch gerecht wird.

Rechtsextreme Einstellungen nach Religionszugehörigkeit 2020/21
(Angaben in Prozent)   Tabelle 3.0.10

	evangelisch (n = 489)	katholisch (n = 468)	keine (n = 616)
Befürwortung einer rechtsgerichteten Diktatur***	2,3	0,9	1,9
Chauvinismus	10,7	7,5	7,9
Verharmlosung des Nationalsozialismus***	0,5	0,2	1,4
Fremdenfeindlichkeit	3,4	4,3	5,9
Antisemitismus*	0,0	2,0	1,5
Sozialdarwinismus***	2,1	1,4	2,4
Rechtsextremismus gesamt (geschlossen rechtsextremes Weltbild)	2,7	0,6	1,9

Anmerkungen * = p ≤ ,05; ** = p ≤ ,01; *** = p ≤ ,001.

Politische Selbsteinschätzung (➡ Tab. 3.0.11). Auf die Frage nach der politischen Selbstverortung positionieren sich 4,1 % der Befragten »links«, 26,4 % »eher links«, 57,7 % »genau in der Mitte«, 9,9 % »eher rechts« und 1,9 % »rechts« (diese Angaben beziehen sich auf diejenigen, die eine Angabe hierzu machten, 6,4 % der Befragten machten hierzu keine Angaben oder antworteten mit »weiß nicht«). Rechtsextreme Einstellungen sind – wie in den Mitte-Studien zuvor – unter jenen mit Abstand am weitesten verbreitet, die sich selbst politisch rechts positionieren. Besonders auffällig ist unter diesen Befragten die verbreitete Zustimmung zu Sozialdarwinismus (43,3 %) und nationalem Chauvinismus (32,1 %). Letzterer wird allerdings auch von fast einem Viertel der eher rechts Positionierten geteilt. Auch die Verharmlosung des Nationalsozialismus findet bei den rechts Positionierten deutlich mehr Zustimmung (23,3 %). Doch auch bei Befragten ganz links im politischen Spektrum gibt es einige rechtsextrem Eingestellte; hier teilen vergleichsweise viele (absolut gesehen aber wenige) Befragte fremdenfeindliche Einstellungen. Unter jenen, die sich »eher links« positionieren, finden rechtsextreme Einstellungen die geringste Zustimmung. Befragte, die ihre politischen Ansichten selbst »genau in der Mitte« verorten, liegen mit ihren Werten zumeist dazwischen, auch hier tendiert ein gewisser Anteil zu rechtsextremen Einstellungen (⟶ Kap. 7, S. 213 ff.). So halten beispielsweise auch unter jenen Befragten, die sich politisch selbst »genau in der Mitte« sehen, 15,9 % zumindest »teils/teils« »unter bestimmten Umständen eine Diktatur« für die »bessere Staatsform«, sogar 39,1 % fordern zumindest »teils/teils« »eine einzige starke Partei, die die Volksgemeinschaft insgesamt verkörpert« und 19,9 % sind zumindest »teils/teils« davon überzeugt, es gäbe »wertvolles und unwertes Leben.«

Rechtsextreme Einstellungen nach politischer Selbsteinschätzung 2020/21
(Angaben in Prozent)   Tabelle 3.0.11

	links (n = 109)	eher links (n = 417)	genau in der Mitte (n = 1.115)	eher rechts (n = 140)	rechts (n = 31)
Befürwortung Diktatur	0,0	1,0	2,5	2,7	3,2
Chauvinismus***	6,3	1,6	9,5	21,6	32,1
Verharmlosung des Nationalsozialismus***	1,4	0,3	0,9	4,7	23,3
Fremdenfeindlichkeit***	6,1	1,3	4,7	12,5	6,7
Antisemitismus**	1,5	0,0	2,2	5,0	0,0
Sozialdarwinismus***	1,4	0,0	3,1	0,0	43,3
Rechtsextremismus gesamt (geschlossen rechtsextremes Weltbild)	1,7	0,6	2,1	2,2	4,0

Anmerkungen * = p ≤ ,05; ** = p ≤ ,01; *** = p ≤ ,001.

Parteipräferenz (⟶ Tab. 3.0.12, S. 106 f.). Ergänzend wurde die Parteipräferenz über die sogenannte Sonntagsfrage erhoben (⟶ Kap. 7, S. 213 ff.). Unter Wähler_innen der AfD sind rechtsextreme Einstellungen auffällig verbreitet;

Rechtsextreme Einstellungen nach Parteipräferenz 2020/21
(Angaben in Prozent)   Tabelle 3.0.12

	CDU/CSU (n = 452)	SPD (n = 181)
Befürwortung Diktatur***	0,5	3,4
Chauvinismus***	8,7	4,2
Verharmlosung des Nationalsozialismus**	2,9	0,0
Fremdenfeindlichkeit***	4,1	4,0
Antisemitismus	3,0	2,5
Sozialdarwinismus***	2,3	5,7
Rechtsextremismus gesamt (geschlossen rechtsextremes Weltbild)	0,8	0,7

Anmerkungen * = p ≤ ,05; ** = p ≤ ,01; *** = p ≤ ,001. | ª = Bündnis 90/Die Grünen, ᵇ Nichtwahl.

bei allen Subdimensionen finden sich bei ihnen die höchsten Zustimmungswerte (zu vergleichbaren Befunden kommen auch Vehrkamp 2021; Decker &
Brähler 2020). Besonders deutlich ist dies beim nationalen Chauvinismus und
der Fremdenfeindlichkeit mit auch absolut gesehen hohen Zustimmungswerten.
Bei den Dimensionen Sozialdarwinismus und Verharmlosung der NS-Diktatur
fällt ebenfalls der im Vergleich zu Wähler_innen anderer Parteien hohe Anteil
zustimmender AfD-Wähler_innen auf. Auch neigen sie häufiger zu Antisemitismus. Ausnahme ist die Befürwortung einer Diktatur, die mehr noch unter
Wähler_innen der Linkspartei und ähnlich weit auch von SPD-Wähler_innen
geteilt wird (absolut gesehen aber auf sehr niedrigem Niveau). Potenzielle Wäh-
ler_innen der Linkspartei fallen zudem durch vergleichsweise höhere Zustimmung
zu Fremdenfeindlichkeit auf, während die Werte für Antisemitismus und Sozialdarwinismus, wie bei den Grünen, bei null liegen. Letztlich teilen 9,4 % der
AfD-Wähler_innen ein geschlossen rechtsextremes Weltbild; nur unter den
Nichtwähler_innen ist der Anteil ähnlich weit oder augenscheinlich noch etwas
weiter verbreitet.

Das rechtsextreme Potenzial in Deutschland wird zwar in großen Teilen durch
die etablierten Parteien gebunden, das heißt, die Mehrheit der Befragten, die
rechtsextremen Ideologien zuneigen, wählen keine Rechtsaußenpartei (dazu
bereits Stöss 2010), doch gelingt es der AfD, einen deutlich überproportionalen

Tabelle 3.0.12

FDP (n = 75)	B'90[a] (n = 330)	Die Linke (n = 64)	AfD (n = 65)	NW [b] (n = 126)
1,4	0,0	4,8	3,2	6,4
8,7	1,6	3,2	47,5	16,7
1,6	0,0	0,0	7,3	2,1
1,4	1,3	8,3	28,1	8,4
1,6	0,0	0,0	6,0	4,7
1,5	0,0	0,0	11,1	5,6
0,0	0,0	2,1	9,4	11,0

Anteil davon auf sich zu ziehen. Die Zustimmungswerte der FDP-Wähler_innen sind in dieser Erhebung niedrig, kaum eine_r vertritt rechtsextreme Ansichten. Der nationalliberale Flügel, der noch aus historischen Zeiten die FDP mitprägt und in früheren oder anderen Erhebungen auch in den Einstellungen ihrer Wähler_innen erkennbar ist, bildet sich in dieser Erhebung nicht ab (anders aber z. B. im Populismusbarometer 2020; Vehrkamp 2021; dort neigen Wähler_innen der FDP vergleichsweise etwas häufiger, wenngleich längst nicht so häufig wie jene der AfD, zu rechtsextremen Einstellungen). Die Befunde für die kleinen Parteien müssen aufgrund der geringen Anzahl allerdings mit Zurückhaltung interpretiert werden. (⟶ Tab. 3.0.12)

3.0.6 Schlussbetrachtung zu den Befunden

Was lässt sich anhand der Befunde der Mitte-Studie 2020/21 zu den rechtsextremen Tendenzen mit Blick auf den Zustand der Mitte der Gesellschaft ablesen?

• Die einzelnen Subdimensionen rechtsextremer Einstellungen hängen empirisch so eng miteinander zusammen, dass es gerechtfertigt ist, von einem zusammenhängenden Konstrukt zu sprechen – wer auf einer der Dimensionen in eine zustimmende Richtung tendiert, neigt auch bei anderen dazu. Die Haltung zum politischen System geht Hand in Hand mit der zum Wesen von Volk und Gesellschaft, demokratisch wie antidemokratisch, plural oder völkisch. Entsprechend ernst müssen die Zustimmungen zu einzelnen Subdimensionen genommen werden, denn sie öffnen die Tür zu weiteren.

- Rechtsextreme Einstellungen sind über die Gesamtgesellschaft betrachtet insgesamt weiter rückläufig, dies bestätigen auch verwandte Studien. Nur sehr wenige Befragte stimmen allen sechs Subdimensionen zu, und auch bei den einzelnen Subdimensionen ist der Anteil derer, die zustimmen, gering.

- Doch findet sich bei vielen der insgesamt 18 Aussagen ein erklecklicher Anteil von Befragten, deren Zustimmungswerte in einem Graubereich zwischen klarer Ablehnung und eindeutiger Zustimmung liegen. So hat auch der Anteil an Befragten, die mit »teils/teils« antworten, im Vergleich zur Mitte-Studie 2018/19 noch einmal zugenommen. Diese Befragten sind also auch bei den hart formulierten Aussagen zur Erfassung rechtsextremer Einstellungen zumindest ambivalent. Bei einigen versteckt sich dahinter vielleicht auch eine subtile Art der Zustimmung, wie ergänzende Analysen nahelegen. Die Sorge vor einer Normalisierung des Rechtsextremismus scheint also nicht unbegründet. Diese Normalisierung durchzieht nicht die Gesellschaft als Ganzes, aber einen Teil davon.

- Mit Blick auf die politische Selbstverortung der Befragten bestätigt sich erneut: Je weiter rechts sie sich im politischen Spektrum sehen, desto eher neigen sie zu rechtsextremen Einstellungen, doch auch ganz links sind rechtsextreme Ideologiefragmente tendenziell etwas weiter verbreitet, am geringsten bei jenen, die sich als »eher links« verorten. Die vielen Befragten, die sich politisch »genau in der Mitte« verorten, liegen dazwischen, das heißt, auch hier vertritt ein gewisser Teil rechtsextreme Einstellungen oder ist diesbezüglich zumindest nicht klar ablehnend eingestellt. Die nationalistischen, bisweilen auch fremdenfeindlichen Ausfälle politischer Akteure zeichnen sich auch in den Einstellungen der Bevölkerung und der Wähler_innen ab. Dies gilt nicht nur, aber ganz besonders für die Wähler_innen der AfD – ihnen bietet die Partei durchaus das, was deren Einstellungen entspricht. Umgekehrt ist die Präferenz für die AfD also nicht einfach ein Ergebnis hilflosen, ungerichteten Protests, sondern eine politische Entscheidung, die den eigenen Einstellungen durchaus entspricht. Auch unter den Nichtwähler_innen fällt, wie schon in den vergangenen Mitte-Studien, eine vergleichsweise häufige Neigung zu rechtsextremen Einstellungen auf. Auffallend hoch ist der Anteil von Befragten, die eine Diktatur befürworten, also eine einzige Partei und einen einzigen Führer mit starker Hand wünschen – dies ist eine deutliche Aufforderung an die politische Bildung. Bei den Nichtwähler_innen versammeln sich zudem etliche der zahlenmäßig wenigen Befragten mit einem geschlossen rechtsextremen Weltbild, was zeigt, wie gefährlich es ist, zu unbedarft an das Thema Partizipation heranzugehen, nach dem derzeit viele rufen.

- Die wichtige Rolle der Schulbildung bestätigt auch diese Mitte-Studie erneut. Besorgnis erregt hier die Reduktion des Unterrichts (ggf. sogar nur auf die sogenannten Kernfächer) aufgrund der Coronapandemie, erhielt doch schon zuvor die Demokratiebildung im Regelunterricht nur wenig Raum, ungeachtet ihrer erneut betonten Rolle durch die Kultusministerkonferenz als wichtiges »Ziel, Gegenstand und Praxis«[14] der schulischen Bildung – maximal 4,5 % der Regelunterrichtszeit nimmt sie im Laufe der Schulzeit von Schüler_innen ein (Gökbudak & Hedtke 2018). Dies mahnt erneut dazu, die bislang oft, wenn überhaupt, projekthaft angelegte Demokratiebildung in der Regelbildung zu stärken. Dazu gehört nicht allein Faktenwissen, sondern vertiefte Reflexion kognitiver wie emotionaler Aspekte, Erfahrung und das Einüben demokratischer Prozesse, das Aushalten und Aushandeln von unterschiedlichen Positionen und so weiter.
- Die vielfache Beobachtung, nach der Jüngere weniger rechtsextrem eingestellt sind als Ältere und rechtsextreme Einstellungen in den Generationen nach 1945 langsam zurückgehen, zeichnet sich auch in dieser Mitte-Studie ab. Der sich andeutende Trend, dass sich dies nun bei den Jüngeren aber nicht mehr fortsetzt, und dass diese sogar wieder rechtsextremer werden, bestätigt sich hier für Gesamtdeutschland nicht. Es finden sich aber Hinweise auf eine Auseinanderentwicklung von Ost- und Westdeutschland. Dies zeigt sich auch bei Wahlen: Im Osten wählen gerade auch Jüngere und Mittelalte (Männer) die dort ganz klar ins Rechtsextreme abdriftende AfD (vgl. dazu die Ergebnisse der jüngeren Landtagswahlen). Doch auch wenn sie dies vielleicht weniger in Wahlstimmen übersetzten, sollten Frauen auf der ideologischen Ebene des Rechtsextremismus nicht unterschätzt werden.

---

14 Beschluss Demokratieerziehung der Kultusministerkonferenz vom 6.3.2009 i. d. F. v. 11.10.2018.

- Die Mitgliedschaft in großen Organisationen wie Gewerkschaften, Kirchen und Sportvereinen (⟶ Kap. 3.3, S. 130 ff.) macht kaum einen Unterschied in der Haltung zum Rechtsextremismus. Der ihnen zugeschriebene demokratieförderliche Wert zeichnet sich nicht in den Einstellungen ihrer Mitglieder ab. Für die mögliche Annahme, in diesen Organisationen sammelten sich vielleicht Personengruppen (wie jene mit weniger Bildung und Einkommen), die ohne diese Bindungskräfte doch eher zu antidemokratischen Haltungen neigen, findet sich zunächst keine Bestätigung. Die Mitglieder dieser Organisationen unterscheiden sich nicht oder nur wenig von Nichtmitgliedern in Bildung und Einkommen.

Der weitere schrittweise Rückgang rechtsextremer Einstellungen, wie er hier durch die Bevölkerungsbefragung gemessen wird, steht in krassem Widerspruch zu dem eingangs skizzierten Anstieg offenen und gewalttätigen Ausbrüchen des Rechtsextremismus. Ebenso werden die Erfahrungen unmittelbar von Hass und Gewalt Betroffener durch den Blick auf die Gesamtbevölkerung überdeckt. Rechtsextreme Straf- und Gewalttaten beziehungsweise Hasstaten werden zunächst nicht von der Stimmungslage in der Gesamtbevölkerung getragen, sondern nur von einem Teil der Bevölkerung, der jedoch laut und deutlich zu rechtsextremen Einstellungen neigt und dann auch häufiger Gewalt billigt. Der übrige große Teil der Bevölkerung tat dies schon in den Vorjahren nicht und jetzt noch weniger. Wirkmächtig ist hier vielleicht doch ein nachhaltiger Schock durch die Attentate der vergangenen Jahre, der schließlich auch in den Medien, den Institutionen und Sicherheitsorganen nachhallt. Die Berichte über rechtsextreme Umtriebe in diesen werden zu weiterer Verunsicherung geführt haben. Politische Verantwortungsträger_innen sind inzwischen auch selbst zu oft bedroht worden, als dass das vorauseilende »Verstehen besorgter Bürger« als taugliche Strategie erscheint. Angesichts der sich radikalisierenden Anticoronaproteste scheint dringend geraten, sie nicht einfach nur als ein Aufbäumen gegen ein »Nicht-Gehörtwerden« zu interpretieren, sondern auch die dort geäußerten Positionen politisch ernst zu nehmen und die dort Protestierenden entsprechend ihres Anspruchs als Bürger_innen dafür in Verantwortung zu nehmen.

Das auch bei den Coronaprotestdemos anfängliche Verständnis für diejenigen, die laut und wutentbrannt ihrer Position Luft machen und angeblich nicht gehört werden, ist angesichts der deutlichen Dominanz rechtsextremer Kräfte und Verschwörungsideolog_innen derzeit etwas abgeebbt, und die mangelnde Unterstützung derjenigen, die »den Laden am Laufen zu halten« – was schon im Zuge der Fluchtbewegung nach Deutschland 2015/16 zu beobachten war – hat sich gebessert. Es ist abzuwarten, ob dies so bleibt. Die Coronapandemie hat mit all der Erschöpfung, die sie mit sich bringt, vielleicht auch zu einem »Runterkommen«, zu neuer Vernunft und neuer Solidarität geführt. Umgekehrt sind – mit Ausnahme des Internets – Mobilisierungsräume entfallen, plakativ gesagt, der Offlinestammtisch muss gerade pausieren. Ebenso reduziert sind zumindest offline die Möglichkeiten für die vielen kleinen Bestätigungen rechtsextremer Positionen im Freundes- und Kollegenkreis. Die Gesellschaft ist in ihrer Breite der Daueraufregung und des aggressiven Geschreis der vergangenen Jahre überdrüssig, es passt schlicht nicht in die Zeit (so rief auch der neue US-Präsident Joe Biden bei seiner Amtseinführung im Januar 2021 dazu auf, zur Ruhe zu kommen). Nicht zuletzt die umfangreiche Aufklärung in den Medien über Covid-19, über Verschwörungserzählungen rund um Corona und über die Folgen von Rechtsextremismus dürfte ihre Wirkung entfalten. Die Bilder von der angeblichen »Erstürmung des Reichstags« (Sturm auf die Treppe trifft es eher) und des Kapitols in Washington dürften nicht nur der rechtsextremen Szene zum Triumph gereicht, sondern in der Breite der Bevölkerung alarmierend gewirkt haben. Es traf hier eben nicht »nur« Mitglieder sozialer Minderheiten, sondern das Herzstück der Demokratie.

Besorgnis erregen muss jedoch zugleich die erkennbare Vagheit und Ambivalenz in einem nicht ganz kleinen Teil der Bevölkerung, der Rechtsextremismus zwar nicht teilt, ihn aber auch nicht völlig ablehnt. Dies erleichtert nicht nur Täter_innen ihr Werk, sondern führt zu einem gefährlichen Aufweichen demokratischer Grundsätze. Hierauf müssen sich der Blick und die Prävention richten.

3.1 Menschenfeindliche Orte – Regionale Ausprägungen rechtsextremer Einstellungen in Deutschland

Yann Rees · Jonas H. Rees · Andreas Zick

3.1.1 Einleitung

Aktuelle Zahlen des sächsischen Innenministeriums ließen im März 2021 aufhorchen. Als Antwort auf eine Kleine Anfrage der Landtagsabgeordneten Kerstin Köditz (Die Linke) hatte das Ministerium eine Übersicht rechtsextremer und ausländer_innenfeindlicher Straftaten in Sachsen zusammengestellt. Insbesondere die Leipziger Region fiel dabei als Brennpunkt solcher Straftaten auf (Debski 2021). Dies ist auch deswegen bemerkenswert, weil sich nicht nur diese Region, sondern das gesamte Bundesland Sachsen eher durch eine geringe Diversität auszeichnet, wie sie sich beispielsweise am Anteil von Menschen nicht deutscher Staatsangehörigkeit manifestiert. Schon nach der Bundestagswahl 2017 stand das Land Sachsen im Fokus politischer Diskussionen: Die AfD konnte dort mit Parolen wie »Hol Dir Dein Land zurück« ihr bundesweit höchstes Ergebnis erzielen und die CDU als stärkste Partei ablösen (z. B. Kolb 2017). Narrative im Kontext einer vermeintlichen »Überfremdung« durch Ausländer_innen, Migrant_innen oder Geflüchtete werden bei rechtsmotivierten Straftaten gleichzeitig immer wieder als Rechtfertigung herangezogen (Forschungsgruppe Anti-Asyl-Agitation 2020).

Wie kommt es, dass gerade in Regionen mit geringem Ausländer_innenanteil rechtsextreme Einstellungen und Handlungen so verbreitet sind? Im vorliegenden Kapitel wollen wir zunächst kurz zwei gut belegte theoretische Zugänge zu dieser Frage vorstellen. Dabei werden wir feststellen, dass der gegenteilige Zusammenhang – je höher der Ausländer_innenanteil, desto höher die menschenfeindlichen Einstellungen – zumindest theoretisch ebenso gut begründbar wäre. Nicht zuletzt handelt es sich um eine weitverbreitete und nicht nur im Rechtspopulismus und Rechtsextremismus verhaftete Erzählung, dass »die Heimat« durch Migration bedroht oder »überfremdet« werde. Rechtspopulistischen Parteien wie der AfD scheint es besonders gut zu gelingen, gerade den objektiven Umstand, dass behauptete Feindbilder fehlen, zu nutzen, um zu einem gesellschaftlichen Klima beizutragen, in dem rechtsextreme Meinungen sagbarer und Verhaltensweisen womöglich wahrscheinlicher werden.

3.1.2 Regionale Faktoren und rechtsextreme Einstellungen und Handlungen

Die Frage nach Zusammenhängen von regionalen Faktoren und politischen Einstellungen und Verhaltensweisen, wie sie sich zum Beispiel in Wahlen niederschlagen, beschäftigt die Forschung seit Längerem. In zeitgenössischen Analysen der Reichstagswahlen in der Weimarer Republik etwa wurden vergleichbare Fragen im Kontext der Wahlerfolge der Nationalsozialist_innen behandelt (z. B. Dix 1930; Stephan 1932). Auch in neueren Studien wird die Rolle regionaler Ausprägungen wie der Ausländer_innenanteil für rechtsextreme Einstellungen auf der einen und rechtsextreme Handlungen wie Hasstaten gegen Geflüchtete oder (extrem) rechtes Wahlverhalten auf der anderen Seite untersucht (z. B. Benček & Strasheim 2016; Rees et al. 2019; Teney 2012; Wagner et al. 2020).

Dass regionale und räumliche Charakteristika auch über lange Zeiträume hinweg einen Einfluss auf rechtsextreme Orientierungen haben, hier besonders Vorurteile und Rassismus als Kernelemente des Rechtsextremismus, ist in der Forschung unumstritten (Voigtländer & Voth 2012). Im Folgenden untersuchen wir daher, wie sich rechtsextreme Einstellungen in der Mitte-Studie 2020/21 in Deutschland regional auf der Ebene der Landkreise und kreisfreien Städte verteilen, und prüfen dabei die gegensätzlichen Annahmen der Kontakt- und Bedrohungshypothese, die im Folgenden erläutert werden.

3.1.3 Kontakterfahrungen oder Bedrohung? Ausländer_innenanteil als regionaler Einflussfaktor für rechtsextreme Einstellungen

Die Kontakthypothese, die in der Theorie des Intergruppenkontakts von Allport (1954) entwickelt wurde, ist eine der bekanntesten Annahmen zur Erklärung von Vorurteilen. Sie wird mehr oder minder explizit in vielen Programmen und Projekten zur Reduktion von Vorurteilen und Rassismus herangezogen. Die Hypothese geht davon aus, dass der Kontakt von Menschen, die sich mit einer Ingroup oder Eigengruppe identifizieren, und Menschen aus anderen Gruppen, Outgroups oder »Fremdgruppen«, zu einer Verminderung von negativen Stereotypen und Vorurteilen führt. Wesentlich für die Verminderung negativer Einstellungen sind laut Theorie vier Bedingungen: Die Gruppen sollten einen gleichen Status in der jeweiligen Kontaktsituation haben, sie sollten gemeinsame Ziele verfolgen, miteinander kooperieren, und der Kontakt sollte von den Institutionen, in denen sie stattfinden (Schule, Städte, Staat etc.) unterstützt werden (vgl. Pettigrew 2009). Die Kontakthypothese wurde in zahlreichen Studien getestet und belegt, wie eine Metaanalyse von über 500 empirischen Arbeiten zeigt (Pettigrew & Tropp 2006). Dabei fand die Forschung auch heraus, dass die Erfüllung der vier Bedingungen nicht zwangsläufig notwendig ist, um den vorurteilsmindernden Effekt zu erreichen. Ebenso können auch zufällige Begegnungen zu einem Abbau von Vorurteilen und abwertenden Einstellungen führen (Pettigrew 1998). In der Forschung wurden zahlreiche Gruppenkonstellationen untersucht, aus denen heraus Vorurteile entstehen, um die Theorie des Intergruppenkontakts zu prüfen, darunter zum Beispiel Herkunft, Religion und sexuelle Orientierung. Die Möglichkeit, mit Menschen anderer Herkunft in Kontakt zu kommen, reduziert die Wahrscheinlichkeit für menschenfeindliche Einstellungen und Verhaltensweisen (z. B. Rees et al. 2019; Wagner et al. 2020). Schon im Rahmen der Langzeitstudie zur Gruppenbezogenen Menschenfeindlichkeit, an die die Mitte-Studie anschließt, konnten Wagner et al. (2003) zeigen, dass ein höherer Ausländer_innenanteil in einem Kreis überzufällig mit positiven Einstellungen gegenüber Immigrant_innen sowie auch weniger rassistischen Einstellungen einhergeht. Weniger untersucht ist allerdings, inwieweit sich der Kontakt auch auf rechtsextreme Einstellungen auswirkt. Da Menschenfeindlichkeit ein Kernelement rechtsextremer Einstellungen ist, liegt es nahe, die Kontakthypothese auch auf den Rechtsextremismus zu übertragen. Für die Analysen in der Mitte-Studie 2020/21 ist also entsprechend der Kontakthypothese anzunehmen: Die regionale Ausprägung rechtsextremer Einstellungen sollte geringer ausfallen, je höher der Ausländer_innenanteil im entsprechenden Kreis ist.

Entgegen der Kontakthypothese betont die Bedrohungshypothese, dass der Anteil an Ausländer_innen oder als »fremd« wahrgenommenen Menschen und Gruppen einen gegenläufigen Effekt habe (Riek et al. 2006; Stephan & Stephan 2000). Der dahinter liegende Grundgedanke besagt, dass der sozioökonomische Status der Mehrheitsgruppe, die geltenden gesellschaftlichen Normen und Werte durch eine »Fremdgruppe« (z. B. Ausländer_innen) als gefährdet wahrgenommen werden. Damit können abwertende Einstellungen wie Vorurteile und menschenfeindliche Einstellungen einhergehen, die sich in der

Mehrheitsbevölkerung verbreiten, je höher der Anteil von »Fremden« wahrgenommen wird oder tatsächlich ist (Wagner et al. 2020). Durch Immigration entstünden beispielsweise Konkurrenzsituationen und Verteilungskämpfe um begrenzte ökonomische Güter, die zu gegenseitiger Abwertung und feindseligen Einstellungen führen können, selbst dann, wenn die Knappheit nur wahrgenommen werde oder Menschen nichts über die »Fremden« wüssten, sie eventuell objektiv gar nicht anwesend sind (Esses et al. 2001). Auch dieser Bedrohungseffekt wurde in einer Metastudie von Riek und Kollegen (2006) nachgewiesen. In Deutschland konnten Studien eine Verbindung zwischen wahrgenommener Intergruppenbedrohung und abwertenden Einstellungen etwa gegenüber Einwander_innen aufzeigen (Semyonov et al. 2004). Die Bedrohungshypothese kommt insgesamt zu einer der Kontakthypothese gegenläufigen Annahme: Die Ausprägung rechtsextremer Einstellungen sollte höher ausfallen, je höher der Ausländer_innenanteil in einer Region ist.

Von der Kontakt- wie Bedrohungshypothese unberücksichtigt bleiben Einflüsse der politischen Kultur und des Minderheiteneinflusses in einer Region auf Einstellungen wie rechtsextreme Orientierungen. Die Forschung zum sozialen Einfluss nimmt an, dass Minderheiten Einstellungen nicht direkt, aber verzögert bei anderen ändern können, wenn sie sich konsistent engagieren (Moscovici 1979). Das hat die AfD in bestimmten Regionen, vor allem im Osten Deutschlands, in besonderem Maße getan und dabei einen Mythos von »Überfremdung« durch Einwanderung aufgebaut. Sie hat dabei vielleicht nicht direkten, wohl aber einen indirekten Einfluss ausgeübt und soziale Normen und die Wahrnehmung, was »normal« sei, verschoben (vgl. auch Zick & Küpper 2016)[15]. Das gelingt vor allem dann, wenn andere Parteien sich aus Sorge vor Stimmverlusten anstecken lassen, Sprache und Rhetorik zu übernehmen, und ebenfalls Themen wie Einwanderung und Bedrohungen aufgreifen, wenn auch in milderer Form. Es liegt also nahe, anzunehmen, dass rechtsextreme Einstellungen dort verbreiteter sind, wo rechte politische Gruppierungen einflussreich werden und auch in Wahlen erfolgreich sind. Aktuelle Studien belegen außerdem Zusammenhänge zwischen rechtsextremen Einstellungen und Wahlverhalten

---

15 Wie lokale rechtspopulistische Kulturen das Thema Einwanderung und Überfremdung ansprechen und lokal Bevölkerungseinstellungen beeinflussen, hat Reuband (2020) genauer analysiert.

(Lubbers & Coenders 2017; Rees et al. 2019). Daher beinhaltet unsere Analyse auch AfD-Wahlerfolge auf Kreisebene. Unsere Annahme lautet: Je höher der (extrem) rechte Wahlerfolg in einer Region, desto höher die dortige Ausprägung rechtsextremer Einstellungen.

3.1.4 Darstellung und Analyse der Ergebnisse

Um die drei Hypothesen zu prüfen, ziehen wir zusätzliche Daten aus Statistiken zur Bevölkerungszusammensetzung und zum Wahlverhalten in Deutschland auf Ebene von Bundesländern, Kreisen und kreisfreien Städten heran (z. B. Statistische Ämter des Bundes und der Länder 2021). So können wir die beschriebenen Hypothesen also im Kontext von (Land-)Kreisen, in denen die Befragten leben, untersuchen. Dazu können die Befragten in der Mitte-Studie 2020/21 anhand ihrer Telefonvorwahlen auf Kreisebene verortet werden und zu ihren Einstellungen die statistischen Kreisdaten hinzugefügt werden.[16] Da die Befragten zufällig ausgewählt wurden, verwenden wir die durchschnittliche Zustimmung als Indikator für entsprechende Einstellungen in der jeweiligen Analyseregion. Zusammenhänge zum Ausländer_innenanteil und dem AfD-Zweitstimmenanteil in der Bundestagswahl 2017 stellen wir in Tabelle 3.1.1 erst auf der Ebene der Bundesländer dar und prüfen sie anschließend anhand geografisch gewichteter Regressionsanalysen auch auf Ebene von Kreisen und kreisfreien Städten.[17]

In Tabelle 3.1.1 sind zunächst die durchschnittliche Zustimmung zu rechtsextremen Einstellungen in der Mitte-Studie 2020/21, der Ausländer_innenanteil 2019[18] laut Statistischem Bundesamt sowie der AfD-Zweitstimmenanteil bei der Bundestagswahl 2017 dargestellt.

---

16 Alle Befragten wurden über die geltenden rechtlichen Bestimmungen zum Datenschutz aufgeklärt. Eine Wahrung der Anonymität der Daten wurde stets gewährleistet.

17 Solche Analysen korrigieren für die Tatsache, dass die betrachteten Maße in aneinandergrenzenden kleinteiligeren Regionen schon allein aufgrund ihrer unmittelbaren Nähe zusammenhängen, wodurch eine Voraussetzung für konventionelle statistische Verfahren (Unabhängigkeit von Messfehlern) verletzt wird. Zum besseren Verständnis berichten wir dennoch Korrelationskoeffizienten, um die Zusammenhänge zu quantifizieren. Die Schlussfolgerungen auf Grundlage von konventionellen und geografisch gewichteten Analysen unterscheiden sich in diesen Fällen nicht voneinander (vgl. Anselin et al. 2006; Rees et al. 2019).

18 Es handelt sich um die aktuellsten Daten, die im Frühjahr 2021 vorlagen.

Darstellung der durchschnittlichen Zustimmungen zu rechtsextremen Einstellungen, Ausländer_innenanteil und AfD-Zweitstimmenanteil (Ebene der Bundesländer) [a]   **Tabelle 3.1.1**

Bundesland	Rechtsextreme Einstellungen Mitte-Studie 2020/21	Ausländer_innen-anteil 2019 (%)	AfD-Zweitstim-menanteil Bundestagswahl 2017 (%)
Brandenburg	2,09	5	21
Sachsen	1,94	5	28
Sachsen-Anhalt	1,83	5	20
Thüringen	1,81	5	23
Rheinland-Pfalz	1,76	11	12
Schleswig-Holstein	1,75	9	8
Saarland	1,73	10	10
Baden-Württemberg	1,71	16	13
Bayern	1,68	12	13
Mecklenburg-Vorpommern	1,60	5	18
Nordrhein-Westfalen	1,60	13	10
Niedersachsen	1,60	9	9
Hessen	1,59	15	12
Hamburg	1,58	17	8
Bremen	1,53	19	11

Anmerkungen [a] Mittelwerte; Skala 1–5. | Die Bundesländer sind zur besseren Anschaulichkeit absteigend nach Zustimmung zu rechtsextremen Einstellungen sortiert. Es ergeben sich Abweichungen zu anderen Quellen, weil die hier berichteten Daten der Einheitlichkeit halber als Durchschnitt über Kreise je Bundesland berechnet wurden.

In den vier Bundesländern, in denen die durchschnittliche Zustimmung zu rechtsextremen Einstellungen am höchsten ist – Brandenburg, Sachsen, Sachsen-Anhalt und Thüringen –, ist auch der Ausländer_innenanteil im Vergleich zu den anderen Bundesländern sehr gering. Gleichzeitig war die AfD in diesen Regionen bei der Bundestagswahl 2017 besonders erfolgreich und erzielte jeweils Zweitstimmenanteile von über 20 %. Die generelle Feststellung, dass es sich bei den genannten Bundesländern um »Problemregionen« handle, greift aber zu kurz. So ist zum Beispiel in Mecklenburg-Vorpommern, einem Land mit ähnlichem Ausländer_innen- und AfD-Zweitstimmenanteil wie in anderen ost-

Ausländer_innenanteil 2019
(auf Ebene der Landkreise und kreisfreien Städte)   Abb. 3.1.1 a

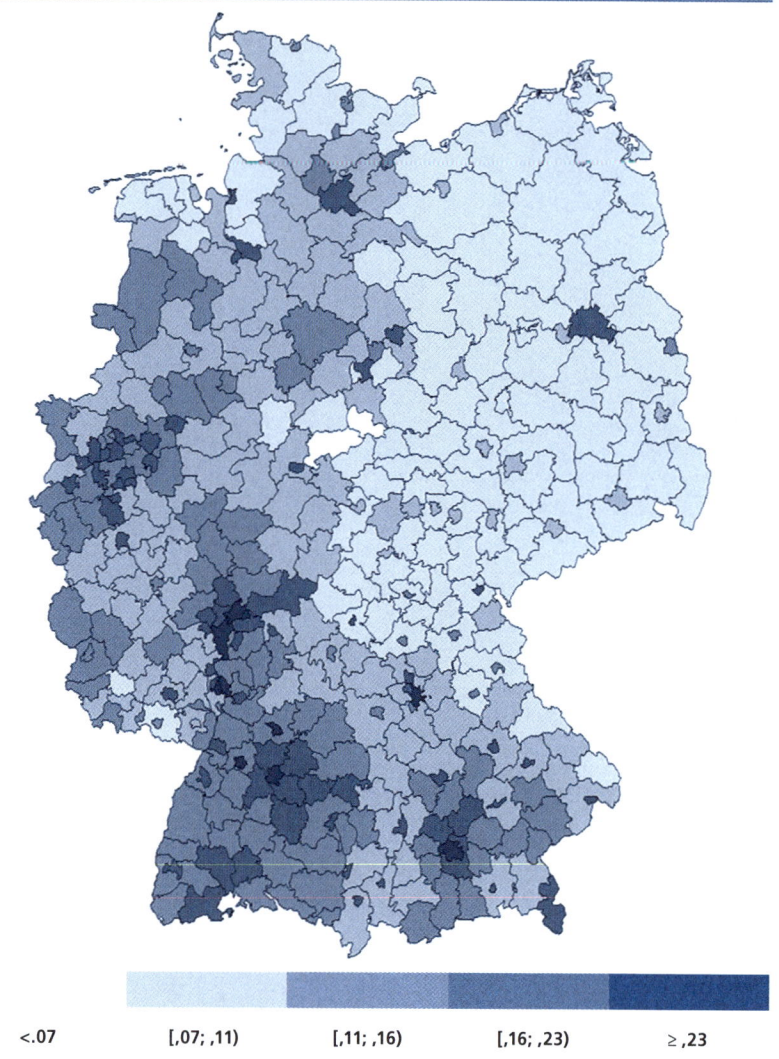

| <.07 | [,07; ,11) | [,11; ,16) | [,16; ,23) | ≥ ,23 |

deutschen Bundesländern, eher ein mittleres Ausmaß rechtsextremer Einstellungen festzustellen. Umso mehr ist ein genauerer Blick auf die regionalen Zusammenhänge auf kleinerer lokaler Ebene sinnvoll. Dies erfolgt im nächsten Schritt.

Zweitstimmenanteil AfD bei der Bundestagswahl 2017
(auf Ebene der Landkreise und kreisfreien Städte)

Abb. 3.1.1 b

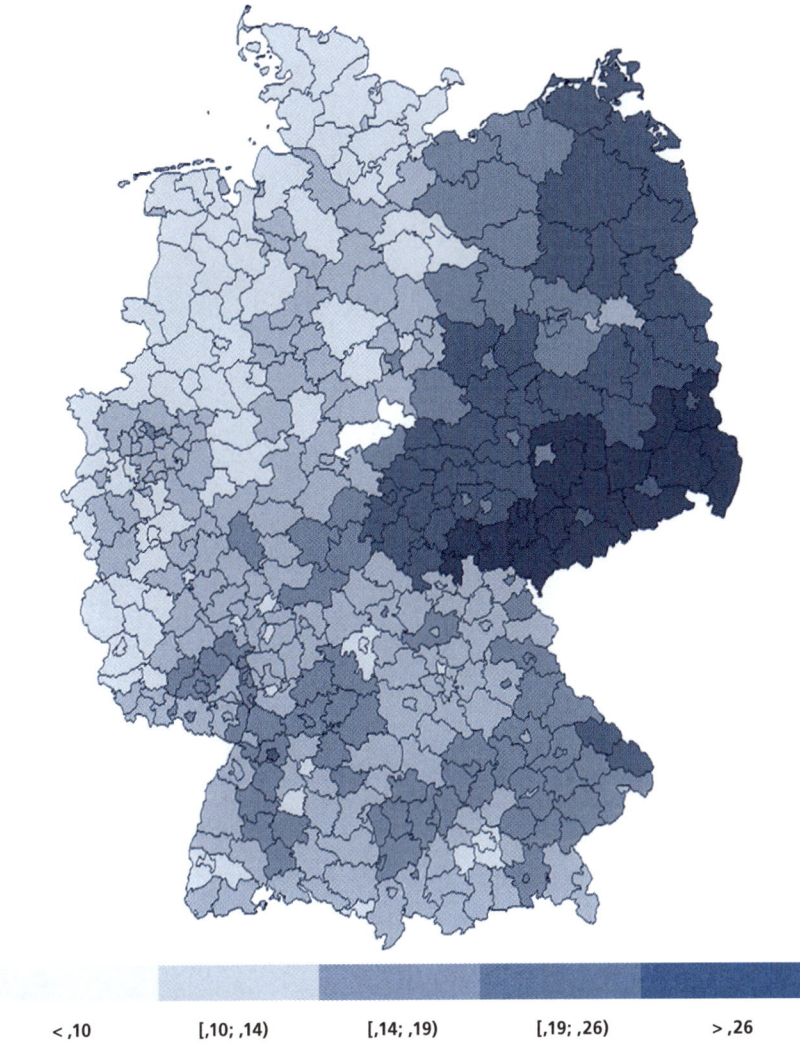

| < ,10 | [,10; ,14) | [,14; ,19) | [,19; ,26) | > ,26 |

Wie in Abbildungen 3.1.1a–c (⇒ S. 118-120) dargestellt, sind rechtsextreme Einstellungen in der Mitte-Studie 2020/21 auch auf der Kreisebene nicht zufällig über Deutschland hinweg verteilt. Sie werden häufiger in Regionen mit

Mittlere Ausprägung rechtsextremer Einstellungen in der Mitte-Studie 2020/21
(auf Ebene der Landkreise und kreisfreien Städte)   Abb. 3.1.1 c

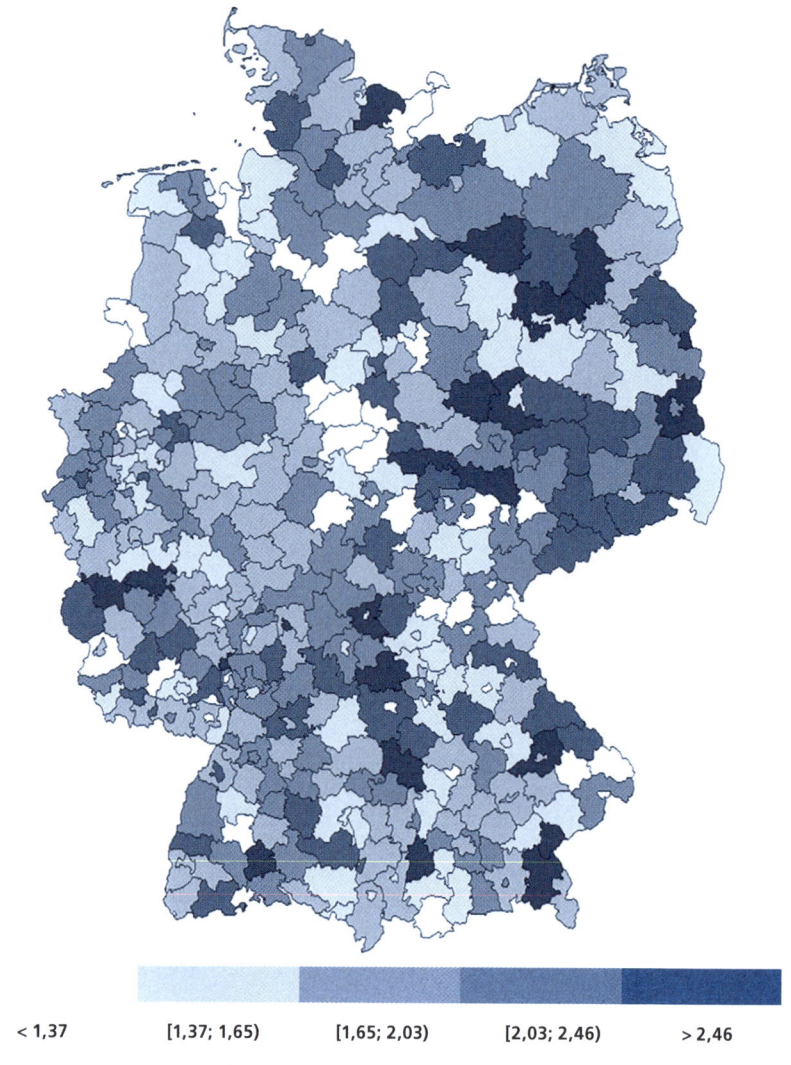

| < 1,37 | [1,37; 1,65) | [1,65; 2,03) | [2,03; 2,46) | > 2,46 |

einem geringeren Ausländer_innenanteil geäußert.[19] Außerdem stimmen Befragte rechtsextremen Aussagen häufiger in solchen Regionen zu, in denen die
AfD bei der Bundestagswahl 2017 erfolgreich war.[20] Bei gleichzeitiger Kontrolle

beider Faktoren ist der AfD-Anteil bedeutsamer für die Vorhersage von rechtsextremen Einstellungen in der Mitte-Studie 2020/21.[21]

Zu beachten ist, dass sich die Zusammenhänge der Einstellungswerte mit Ausländer_innenanteil und AfD-Wahlerfolg auf einem eher geringen Niveau bewegen und niedriger ausfallen als etwa der Zusammenhang zwischen dem Ausländer_innen- und dem AfD-Zweitstimmenanteil untereinander.[22] Zusammenhänge zwischen subjektiven Einstellungswerten und objektiven Kontextfaktoren sind theoretisch voraussetzungsreich und inhaltlich nicht trivial.[23]

3.1.5 Regionalpolitisches Klima und rechtsextreme Einstellungen

Dass menschenfeindliche und rechtsextreme Einstellungen dort besonders verbreitet sind, wo der Anteil von Ausländer_innen sowie anderen Gruppen wie zum Beispiel Immigrant_innen und Asylsuchenden gering ist, wurde im Rahmen der Forschung zur Kontakthypothese gut dokumentiert (z. B. Wagner et al. 2020; Wolter et al. 2020; Rees et al. 2019). Die Analysen bestätigen, dass die Potenziale des Kontakts mit Menschen anderer Herkunft sowie die Diversität, die mit dem Ausländer_innenanteil verbunden ist, die negativen Bedrohungspotenziale zu überwiegen scheinen und »Fremdenfeindlichkeit« reduzieren.

---

19 Dies gilt für konventionelle Korrelationsanalysen, $r(360) = -{,}17$, $p < {,}01$, ebenso wie für geografisch gewichtete, $t = 3{,}13$, $p < {,}01$.

20 $r(360) = {,}23$, $p < {,}01$, $t = 4{,}30$, $p < {,}01$.

21 Die Vorhersagekraft des Faktors Ausländer_innenanteil sinkt sowohl in konventionellen ($t = 1{,}56$, $p = {,}12$) als auch in geografisch gewichteten Regressionsanalysen auf ein nicht signifikantes Niveau ($t = 1{,}56$, $p = {,}12$), während der AfD-Anteil weiterhin signifikant mit durchschnittlichen rechtsextremen Einstellungen pro Kreis zusammenhängt, $\beta = {,}19$, $t = 3{,}40$ bzw. $t = 3{,}32$, beide ps $< {,}01$.

22 Ausländer_innenanteil und AfD-Wahlerfolg hängen zusammen mit $r(400) = -{,}40$, $p < {,}001$ bzw. $t = 8{,}33$, $p < {,}001$.

23 So setzen solche Zusammenhänge etwa voraus, dass sich Befragte über die tatsächlichen Gegebenheiten vor Ort bewusst sind und diese sich wiederum auf ihre Einstellungen auswirken. Aufgrund der Methodik der Mitte-Studie variiert die Anzahl Befragter pro Kreis enorm und nicht für alle Kreise liegen Daten vor. Die Angaben von Befragten, die per Mobiltelefon kontaktiert wurden, lassen sich nicht lokal verorten. So erhöht sich insgesamt die Fehlervarianz und die Obergrenze der Zusammenhänge sinkt, die mit den Einstellungsdaten überhaupt technisch nachzuweisen sind. Insofern unterschätzen die hier berichteten vermutlich eher die tatsächlichen Zusammenhänge. Dass sie dennoch statistisch signifikant ausfallen, mag einerseits als externe Validierung der Umfragedaten angesehen werden. Da die Zusammenhänge andererseits in die jeweils theoretisch erwartete Richtung deuten, lassen sie sich zudem auch inhaltlich zuverlässiger interpretieren.

Wenn gefragt wird, warum rechtsextreme Einstellungen dort verbreitet sind, wo der Ausländer_innenanteil gering ist, mag die Antwort naheliegen, dass sie genau deswegen dort verbreitet sind, *weil* der Ausländer_innenanteil gering ist. Eine solche Aussage ist aber auf Grundlage der hier berichteten einfachen Zusammenhangsanalysen nicht möglich, weil dabei viele andere Faktoren unberücksichtigt bleiben und Querschnittsumfragedaten die Prüfung von Kausalannahmen ohnehin nicht zulassen. Es könnte zum Beispiel sein, dass Menschen gezielt aus Regionen wegziehen, in denen sie täglich mit rechtsextremem Hass und menschenfeindlicher Ausgrenzung konfrontiert sind. Dann wäre der Ausländer_innenanteil gering, weil rechtsextreme Einstellungen vor Ort verbreitet sind. Weitere Hypothesen wären denkbar. Dass sich die Zusammenhänge von soziostrukturellen Kontextfaktoren mit den Daten der Mitte-Studie 2020/21 zeigen lassen, ist jedoch bemerkenswert, und ein Wert besteht auch darin, diejenigen Regionen zu identifizieren, in denen Initiativen aus Zivilgesellschaft, politischer Bildung und Präventionsprogrammen gegen Rechtsextremismus besonders notwendig und förderungsbedürftig sind.

Rechtsextreme Einstellungen sind in der Mitte-Studie 2020/21 insbesondere dort verbreitet, wo die AfD bei der Bundestagswahl 2017 erfolgreich war. Zudem ist die Vorhersagekraft des AfD-Wahlerfolgs für rechtsextreme Einstellungen vor Ort höher als die des Ausländer_innenanteils. Wie bereits an anderer Stelle berichtet, sind in solchen Regionen mit hohem AfD-Wahlerfolg auch Hasstaten gegen Geflüchtete und deren Unterkünfte wahrscheinlicher (Wagner et al. 2020; Rees et al. 2019). Rechtspopulistische Parteien wie die AfD sind dort besonders erfolgreich, wo ein Klima der Feindseligkeit gegen soziale Gruppen und Menschen, insbesondere »Ausländer_innen«, herrscht, deren Anteil in den jeweiligen Regionen ironischerweise häufig besonders gering ausfällt. »Überfremdung« und andere rechtsextreme Bedrohungsnarrative scheinen demnach vor allem dort zu verfangen, wo objektiv nur wenig »Fremde« anzutreffen sind. Gleichzeitig sprechen die Daten dafür, dass die AfD oder ihre Anhänger_innen selbst ein Faktor sein könnten, der zur Normalisierung eines menschenfeindlichen Klimas auf Einstellungsebene beiträgt.

3.2 Misstrauen gegenüber Medien zwischen Populismus, Rechtspopulismus und Rechtsextremismus

Yann Rees · Michael Papendick

3.2.1 Öffentlich-rechtliche Medien in Deutschland

Öffentlich-rechtliche Medien sind in Europa und Nordamerika weitverbreitete und etablierte demokratische Institutionen (Raboy 1996). Die unabhängige und überparteiliche Berichterstattung über gesellschaftliche und politische Ereignisse und Entwicklungen soll, so der deutsche Rundfunkstaatsvertrag[24], zur freien individuellen und öffentlichen Meinungsbildung beitragen. Den öffentlich-rechtlichen Medien in Deutschland kommt eine besondere Rolle zu. Dies hängt mit der deutschen Geschichte zusammen, denn die Entstehung der öffentlich-rechtlichen Medien ist als Teil eines Modernisierungsprozesses infolge der Verbrechen des Nationalsozialismus zu verstehen (Bieber 2018). Dem erneuten Missbrauch der Medien durch die Politik sollte durch klare politische Rahmenbedingungen, kodifizierte Rechtsnormen und einen breiten gesellschaftlichen Auftrag (*Public Value*) vorgebeugt werden (Aigner et al. 2017). Dennoch sind Medien in Deutschland insgesamt, und öffentlich-rechtliche Medien im Speziellen, in den letzten Jahren verstärkt zu einem Gegenstand von Misstrauen und zum Agitationsziel Einzelner sowie politischer Akteure und Organisationen geworden (Jackob et al. 2019; Jackob et al. 2017). Dies äußert sich etwa in Anfeindungen, Hass und Gewalt gegenüber Journalist_innen und Medienschaffenden, wie Studien (Papendick et al. 2020; Preuß et al. 2017) und die stark steigende Anzahl von Angriffen, die die Bundesregierung registriert, zeigen.[25] Daher widmen wir uns auf den folgenden Seiten der Frage, wo sich das Misstrauen gegen Medien, insbesondere Misstrauen gegenüber öffentlich-rechtlichen Medien, in Relation zu anderen gesellschaftspolitischen Einstellungen empirisch verorten lässt. Im Speziellen beziehen wir uns dabei auf Zusammenhänge zu populistischen, rechtspopulistischen und rechtsextremen Einstellungen.

---

24 https://www.ard.de/home/Rundfunkstaatsvertrag/538802/index.html [Aufruf am 1.6.2021].
25 https://dip21.bundestag.de/dip21/btd/19/259/1925940.pdf [Aufruf am 1.6.2021].

3.2.2 Misstrauen gegenüber (öffentlich-rechtlichen) Medien und Rechtspopulismus

Das Misstrauen gegenüber und die Abwertung von Medien sind keine neu-artigen Phänomene. Begriffe wie »Lügenpresse« oder »Systempresse« stehen in diesem Zusammenhang stellvertretend für Misstrauen, Abwertung und Hass gegenüber Medien und Medienschaffenden auf der einen und dem demokra-tischen System auf der anderen Seite. Überparteilichkeit und Unabhängigkeit werden den öffentlich-rechtlichen Medien mit diesen Begriffen abgesprochen. Der Begriff der »Lügenpresse« hat vor allem seit 2015 und dem vermehrten Zuzug Geflüchteter (Maurer et al. 2019) sowie mit den flüchtlingsfeindlichen und rassistischen Demonstrationen der Pegida-Bewegung Einzug in politische und gesellschaftliche Debatten gehalten (Haller & Holt 2019). Nicht zu unter-schätzen ist bei dieser Entwicklung die Rolle des Internets, vor allem der Soci-al-Media-Plattformen. Die gesellschaftliche Anschlussfähigkeit des Misstrauens gegenüber Medien wurde in den vergangenen Jahren mit leichten Schwankun-gen bei rund einem Fünftel (2019 sogar bei 28 %) der Befragten in der reprä-sentativen »Mainzer Langzeitstudie Medienvertrauen« nachgewiesen (Jakobs et al. 2021). Zudem zeigen Studienergebnisse, dass Hass und Anfeindungen gegenüber Journalist_innen und Medienschaffenden von den Betroffenen über-wiegend rechten und rechtspopulistischen Akteuren, speziell der AfD, zugeord-net werden (Papendick et al. 2020; Preuß et al. 2017). Besonders oft sind Journalist_innen von Hass betroffen, die zu Themen wie Migration, Geflüch-teten und Integration arbeiten (Papendick et al. 2020). Auf politischer Ebene[26] vertritt die rechtspopulistische AfD einen aggressiv-ablehnenden Standpunkt gegenüber öffentlich-rechtlichen Medien (AfD 2021) und greift das »Lügen-presse«-Narrativ im Zusammenhang mit Elitenschelte und vertikalem Populis-mus, also der Einteilung der Gesellschaft in »wir hier unten« und »die da oben«, immer wieder auf (Gäbler 2018; Kopke 2017). Misstrauen gegenüber und Abwertung von Medien weisen diesen Beobachtungen zufolge eine Verbindung

---

26   Dass sich nicht nur die rechtspopulistische AfD politisch gegen öffentlich-rechtliche Medien posi-tioniert, zeigen z. B. die Diskussionen um die Blockade des Medienstaatsvertrags durch das CDU-geführte Sachsen-Anhalt, s. https://www.sueddeutsche.de/politik/rundfunkbeitrag-reiner-haseloff-sachsen-anhalt-1.5140875 und https://www.spiegel.de/politik/deutschland/rundfunkgebuehr-afd-bietet-cdu-in-sachsen-anhalt-gemeinsame-abstimmung-an-a-f3e99287-820c-4cb5-9661-516858c23df9 [Aufruf am 1.6.2021].

zum (Rechts-)Populismus auf. Parallel lässt sich erkennen, dass sogenannte »alternative Medien«[27], vor allem im Internet, zunehmend an gesellschaftlicher Verbreitung gewinnen (Schweiger 2017). Vor allem in AfD-nahen und rechtspopulistischen Gruppen wird auf diese »alternativen« Quellen im Internet Bezug genommen (Bachl 2018).

3.2.3 Misstrauen gegenüber Medien: Messung und deskriptive Auswertungen

Die Messung von Misstrauen gegenüber öffentlich-rechtlichen Medien in der Mitte-Studie erfolgte über drei Aussagen, die zu einer Skala zusammengefasst wurden. Einerseits wurde Misstrauen gegenüber öffentlich-rechtlichen Medien durch die Frage ermittelt, inwiefern Informationen aus dem Internet bevorzugt werden. Rund jede_r zehnte Befragte (9,9 %) stimmt der Aussage »eher« oder »voll und ganz« zu, dass sie »dem Internet mehr vertrauen als öffentlich-rechtlichen Medien«. Der Aussage, dass es sich »bei öffentlich-rechtlichen Medien um eine wichtige Säule der Demokratie« handelt, stimmen mehr als zwei Drittel der Befragten (68,9 %) zu, während 11,6 % die Aussage ablehnen. Das dritte Item zielt auf eine unterstellte »Medienverschwörung«. Der Aussage, »die Medien und die Politik stecken unter einer Decke«, stimmt knapp ein Viertel der Befragten (24,2 %) zu. Tabelle 3.2.1 (→ S. 126 f.) stellt die prozentuale Verteilung der Antworten dar. Für die Berechnung der Gesamtskala wurde das zweite, positiv formulierte Item recodiert. Das heißt, die Antworten der Befragten wurden für die Skalenbildung umgekehrt, um der negativen Interpretation als »Medienmisstrauen« zu entsprechen. Für das Medienmisstrauen, das aus den drei vorgestellten Aussagen besteht, zeigen sich systematische Zusammenhänge mit demografischen Angaben der Befragten. Befragte, die überwiegend in Ostdeutschland aufgewachsen sind, berichten über ein stärkeres Misstrauen gegenüber Medien (M = 2,57) als solche Befragte, die überwiegend in Westdeutschland aufgewachsen sind (M = 2,10), t(762) = 5,81, p < ,001, d = 0,47. Ein linearer Zusammenhang zeigt sich auch mit dem Bildungsgrad der Befragten, wobei Befragte mit niedriger formaler Bildung (M = 2,43) ein ausgeprägteres

---

27 Unter »alternativen Medien« verstehen wir hier einen »systemkritischen« Gegenentwurf zu den »etablierten«, z. B. öffentlich-rechtlichen Medien, der oftmals rechte, rechtspopulistische und verschwörungsideologische Bezüge aufweist (vgl. Schweiger 2017).

Zustimmung zu Medienmisstrauen (Angaben in Prozent)   **Tabelle 3.2.1**

Ich stimme ... →

Skalenwerte »Medienmisstrauen« (M = 2,2; SD = 0,93; n = 829; α = ,68)
Ich vertraue dem Internet mehr als den öffentlich-rechtlichen Medien.
Öffentlich-rechtliche Medien sind eine wichtige Säule unserer Demokratie. [a]
Die Medien und die Politik stecken unter einer Decke. [b]

Anmerkungen M = arithmetischer Mittelwert; SD = Standardabweichung; n = Anzahl der Befragten; α = Cronbachs Alpha. | [a] Das Item wurde zur Skalenbildung recodiert. [b] Das Item ist der Skala zu Verschwörungsmythen entnommen (→ Kap. 9, S. 283 ff.).

Misstrauen gegenüber Medien berichten als Befragte mit mittlerer (M = 2,24) oder hoher formaler Bildung (M = 2,04), $F(2,772) = 11,02$, $p < ,001$, $\eta^2 = ,028$.

3.2.4 Medienmisstrauen und rechtspopulistische und rechtsextreme Einstellungen

Wie und in welchem Ausmaß hängt Medienmisstrauen mit rechtspopulistischen und rechtsextremen Einstellungen zusammen? Für eine Verortung des Misstrauens gegenüber (öffentlich-rechtlichen) Medien wurden die Zusammenhänge mit den Konstrukten Populismus, Rechtspopulismus und Rechtsextremismus sowie ihren jeweiligen Facetten bestimmt. Die entsprechenden Korrelationen sind in Tabelle 3.2.2 (→ S. 128) abgebildet. Der stärkste korrelative Zusammenhang auf Konstruktebene zeigt sich mit dem Populismus (r = ,60). Insbesondere die Populismusfacette »Anti-Eliten«-Einstellungen korreliert stark mit Medienmisstrauen (r = ,62). Dass Medien in Manier eines vertikalen Populismus als Teil einer diffusen »Elite« definiert werden, ist ein beliebtes Narrativ rechter und rechtspopulistischer Akteure (Gäbler 2018; Kopke 2017). Wie die Daten der Mitte-Studie 2018/19 zeigen, ist Elitenschelte (Elitenkritik) als eine Facette eines rechten Populismus zu verstehen (Zick et al. 2019). Interessant ist auch ein Blick auf die Facette Demokratiemisstrauen (r = ,48), die in der Subskala zu Anti-Eliten abgebildet wird und einen hohen Zusammenhang mit Medienmisstrauen aufweist. Die Populismusfacetten Volkssouveränität (r = ,34) und Antipluralismus (r = ,33) hängen moderat, aber in der Tendenz klar mit Medienmisstrauen zusammen. Beim Blick auf die zusätzlichen Facetten des Konstrukts

Tabelle 3.2.1

überhaupt nicht zu	eher nicht zu	teils/teils	eher zu	voll und ganz zu
40,4	26,5	23,3	4,6	5,3
4,1	7,5	19,4	27,9	41,0
27,7	25,4	22,7	11,4	12,8

Rechtspopulismus (Zusammenhang mit der Gesamtskala, r = ,49) zeigt sich für die Facette Abwertung von Asylsuchenden ein moderater Zusammenhang mit Medienmisstrauen (r = ,30). Die Zusammenhänge mit den anderen Facetten Muslimfeindlichkeit (r = ,29) und der Abwertung von Sinti und Roma (r = ,25) fallen geringer aus, weisen aber eine eindeutige Tendenz auf. Ähnliches gilt für den Zusammenhang mit Autoritarismus (r = ,22). Stark ausgeprägt ist der Zusammenhang von Medienmisstrauen und einer rechtsextremen Orientierung (r = ,49). Bei allen Facetten liegen moderate bis hohe Zusammenhänge mit Medienmisstrauen vor. Am stärksten sind diese bei den Facetten Chauvinismus (r = ,43) und Befürwortung einer rechtsgerichteten Diktatur (r = ,40). Etwas schwächer, aber immer noch auf einem relativ hohen Niveau, lassen sich die Zusammenhänge zu Ausländerfeindlichkeit (r = ,39), Verharmlosung der NS-Diktatur (r = ,38), Antisemitismus (r = ,34) und Sozialdarwinismus (r = ,33) einordnen. Diese eindeutigen Zusammenhänge verdeutlichen die Anschlussfähigkeit von Medienmisstrauen im rechtsextrem eingestellten Milieu.

An den dargestellten Analysen auf Ebene der Zusammenhänge mit politischen Einstellungen werden mehrere Aspekte für die empirische Einordnung von Medienmisstrauen deutlich. So lässt sich feststellen, dass Medienmisstrauen neben *populistisch* und *rechtspopulistisch* auch bei *rechtsextrem* Eingestellten stark zu verfangen scheint. Demnach handelt es sich beim Medienmisstrauen um ein Phänomen, das im gesamten (extrem) rechten Spektrum anschlussfähig und vertreten zu sein scheint. Es lassen sich also klare Zusammenhänge mit allen drei überprüften Konstrukten und ihren Facetten zeigen. Dabei zeigt sich, dass

Zusammenhänge von Medienmisstrauen mit Populismus, Rechtspopulismus und Rechtsextremismus sowie den jeweiligen Facetten (Pearson-Korrelation)   **Tabelle 3.2.2**

Populismus	,60 ** (829)
Antieliten	,62 ** (826)
Volkssouveränität	,34 ** (821)
Antipluralismus	,33 ** (826)
Rechtspopulismus	,49 ** (829)
Antieliten	,62 ** (826)
Volkssouveränität	,34 ** (821)
Antipluralismus	,33 ** (826)
Abwertung von Asylbewerbern	,30 ** (817)
Muslimfeindlichkeit	,29 ** (796)
Abwertung von Sinti_zze und Rom_nja	,25 ** (800)
Autoritarismus	,22 ** (821)
Rechtsextremismus (gesamt)	,49 ** (604)
Chauvinismus	,43 ** (736)
Befürwortung rechtsgerichtete Diktatur	,40 ** (773)
Ausländerfeindlichkeit	,39 ** (781)
Verharmlosung NS-Diktatur	,38 ** (731)
Antisemitismus	,34 ** (706)
Sozialdarwinismus	,33 ** (798)

Anmerkungen * = p ≤ ,05; ** = p ≤ ,01; *** = p ≤ ,001. | Zahlen in Klammern beschreiben die jeweilige Stichprobengröße; weiß und fett markiert ist jeweils der Gesamtindex.

Misstrauen gegenüber und die Abwertung von Medien insbesondere mit einer populistischen Elitenschelte einhergehen.

3.2.5 (Öffentlich-rechtliche) Medien unter Druck?

Die Rolle von Medien und freier Berichterstattung wird neben der Exekutive, Judikative und Legislative oft als »vierte Gewalt« bezeichnet. Medien sollen als Korrektiv gegenüber den anderen staatlichen Gewalten (Bidlo 2012) und damit als bedeutsame Institution der Demokratie fungieren. Doch sprechen die vorliegenden Analysen dafür, dass diese Bedeutung und Funktion den Medien insgesamt, und öffentlich-rechtlichen Medien im Speziellen, von einem relevanten Teil der Gesellschaft abgesprochen oder zumindest infrage gestellt wird. Mit knapp 30 % der Befragten, die der Aussage »öffentlich-rechtliche Medien sind eine wichtige Säule unserer Demokratie« *nicht* zustimmen, scheint das gesellschaftliche Potenzial für ein Medienmisstrauen insgesamt relativ groß zu sein. Wie wir feststellen, reicht das Spektrum dabei von populistisch über rechtspopulistisch bis zu rechtsextrem Eingestellten. Die starken Zusammenhänge mit Anti-Eliten-Einstellungen und Misstrauen gegen die Demokratie sprechen weiter dafür, dass die Unabhängigkeit sowie die Bedeutung von Medien für die Demokratie nicht erkannt oder aber bewusst negiert werden. Dabei gilt es, den Unterschied zu betonen, der zwischen konstruktiver Kritik – wie an Finanzierung, Programmauswahl oder Einzelaspekten der Berichterstattung der (öffentlich-rechtlichen) Medien – und einem generalisierten Medienmisstrauen in Form rechtspopulistischer Elitenschelte und ideologisch motivierter Abwertung herrscht (vgl. z. B. Jackob et al. 2019; Beck & Beyer 2013; Jäger & Link 1993). Wesentliche Aspekte der Analyse deuten darauf hin, dass es sich bei Medienmisstrauen um eine relevante Facette von Populismus beziehungsweise Rechtspopulismus handelt. Gleichzeitig sind auch die Bezüge zum Rechtsextremismus klar und offenbaren, dass Medienmisstrauen im gesamten rechten Spektrum verfängt. Um konkretere Aussagen zur exakten ideologischen Verortung des Medienmisstrauens treffen zu können, bedarf es weiterer Forschung und umfassenderer Analysen. Es überrascht aber sicherlich nicht, dass das rechte Spektrum sich dieser Wirkung sehr bewusst zu sein scheint und mit eigenen Medienangeboten eine Gegenöffentlichkeit zu schaffen versucht. Das vorhandene gesellschaftliche Potenzial sowie die Anschlussfähigkeit des Medienmisstrauens in rechtspopulistischen und rechtsextremen Milieus weist zum einen darauf hin, dass das Medienmisstrauen als gesellschaftliches Phänomen weiter im Blick der empirischen Forschung und der öffentlichen Debatten bleiben sollte. Zum anderen verdeutlicht es, dass (öffentlich-rechtliche) Medien von weiten Teilen der Bevölkerung nicht als demokratische Organe der freien und unabhängigen Berichterstattung sowie als notwendiges Korrektiv wahrgenommen werden. Diese Rolle wird ihnen ideologisch motiviert aberkannt. Auch weitere Entwicklungen sprechen dafür, dass (öffentlich-rechtliche) Medien insbesondere von (rechts-)populistischen Akteuren zunehmend unter Druck gesetzt werden und dass es Maßnahmen braucht, um diese wichtige Säule der Demokratie besser zu schützen.

3.3 Vereinssport in rechtsextremer und menschenfeindlicher Gesellschaft

Hannes Delto · Andreas Zick

»Er war ruhig, nett, zuvorkommend und freundlich« (Teutsch 2020). Der Attentäter von Hanau galt in seinem kleinen Sportverein als unauffälliger und engagierter Sportschütze. Der Generalbundesanwalt sprach nach der Tat am 19. Februar 2020 von einer »zutiefst rassistischen Gesinnung« des Attentäters (⟶ Kap. 4, S. 141 ff.). Bereits ein Jahr zuvor wurde der Kasseler Regierungspräsident Dr. Walter Lübcke durch einen Rechtsextremisten ermordet, der Mitglied und Jugendtrainer in einem Schützenverein war. Dem Vereinsvorstand zufolge sei er »ein ganz normaler Durchschnittsdeutscher« gewesen (Bremer et al. 2020).

Sportvereine gehören wie Gewerkschaften, Kirchen und Parteien zu einem breiten Spektrum an freiwilligen Vereinigungen und Interessengemeinschaften in der Gesellschaft. Sie sind integrative Bausteine einer demokratischen Mitte und halten als zivilgesellschaftliche Organisationen die Gesellschaft zusammen. Aber nur gewisse Vereinstypen sind Garanten der Demokratie und können als »Schulen der Demokratie« bezeichnet werden. Andere Vereine schädigen die Demokratie explizit und grenzen aus, statt zu integrieren (Almond & Verba 1963; Fiorina 1999; Zimmer 2007).

Der Sport in Deutschland mit seinen 88.071 Vereinen und weit mehr als 24 Millionen Mitgliedschaften ist ein bedeutsamer zivilgesellschaftlicher Akteur, der seine Mitgliedsorganisationen als »soziale Ankerpunkte und Bildungseinrichtungen« versteht (Deutscher Olympischer Sportbund 2020 u. 2021). In Sportvereinen entstehen über sportbezogene und ehrenamtliche Engagements soziale Gemeinschaften, denen gemeinhin eine demokratiefördernde und sozialintegrative Funktion zugesprochen wird. Ob und wie das der Realität entspricht, kann nicht abschließend geklärt werden (vgl. Endrikat 2001; Jaitner & Körner 2018; Mutz 2018). Deutlich konsistenter ist die wissenschaftliche Befundlage, die mit dem Zugang zum Vereinssport verknüpft ist: Es sind mehr Männer als Frauen und gut ausgebildete Personen in Vereinen engagiert (vgl.

Zimmer et al. 2011; Gerlach & Brettschneider 2013). Außerdem ist anzunehmen, dass die Entscheidung, in einen Sportverein einzutreten, mit dem Ver-
einsklima – speziell der Anerkennungs- und Willkommenskultur – in Sportvereinen zusammenhängt (vgl. Delto & Zick 2017; Zender 2018).

Es ist überraschend wenig über die Ausprägung und Entwicklung rechtsextremer
Einstellungen in Sportvereinen bekannt. Selten werden rechtsextreme Vorfälle
in Vereinen mit Blick auf Prävention und Intervention systematisch und kontinuierlich erfasst. Die Zusammenhänge etwa von Kampfsport und rechter Gewalt
bleiben nicht nur für kommerzielle Sportangebote, sondern auch für den vereinsorganisierten Sport weitgehend ein Dunkelfeld (vgl. Claus & Zajonc 2019).
Aus diesen Gründen haben wir in der Mitte-Studie 2020/21 erstmalig miterho-
ben, ob Befragte (nach Selbstauskunft) Mitglied in einem Sportverein sind.

3.3.1 Homogenität und Bedrohungswahrnehmung im Vereinssport

Insgesamt geben 619 Befragte an, Mitglied in einem Sportverein zu sein. Das
sind rund 35 % der Gesamtstichprobe. Während Alter und Geschlecht in Abhängigkeit der Sportvereinsmitgliedschaft fast gleichermaßen verteilt sind,
verfügen befragte Sportvereinsmitglieder häufiger über eine höhere formale
Bildung (44,3 % zu 31,7 %) und ein höheres Einkommen (Einkommensstärkere: 31,1 % zu 24,2 %; Einkommensschwächere: 12,3 % zu 18,4 %). 57,7 %
der befragten Sportvereinsmitglieder (ohne Mitgliedschaft: 64,9 %) verorten
sich im politischen Spektrum selbst »genau in der Mitte«, 30,5 % (27,4 %)
links von der Mitte und 11,8 % (7,7 %) rechts von der Mitte.

Vor allem kleine Sportvereine mit wenigen Abteilungen weisen tendenziell
homogene Mitgliederstrukturen auf, die zu Abgrenzung in Form von sozialer
Schließung neigen. Mehr als drei Viertel der Sportvereine in Deutschland sind
kleine Vereine oder sogenannte Kleinstvereine, fast zwei Drittel der Sportvereine haben nur eine einzige Abteilung (vgl. Breuer et al. 2020). Bestimmte
Sportangebote verdeutlichen bereits ganz ähnliche Bedürfnisse und Wertorientierungen eines besonderen Personenkreises, der erreicht werden soll und erreicht
wird (vgl. Baur et al. 2003; Mutz 2018).[28] Auf dieser Basis sind Sportvereine
für rechte Gruppen, Parteien und Organisationen attraktiv. Die rechtspopulistische
AfD will gemäß ihrer parteipolitischen »Strategie 2019–2025« in Gewerkschaf-

Zustimmung zur Bedrohungswahrnehmung nach Sportvereinsmitgliedschaft
(Angaben in Prozent)   Abb. 3.3.1

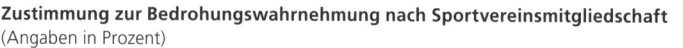

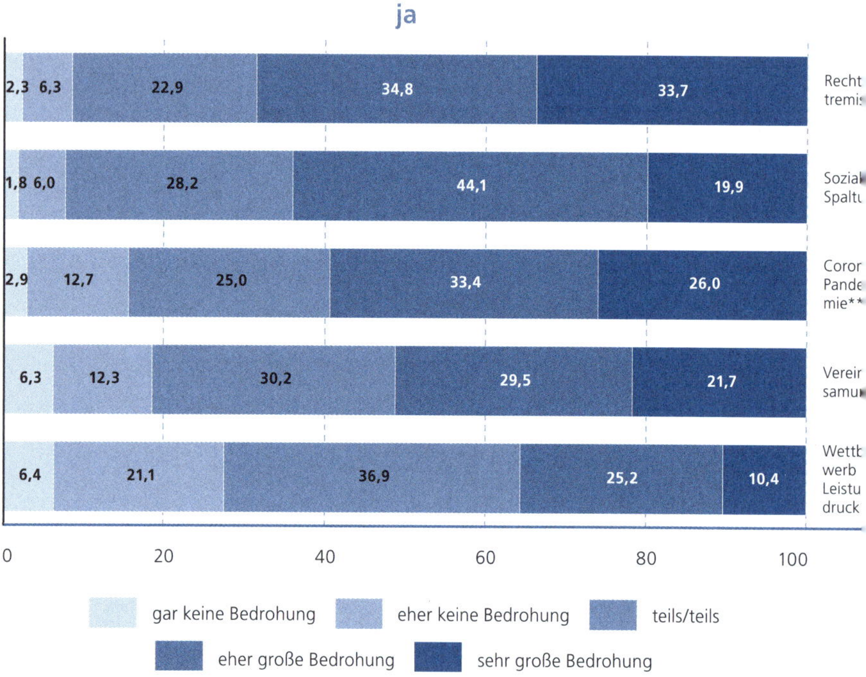

ja

2,3 6,3	22,9	34,8		33,7	Recht tremis
1,8 6,0	28,2	44,1		19,9	Sozial Spaltu
2,9 12,7	25,0	33,4		26,0	Coron Pande mie**
6,3 12,3	30,2	29,5		21,7	Verei samu
6,4 21,1	36,9	25,2	10,4		Wettb werb Leistu druck

0   20   40   60   80   100

- gar keine Bedrohung   - eher keine Bedrohung   - teils/teils
- eher große Bedrohung   - sehr große Bedrohung

Anmerkungen * = p ≤ ,05; ** = p ≤ ,01; *** = p ≤ ,001.

ten, Berufsverbänden, Bürgerinitiativen und in Sport- und Schützenvereinen verankert sein (vgl. Haselrieder et al. 2019).

Es ist der Rechtsextremismus, den 68,5 % der befragten Sportvereinsmitglieder (70,1 % ohne Mitgliedschaft) als eher große oder sehr große und wichtigste Bedrohung für die Demokratie wahrnehmen (➡ Abb. 3.3.1). Während Nichtmitglieder viel eher Soziale Spaltung als »sehr große Bedrohung« wahrnehmen

---

28 Die fünf mitgliederstärksten Verbände bis auf Turnen werden bis heute teilweise sehr stark von Männern dominiert: Fußballbund (7,2 Mio. Mitgliedschaften; m/w: 84 %/16 %), Turnerbund (5,0 Mio. Mitgliedschaften; m/w: 32 %/68 %), Tennisbund (1,4 Mio. Mitgliedschaften; m/w: 60 %/40 %), Schützenbund (1,4 Mio. Mitgliedschaften; m/w: 75 %/25 %), Alpenverein (1,3 Mio. Mitgliedschaften; m/w: 57 %/43 %) (vgl. Deutscher Olympischer Sportbund 2020).

Abb. 3.3.1

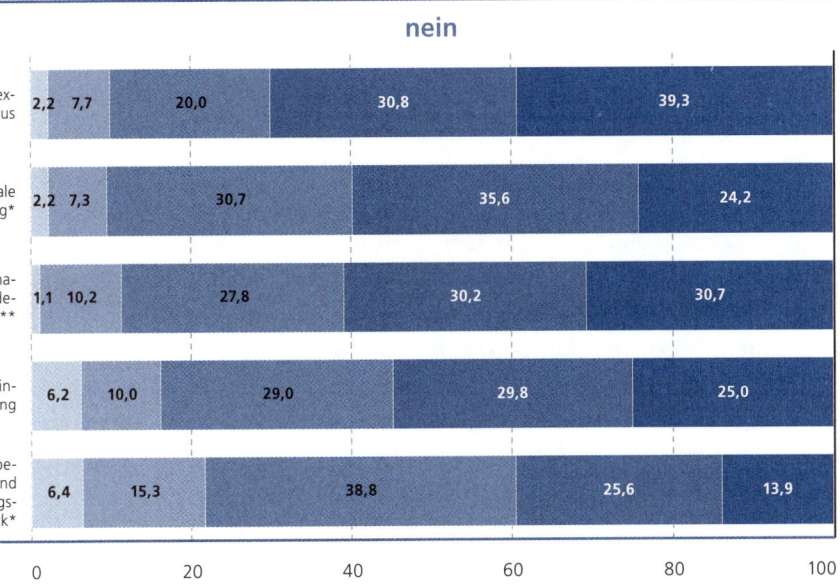

(24,2 % zu 19,9 %), sind es wiederum mehr Sportvereinsmitglieder, die meinen, die soziale Spaltung stelle eine »eher große Bedrohung« oder »sehr große Bedrohung« dar (64,0 % zu 59,8 %). Obwohl Zusammenhalt und Solidarität im Vereinssport durch die Folgen andauernder Coronabeschränkungen aktuell empfindlich auf die Probe gestellt werden, fühlen sich viele Befragte unter den Sportvereinsmitgliedern hinsichtlich gesellschaftlicher Krisen, Konflikte und Herausforderungen wie Coronapandemie (59,4 % zu 60,9 %), Vereinsamung (51,2 % zu 54,8 %), Leistungsdruck und Wettbewerb (35,6 % zu 39,5 %) insgesamt weniger bedroht als Befragte ohne Mitgliedschaft. Die Einbindung in den Vereinssport scheint auf ein etwas geringeres gesundheitliches und soziales Bedrohungsempfinden wie auf einen stärkeren Zusammenhalt hinzudeuten (vgl. Putnam 2000).

3.3.2 Rechtsextreme Einstellungen unter den Sportvereinsmitgliedern in der Mitte

Betrachten wir den Rechtsextremismus mit seinen sechs Dimensionen, sind die Zustimmungen bei den Befragten, die angeben, Sportvereinsmitglied zu sein, in der Mitte-Studie 2020/21 zunächst ähnlich gering ausgeprägt wie bei den Befragten ohne Mitgliedschaft. Während die Zustimmungen im Graubereich (➟ Kap. 3, S. 75 ff.), also zwischen der klaren Zustimmung beziehungsweise Ablehnung zwischen 5 % und 31 % beziehungsweise 10 % und 37 % liegen, lassen sich im absoluten Zustimmungsbereich zwei grundlegende Tendenzen beobachten (➟ Tab. 3.3.1). Erstens sind die Befürwortung einer rechtsgerichteten Diktatur (Zustimmung: 1,4 % zu 2,7 % | Graubereich: 12,0 % zu 17,6 %), die Verharmlosung des Nationalsozialismus (Zustimmung: 0,7 % zu 1,8 % | Graubereich: 9,2 % zu 9,5 %), Fremdenfeindlichkeit (Zustimmung: 3,9 % zu 4,9 % | Graubereich: 19,1 % zu 22,7 %) sowie Antisemitismus (Zustimmung: 1,5 % zu 1,8 % | Graubereich: 8,7 % zu 11,3 %) bei Befragten ohne Mitgliedschaft etwas verbreiteter als bei den befragten Sportvereinsmitgliedern. Zweitens sind die Zustimmungen zu chauvinistischen (Zustimmung: 9,2 % zu 8,2 % | Graubereich: 30,7 % zu 36,1 %) und sozialdarwinistischen Ansichten (Zustimmung: 3,4 % zu 2,8 % | Graubereich: 5,7 % zu 10,5 %) bei den befragten Sportvereinsmitgliedern etwas ausgeprägter als bei den Befragten ohne Mitgliedschaft.

Zustimmung zu den Dimensionen rechtsextremer Einstellungen nach Sportvereinsmitgliedschaft (Angaben in Prozent)   Tabelle 3.3.1

	Sportvereinsmitgliedschaft	
	ja (n = 619)	nein (n = 1.122)
Befürwortung Diktatur	1,4	2,7
Chauvinismus	9,2	8,2
Verharmlosung des Nationalsozialismus	0,7	1,8
Fremdenfeindlichkeit	3,9	4,9
Antisemitismus	1,5	1,8
Sozialdarwinismus	3,4	2,8

Mit der folgenden Fokussierung auf chauvinistische und sozialdarwinistische Positionen, denen Sportvereinsmitglieder etwas mehr zustimmen, knüpfen wir an ein zentrales Problemfeld des (vereinsorganisierten) Sports an: Sport und die Produktion wie Reproduktion männlicher Identitäten (Dunning 1986/2003). In diesem Kontext sind Leistungsfähigkeit, Aggressions- und Risikobereitschaft, Wettbewerb und Konkurrenz eng verwoben mit Männlichkeitsvorstellungen (zur männlichen Dominanz vgl. Meuser 2010). Gleichzeitig spielen insbesondere chauvinistische Einstellungsmuster in der Mitte der Gesellschaft für den Anschluss an und den Einstieg in den Rechtsextremismus eine ganz besondere Rolle (vgl. Virchow et al. 2016).

So werden bedeutende Unterschiede zwischen Männern und Frauen in nationalchauvinistischen und sozialdarwinistischen Einstellungen deutlich (➟ Tab. 3.3.2). Demnach ist die Zustimmung zu Chauvinismus in der Gruppe der männlichen Sportvereinsmitglieder deutlich höher als in der Gruppe der weiblichen Vereinsmitglieder (16,4 % zu 2,7 %). Ebenfalls teilen Männer im Vereinssport häufiger als Frauen sozialdarwinistische Aussagen (5,7 % zu 1,3 %).

Zustimmung zu Nationalchauvinismus und Sozialdarwinismus befragter Sportvereinsmitglieder nach Geschlecht (Angaben in Prozent) [a]   **Tabelle 3.3.2**

	Männer (n = 296)	Frauen (n = 323)
Chauvinismus***	16,4	2,7
Sozialdarwinismus**	5,7	1,3

Anmerkungen * = p ≤ ,05; ** = p ≤ ,01; *** = p ≤ ,001. | [a] Der Geschlechtereffekt unter den Befragten im Vereinssport bleibt robust, wenn wir nach Alter, Bildung und Einkommen kontrollieren (vgl. Online-Anhang).

Wenn wir den Blick auf jene Befragten ohne Vereinsmitgliedschaft richten (➟ Tab. 3.3.3, S. 136), lässt sich ein umgekehrter Trend beobachten, wonach Frauen etwas mehr als Männer nationalchauvinistisch (9,2 % zu 7,3 %) und sozialdarwinistisch (3,4 % zu 2,1 %) eingestellt sind. Das ist insoweit bemerkenswert, als dass der Vereinssport zwar einerseits über enorm beeindruckende Bindungskräfte verfügt (etwa durch seinen Anteil an der Bevölkerung). Andererseits scheinen von ihm aber zugleich auch besondere negative Anziehungskräfte auszugehen. Vor allem nationaler Chauvinismus ist eine Ausdrucksform der Verbindung von übertriebener Identifikation und der Abwertung von anderen sozialen Gruppen (Zick et al. 2011).

Zustimmung zu Nationalchauvinismus und Sozialdarwinismus unter den Befragten ohne Sportvereinsmitgliedschaft nach Geschlecht (Angaben in Prozent)   Tabelle 3.3.3

	Männer (n = 555)	Frauen (n = 568)
Chauvinismus	7,3	9,2
Sozialdarwinismus	2,1	3,4

3.3.3 Gruppenbezogene Menschenfeindlichkeit und Einstellungen zu Demokratie, kultureller Vielfalt und Diskriminierung

Ob sich also die Unterschiede zwischen Männern und Frauen auch bei einer generalisierten vorurteilsbasierten Menschenfeindlichkeit beobachten lassen, prüfen wir mit einem Index der Gruppenbezogenen Menschenfeindlichkeit (GMF), indem wir zwölf Vorurteilsfacetten zusammenfassen (⇢ Kap. 6, S. 181 ff.).[29]

Männer neigen unter den befragten Sportvereinsmitgliedern viel häufiger als Frauen zu vorurteilsbasierten Abwertungen (14,9 % zu 4,6 %; ⇢ Tab. 3.3.4). Hingegen unterscheiden sich Männer und Frauen ohne Sportvereinsmitgliedschaft in ihrer Ausprägung generalisierter Menschenfeindlichkeit kaum voneinander (10,0 % zu 9,4 %).

Auf der anderen Seite wird, wie in Abbildung 3.3.2 erkennbar, dass in der Gruppe der befragten Sportvereinsmitglieder überzeugtere Demokrat_innen anzutreffen sind (78,3 % zu 69,8 %) und diese etwas eher als die Befragten

---

29 Der GMF-Index wird aus den folgenden Vorurteilsfacetten berechnet: Fremdenfeindlichkeit + Antisemitismus + Muslimfeindlichkeit + die Abwertung von Sinti_zze und Rom_nja + die Abwertung asylsuchender Menschen + Rassismus + Sexismus + die Abwertung homosexuell orientierter Menschen + die Abwertung von Trans*Menschen + die Abwertung wohnungsloser Menschen + die Abwertung langzeitarbeitsloser Menschen + Etabliertenvorrechte/12.

**Zustimmung zum Index Gruppenbezogener Menschenfeindlichkeit
nach Sportvereinsmitgliedschaft und Geschlecht** (Angaben in Prozent)   **Tabelle 3.3.4**

	Sportvereinsmitgliedschaft			
	ja		nein	
	Geschlecht***		Geschlecht	
	Männer (n = 295)	Frauen (n = 323)	Männer (n = 552)	Frauen (n = 566)
GMF-Index	14,9	4,6	10,0	9,4

Anmerkungen * = p ≤ ,05; ** = p ≤ ,01; *** = p ≤ ,001.

ohne Vereinsmitgliedschaft eine kulturelle Vielfalt in der Gesellschaft befürworten (74,8 % zu 69,1 %).

**Zustimmung zu Demokratie und kultureller Vielfalt
nach Sportvereinsmitgliedschaft** (Angaben in Prozent)   **Abb. 3.3.2**

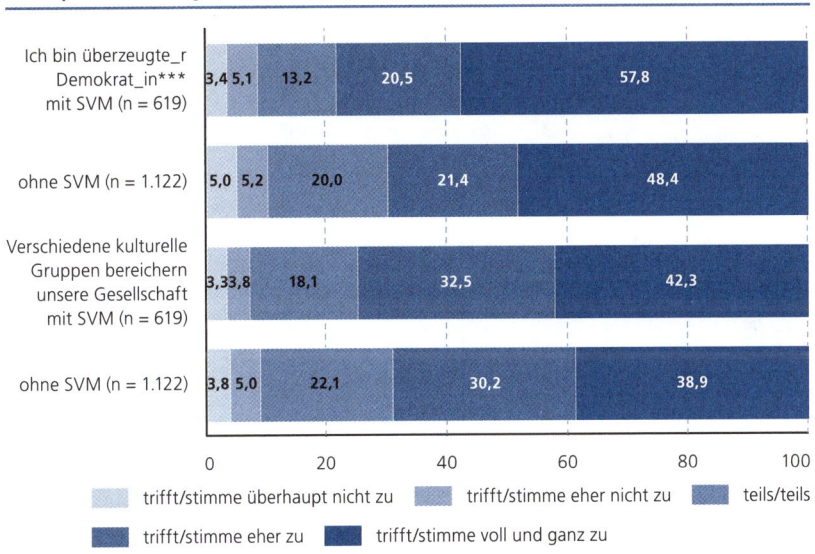

Anmerkungen * = p ≤ ,05; ** = p ≤ ,01; *** = p ≤ ,001; SVM = Sportvereinsmitgliedschaft.

Zugleich sind die Befragten, die einem Sportverein angehören, aber häufiger der Auffassung, dass zu viel Rücksicht auf Minderheiten genommen wird (22,1 %

zu 19,4 %). Außerdem wird unter den Sportvereinsmitgliedern viel eher abgelehnt beziehungsweise geleugnet, dass ethnische, kulturelle und religiöse
Minderheiten in Deutschland diskriminiert werden (45,6 % zu 38,5 %). Zwischen 24,3 % und 35,1 % der Befragten stimmen bei diesen zwei Aussagen
»teils/teils« zu (➡ Abb. 3.3.3).

**Zustimmung zu Diskriminierung von Minderheiten und Rücksicht auf
Minderheiten nach Sportvereinsmitgliedschaft** (Angaben in Prozent)   **Abb. 3.3.3**

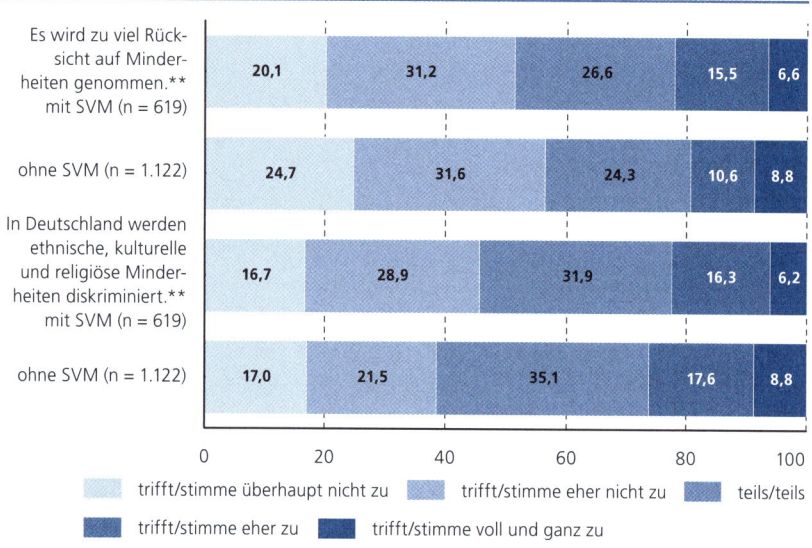

Anmerkungen * = p ≤ ,05; ** = p ≤ ,01; *** = p ≤ ,001; SVM = Sportvereinsmitgliedschaft.

3.3.4 Fazit

Die Ergebnisse der Mitte-Studie 2020/21 sind ambivalent und zeigen einerseits
Sportvereinsmitglieder, die sich nicht per se in ihren rechtsextremen Einstellungen von einer gesellschaftlichen Mitte unterscheiden. Sie befürworten tendenziell mehr kulturelle Vielfalt, scheinen zunächst offener wie toleranter zu sein
und identifizieren sich viel eher mit der Demokratie als die Mitte. Genau hier
werden sie auch ihrem Anspruch gerecht, Demokratie und Gemeinschaft in
Sportvereinen einen besonders hohen Wert zuzusprechen (vgl. Breuer et al.
2020).

Andererseits geht eine Vereinsmitgliedschaft viel häufiger mit Abwertungen von Minderheiten einher, indem Diskriminierung von Minderheiten nicht nur beharrlicher geleugnet wird, sondern ebenso von Sportvereinsmitgliedern eine viel zu hohe Rücksichtnahme auf Minderheiten in der Gesellschaft beklagt wird. In der Mitte-Studie 2020/21 sind es insbesondere männliche Sportvereinsmitglieder, die zu rechtsextremen Dimensionen von Chauvinismus und Sozialdarwinismus wie Gruppenbezogener Menschenfeindlichkeit neigen.

Eine intensive und stabile Einbindung in soziale Gemeinschaften und Organisationen wie dem Vereinssport schafft Vertrauen, fördert Engagement und Vielfalt und ist mit weniger menschenfeindlichen Abwertungen verbunden (vgl. Zick et al. 2011). Diese Vereinsbindung kann auch homogene Gruppen verstärken (vgl. Ehmke et al. 2007), die ihre kollektive Identität über Vertrautes und Bewährtes (weiter-)entwickeln und kultivieren. Um sich an gesellschaftliche Veränderungen anzupassen und etwas von der Tradition Abweichendes in Sportvereinen zuzulassen, müssen wirksame und dauerhafte Maßnahmen wie politische Bildung und zivilcouragiertes Engagement speziell in sozialen Räumen mit »homogener Lokalität« (Seiberth & Thiel 2007; ➡ Kap. 3.1, S. 112 ff.) etabliert werden. Gleichfalls sind die Erwartungen und die Ansprüche an den vereinsorganisierten Sport mit seiner diesjährigen Aufnahme in das immaterielle Kulturerbe der deutschen UNESCO-Kommission als »Gemeinwohlorientierte Sportvereinskultur« weiter gestiegen (vgl. o. A. 2021).

4 Menschenfeindlicher Rassismus und Ungleichwertigkeitszuschreibungen

Andreas Zick

4.1 Gewalt und Hass, die Rassismus an die Oberfläche spülen

Das Thema »Rassismus« ist nach vielen Jahren, in denen es ein Nischendasein in den großen gesellschaftlichen Debatten gefristet hat, wieder ins öffentliche Bewusstsein gelangt, und das mitten in der weltweiten Pandemie. Es waren jedoch, wie so oft, Gewalttaten, die für die nötige Aufmerksamkeit sorgten, weniger längst vorhandene Forschungsergebnisse oder Fakten zu vorurteils- und rassismusbasierten Hasstaten und Hass gegen Menschen in ihrem Alltag, die seit Jahren bekannt sind. Das »Attentat von Hanau« am 19. Februar 2020 war solch ein Signalereignis, da der Täter aus klar rassistischen Motiven Menschen tötete, die nicht seinem rassischen Ideal entsprachen, bevor er seine Mutter und sich selbst richtete: *Gökhan Gültekin, Sedat Gürbüz, Said Nesar Hashemi, Mercedes Kierpacz, Hamza Kurtović, Vili Viorel Păun, Fatih Saraçoğlu, Ferhat Unvar, Kaloyan Velkov.* Das Attentat hat Leben vernichtet auf der Grundlage von menschenfeindlichen Vorurteilen, rassistischen Kategorisierungen und unter Bezugnahme auf eine angebliche Bewegung aus Angehörigen einer weißen männlichen Rasse, deren Dominanz der Täter bedroht sah und wiederherstellen wollte. Der Fall ist noch viel genauer daraufhin zu analysieren, wann der Täter sich wie radikalisierte, welchen Anteil seine Genderideologien hatten, bei welchen Gelegenheiten er hätte auffallen müssen und ob nicht der Ablauf des Attentates hätte früher unterbrochen werden können. Wie psychisch krank der Täter auch immer war und wie sehr durch seine Verschwörungsfantasien und Isolation von einer »sozialen Normalität« beeinflusst – er teilte menschenfeindliche Einstellungen, hatte die Tatorte ausgespäht und sich für das Attentat gezielt bewaffnet. Die Mischung aus Verschwörungsglauben, Verfolgungswahn, Frauenhass, der Idee, er befände sich in einem »Rassenkrieg« und die hasserfüllten und menschenfeindlichen Einstellungen, die die Tat motivierten, können nicht allein als Krankheit oder Abweichungsphänomen verstanden werden. Nur zaghaft wird meines Erachtens diskutiert, wie sich so jemand in der Mitte der Gesellschaft – »unter uns« – entwickelt, lebt und dann zu solch einer Tat schreitet, auch wenn vielleicht weder er sich noch die Gesellschaft ihn als »aus der Mitte« verorten würde.

Das Attentat stand in einer Reihe von anderen rechtsextremistischen Straftaten in den letzten Jahren, die sich ebenfalls auf rassistische Ideologien beriefen. Zu nennen sind mindestens das Attentat auf *Dr. Walter Lübcke* am 2. Juni 2019 durch einen Rechtsextremisten und das antisemitische und rassistische Attentat auf die Synagoge in Halle (Saale) am 9. Oktober 2019, bei dem nach vergeblichem Versuch, Menschen in der Synagoge zu töten, *Jana Lange* und *Kevin Schwarze* ermordet und weitere Personen verletzt wurden. Dieser Reihe von Attentaten könnten weitere hinzugefügt werden, weil die Täter vernetzt waren, sich auf andere rassistische wie rechtsextreme Attentate und Ideologien beriefen und historisch in eine lange Reihe von Terrorangriffen einzureihen sind. Es sind in Deutschland seit 1990 mehr als 208 Menschen einem rassistischen Rechtsterrorismus zum Opfer gefallen, und es hat in Deutschland Zigtausende von Hasstaten gegeben. Die Täter_innen waren allesamt mit digitalen wie analogen Hassgemeinschaften verbunden.

Das Attentat von Hanau war vielleicht auch eine Zäsur, weil mitten im Moment des Entsetzens über die Tat wie auch mitten in der Debatte über die Frage, wie viel Rassismus in der Gesellschaft herrscht, die Ermordung von *George Floyd* am 25. Mai 2020 in Minneapolis durch Polizisten fiel. Die Welt konnte zuschauen, wie ein Polizist in 8 Minuten und 46 Sekunden den Schwarzen Amerikaner erstickte und dabei Hilfeleistungen von Umherstehenden unterband. Die Tötung führte weltweit zu den Black-Lives-Matter-Protesten, denen sich trotz der Coronazeit viele Menschen anschlossen und weitere Aktionen organisierten. Dies auch in Deutschland. Sie führten nach Jahren des Schweigens zu größeren Debatten darüber, wie weitverbreitet der offene, versteckte, der individuelle wie strukturelle Rassismus in der Gesellschaft ist. Die Attentate haben nicht nur erschreckt, sondern Rassismus auf die Agenda der zentralen Zukunftsaufgaben der Gesellschaft gesetzt. Sichtbares Zeichen war in Deutschland die Einsetzung eines Kabinettsausschusses zur Bekämpfung von Rechtsextremismus, Rassismus und anderen Formen der menschenfeindlichen Herabwürdigung am 18. März 2020. Wie immer die dort im November 2020 beschlossenen 89 Maßnahmen zu beurteilen sind, sie wurden gefasst, um die Rassismusprävention zu stärken und auch um Wissenslücken zu schließen. Es fehlt in Deutschland schlichtweg an hinreichendem Wissen, wo Änderungen von Politik, von Prävention, von Intervention sowie der Unterstützung der demokratisch und an der Menschenwürde orientierten Zivilgesellschaft notwendig sind.[1]

Die genannten Taten stehen am Ende einer Reihe von rassistischen und menschenfeindlichen Radikalisierungen hin zur Gewalt. In der Regel sind sie zugleich Ausdruck von Zugehörigkeiten zu Gruppen wie Ideologien, die diese Gruppen vermitteln. Es sind kollektive gruppenbezogene Taten, auch wenn sie von Einzelnen durchgeführt werden (Zick 2020a). Die Attentate wollen vernichten, und dazu rekurrieren sie auf Kategorisierungen von Menschen nach Gruppen, expliziten wie impliziten Stereotypisierungen, rassistischen und menschenfeindlichen Vorurteilsmustern und Diskriminierungen. Sie greifen zurück auf ein Reservoir an rassistischen Bildern, Narrativen, Stereotypen, Vorurteilen und anderen Ausdrucksformen der Herabwürdigung von Gruppen oder Menschen, die Gruppen zugeordnet werden und die in der Gesellschaft vorhanden sind. Alle Hasstaten greifen Vorurteilsmuster auf, die mitten in der Gesellschaft und nicht nur an den extremistischen Rändern vorhanden sind. Dies ist schon daran sichtbar, wie viel expliziten oder impliziten Zuspruch viele Hasstaten und -kampagnen im Netz oder auf der Straße bekommen, wie gut eingebettet viele der Täter_innen in ein Unterstützungsfeld sind, aus welchen Quellen sie ihre Feindbilder beziehen. Und wie deutlich nach einer Hasstat wurde, dass die Täter_innen schon zuvor wegen menschenfeindlicher Äußerungen oder Taten aufgefallen sind.

Nun ist mit den oben genannten Attentaten und den einsetzenden Debatten über die Vernachlässigung der Analyse und Bekämpfung von Rassismus beziehungsweise der Leugnung des »Rassismusproblems« das Thema auch in der breiteren Bevölkerung kaum mehr wegzureden, zumal auch Medien das Thema immer öfter aufgreifen. Und die »Betroffenen« und tatsächlichen Opfer – wie auch immer diese Kategorisierungen von möglichen Zielgruppen der Herabwürdigung gemeint sind – begehren auf und drängen nach Aufarbeitung und

---

1   Der Maßnahmenkatalog findet sich auf der Website der Bundesregierung: https://www.bundesregierung.de.

radikalen Veränderungen von Strukturen und Institutionen. Die Signifikanz des Themas ist auch deshalb gestiegen, weil in der Pandemiezeit schnell evident wurde, dass mit der Pandemie auch die rassistische wie menschenfeindliche Herabwürdigung und Diskriminierung von Gruppen zunahm. Denn zu Beginn der Pandemie wurde die Mobilisierung antiasiatischer Vorurteile, Stigmatisierungen von sozial prekär gestellten Gruppen et cetera schnell deutlich. Zu den Analysen und zur Aufklärung soll der vorliegende Beitrag ein wenig beitragen; ein wenig deshalb, weil er nur einen Ausschnitt aus einer Umfrage zu vielen Aspekten der Gefährdungen der Demokratie bieten kann (⇒ Kap. 1, S. 17 ff.).

In der »Langzeitstudie Gruppenbezogene Menschenfeindlichkeit (GMF)«, die in den Mitte-Studien fortgeführt wird, haben wir Rassismus neben anderen Abwertungen von Gruppen, die als fremd markiert werden, mit einer sehr kurzen Skala in der Form eines klassischen beziehungsweise offenen und »heißen« Rassismus seit 2002 gemessen (vgl. Krause & Zick 2013; Zick, Berghan & Mokros 2019). Vor dem Hintergrund der aktuellen Auseinandersetzungen haben wir uns entschlossen, in der Mitte-Studie 2020/21 stärker rassistische Einstellungen zu untersuchen und dabei auch weniger klar offene und biologisch konstruierte Herabwürdigungen nach Hautfarbe oder Abstammung. Dabei sollten Alltagserfahrungen von Menschen, die Rassismus erleben, in den Messungen berücksichtigt werden, soweit das überhaupt im Rahmen der vorliegenden Studie möglich ist. Die methodischen Restriktionen der Rassismuserfassung sind deutlich. Wir wissen darum, dass versteckte, alltagsnahe, im Verhalten manifestierte und/oder von sozialer Erwünschtheit überlagerte Reaktionen auf rassistische Meinungen in Umfragen kaum zu erfassen sind (vgl. zu den Verfahren z. B. Blanton & Jaccard 2008; Garms-Homolová 2020; Zick 1997). Es geht auf der Ebene der empirischen Erfassung im Folgenden um sozial geteilte, offene und eher subtile rassistische Einstellungen und Verhaltensorientierungen, die auf Überzeugungen und Affekten basieren oder diese zum Ausdruck bringen. Was unter Rassismus und Menschenfeindlichkeit verstanden wird, wird kurz erläutert, bevor die Ergebnisse zu den rassistischen und anderen menschenfeindlichen Einstellungen in der Mitte-Studie 2020/21 aufgezeigt und in Beziehung gesetzt werden.

Rassismus und andere Formen der menschenfeindlichen Herabwürdigung von Gruppen oder Menschen verletzen nicht nur Normen, wie sie in Gesetzen und gesellschaftlichem Konsens festgehalten sind, sondern sie sind auch eine vielfach übersehene Alltagserfahrung, der wir mit Umfragen kaum nachgehen können. Sie sind eine alltäglich erfahrene Beschädigung der Würde und Gleichwertigkeit, schließen aus, machen krank, verhindern soziale Aufstiege. Sie gefährden den Grundkonsens in demokratischen Gesellschaften umso stärker, wenn sie im Alltag geleugnet oder ignoriert werden. Die Leugnung und Ignoranz gegenüber Rassismus und Menschenfeindlichkeit sind einerseits Teil des Problems wie andererseits eine ernsthafte Herausforderung für eine Mitte, deren Zusammenhalt von einem demokratischen Grundkonsens getragen wird (Zick 2019). Im Anschluss an die empirischen Analysen wird daher *Souad Lamroubal* einen Fall aus dem Alltag in der Mitte der Gesellschaft berichten.

4.2 Rassismus, Vorurteile und Menschenfeindlichkeit

Rassismus und andere Formen der menschenfeindlichen Abwertung, Herabwürdigung oder Beschädigung der Gleichwertigkeit haben historische Wurzeln, Entwicklungen wie Kontinuitäten. Postkoloniale Theorien haben die Bedeutung der historischen Traditionslinien in ihrer Wirkung auf rassistische Strukturen und soziale Ungleichheiten hervorgehoben (vgl. z. B. Anievas, Manchanda & Shilliam 2015; Castro Varela & Dhawan 2020).

In der empirischen Vorurteils- und Rassismusforschung, auf die sich der Beitrag bezieht, wird unterschieden zwischen: a) traditionellem, biologisch argumentierendem Rassismus, der Menschen nach äußeren Erscheinungsformen (Farbe der Haut, Aussehen, Geruch etc.) als höher- oder minderwertiger bestimmt oder konstruiert; b) kulturellem Rassismus, der ethnisch-kulturelle oder zugeschriebene kulturelle Unterschiede mit Absicht in Unterschiede übersetzt, die dann biologisch »erscheinen« (als stabile Persönlichkeitseigenschaften, Verhaltensmuster von Gruppen etc.) und der sich je nach Zeitgeist verändert und in einem »modernen Rassismus« manifestiert (s. u.); sowie c) strukturellen und institutionellen Formen von Rassismus, die sich in Diskriminierungen, rechtlichen Regulierungen et cetera auch jenseits von individuellen Wahrnehmungen finden können (Zick 2020b). Die strukturellen und institutionellen Formen von Rassismus sind von individuellen Formen zu unterscheiden.

Zum Rassismus als Einstellungs- und Wahrnehmungsphänomen gibt es in der Wissenschaft unterschiedliche disziplinäre Zugänge, Theorien und Messverfahren sowie qualitative und quantitative methodologische Zugänge. Einige Ansätze legen einen breiten Rassismusbegriff zugrunde, wenn es um die verschiedensten Formen von Herabwürdigung und Vorurteilen gegenüber Gruppen geht, und sie bezeichnen viele Formen von Abwertungen und Ungleichwertigkeitsmarkierungen wie Antisemitismus, Islamfeindlichkeit, Antiziganismus – die Herabwürdigung von Sinti_zze und Rom_nja – und andere Formen als rassistisch. Sie sprechen also von antimuslimischem Rassismus, antisemitischem Rassismus et cetera (vgl. Bühl 2016). Rassismus wird dabei als ideologische Wurzel sozialer Vorurteile beurteilt und der Vorurteilsbegriff wie auch der zentrale Begriff der Menschenfeindlichkeit kritisiert, weil er den Rassismus nicht hinreichend anspreche oder verschleiere. Einerseits ist dies eine theoretische und definitorische Frage, andererseits eine empirische Frage beziehungsweise eine Frage danach, ob sich empirisch Rassismus von anderen Ungleichwertigkeitsideologien über Gruppen unterscheiden lässt. Die Frage, inwieweit Ausdrucksformen der Ungleichwertigkeitszuschreibung rassistisch sind, muss davon gar nicht berührt sein, es sei denn, für eine Theorie über Rassismus sind empirische Sachverhalte unbedeutend.

Die Mitte-Studien und folgenden Analysen stehen in der Tradition der empirischen Stereotypen-, Vorurteils- und Rassismusforschung (vgl. zur Übersicht Petersen & Six 2020). Sie verstehen Rassismus als sozial geteiltes gesellschaftliches Phänomen, welches sich empirisch in sozialen Konstruktionen und Wahrnehmungen von Gruppen manifestieren kann – neben anderen Ausdrucksformen sowie einem institutionellen und strukturellen Rassismus –, die aber eben nicht direkter Gegenstand der Analyse sind. Die Annahme, dass Messungen von Rassismus in Umfragen beziehungsweise im Rahmen psychologischer Forschungen vor allem »individuellen« Rassismus erfassen, ist nur insofern zutreffend, als der Rassismus bei Individuen zwar identifiziert wird, es sich aber bei den individuellen Meinungen um sozialen Rassismus und soziale Vorurteile handelt (Zick 2020b). Sie können individuell geteilt werden, weil sie qua Zugehörigkeiten und Identifikationen mit Gruppen geteilt werden. Menschen äußern Rassismus gruppenbezogen und vor dem Hintergrund ihrer Einbindung in bestimmte soziale Kontexte.

Rassistische Einstellungen, Überzeugungen wie auch Verhaltensweisen sind ein direkter oder indirekter Ausdruck von Ungleichwertigkeitsorientierungen und -praktiken. Dabei ist davon auszugehen, dass es nicht oder nicht nur »den einen« Rassismus gibt im Sinne einer bestimmten geschlossenen Ideologie, wie sie der faschistoide Rassismus darstellt. Einen interdisziplinär anschlussfähigen Ansatz hat Fredrickson (2002) in seinen historischen Analysen entwickelt. Demnach hat Rassismus zwei zentrale Komponenten: Differenz und Macht. Rassismus entspräche einer Denkweise, nach der Menschen ihre Bezugsgruppen, Nationen et cetera gegen jene, die rassistisch klassifiziert werden, so in Differenz setzen, dass sie sich dauerhaft unterscheiden und es keine Möglichkeit gibt, die Unterschiede zu überbrücken. Die subjektive Differenz geht einher mit Rechtfertigungen einer höheren Macht, gemeint ist die Wirkung, die darin besteht, jene, die rassistisch markiert werden, herabzuwürdigen, zu diskriminieren, auszubeuten oder ihnen Gewalt anzutun.[2] Entscheidender für die Ideologie des Rassismus sei letztendlich, dass eine ethnisch und/oder kulturell kategorisierte Gruppe oder ein anderes Kollektiv erbliche oder unveränderliche Merkmale zugeschrieben werden, die dazu dienen, sie zu dominieren, auszuschließen und/oder zu vernichten. Entscheidend ist dabei immer, wie rassistische Überzeugungen begründet werden oder welche Begründung sie darstellen. Die vermeintlichen kulturellen wie auch religiösen oder sozialen Unterschiede können im Falle des Rassismus »natürliche Höher- oder Minderwertigkeiten« behaupten, sodass Ungleichwertigkeit und Ungleichbehandlung gerechtfertigt werden.

Rassismus kann also viele Ausdrucksformen annehmen, und er verändert sich je nach den historischen Umständen, dem Zeitgeist und gesellschaftlichen Normen, Strukturen et cetera. In der empirisch orientierten Forschung, wie sie sich zum Beispiel in Umfragestudien wie der Mitte-Studie oder der experimentellen Forschung zeigt, werden in der Regel traditionelle Formen des Rassismus von einem modernen Rassismus empirisch unterschieden. Rassistische Ein-

---

2 Fredrickson unterscheidet zwischen Rassismus und »Rassifizierung«, also der Rationalisierung und Rechtfertigung für Rassismus sowie der Ungleichbehandlung. Rassifizierende Äußerungen über andere könnten, müssten jedoch nicht die Ideologie des Rassismus befördern. Konstruierte, wahrgenommene oder tatsächliche Eigenschaften von Gruppen könnten rassifiziert werden und letztendlich zu einer Rassenkonstruktion beitragen.

stellungen (Rassismus) haben wir in den Langzeitstudien in der Mitte der Gesellschaft vor allem über traditionelle oder eben offensichtliche und direkt geäußerte Formen von Rassismus dokumentiert. In den Studien wird Rassismus als generalisierende Einstellung und Ideologie (im Sinne einer Einstellungsorientierung) konzipiert und gemessen. Der sogenannte klassische oder traditionelle »offene Rassismus« entspricht der direkten Abwertung von anderen durch die Behauptung einer biologischen oder anders ideologisch konstruierten »natürlichen« Höherwertigkeit der Eigengruppe und der Rechtfertigung der Herabwürdigung von »Fremdgruppen« als minderwertig. Empirisch erfassen wir »offenen Rassismus« als einen traditionellen ethnisch-biologischen Rassismus, und für die vorliegende Analyse konzentrieren wir uns auch auf den »Anti-Schwarzen-Rassismus«, also rassistische Einstellungen gegen Schwarze Menschen. Rassismus kann sich auch in anderen GMF-Elementen zeigen, wie in einem antimuslimischen Rassismus, in rassistischer Fremdenfeindlichkeit so, wie es auch nicht rassistische Formen von Antisemitismus, Islam- und Muslim_innenfeindlichkeit et cetera gibt, als nicht rassistisch begründete soziale Vorurteile.

Anders als in einer offenen Referenz auf vermeintlich natürliche oder biologische Minderwertigkeiten oder Unzulänglichkeiten von Gruppen kommt Rassismus in Gesellschaften, in denen Normen und Tabus den Rassismus ächten und/oder bei Menschen, die von sich annehmen, dass sie demokratisch sind und andere gleichbehandeln, eher in subtilen Formen vor. Dieser »subtile oder moderne Rassismus« kann symbolisch, aversiv, eben versteckt und subtil geäußert werden (Zick 2020b). Die Forschung zum modernen Rassismus zeigt, dass jene, die ihn vertreten, kulturelle Differenzen zwischen Gruppen so wahrnehmen und behaupten, dass die Unterschiede natürlich erscheinen; ein Rassismus wird nicht explizit, sondern implizit geäußert. Dass es sich bei subtilen Formen auch um Rassismus handelt, hat die Forschung durch den Nachweis empirischer Zusammenhänge zum traditionellen Rassismus sowie Studien zu unbewussten impliziten Messungen gezeigt. Sie hat dabei gezeigt, dass der offene und subtile Rassismus einhergeht mit Antipathien gegen Gruppen, sozialen Distanzen, Diskriminierungen und so weiter und dass die Zurückweisung dieser subtilen Formen von Rassismus mit einer höheren gleichwertigen Behandlung einhergeht (vgl. z. B. Plous 2003; Whitley & Kite 2016, S. 169 ff.; oder kurz Zick 2014).

Das Problem der Trennschärfe, Validität und Reliabilität sehr unterschiedlicher Formen von offenen oder subtilen Rassismusformen ist dabei natürlich zu bedenken. Die Forschungen zeigen aber überzeugend, dass ein traditionell offener Rassismus von einem modernen und eher versteckten Rassismus gut getrennt werden kann. So zeigt sich ein subtiler Rassismus eher in indirekten Formen der Diskriminierung wie mangelnder Unterstützung von Gruppen, die rassistisch wahrgenommen werden, der Leugnung von Rassismus und einer Betonung der Toleranz. Pettigrew und Meertens (1995) beschreiben im Rahmen ihrer Analysen in einer europäisch-amerikanischen Forschungsgruppe »offenen Rassismus« als direkte Zurückweisung, als Unterstellung von Bedrohungen sowie als Zurückweisung von Intimitäten und Vertrautheiten (vgl. Zick 1997). »Subtiler Rassismus« zeige sich dagegen in einer Überbetonung traditioneller Werte, die jene, die herabgewürdigt werden, eben nicht vertreten würden oder könnten, einer Überbetonung von scheinbaren kulturellen Differenzen zum Beispiel in der Werteerziehung, in religiösen Überzeugungen oder Praktiken der sexuellen Moral oder Sprache sowie in einer Zurückweisung von positiven Gefühlen.[3] Sicherlich gehört die »Leugnung von Rassismus« ebenso zu den zentralen Dimensionen des modernen Rassismus. Einige Ansätze nehmen an, dass eine Abwertung von Gruppen oder die Zuschreibung von Minderwertigkeit bei gleichzeitiger Behauptung, die anderen nicht abzuwerten, ein zentrales Element des modernen und subtilen Rassismus sei. Und sie können zeigen, dass »Bigotterie« ein zentrales Element des modernen Rassismus ist und mit dem Selbstbild der Toleranz (»Ich bin doch kein_e Rassist_in«) bei gleichzeitiger Markierung der Minderwertigkeit einhergeht, was die Diskriminierungen erleichtert (vgl. Zick 1997 u. 2020b).

Sozialpsychologische Rassismustheorien nehmen nicht an, dass jede Zuschreibung von Merkmalen zu Gruppen Rassismus ist. Zudem können sich Rassismus und soziale Vorurteile unterscheiden. Rassismus zeichnet sich durch eine stabile Zuschreibung von Merkmalen der scheinbar natürlichen Höher- und Minderwertigkeit aus, die so vorgenommen wird, dass die Merkmale wie natürliche und/oder biologische Eigenschaften der herabgewürdigten Gruppe erscheinen. Es gibt rassistische Vorurteile. Es gibt aber auch Antipathien, Abwertungen,

---

3   Zur Validierung der Konzepte vgl. Meertens & Pettigrew (1997).

Ausgrenzungen und Herabwürdigungen, die sich in verallgemeinernden Zuschreibungen von negativen Merkmalen zu einer Gruppe ausdrücken, die nicht rassistisch begründet werden. Die Meinung, bestimmte Gruppen würden das Sozialsystem ausnützen, würden sich nicht an Regeln halten und ähnliche vorurteilsbasierte Einstellungen können, müssen aber nicht rassistisch sein. Zumindest wäre es empirisch zu klären, inwieweit soziale Vorurteile rassistisch sind. Soziale Vorurteile teilen mit dem Rassismus die Vorstellung einer Ungleichwertigkeit der herabgewürdigten Gruppe oder von Menschen, die markierten Gruppen zugeordnet werden, und damit sind sie auch wesentliche Aspekte des gesellschaftlichen Lebens (Rommelspacher 2009). Daher betrachten wir Rassismus auch als Element eines »Syndroms Gruppenbezogener Menschenfeindlichkeit« (GMF) (Zick, Küpper & Heitmeyer 2011). Rassismus ist eng verbunden mit Vorurteilen gegen zahlreiche andere Gruppen, auch gegenüber Gruppen, von denen nicht behauptet wird, dass sie natürlich oder biologisch anders sind.

4.3 Rassistische Einstellungen gegen Schwarze Menschen in der Mitte 2021

Vor diesem Hintergrund wurden in der Mitte-Studie 2020/21 rassistische Einstellungen in der Bevölkerung gemessen und im Vergleich zu den bisherigen Studien (vgl. Zick, Berghan & Mokros 2019) um einen Fokus auf offenen und subtilen Rassismus gegenüber Schwarzen Menschen (Anti-Black Racism) erweitert. Dazu wurden die rassistischen Einstellungen durch die Abfrage der graduellen Zustimmungen oder Ablehnungen beziehungsweise eine indifferente Einstellung (»teils/teils«) zu Aussagen über entsprechende Ratingskalen erfasst. Die Analyse des Rassismus wurde nur mit den Daten in einer zufällig ausgewählten Hälfte der Stichprobe von 914 Befragten durchgeführt, da nicht alle Einstellungen (Items) unter allen Befragten erhoben wurden. Alle Aussagen (Items), zu denen die Befragten ihre Urteile abgeben konnten, sind in Tabelle 4.1 (⟿ S. 152 f.) aufgeführt.

Ein »offener Rassismus« gegenüber Schwarzen Menschen wurde durch die bisherige Kurzskala der Mitte-Studien (Krause & Zick 2013) sowie die Unterstellung von vermeintlich biologischen Leistungsunterschieden erfasst, also durch eine Differenzdimension, wie sie auch in Skalen zum Rassismus verwendet werden (Zick 1997). Aussagen zum »subtilen Rassismus« sollten zwei Dimensionen erfassen: Erstens, einen modernen und symbolischen Rassismus, der sich vor allem in der Leugnung von Rassismus manifestiert, und zweitens sollte Antipathie erfasst werden. Unterstellung und Leugnung sind zentrale Elemente der Theorien des modernen Rassismus, wie ihn zum Beispiel Sears und Henry (2003) in den USA untersucht haben, oder subtile Vorurteile, wie wir sie erstmalig 1989 in einer Europastudie untersucht haben (Pettigrew & Meertens 1995; Zick 1997). Wesentliches Merkmal ist, dass Rassismus dabei subtil durch die Unterstellung einer Kompetenzdifferenz wie der Leugnung von Sympathie hergestellt wird. Die Antipathie, Sympathie oder Ambivalenz gegenüber Schwarzen Menschen wurde durch die Selbsteinschätzung der Positivität oder Negativität der Einstellung gegenüber Schwarzen Menschen erfasst. Da Einstellungen Präferenzurteile sind, ist davon auszugehen, dass das Urteil eher affektiv ist. Die einzelnen Aussagen zum Rassismus sowie die prozentualen Zustimmungen zu den Antwortkategorien sind in Tabelle 4.1 (➡ S. 152 f.) aufgeführt.

Die Ergebnisse der Mitte-Studie 2020/21 zeigen, dass verhältnismäßig wenige Befragte den rassistischen Aussagen über Schwarze Menschen zustimmen. Ein offener Rassismus, der vermeintlich biologische Differenzen betont, wird in großer Mehrheit abgelehnt.

Allerdings ist der Anteil an »Teils/teils«-Zustimmungen nicht unerheblich. So stimmen nur 4,6 % der Meinung zu: »Die Weißen sind zu Recht führend in der Welt«, allerdings meinen auch rund 11,4 % die Aussage stimme »teils/teils«. Mit diesen »Teils/teils«-Antworten sind es also 16 %, die eine Machthierarchie nach Hautfarbe zumindest teilweise befürworten. Tatsächlich erhalten die subtileren Zuschreibungen der Minderwertigkeit Schwarzer Menschen mehr Zustimmung. Zum Beispiel stimmen 10,5 % der Befragten der Meinung zu: »Schwarze Menschen sollten dankbar sein, hier sein zu dürfen« und fast 13,3 % »teils/teils«.

Die Analysen zeigen hohe Zusammenhänge zwischen den Ablehnungen und/oder Zustimmungen. In Tabelle 4.2 (➡ S. 154 f.) sind die entsprechenden Ergebnisse der Korrelationsanalysen aufgeführt.

Zustimmung und Ablehnung zu ausgewählten rassistischen Einstellungen im Jahr 2020/21 (Angaben in Prozent aller Befragten, die Angaben machten)   Tabelle 4.1

Ich ... ➡

Aussagen zum offenen Rassismus
Aussiedler sollten bessergestellt sein als Ausländer, da sie deutscher Abstammung sind.
Die Weißen sind zu Recht führend in der Welt.
Für anspruchsvollere Tätigkeiten sind weiße Menschen eher geschaffen als Schwarze Menschen.

Ich stimme ... ➡

Aussagen zum subtilen Rassismus
Wenn sich Schwarze Menschen mehr anstrengen würden, würden sie es auch zu etwas bringen.
Schwarze Menschen sind zu empfindlich, wenn von Rassismus in Deutschland die Rede ist.
Schwarze Menschen sollten dankbar sein, hier sein zu dürfen.

Meine Einstellung gegen ... ist ... ➡

Antipathie
Schwarze Menschen

Anmerkungen n = Anzahl der Befragten | Befragte, die »Weiß nicht« angegeben oder keine Angaben gemacht haben, wurden nicht berücksichtigt.

Die Wahrscheinlichkeit der Zustimmung und Ablehnungen zu den einzelnen Rassismusaussagen gehen überzufällig miteinander einher: Je stärker die Befragten der einen rassistischen Aussage zustimmen, desto stärker stimmen sie auch den anderen Aussagen zu. Dies trifft aber weniger deutlich zu in Bezug auf die Sympathie-/Antipathie-Urteile beziehungsweise die Angabe der eigenen Einstellung als »positiv« oder »negativ«: Wenn eine befragte Person einer rassistischen Aussage zustimmt, dann geht dies in geringerem Maße mit einer selbst berichteten negativen Einstellung, also Antipathie, einher als mit anderen rassistischen Vorurteilen (➡ Tab. 4.2, S. 154 f.).

Die weiteren Analysen ergeben, dass weder die Annahme, die Antipathie sei zentrales Element einer rassistischen Überzeugung noch die angenommene

Tabelle 4.1

... lehne völlig ab	... lehne überwiegend ab	teils/teils	... stimme überwiegend zu	... stimme voll und ganz zu	n =
42,9	31,4	16,9	7,5	1,4	883
67,7	16,4	11,4	3,3	1,3	889
76,0	13,7	7,3	2,2	0,9	903

... überhaupt nicht zu	... eher nicht zu	teils/teils	... eher zu	... voll und ganz zu	n =
58,2	17,5	14,4	5,7	4,1	879
31,5	21,5	28,5	11,1	7,3	850
58,7	17,4	13,3	6,6	3,9	873

... sehr positiv	... eher positiv	teils/teils	... eher negativ	... sehr negativ	n =
25,4	60,6	5,0	7,1	1,9	873

Trennung zwischen einem »offenen« und »subtilen« Rassismus empirisch zutrifft. Entsprechende methodische Prüfverfahren (Faktorenanalysen und Reliabilitätsprüfungen) ergeben, dass die Zustimmungen und Ablehnungen der einzelnen Aussagen bei den Befragten miteinander enger korrespondieren, sich also nicht einfach in zwei Dimensionen unterteilen lassen.[4] Dies trifft auf alle Aussagen

---

4   Dazu wurden entsprechende explorative Faktorenanalysen durchgeführt, die hier im Kontext des Mitte-Bandes, der eine breite Leser_innenschaft erreichen möchte, nicht im Einzelnen abgedruckt werden; auf Anfrage können sie bereitgestellt werden. Zentral ist, dass die Hauptkomponentenanalyse nur 1 Faktor ergibt, allerdings die Faktorladung des Antipathieitems schwächer als alle anderen ausfällt (,47). Um eine eindeutige Skala zu erhalten, wurde entschieden, die Antipathieeinschätzung nicht in die Rassismusskala aufzunehmen.

Produkt-Moment-Korrelationen zwischen den Aussagen der Rassismusskala   Tabelle 4.2

	Die Weißen sind zu Recht führend in der Welt.	Für anspruchsvollere Tätigkeiten sind Weiße eher geschaffen.
Aussiedler sollten bessergestellt sein als Ausländer ...	,38 (864)	,40 (n = 874)
Die Weißen sind zu Recht führend in der Welt.		,57 (n = 884)
Für anspruchsvollere Tätigkeiten sind Weiße eher geschaffen.		
Wenn Schwarze Menschen sich mehr anstrengen würden ...		
Schwarze Menschen sind empfindlich, wenn von Rassismus die Rede ist.		
Schwarze Menschen sollten dankbar sein ...		

Anmerkungen Sämtliche Korrelationen sind hoch signifikant; $p = \leq ,01$; n = Anzahl der Befragten.

zu bis auf die Sympathie-/Antipathie-Einschätzung, die, wie oben gezeigt, nur geringe Korrelationen aufweist.

Das bedeutet für die weiteren Analysen, Rassismus gegenüber Schwarzen Menschen kann durch eine entsprechende Skala mit folgenden Aussagen erfasst werden: »Aussiedler sollten bessergestellt sein als Ausländer, da sie deutscher Abstammung sind«, »Die Weißen sind zu Recht führend in der Welt«, »Für anspruchsvollere Tätigkeiten sind weiße Menschen eher geschaffen als Schwarze Menschen«, »Wenn sich Schwarze Menschen mehr anstrengen würden, würden sie es auch zu etwas bringen«, »Schwarze Menschen sind zu empfindlich, wenn von Rassismus in Deutschland die Rede ist« und »Schwarze Menschen sollten dankbar sein, hier sein zu dürfen«.[5] Die Verwendung dieser Skala für die weiteren Analysen und Ergebnisdarstellungen hat den Vorteil, dass die weiteren Analysen nicht auf einzelnen Zustimmungen, Ablehnungen oder »Teils/teils«-Antworten basieren. Ebenso können Zusammenhänge zur Antipathie/Sympathie getrennt vorgenommen werden.

---

5   Die Reliabilität der Skala ist mit $\alpha = ,79$ zufriedenstellend.

Tabelle 4.2

Wenn Schwarze Menschen sich mehr anstrengen würden ...	Schwarze Menschen sind empfindlich, wenn von Rassismus die Rede ist.	Schwarze Menschen sollten dankbar sein ...	Antipathie gegen Schwarze Menschen
,36 (n = 852)	,35 (n = 833)	,31 (n = 845)	,21 (n = 846)
,42 (n = 860)	,33 (n = 836)	,37 (n = 851)	,27 (n = 853)
,42 (n = 875)	,33 (n = 847)	,42 (n = 865)	,31 (n = 863)
	,36 (n = 827)	,49 (n = 850)	,23 (n = 841)
		,33 (n = 818)	,20 (n = 816)
			,13 (n = 836)

Die Werte für die neue Rassismusskala können von 1 für eine minimale Zustimmung bis zum Wert 5 für eine maximale Zustimmung reichen. Der Zustimmungsbereich liegt zwischen den Werten 3 und 5. In diesem Bereich sind 11 % der Befragten zu verorten.[6]

Der Rassismus gegen Schwarze Menschen, der durch die neue Skala erfasst wird, weist durchweg überzufällige Zusammenhänge mit der Antipathie gegenüber Schwarzen Menschen auf sowie mit allen Elementen des Syndroms der Gruppenbezogenen Menschenfeindlichkeit (➡ Kap. 6, S. 181 ff.). Die Zusammenhänge sind in Tabelle 4.3 (➡ S. 156) aufgeführt. Je stärker die Befragten den rassistischen Aussagen zustimmen, desto stärker ist auch ihr klassischer Antisemitismus, die Muslimfeindlichkeit, der Antiziganismus, die Abwertung Asylsuchender sowie Vorurteile gegen langzeitarbeitslose, wohnungslose, homosexuell orientierte Menschen und Trans*Menschen. Ebenso hängt der Rassismus mit der Behauptung von Etabliertenvorrechten zusammen, das heißt der Meinung, generell sollten sich Neuankömmlinge in einer Gesellschaft unterordnen.

---

6   Wird der Wert auf ein hartes Kriterium (Cut-Off bei 3.5) festgelegt, sind es 4,4 % der Befragten, die eindeutig rassistisch eingestellt sind.

Die Zusammenhänge zu negativen Urteilen über Muslime und Immigrant_innen sowie einem Gesamtindikator für die Menschenfeindlichkeit, der alle Vorurteilsmuster bis auf den Rassismus umfasst, sind besonders hoch.

Interkorrelationen aller Elemente Gruppenbezogener Menschenfeindlichkeit
(Korrelationskoeffizienten)   Tabelle 4.3

GMF-Elemente	Rassismus
Fremdenfeindlichkeit [a]	,62 (n = 909)
Antisemitismus – klassisch	,52 (n = 901)
Antisemitismus – israelbezogen	,29 (n = 835)
Muslimfeindlichkeit	,53 (n = 877)
Antiziganismus [b]	,46 (n = 896)
Vorurteile vs. Asylsuchende	,45 (n = 907)
Sexismus	,49 (n = 912)
Vorurteile vs. homosexuellen Menschen	,40 (n = 442)
Vorurteile vs. Trans*Menschen	,54 (n = 436)
Vorurteile vs. wohnungslosen Menschen	,43 (n = 438)
Vorurteile vs. langzeitarbeitslosen Menschen	,42 (n = 438)
Etabliertenvorrechte	,47 (n = 913)
Gesamtindikator GMF (ohne Rassismus)	,70 (n = 913)

Anmerkungen Sämtliche Korrelationskoeffizienten signifikant mit p ≤ ,01; n = Anzahl der Befragten. | [a] Skala aus Antworten zu Aussagen über »Ausländer« (→ Kap. 6, S. 181 ff.). [b] Mit Antiziganismus wird hier ein Vorurteil beschrieben, also ein negatives Urteil über Sinti_zze und Rom_nja. Wenn in Tabellen »Sinti und Roma« steht, dann, weil im Fragebogen diese mehrheitlich verwendete Bezeichnung verwendet wird, auch wenn in der Forschung die Bezeichnung kritisiert wird.

In der Mitte-Studie 2020/21 wurden die Befragten nicht nur nach ihren positiven oder negativen Einstellungen gegenüber Schwarzen Menschen gefragt, sondern auch gegenüber anderen Gruppen. Die Antipathie wurde über eine Selbsteinschätzung der eigenen Einstellung auf einer 5-stufigen Antwortskala als »sehr positiv« (Wert = 1), »positiv« (2), »teils/teils« (3), »negativ« (4) oder »sehr negativ« (Maximum = 5) erfasst. Tabelle 4.4 zeigt den Zusammenhang von Rassismus und Selbsteinschätzung sowie den Zusammenhang mit zwei Aussagen, die die Gleichwertigkeit von Minderheiten infrage stellen, also die Ungleichwertigkeit befürworten.

Interkorrelationen zwischen Rassismus gegen Schwarze Menschen und Antipathien gegenüber verschiedenen Gruppen sowie Gleichwertigkeitsleugnung   Tabelle 4.4

Antipathien gegenüber ...	
Schwarzen Menschen	,30 (n = 827)
Juden	,25 (n = 835)
Sinti und Roma	,21 (n = 826)
Flüchtlingen	,24 (n = 853)
Muslimen	,23 (n = 861)
Armen Menschen	,11 (n = 867)
Ostdeutschen	,04 n. s. (n = 866)
Westdeutschen	,09 (n = 876)
Ungleichwertigkeitszustimmung	
Es wird zu viel Rücksicht auf Minderheiten genommen.	,39 (n = 900)
Im nationalen Interesse können wir nicht allen die gleichen Rechte gewähren.	,37 (n = 881)

Anmerkungen Sämtliche Korrelationskoeffizienten sind signifikant mit $p \leq ,01$, soweit nicht als »nicht signifikant« (n. s.) gekennzeichnet. | n = Anzahl der Befragten.

Die Zusammenhänge zwischen der selbst eingeschätzten Einstellung gegenüber Schwarzen Menschen und Rassismus sind schwach ausgeprägt, auch wenn sie überzufällig sind. Mit der Einstellung gegenüber Ost- oder Westdeutschen hängt sie gar nicht zusammen. Menschen, die rassistischen Vorurteilen zustimmen, vertreten mit etwas höherer Wahrscheinlichkeit auch die Meinung, dass sie negative Einstellungen gegen andere Gruppen haben. Die moderaten Zusammenhänge zwischen Rassismus und den Antipathien zeigen jedoch, dass es durchaus möglich ist, gleichzeitig rassistisch eingestellt zu sein und positive Einstellungen gegenüber Schwarzen Menschen zu vertreten. Die verallgemeinernde und negative Meinung, dass Minderheiten zu viel oder besondere Unterstützung erfahren, hängt dagegen mit dem Rassismus deutlicher zusammen. Zudem zeigen die Zusammenhänge zu den zwei Aussagen zur Anerkennung der Rechte auf gleichwertige Behandlungen von Minderheiten signifikante enge Zusammenhänge: Je stärker die Zustimmung zu den rassistischen Aussagen ist, desto stärker ist die Zustimmung zu weniger Rücksicht und der Anerkennung der Gleichheit von Rechten für Minderheiten, wie sie auch für den Rechtspopulismus kennzeichnend sind (⟼ Kap. 2, S. 43 ff.). Es geht beim Rassismus nicht nur um Antipathien oder emotional verzerrte Wahrnehmungen, sondern um Fragen der Anerkennung von Rechten und Würde in einer demokratischen Gesellschaft. Wie aber lässt sich das mit dem Selbstbild vieler Menschen in der Mitte vereinbaren, die von sich behaupten, dass sie nicht nur zur Mitte gehören, sondern auch demokratisch aufrechte Bürger_innen sind? Oder stecken hinter der Zustimmung zu rassistischen Aussagen nur »lupenreiche Rassist_innen«, wie feuilletonistisch gefragt werden könnte? Die Forschung zum modernen Rassismus (s. o.) hat schon in den 1980er-Jahren darauf verwiesen, dass gerade der neue Rassismus sich darin zeige, dass er ein demokratisches Selbstbild und Rassismus miteinander vereinbaren kann, also mit Blick auf eigentlich unvereinbare Einstellungen »bigott« sei.

4.4   Bigotterie in der Mitte?

Die bisherigen Analysen weisen auf Ambivalenzen wie auch bigotte Einstellungsmuster hin. Jene Befragten, die harten rassistischen Einstellungen gegenüber Schwarzen Menschen zustimmen, leugnen Rassismus in ihren Einstellungen, und dies hängt kaum mit ihrem Selbstbild zusammen. In diesem Zusammenhang sind die durchweg hohen Zustimmungen zu den »Teils/teils«- oder »Sowohl-als-auch«-Antworten interessant. Normativ betrachtet dürfte es keinen »Teils/teils«-Rassismus geben. Menschen sind rassistisch oder sind es nicht. Es könnte aber auch sein, dass Befragte angesichts der Aussagen verunsichert sind und ihr Rassismus eben ambivalent ist.

Um dem nachzugehen, wurde die Gruppe der »Teils/teils«-Antwortenden genauer untersucht. Alle Analysen zeigen, dass jene, die in den Items der Rassismusskala mit »teils/teils« geantwortet haben, einstellungsmäßig eher denen ähneln, die zugestimmt haben, als denen, die Rassismusaussagen abgelehnt haben. Um dies zu veranschaulichen, wurden für die einzelnen Rassismusaussagen Personen, die die Aussagen »völlig oder überwiegend« abgelehnt haben, zu einer Gruppe »Ablehnung« zusammengefasst. Hingegen wurden jene, die »völlig oder überwiegend« zustimmten zu einer Gruppe »Zustimmung« zusammengefasst und jene, die »teils/teils« antworteten, als dritte Gruppe definiert. In Tabelle 4.5 sind die mittleren Werte für einige ausgewählte Vorurteile in

Abhängigkeit von den Gruppen der Ablehnenden, Zustimmenden und Ambivalenten (»teils/teils«) bei Rassismus aufgeführt.

Mittelwerte[a] und Teststatistiken[b] für den GMF-Index ohne Rassismus in Ablehnungs- und Zustimmungsgruppen der Rassismusaussagen   Tabelle 4.5

	Rassismus			Test
	Ablehnung	teils/teils	Zustimmung	
Fremdenfeindlichkeit	1,63 (n = 655)	2,72 (n = 147)	2,61 (n = 78)	F (2,877) = 143,77, p ≤ ,01
Antisemitismus – klassisch	1,15 (n = 653)	2,20 (n = 145)	2,38 (n = 74)	F (2,869) = 63,41, p ≤ ,01
Anti-Asylsuchende	2,68 (n = 650)	3,39 (n = 149)	3,56 (n = 78)	F (2,874) = 52,42, p ≤ ,01
Muslimfeindlichkeit	1,64 (n = 635)	2,64 (n = 138)	2,71 (n = 78)	F (2,848) = 111,63, p ≤ ,01
Sexismus	1,41 (n = 655)	2,15 (n = 149)	2,15 (n = 78)	F (2,879) = 59,65, p ≤ ,01
Abwertung von Trans*Menschen	1,57 (n = 309)	2,57 (n = 80)	2,29 (n = 39)	F (2,425) = 35,23, p ≤ ,01
Etabliertenvorrechte	2,38 (n = 655)	3,29 (n = 149)	3,37 (n = 78)	F (2,879) = 75,64, p ≤ ,01
Antipathie gegen Schwarze Menschen	1,90 (n = 627)	2,37 (n = 142)	2,16 (n = 77)	F (2,842) = 18,37, p ≤ ,01

Anmerkungen [a] min. = 1, max. = 5. [b] F-Werte. | n = Anzahl der Befragten.

Wesentlich sind hier weniger die Teststatistiken, sondern ist die Frage, welche Vorurteile gegen andere Gruppen diejenigen aufweisen, die »Teils/teils«-Antworten beim Rassismus gaben. Sie liegen durchweg viel höher als jene, die Rassismus ablehnen. Bei Fremdenfeindlichkeit, Abwertung von Trans*Menschen und Antipathie liegt die »Teils/teils«-Rassismus-Gruppe sogar höher als die, die eindeutig rassistisch eingestellt sind.

Die Vorurteils- und Rassismusforschung hat mit ihren Analysen zu modernen vorurteilsvollen Herabwürdigungen und rassistischen Einstellungen auf eine zweite Form der Latenz hingewiesen, die schon in den Analysen zuvor sichtbar wurde. Ein Teil der rassistisch orientierten Menschen, eben jene, die »modernen«

oder »subtilen« Abwertungen von anderen zustimmen, tun dies nicht so direkt wie die eindeutig »rassistisch« Orientierten, sondern versuchen ein positives Selbstbild von sich als egalitär denkende wie überzeugte Demokrat_innen aufrechtzuerhalten. Dies tun sie, indem sie betonen, sie »sind keine Rassisten«, stellen aber zugleich eine negative Differenz und Distanz zu jenen Gruppen her, die sie herabwürdigen, indem sie diesen Gruppen unterstellen, dass sie »kulturell nicht passen« würden, »sich nicht hinreichend anstrengen« würden et cetera. Sie rechtfertigen also die Herabwürdigung durch indirekte, subtile Zuschreibungen von Merkmalen. Sie verhalten sich also »bigott« (O'Brien et al. 2010). In der Rassismusskala der Mitte-Studie 2020/21 sind solche »subtilen Äußerungen« enthalten (s. o.). Im Sinne der Theorien zum modernen Rassismus (Zick 2020b) wurden die Befragten auf der Grundlage der Aussage »Ich behandele alle Menschen gleich« und der Werte für Rassismus jeweils in eine Gruppe der Zustimmenden und Ablehnenden eingeteilt; bei Rassismus wurden die »Teils/teils«-Antwortenden zum Zustimmungsbereich gezählt. Durch die Einteilung ergeben sich vier Gruppen: »Egalitär« eingestellte Befragte geben an, alle Menschen gleichzubehandeln und lehnen die Rassismusaussagen ab; »bigott« Eingestellte geben an, alle Menschen gleichzubehandeln und stimmen den Rassismusaussagen zu; »rassistisch« Eingestellte lehnen die Gleichbehandlung ab und stimmen dem Rassismus zu; als »indifferent« Eingestellte werden alle Befragten klassifiziert, die die Rassismusaussagen ablehnen und angeben, nicht alle Menschen gleichzubehandeln. Tabelle 4.6 führt die mittleren Werte für GMF und weitere deskriptive Maße auf.

**Gruppenbezogene Menschenfeindlichkeit (GMF, Index) nach Gruppen
von Rassismus und Egalitarismus [a]**   Tabelle 4.6

Einstellung	M	SD	n =
egalitär	1,63	0,53	784
bigott	3,26	0,34	90
rassistisch	3,66	0,31	10
indifferent	1,66	0,56	24

Anmerkungen M = arithmetischer Mittelwert; SD = Standardabweichung; n = Anzahl der Befragten. | [a] min. = 1, max. = 5.

Die Gruppen unterscheiden sich überzufällig in GMF[7], allerdings ist die Anzahl der klar rassistisch eingestellten Befragten gering. Wesentlicher für eine Einschätzung des Rassismus ist, dass bigott eingestellte Befragte weitaus höher menschenfeindlichen Meinungen zustimmen als egalitär eingestellte.

Mit Blick auf die »politische Mitte der Gesellschaft« ist es interessant, die Anteile an Toleranten und Bigotten näher zu betrachten. In der Mitte-Studie 2020/21 wurden die Befragten gebeten, ihre eigene politische Position auf einem Links-rechts-Schema anzugeben. In der Teilstichprobe, in der der Rassismus gemessen wurde, geben 63 % an, ihre Position entspräche »genau der Mitte«, während 26,3 % sie als »links« und 6,8 % als »rechts« angeben. Die Auswertungen der Daten ergeben in der Mitte einen Anteil von 9,8 % an Personen, die als bigott eingestuft werden.[8] Unter jenen, die ihre Position als links verorten finden sich keine »Bigotten«, unter jenen, die sich als rechts verorten, ist der Anteil am höchsten mit 14,0 %.

4.5 Soziale und ideologische Einflüsse auf rassistische Einstellungen gegen Schwarze Menschen

Die letzten Analysen zeigen, dass Gruppenmerkmale wie die politische Position einen Einfluss auf die Einstellungen haben. In den Datenauswertungen zeigen sich weitere Unterschiede rassistischer Einstellungen in soziodemografischen Merkmalen wie Geschlecht[9], Alter[10], ost- wie westdeutscher Wohnort[11], Ein-

---

7 $F(3, 904) = 316.60$, $p \leq ,01$, $\eta^2 = ,52$.

8 89 Prozent wären als tolerant, 0,1 Prozent als rassistisch und 3 Prozent als indifferent in der Mitte zu verorten.

9 Männliche Befragte weisen signifikant höhere mittlere Zustimmungen zum Rassismus auf (Mittelwert (M) der Rassismusskala 1.91, SD = ,78; n = 421) als weibliche Befragte (M = 1.75, SD = ,67; n = 492); $t(911) = 3,82$, $p \leq ,01$; Cohens d: .76.

10 Werden die Befragten in drei »Altersgruppen« eingeteilt, ergeben sich überzufällige Unterschiede: 16- bis 30-Jährige stimmen weniger den Aussagen zu (M = 1.69, SD = ,78; n = 122) als 31- bis 60-Jährige (M = 1.75, SD = ,71; n = 428) und über 61-jährige Befragte, die die höchsten Zustimmungen aufweisen (M = 2.02, SD = ,75; n = 308); $F(2, 855) = 15.33$; $p < ,001$), partielles η^2: .04.

11 Befragte, die überwiegend in »Ostdeutschland« (inkl. Ostberlin) aufgewachsen sind (M = 1.90, SD = ,79; n = 192), stimmen den Aussagen überzufällig stärker zu als jene aus »Westdeutschland« und Westberlin (M = 1.73, SD = ,66; n = 649); $t(839) = 2.99$, $p \leq ,01$; Cohens d = ,69.

kommensgruppen[12], formalen Bildungsgruppen[13], ob die Befragten eher städtisch oder ländlich leben[14].

Insgesamt ergeben die Analysen ein aus der Vorurteils- und Rassismusforschung bekanntes Muster: Menschen mit geringerer formaler Bildung, aus prekären ökonomischen Verhältnissen und dörflicher Umgebung sowie konservativer oder rechtspopulistischer politischer Orientierung sind anfälliger dafür, rassistischen Einstellungen zuzustimmen. Ebenso zeigt sich, dass Gewerkschaftsmitglieder signifikant geringere Zustimmungen zum Rassismus äußern (M = 1.69, SD = ,64, n = 160) als jene ohne Gewerkschaftsmitgliedschaft (M = 1.83, SD = ,75, n = 742).[15] Auch Sportvereinsmitglieder weisen signifikant geringere rassistische Einstellungen (M = 1.74, SD = ,68, n = 321) auf als jene ohne Mitgliedschaft (M = 1.85, SD = ,76, n = 586).[16]

Mit Blick auf die »politische Mitte« beziehungsweise die Selbstpositionierung zeigt sich, dass die Mitte auch einen »mittleren Rassismus« aufweist. Befragte, die ihre Position als »links« (M = 1,41, SD = ,48; n = 39) oder »eher links« (M = 1.50, SD = ,64, n = 176) einordnen, sind weniger rassistisch als jene, die sie als »genau in der Mitte« (M = 1.90, SD = ,70, n = 557), »eher rechts«

---

12 Einkommensschwächere Befragte stimmen den Aussagen eher zu (M = 2.18, SD = ,83; n = 01) als Befragte mit mittlerem Einkommen (M = 1.84, SD = ,73; n = 403) oder einkommensschwächere Gruppen (M = 1.69, SD = ,70; n = 74). Einkommensschwächere: weniger als 70 % des Äquivalenzeinkommens gemessen am Einkommensmedian in der Stichprobe, Mittelschicht zwischen 70 und 150 % und Einkommensstärkere über 150 % des Einkommens; F (2, 675) = 14,02, p ≤ ,01, partielles η²: .04.

13 Gruppen mit geringerem formalen »Bildungsniveau« unterscheiden sich dagegen überzufällig (M = 2.16, SD = ,79; n = 243) von Befragten mit mittlerem Niveau (M = 1.90, SD = ,69; n = 315) und höherem Niveau (M = 1.49, SD = ,62; n = 291); F (2, 846) = 62.23, p ≤ ,01, partielles η² = ,13; Einteilung der Bildungskategorien: niedrig = Schüler und Schülerinnen und Personen mit maximal einem Hauptschulabschluss; mittel = Personen mit mittlerer Reife/10. Kl. Polytechnikum, hoch = Personen mit (Fach-)Abitur).

14 Befragte aus kreisfreien Großstädten stimmen weniger den Aussagen zu (M = 1.75, SD = ,68; n = 300) als jene in städtischen Kreisen (M = 1.88, SD = ,80; n = 299), ländlichen Kreisen mit Verdichtungsansätzen (M = 1.88, SD = ,68; n = 8) und jenen, die in dünn besiedelten Kreisen leben (M = 1.86, SD = ,78; n = 39) F (3, 862) = 1.80, p < ,01, partielles η²: .01).

15 t(900) = −2.27, p ≤ ,03, Cohens d: .73.

16 t(905): −2.10, p ≤ ,04, Cohens d: .73.

(M = 2.06, SD = ,85, n = 37) oder »rechts« (M = 2.47, SD = ,85, n = 18) einordnen.[17]

Unter Berücksichtigung der »Parteipräferenz«, die durch die sogenannte Sonntagsfrage (»Wenn am nächsten Sonntag Bundestagswahl wäre, welche Partei würden Sie dann wählen?«) ermittelt wird, ergeben sich – nach der Stärke der Zustimmung sortiert – die geringsten Zustimmungen bei Befragten, die angeben, Bündnis 90/Die Grünen zu wählen (M = 1.40, SD = ,51; n = 170), gefolgt von jenen, die die SPD (M = 1.78, SD = ,66, n = 92) präferieren, dann die »Die Linke« (M =1.96, SD = 1.13; n = 30), dann die CDU/CSU (M = 1.98, SD = ,71; n = 59), dann eine sonstige Partei (M = 2.02, SD = ,83; n = 23), die FDP (M = 2.10, SD = ,93; n = 41) und die AfD (M = 2.53, SD = ,54; n = 15).[18] Ebenso zeigt sich, dass die Zustimmung zu der Aussage »Die AfD ist eine Partei wie jede andere auch« signifikant mit der Rassismuszustimmung einhergeht (r = ,26, p ≤ ,01, n = 895).

Allerdings stellt sich die Frage, ob die berichteten Einflussfaktoren auch dann noch bedeutsam sind, wenn andere ökonomische, politische oder soziale Faktoren die Variation in den Rassismuseinstellungen erklären können. Sozialpsychologische Faktoren wie zum Beispiel negative Vergleiche der wirtschaftlichen Situation der eigenen nationalen Gruppe mit der von Immigrant_innen, Populismusneigungen, Konservatismus oder Machtorientierungen und weitere Faktoren, die verbunden sind mit Gruppenkonflikten, könnten bedeutsamer sein als die demografischen Faktoren (s. o. bzw. vgl. Zick 2020b). Um einen Hinweis auf den Einfluss solcher wie der oben genannten Faktoren zu bekommen, wurde eine schritt- oder blockweise Regression berechnet. In dieser Berechnung wurde im ersten Block ermittelt, ob und welche demografischen Faktoren zur Erklärung von Rassismus gegen Schwarze Menschen beitragen, so wie er durch die Rassismusskala erfasst wird. Im zweiten Block wurden darüber hinaus sozialökologische Faktoren hinzugezogen wie die Selbstidentifikation als Demokrat_in, wirtschaftliche Sorgen, die aus der Coronapandemie folgen, die Wahrnehmung, dass der

---

17 F (4, 822) = 19,30, p ≤ ,01, η²: .09.
18 Nichtwähler_innen (M = 2.13, SD = 84, n = 52); nicht Wahlberechtigte (M = 1.73, SD = ,84; n = 6); Wähler_innen der Piratenpartei sowie NPD nur je 1 Wähler_in; F (10, 679) = 10.90, p ≤ 01, partielles η²: .14

Ergebnisse einer stufenweisen Regressionsanalyse zur Erklärung von Rassismus gegen Schwarze Menschen Tabelle 4.7

Block 1		Block 2		Block 3	
Prädiktor	Beta	Prädiktor	Beta	Prädiktor	Beta
Alter	,11 **	Alter	,13 **	Alter	,08 **
Geschlecht	– ,10 **	Geschlecht	– ,07 *	Geschlecht	,03
Bildung	– ,33 **	Bildung	– ,13 **	Bildung	,02
Einkommen	– ,11 **	Einkommen	– ,08 *	Einkommen	– ,07 *
Regionentyp	,03	Regionentyp	– ,01	Regionentyp	– ,06 *
Ost-West	– ,16 **	Ost-West	– ,10 **	Ost-West	– ,05
Gewerkschaft	,02	Gewerkschaft	,02	Gewerkschaft	– ,02
Sportverein	– ,01	Sportverein	– ,01	Sportverein	– ,02
		Selbstbild Demokrat/in [a]	– ,20 **	Selbstbild Demokrat/in	– ,10 **
		Wirtschaftliche Sorge wg. Corona [b]	,03	Wirtschaftliche Sorge wg. Corona	,07 *
		Zusammenhalt gefährdet [c]	,10 **	Zusammenhalt gefährdet	– ,01
		Fraternale Deprivation [d]	– ,04	Fraternale Deprivation	– ,04
		Politische Rechts-links-Position	,23 **	Politische Rechts-links-Position	,07 *
		Populismus [e]	,23 **	Populismus	– ,03
				Geringes Demokratievertrauen [f]	– ,01
				Soziale Dominanzorientierung [g]	,15 **
				Autoritarismus [h]	,10 **
				GMF [i]	,56
				Egalitäres Selbstbild [k]	,04
R^2	,19		,39		,60
R^2 Änderung			,20		,21

Anmerkungen * $p = \leq ,05$; ** $p = \leq ,01$; *** $= p \leq ,001$. | n = Anzahl der Befragten; R^2 = erklärte Streuung.

[a] »Ich bin ein überzeugter Demokrat/eine überzeugte Demokratin.« (1 = min., 5 = max.). [b] »Inwieweit haben Sie Sorge, dass sich die wirtschaftliche Situation in Deutschland aufgrund der Coronapandemie verschlechtert?« (1 = min., 5 = max. Sorge). [c] »Der Zusammenhalt der Deutschen ist gefährdet.«

(1 = min., 5 = max. Zustimmung). [d] »Und wie beurteilen Sie die wirtschaftliche Lage der Deutschen im Vergleich zu den hier lebenden Ausländern?« (1 = s»ehr positiv«, 5 = »sehr negativ«). [e] Index aus Antieliten, Antipluralismus und illiberalen Souveränitätsvorstellungen. [f] Aus Zustimmung zu: »Alles in allem vertraue ich den staatlichen Institutionen wie Behörden, Gerichten und Universitäten in Deutschland.« »Ich vertraue darauf, dass die Wahlen in Deutschland alles in allem korrekt durchgeführt werden.« (→ Kap. 2, S. 43 ff.). [g] Skala gemessen mit zwei Aussagen: »Die Gruppen, die in unserer Gesellschaft unten sind, sollten auch unten bleiben.« »Es ist gut, dass einige Gruppen in der Gesellschaft oben und andere unten sind.« r = ,52; n = 883. [h] Autoritarismusskala mit Aussagen: »Verbrechen sollten härter bestraft werden.« »Um Recht und Ordnung zu bewahren, sollte man härter gegen Außenseiter und Unruhestifter vorgehen.« »Wir sollten dankbar sein für führende Köpfe, die uns sagen, was wir tun sollen.« (α = ,61). [i] Skala Gruppenbezogene Menschenfeindlichkeit ohne Rassismus (1 = min., 5 = max.). [k] 1-Items-Messung: »Ich behandle alle Menschen gleich.« (1 = min., 5 = max.).

gesellschaftliche Zusammenhalt gefährdet sei, fraternale Deprivation, also die Meinung, Immigrant_innen würde es besser gehen als der eigenen deutschen Bezugsgruppe, die politische Links-Mitte-rechts-Positionierung und eine populistische Orientierung, die Anti-Eliten-, Anti-Pluralismus- und illiberale Souveränitätsvorstellungen umfasst (→ Kap. 2, S. 43 ff.). Im dritten Schritt wurden neben den bislang genannten Faktoren auch sozialpsychologisch relevante Einflussfaktoren berücksichtigt wie das Misstrauen in gesellschaftliche Institutionen, Dominanzorientierungen, autoritäre Orientierungen und generalisierte Vorurteile gegen andere Gruppen. Tabelle 4.7 zeigt das Ergebnis der Analyse (→ Tab. 4.7).

Demnach werden die rassistischen Einstellungen gegenüber Schwarzen Menschen am besten durch die generalisierten Vorurteile gegen andere Gruppen (GMF) und soziale Dominanzorientierungen erklärt, das heißt, durch die Meinung, die Gesellschaft wäre in höher- und minderwertige Gruppen unterteilt, und dass dies angemessen sei. Auch der Autoritarismus und das Selbstbild, Demokrat_in zu sein, sowie die Sorge, dass die Pandemie die nationale Wirtschaft gefährde, erklären rassistische Einstellungen, wenn viele weitere Faktoren beachtet werden. Soziodemografische Faktoren spielen viel weniger eine Rolle. Das Lebensalter, ein geringeres Einkommen sowie ein Lebensumfeld im eher ländlichen Raum gehen mit stärkerem Rassismus einher. Es könnte eingewendet werden, dass in dieser Analyse Rassismus durch Vorurteile – eben den Faktor GMF – vorhergesagt werde. Das ist mit Blick auf Generalisierungseffekte von Vorurteilen sinnvoll. Eine Analyse ohne Berücksichtigung von GMF zeigt eine geringere Varianzaufklärung (R^2 = ,50) und eine über die genannten Faktoren stärkere Vorhersage durch die soziale Dominanzorientierung (beta

(β) = ,29), Autoritarismus (,24), Ablehnung des Selbstbildes, Demokrat_in zu sein (,14), Populismusneigung (,13), politische Rechtsorientierung (,12), die Sorge wegen wirtschaftlicher Gefahren durch die Pandemie (,07) und Lebensalter (,15).[19] Rassismus ist in diesem Sinne vor allem ein Phänomen einer antidemokratischen konservativen Haltung, die mit Sorgen vor Effekten der Pandemie einhergeht und in älteren Altersgruppen stärker ist.

4.6   Rassismus, Macht und radikal rechte Orientierungen

Diese letzte Analyse legt es nahe, die rassistischen Einstellungen im Zusammenhang zu anderen Überzeugungen oder Verhaltensabsichten zu setzen, die andere Gruppen radikal herabwürdigen beziehungsweise die Macht und Vorherrschaft der eigenen (weißen) Bezugsgruppe betonen. Daher wurde im letzten Schritt der Analyse des Rassismus geprüft, wie stark er verbunden ist mit gesellschaftlich extremen politischen Ideologien, wie sie der Rechtsextremismus, der Rechtspopulismus wie auch Gewaltbefürwortungen gegen andere und Diskriminierungsbefürwortungen darstellen. In Tabelle 4.8 sind die entsprechenden Interkorrelationskoeffizienten aufgeführt (⟶ Tab. 4.8).

Alle Zusammenhänge zwischen rechtspopulistischen wie rechtsextremen Orientierungen mit dem Rassismus gegen Schwarze Menschen sind signifikant. Mit Blick auf gewaltbilligende Einstellungen – also die Meinung, unter bestimmten Umständen sei Gewalt gegen andere zu billigen – ist der Zusammenhang zum Rassismus überzufällig positiv.

4.7   Die Mitte zwischen Bewusstseinsbildung, Bigotterie und Rassismus – ein Fazit

Das zuletzt genannte Ergebnis mag nicht überraschen. Allerdings verweist es erneut auf eine besondere Herausforderung, wenn die Gesellschaft mit Rassismus konfrontiert ist – in Form von Rassismusleugnung. Sie ist einerseits ein Element von rassistischen Einstellungen, wie die Analysen zeigen, andererseits aber auch eine Strategie, um sich gegen Rassismusvorwürfe zu immunisieren und ein positives Selbstbild von sich und der eigenen Bezugsgruppe aufrechtzuerhalten. Zu einer möglichen Immunisierung könnte auch eine vorschnelle

---

19   Alle Ergebnisse der Regressionsanalyse beim Autor zu erfragen.

Interkorrelationen zwischen Rassismus, Rechtspopulismus, rechts*extremen* Einstellungen, Gewalt und Diskriminierungsabsichten [a]   Tabelle 4.8

	Rassismus
Rechtspopulismus	,60 (n = 913)
Rechtsextreme Orientierungen	
Rechtsextremismus gesamt	,71 (n = 711)
Befürwortung Diktatur	,55 (n = 877)
Nationalchauvinismus	,55 (n = 850)
Ausländerfeindlichkeit	,68 (n = 870)
Antisemitismus	,63 (n = 787)
Sozialdarwinismus	,60 (n = 877)
Verharmlosung NS-Zeit	,54 (n = 809)
Billigung von Gewalt gegen andere [b]	,48 (n = 910)

Anmerkungen n = Anzahl der Befragten. | [a] Sämtliche Korrelationskoeffizienten signifikant mit p ≤ ,01. [b] 2-Item-Skala:»Wenn sich andere bei uns breitmachen, muss man unter Anwendung von Gewalt zeigen, wer Herr im Haus ist.«, »Gewalt kann zur Erreichung politischer Ziele moralisch gerechtfertigt sein.«; r = ,47, n = 886.

Interpretation der vorliegenden Umfrageergebnisse gehören. Sie zeigt eindrücklich, wie wenige Menschen rassistischen Aussagen gegenüber Schwarzen Menschen, also einem Anti-Schwarzen-Rassismus, zustimmen. Und die Zustimmungen sind im Vergleich zu den früheren Erhebungen der Mitte-Studie sogar zurückgegangen (➞ Kap. 6, S. 181 ff.). Es scheint, als habe die Sichtbarkeit von Hass und die öffentliche und politische Aufmerksamkeit für dieses Thema eine Wirkung auf die Einstellungen der Menschen. Die Deutschen, so könnte man meinen, scheinen sich stärker darüber im Klaren zu sein, dass bestimmte Einstellungen, wie sie hier erfasst wurden, abzulehnen sind. Vielen Menschen ist das bekannt, es ist ihnen klar, und sie sind davon auch überzeugt. Rassismus wird mehrheitlich geächtet und steht im Jahr 2021 oben auf der gesellschaftlichen und politischen Agenda. Viele Menschen teilen die Einschätzung, dass Rassismus eine enorme Gefahr ist und dass Rassismus nicht zu tolerieren ist. Das sind gute Nachrichten für das Prinzip der Gleichwertigkeit und die Achtung der Würde jedes Menschen.

Da wäre aber noch der Blick auf jene 11 % in der Mitte, die offen rassistisch gegen Schwarze Menschen eingestellt sind. Das hoffnungsvolle Bild einer rassismusimmunisierten Mitte trübt sich durch die Ergebnisse noch weiter ein, wenn sie genauer betrachtet werden. Erstens ist der Anteil der latenten Zustimmung zu generalisierenden negativen Einstellungen über Schwarze Menschen höher und der »Teils/teils«-Rassismus in der Mitte stärker. Zweitens zeigen die Analysen, dass einige Befragte zugleich rassistischen Einstellungen zustimmen und ein egalitäres Selbstbild aufrechterhalten, also einem »subtilen Rassismus« anhängen und sich »bigott« verhalten. Der moderne oder zeitgemäße Rassismus, wie er sich in den gemessenen Einstellungen widerspiegelt, unterläuft den Verdacht des Rassismus und leugnet ihn. Er erscheint harmlos, weil er ja nicht auf einen offenen, harten und biologischen Rassismus reduziert werden kann wie im Rechtsextremismus. Dennoch wird die vermeintliche »Natur der anderen« oder jener mit anderer Hautfarbe oder Abstammung aufrechterhalten und als Differenz herausgestellt. Dies mag auch ein wichtiger Aspekt sein, wenn es um Fragen nach strukturellem und institutionellem Rassismus geht. Studien zeigen, dass dort, wo sich der Rassismus strukturell verankern kann, auch das Ausmaß an rassistischen Einstellungen hoch ist (Gomolla & Radtke 2002). Drittens steht Rassismus in einem Kontext der Vorurteile gegenüber anderen Gruppen in der Gesellschaft. Er hängt, wie die empirischen Analysen zeigen, eng mit anderen menschenfeindlichen Herabwürdigungen von Gruppen zusammen; auch das zeigen wir in den Studien seit nunmehr 18 Jahren. Rassistische Einstellungen verbinden sich mit anderen Rassismen und Vorurteilen, verzahnen sich. So befördern sie Ideologien der Ungleichwertigkeit von Gruppen, auch wenn in Gesellschaften eine Norm der Gleichwertigkeit gilt. Viertens lassen sich Zustimmungen zu rassistischen Einstellungen gegenüber Schwarzen Menschen weniger durch soziodemografische und ökonomische Faktoren erklären, sondern viel mehr durch die Akzeptanz genereller Ungleichwertigkeitsvorstellungen. Ein Teil der Macht rassistischer Ideologien besteht genau darin: Normen der Gleichwertigkeit werden so unterlaufen, dass Menschen ein tolerantes Selbstbild aufrechterhalten können und sich mehr oder minder subtil an den Zeitgeist eines modernen Rassismus anpassen.

Bei all dem ist auch der historische Kontext der vorliegenden Analyse zu bedenken, also die Pandemie und die mit ihr verbundenen ökonomischen wie sozialen Belastungen und Krisen. Aus der Vorurteils- und Rassismusforschung ist bekannt, dass Krisen mit Herabwürdigungen und Diskriminierungen einhergehen und dass sie dies stärker am Ende von Krisen tun, weil dann Gruppen stärker um verbleibende Ressourcen streiten und sich mit Diskriminierungen Konflikte gewinnen lassen. Dies zeigen neuere Rassismusanalysen aus Großbritannien im Kontext des Brexits (Virdee & McGeever 2018), wie schon frühere Analysen etwa zur Lynchjustiz während der Wirtschaftskrise in den USA Ende des 19. Jahrhunderts (Brundage 1993). Die Analysen der Mitte-Studien verweisen auf einen Rückgang der Zustimmungen zu fast allen Facetten von Gruppenbezogener Menschenfeindlichkeit – bis auf den Antisemitismus (→ Kap. 6, S. 181 ff.). Allerdings deuten sich Kriseneffekte schon an. So korrelieren in der Mitte-Studie 2020/21 zum Beispiel die Zustimmungen zur Aussage »Ich habe Sorge, dass sich die persönliche wirtschaftliche Lage aufgrund der Coronapandemie verschlechtert« mit Rassismus, obwohl dieser Zusammenhang schwach ist ($r = ,20$, $p \leq ,01$, $n = 912$). Die Konfliktforschung würde die Annahme zunächst aufrechterhalten, dass nach der Coronakrise die Menschenfeindlichkeit wieder ansteigt, weil die Abwertung von anderen einen Wettbewerbsvorteil suggeriert.

Diese und weitere Befunde verweisen auf die besonderen Herausforderungen, die auf die Mitte warten, wenn es darum geht, den unterschiedlichen Formen von Rassismus zu begegnen. Die Mitte-Studie ist keine Antirassismusstudie, die aus Einstellungsmustern direkte Handlungsempfehlungen ableitet. Sie kann aufmerksam darauf machen, ob Rassismus verbreitet ist, wo und welche Dynamiken ihm zugrunde liegen; so gut das mit den Methoden einer Umfrage eben geht. Auf der Grundlage der Befunde stellen sich dann manche Fragen anders. Wenn zum Beispiel, wie die Analysen zeigen, ostdeutsche Befragte rassistischen Einstellungen stärker zustimmen und wenn dabei die generelleren Ideologien der Höher- und Minderwertigkeit von Gruppen eine Rolle spielen, dann stellt sich die Frage, ob Programme, die sich gegen den biologischen Rassismus richten oder über Wahrnehmungsverzerrungen aufklären wollen, hinreichend sind. Das Gleiche gilt für Bildung und Aufklärung. Angesichts der Ergebnisse wären Gleichwertigkeitsideologien und Strategien der Immunisierung gegen Gruppenbezogene Menschenfeindlichkeit eine besonders notwendige gesellschaftliche Aufgabe.

Sich mit Rassismus zu konfrontieren und auseinanderzusetzen, ist alles andere als einfach, und das macht es jenen leicht, die »die Rassenkarte« spielen (Mendelberg 2001), die also dann, wenn es um den Erhalt von Privilegien geht, offen oder versteckt auf scheinbar unveränderliche und natürliche Unterschiede verweisen. Jene, die Toleranz und Gleichwertigkeit für wichtig halten, unterstellen anderen nicht leichtfertig Rassismus, weil sie um die Schwere des Vorwurfs wissen. Jene, die unsicher sind, inwieweit bei ihrer Art, andere Gruppen wahrzunehmen, auch Rassismus eine Rolle spielen könnte, mögen aus Scham und Angst vor Gesichtsverlust zögern. Jene aber, die meinen, die »Natur« der »anderen« zu kennen, machen es sich leicht – sie sind gerade dann erfolgreich, wenn sie mit rassistischen Behauptungen Aufmerksamkeit erzielen und andere sich abmühen müssen, ihnen, die doch so tolerant sind, ihren Rassismus erst einmal nachzuweisen. Rassismus ist eben auch eine Falle, in die die Propaganda lockt – auch deshalb, damit die Frage nicht gestellt wird, wie unanständig und würdelos jene Menschen sind, die an Rassismus glauben?

In der Mitte-Studie 2020/21 ging es zunächst darum, Rassismus fassbar zu machen. Ein auf zivilgesellschaftliches Handeln ausgerichteter Ansatz würde genau bei diesen Daten und Fakten beginnen und empfehlen, den Fokus der Aufmerksamkeit auf rassistische Einstellungen zu legen, selbst wenn sie nicht sehr verbreitet sein sollten und nicht mehrheitsfähig sind. Rassistische Einstellungen, wie sie sich in der Mitte-Studie finden, entstehen, wenn das Umfeld sie nicht bremst, sondern befördert oder toleriert. Und das liegt nahe, wenn das unangenehme Phänomen Rassismus zu wenig Aufmerksamkeit erhält. Das liegt nahe, wenn Rassismus und Menschenfeindlichkeit als harmlose oder übertriebene Phänomene interpretiert werden. Das liegt nahe, wenn niemand Verantwortung übernimmt, nachdem jemand herabgewürdigt wurde, wenn Menschen nicht wissen, wie sie Rassismus begegnen sollen oder wenn sie zum Beispiel Betroffenheit mit einem vermeintlichen Opfer zeigen, wo jene Menschen, die Rassismus erleben könnten, dies gar nicht möchten. Auch die Annahme, dass alle Menschen, die zu einer bestimmten Gruppe gehören, Betroffene oder Opfer sind, kann bedrohlich und stigmatisierend sein. Die Analysen zeigen deutlich, dass zum Rassismus die Unterstellung von »Empfindlichkeit« gehört.

Die hier in der Breite gemessenen Aussagen zum Rassismus sind kein Ergebnis politischer Meinungen, abstrakter Ideologien oder Forschungsbemühungen, Rassismus um jeden Preis zu identifizieren. Gemessen wurden Einstellungen, die sich im Alltag finden lassen und für die Messverfahren entwickelt und auf Zuverlässigkeit geprüft wurden. Diese Einstellungen sind mehr oder minder Äußerungen des sogenannten Alltagsrassismus (Essed 1991). Sie manifestieren sich in sogenannten Mikroaggressionen, also wenn sich zum Beispiel Schwarze und andere Menschen fremd im eigenen Land fühlen, wenn ihnen unterstellt wird, weniger intelligent und leistungsfähig, gar kriminell zu sein, wenn ihre kulturellen Werte pathologisiert werden, wenn sie zu Bürger_innen zweiter Klasse erklärt werden und viele andere Phänomene mehr (Sue et al. 2007). Die Mitte-Studien analysieren das Ausmaß gesellschaftlich geteilter Meinungen und Wahrnehmungen. Im Alltag werden diese rassistischen und menschenfeindlichen Realitäten mannigfach transformiert: in kleinere oder größere Herabwürdigungen, emotionale Reaktionen und situativ angepasste Verhaltensweisen. Dies zu verstehen, ist eine noch schwierigere Aufgabe, als die gesellschaftliche Gesamtaufgabe zu verstehen, der sich Deutschland in diesem besonderen Jahr gestellt hat.

Eine wichtige Frage, die wir mit der Studie nicht klären können, lautet dabei: Wie nehmen Schwarze Menschen diese Ergebnisse wahr? Die Ergebnisse besagen, dass eine überragende Mehrheit von sich selbst sagt, positive Einstellungen gegenüber Schwarzen Menschen zu haben. Können Schwarze Menschen angesichts dessen der Mehrheit vertrauen, dass sie hinreichend geschützt und gestärkt sind? Wie empfinden sie zum Beispiel Bigotterie, der wir hier oft begegnet sind? Diese Ergebnisse könnten sich für Schwarze Menschen bedrohlicher anfühlen, als die nicht schwarze Mehrheitsgesellschaft glaubt.

Um mehr von der Realität Schwarzer Menschen zu verstehen, ergänzen wir im folgenden Kapitel 5 (➥ S. 173 ff.) die Analyse der rassistischen Einstellungen um die Darstellung von alltäglichem Rassismus.

5 Alltagsrassismus: weit mehr als nur die Frage nach der Herkunft

Souad Lamroubal

»Ich habe mehrfach versucht, in die Bahn zu flüchten. Ich war froh, dass ich mich von ihm lösen konnte. Er hat gedroht, mich zu töten, mich geschlagen und mich gewürgt, immer und immer wieder. Ich habe gerufen, geschrien, aber ich wurde nicht gehört. Obwohl der Bahnsteig voller Menschen war und die Bahn ebenfalls, wurde ich weder gehört noch gesehen.

Ich fühlte mich allein, völlig ausgeliefert, es machte alles noch schlimmer. Niemand half mir! Man schaute einfach weg, als wäre das normal und erlaubt, was mir passiert. Als hätte ich das irgendwie verdient. Für mich war es ein Albtraum. Das war der Moment, an dem ich an meiner Wahrnehmung zweifelte, und es trat ein Zustand der Schockstarre ein.

Ich wurde gefragt, ob man mir unabsichtlich nicht helfen wollte, vielleicht hätte man meine Not nicht erkannt. Für mich wäre das viel leichter zu ertragen, denn dann wäre es ein Einzeltäter, eine Ausnahme, jemand, der aus der Reihe tanzte, jemand, der Unrecht tat. Doch als ich mit viel Mühe in die Bahn gelangte, war klar, dass man den Vorfall beobachtete, und mir wurde beantwortet, wieso niemand eingeschritten ist, das alles wurde mir mit nur einer Frage klar: ›Was hast du getan?‹ Ansonsten lediglich Blicke, Stille, Ignoranz, und diese Stille war es, die meine Schreie übertönte.

Ich wurde auch gefragt, ob ich ihn vielleicht komisch angeschaut habe oder so. Ich habe mich das dann auch gefragt, immer und immer wieder. Aber so richtig verstehe ich nicht, wie die Frage gemeint ist. Komisch? Wie denn komisch? Also absichtlich komisch? Ich denke nicht, also nicht, dass ich wüsste.

Ich weiß aber, dass ich vielleicht komisch wirke, wegen meines Barts und den Augenbrauen und der Hautfarbe. Da ich Angst hatte, habe ich meinen Blick direkt gesenkt, für den Fall, dass ich auf ihn komisch wirke und er noch heftiger reagiert. Aber vielleicht war der erste Blick ja komisch oder mein Gang. Ich bin halt auch Marokkaner, also mein Vater ist es, aber ich sehe so aus.

Durch genau diese Art von Fragen fing ich an zu denken, dass es natürlich auch ein Missverständnis gewesen sein könnte. Vielleicht hatte er Angst vor mir, vielleicht hatte er einfach nur einen schlechten Tag?

Mir war nicht klar, dass ich angsteinflößend wirke. Dass ich anders aussehe und das auch immer wieder zu spüren kriege, weiß ich. Auch in der Schule gehörte es zu meinem Alltag. Die Äußerungen wirkten auf mich aber nie so gewaltvoll. Sie erinnern mich aber immer wieder daran, dass ich anders bin. Es gab zum Beispiel mal eine Situation in der Schule, in der ich wegen meines Fehlverhaltens sanktioniert werden sollte. Ich hatte mein Handy angelassen, und der Lehrer zog es dann ein. Meine Mutter sollte das Handy abholen. Da sie auf Dienstreise war, versuchte meine Mutter eine andere Lösung zu finden, und da schlug mein Lehrer vor, dass ich ja als Wiedergutmachung eine ›Köstlichkeit aus meiner Heimat‹ mitbringen könne. Meine Mutter fand es nicht so schlimm, aber ich war mit dieser Lösung etwas überfordert, und schon wurde klar, dass Deutschland wohl nicht meine Heimat ist. (Eine andere habe ich aber nicht.)

Meinen Freunden geht es ähnlich, für uns sind diese Äußerungen normal, wir versuchen, damit zu leben. Genau deshalb bleibe ich lieber mit meinen Jungs, da kann ich sein, wer ich bin, ohne Angst haben zu müssen. Uns verbindet halt, dass wir als *anders* wahrgenommen werden.

Mir wurde die Frage gestellt, ob der Übergriff am 31. Oktober 2020 denn wirklich so schlimm war, weil ich ja keine gravierenden Verletzungen hatte, somit sei es doch eigentlich noch mal gut gegangen. Es sind genau diese Aussagen, die mich innerlich aufwühlen. Es fühlt sich für mich nicht an, als wäre es noch mal gut gegangen, und ich wünschte, ich könnte meinen Schmerz sichtbar machen!! Ich habe meine Mutter gefragt, ob es eine Nahtoderfahrung war. Ich hatte Todesängste. Ich habe in seine Augen gesehen und nichts gesehen, nur Leere.

Ich fahre halt einfach nicht mehr mit der Bahn in Zukunft. Ich warte, bis ich meinen Führerschein habe. Ich denke, das ist das Beste für alle.«

5.1   Facebook: Ein Spiegelbild der Mitte?

»Man sieht ja oft in den Medien, dass gerade von Arabern ein hohes Gewaltpotenzial ausgeht, die Silvesternacht hat es bewiesen.«

»Seit der Flüchtlingskrise gibt es nur noch Theater. Danke Angie!!!!«

»Das ist wahrscheinlich nur die halbe Wahrheit.«

»Sorry, aber ich kann mir nicht vorstellen, dass sich die Geschichte wirklich so zugetragen haben soll.«

»Mich stört es, dass man dann immer direkt von Rassismus sprechen muss und einige direkt die Rassismuskeule rausholen müssen.«

»Gleich ist man ein Rassist, wenn man sich kritisch äußert, das ist nicht fair, vor allem weil wir nun mal in einem Land leben, in dem Meinungsfreiheit herrscht.«

»Ich finde, man sollte nicht so empfindlich sein und direkt von Rassismus sprechen, denn das spaltet die Gesellschaft noch mehr.«

»Wahrscheinlich war das kein Rassist, sondern nur so ein kranker Typ.«

»Ich will die Tat nicht entschuldigen, aber man hört in der Überzahl von Arabern als Tätern, umgekehrt gibt es nun mal kaum Fälle.«

5.2 Ein Alltag. Eine Mutter. Ein Kampf zwischen Hoffnung, Resignation und Machtlosigkeit

Am 31. Oktober 2020 war der Junge auf dem Weg vom Friseur nach Hause. Als er aus der Bahn ausstieg, bemerkte er, dass er von einem Mann (etwa Anfang 40) mit seinen Blicken fixiert wurde. Der Mann befand sich bereits auf dem Bahnsteig. Der Junge beobachtete, wie der Mann direkt auf ihn zukam. Da er an seinem Gesichtsausdruck sah, dass dieser verärgert war, senkte er schnell seine Blicke und hoffte, dass er an ihm vorbeilaufen würde. Der Mann kam allerdings direkt auf ihn zu und riss ihm zuerst den Mund-Nasen-Schutz runter, dann versetzte er ihm sofort einen Faustschlag ins Gesicht. Der 17-Jährige schrie um Hilfe und versuchte zu flüchten, was ihm nicht gelang. Der Täter begann, den Jungen zu würgen und drohte dabei mehrfach ihn umzubringen. Er schubste ihn mehrfach gegen die stehende Bahn. Die Bahn war voller Menschen, eingeschritten ist niemand. Der Junge versuchte noch einmal sich zu lösen, was ihm dann mit viel Mühe und Not auch gelang. Als er in die Bahn einsteigen wollte, beobachtet er allerdings, wie Personen versuchten, schnell die Tür zu schließen, damit er nicht reingelangt. Er bat die Menschen darum, ihn reinzulassen und es gelang ihm, in die Bahn zu flüchten. In der Bahn angekommen, fühlte er sich dennoch nicht sicher, weil er wusste, dass einige dieser Menschen den Vorfall beobachtet hatten, allerdings nicht halfen. Als er sich hinsetzte, kam ein Mann auf ihn zu und fragte ihn, was er getan hätte. Von Hilfe, Unterstützung und Mitgefühl keine Spur.

Gegen den Täter läuft ein Strafverfahren. Der Vorfall wurde von der Polizei als rassistischer Übergriff bewertet und wird vom Staatsschutz verfolgt.

Die oben genannten Reaktionen auf den Vorfall (⟶ Kap. 5.1, S. 174 f.) spiegeln klassische Äußerungen im Umgang mit Rassismus wider. Sie sind gefährlich, weil sie teils offensichtlich, teils subtil sind, aber vor allem, weil sie eine Legitimation für abwertendes Verhalten schaffen, die Zuspruch erfährt. Der Nichtumgang mit Alltagsrassismus kann auch als eine bewusste Strategie gewertet werden, um Betroffenen keine Stimme zu geben. Wo keine Stimme ist, wird auch nicht hingehört. Doch dieser Vorfall ist kein Einzelfall! Er ist unser Alltag, Alltag vieler Schwarzer Menschen und People of Colour. Er ist so sehr unser Alltag, dass wir diesen fast als Normalität anerkennen. Hierzu werden wir aufgefordert, direkt und indirekt. Und genau deshalb macht sich eine Art Resignation breit. Resignation aus Machtlosigkeit. Resignation aus Erschöpfung. Resignation durch die permanente Ignoranz aus der Mitte der Gesellschaft. Resignation ist demnach für viele wie eine Art Bewältigungsstrategie, denn bei vielen herrscht die Angst, langsam unterzugehen im Netz alltagsrassistischer Strukturen. Die Stimmen werden leiser, der Schmerz und die Spaltung immer größer.

5.3 Rechtfertigen, beweisen und ausreichend bemühen!

Zu diesem Alltag zählt ebenfalls, dass wir uns ständig rechtfertigen müssen, rechtfertigen, dass wir *hier* sind. Als wäre es immer noch ein neues Phänomen, dass Deutschland ein vielfältiges Land ist. Wir sollen uns rechtfertigen, weil wir als gleichwertiger Teil der Gesellschaft anerkannt werden möchten. Wir sollen uns rechtfertigen, weil wir etwas fordern, Ansprüche haben. Wir sollen uns sogar rechtfertigen, dass wir nicht nur als Opfer und Betroffene dargestellt werden wollen, sondern als Menschen mit großen Potenzialen – Menschen, die einen entscheidenden Beitrag in den unterschiedlichsten relevanten Bereichen unseres Systems leisten. Wir müssen uns beweisen. Beweisen, dass wir die deutsche Gesellschaft nicht negativ beeinflussen, dass die Förderung von Menschen anderer Hautfarbe ein Mehrwert sein kann, dass wir gleichwertig sind, dass wir nicht defizitär sind. Es scheint wie eine Art instrumenteller Umgang, der uns immer darauf reduziert, was wir leisten, ob wir uns genug anstrengen, ob wir genug sind, ob unsere Qualifikationen gleichwertig und ausreichend sind, ob unsere »kulturellen Merkmale« uns dennoch in einem System wie diesem funktionieren lassen, ob unsere Religion uns nicht schon automatisch ausgrenzt und anders macht.

Viele Menschen verdrängen den Schmerz, der durch Alltagsrassismus entsteht, denn sie müssen funktionieren und sich tagtäglich beweisen. Alltagsrassismus ist nun mal nicht nur die Frage nach der Herkunft oder das befremdliche Lob für die tollen Deutschkenntnisse, die wir erworben haben. Alltagsrassismus hat viel gewaltvollere Strukturen, denn wir befinden uns in einem Kampf der Akzeptanz, einem Kampf, der darüber entscheidet, ob der Schmerz der Schwarzen Community legitim ist, ob der Schmerz überhaupt als ein solcher definiert werden darf, und dieser Kampf wird uns als Identitätspolitik noch vorgehalten.

Wenn wir uns die aktuellen Debatten zum Thema Rassismus anschauen, sind wir immer noch bei der Klärung der Fragen: Was ist Rassismus? Was ist Alltagsrassismus? Was sind die Vorboten? Es ist, als säßen wir als Anschauungsobjekte in einem Glaskäfig.

Während Menschen Opfer gewaltvoller rassistischer Übergriffe werden, sind wir noch bei der Definition von Rassismus und ernten Beifall für Thesen wie »Migration ist Normalität«, genau wie für den Satz, dass Integration keine Einbahnstraße sei, und diese Thesen wiederholen wir seit vielen Jahren, und wir selbst sagen diese Sätze immer und immer wieder in der Hoffnung, zur Mitte zu gehören. Verzweifelt benennen wir Gemeinsamkeiten, selbstverständliche Werte, die uns als Gesellschaft zusammenhalten, und auch wenn diese Werte für uns noch so selbstverständlich sind, erscheint es vielen befremdlich. Dann gibt es aber auch noch die Thesen, die besagen, dass Integration so gut wie noch nie funktioniert habe und dass genau diese gelungene Integration zu mehr Konflikten führt. Dies sei aber gut, weil das ein Zeichen dafür sei, dass wir eine positive migrationsgesellschaftliche Entwicklung haben. Auch da gibt es ausreichend Menschen, die diese Sätze voller Euphorie wiederholen. Konflikte sind also ein gutes Zeichen. Diese Thesen werde ich nicht wiederholen, und Euphorie lösen sie ebenfalls nicht bei mir aus. Sie bestätigen sich für mich nur, wenn wir von Assimilation sprechen würden und die Aufnahmegesellschaft keinerlei Mitwirkungspflicht hätte. Wir können nicht von gelungenen Integrationsprozessen sprechen, wenn der Aufstieg von Schwarzen Menschen und People of Colour bewusst verhindert wird, wenn der Versuch auf gleichberechtigte Teilhabe durch Alltagsrassismus vernichtet wird, wenn dem Rassismus »teils/teils« zugestimmt wird und diese subtile Form nicht thematisiert wird, sondern als positive Entwicklung gedeutet wird. Es macht Rassismus nur noch undurchsichtiger, noch unberechenbarer. Es gibt keine gelungene Integration, wenn es keine nachhaltigen Strategien gegen Rassismus gibt. Welche Form gelungener Integration soll das darstellen? Wofür steht Integration, wenn bei der Definition die entscheidende Gruppe nicht gehört wird? Werden nicht auch hier schon bewusste Ausgrenzungsmechanismen geschaffen und Assimilation gefördert? Auch unter uns, Menschen anderer Hautfarbe, hat sich teilweise schon der Gedanke verinnerlicht, dass wir uns einfach nur genug anstrengen müssen und vor allem so viel wie möglich von unserer Identität ablegen müssen, dann wäre das Leben auch leichter. Manchmal sei es besser, die Religion einfach zu verschweigen, oder den Kindern keine offensichtlich ausländischen Namen zu geben, das alles wäre ein Zeichen gelungener Integration, die Aufgabe der vermeintlichen Andersartigkeit, die maximale Anpassung. Somit wäre also der ganze emanzipative Charakter der ursprünglichen Integration getilgt.

Wir debattieren tatsächlich darüber, ob Rassismus überhaupt in Deutschland existiert, ob Deutschland eine Rassismusstudie benötigt! Rassismus ist eine gesellschaftliche Realität. Diese Realität können *wir* längst erzählen. Wozu auch Studien, die wieder nur argwöhnisch zerlegt werden? Die Augen davor zu verschließen, macht das Problem noch größer und trägt enorm zur Spaltung der Gesellschaft bei.

5.4   Alltagsrassismus sichtbar machen als Zeichen gesellschaftlichen Zusammenhaltes

Wenn die Rede davon ist, dass Teile der Gesellschaft die Augen verschließen, ist insbesondere gemeint, dass wir die Fälle von Alltagsrassismus nicht deutlich sichtbar machen. Die Fälle werden nirgendwo ausreichend festgehalten und dargestellt, sodass es für alle ersichtlich ist, wie allgegenwärtig Rassismus tatsächlich ist und wie sich Rassismus quantitativ und qualitativ, aber auch geografisch verändert und unterscheidet. Genau dadurch gehen diese Fälle unter, werden unscheinbar und vermeintlich nicht existent.

Diese Visualisierung ist vor allem auch ein wichtiges Zeichen, um klarzumachen, dass der Schmerz der Schwarzen Community gesehen und ernst genommen wird und wir für einen Gesellschaftstyp stehen, der solche Strukturen nicht zulässt. Es ist ein echtes Zeichen des gesellschaftlichen Zusammenhaltes und diesen können wir nur stärken, wenn nun endlich eine Art Zugeständnis darüber erfolgt, dass Rassismus nun mal leider immer noch gesellschaftliche Realität ist. Das wäre das Ende eines machtvollen Instrumentes, das Ende des Schweigens.

5.5 Die schmerzlichste Perspektive

Wie sehr freuen wir uns über jede noch so kleine Möglichkeit, gehört zu werden. Wir freuen uns, wenn nicht andere für uns und über uns sprechen und vor allem, wenn in einer Sprache über dieses Problem gesprochen wird, die authentisch ist und nicht noch Ausgrenzung fördert. Sprache kann der Weg, aber vor allem auch eine gefährliche Waffe sein. Es gibt so viel zu sagen, zu viel hat sich angestaut, zu lange wurde nicht ausreichend reagiert. Oftmals weiß ich nicht, aus welcher Perspektive ich am besten sprechen soll. Aus der Perspektive einer Frau, die hier in Deutschland geboren ist und aufgrund der Herkunft der Eltern regelmäßiger Ausgrenzung ausgesetzt ist? Aus der Perspektive einer Beamtin, die sich oftmals wie in der falschen Hülle fühlt? Aus der Perspektive der Vorsitzenden eines gemeinnützigen Vereines, der seit vielen Jahren mit unterschiedlichen Projekten versucht, auf die Problematik hinzuweisen und zahlreiche Fälle von Alltagsrassismus begleitet hat? All das sind wichtige Perspektiven, authentische Perspektiven, schmerzliche Perspektiven, *MEINE* Perspektiven, und dennoch schaffe ich es, mich nicht von meiner Enttäuschung, Wut und Trauer demotivieren zu lassen. Die eine Perspektive, die ich bisher noch unausgesprochen ließ, ist die einer Mutter. Einer Mutter, die alles daransetzt, ihrem Sohn den nötigen Optimismus zu vermitteln. Einer Mutter, die ihrem Kind immer sagt, dass seine vermeintliche Andersartigkeit seine Stärke ist. Ich glaube ganz fest daran, aber was sage ich ihm, wenn er auf der Straße angegriffen wird und ihm gedroht wird, ihn umzubringen, weil er so aussieht, wie er aussieht. Und was sage ich ihm vor allem dann, wenn die Gesellschaft bei so einer schrecklichen Tat wegsieht? Soll ich ihm sagen, dass er gleichwertiger Teil genau dieser Gesellschaft ist?

Die Perspektive der Mutter, ratlos, ängstlich auf die Mitte schauend

Zustimmung zu verschiedenen rassistischen Aussagen (Angaben in Prozent) Tabelle 5.1

Ich... ➔	lehne eher/ lehne voll und ganz ab	teils/ teils	stimme eher/ stimme voll und ganz zu
Aussiedler sollten bessergestellt sein als Ausländer, da sie deutscher Abstammung sind.	77	15	8
Die Weißen sind zu Recht führend in der Welt.	89	8	4
Für anspruchsvollere Tätigkeiten sind weiße Menschen eher geschaffen als Schwarze Menschen.	93	5	2
Wenn sich Schwarze Menschen mehr anstrengen würden, würden sie es auch zu etwas bringen.	81	11	8,2
Schwarze Menschen sind zu empfindlich, wenn von Rassismus in Deutschland die Rede ist.	58	26	16
Schwarze Menschen sollten dankbar sein, hier sein zu dürfen.	81	12	7,5

Die Statistik erzählt unsere Realität. Sie zeigt vor allem die Subtilität, die uns beängstigt.

6 Herabwürdigungen und Respekt gegenüber Gruppen in der Mitte

Andreas Zick

6.0 Einleitung

»In einer Demokratie sollte die Würde und Gleichheit aller an erster Stelle stehen.« Diesem Satz stimmen in der Mitte-Studie 2020/21 87,7 % der Befragten zu. Nur 5,1 % meinen, das »trifft nicht zu« und 7,1 % meinen »teils/teils«. »Die Würde des Menschen ist unantastbar.« Das ist der erste Satz in Artikel 1 des Grundgesetzes für die Bundesrepublik Deutschland. Es ist kein Lippenbekenntnis, sondern eine Norm. In den vergangenen Monaten der Pandemiezeit war von der Würde viel die Rede. Angetastet wird sie jedoch seit Jahren, und dabei geht es um Herabwürdigungen, wie sie sich im Hass gegen Gruppen zeigen. Es geht um Vorurteile, rassistische Ideologien und andere menschenfeindliche Phänomene. Die Hassgewalt, der Terror von rechts und die Frage nach Rassismus im Alltag sind zentrale Themen geworden (⇒ Kap. 4, S. 141 ff. u. 5, S. 195 ff.).

Die Würde von Menschen wurde auch in der Pandemie durch *Hass*, unter den sich die Herabwürdigungen subsumieren lassen, beschädigt. Im Internet entwickelten sich Hassgemeinschaften quasi im Homeoffice. Sie etablierten gerade in der Pandemiezeit Parallelgesellschaften, die sich durch entwürdigende Feindbilder, Hassreden und Hassbotschaften auszeichneten und vernetzten (Wachs et al. 2021). Die Pandemie hat die Wahrscheinlichkeit, Entwürdigung erleben zu müssen, für viele Menschen erhöht. Der Hass hat die Mitte erschüttert, denn nun ist klar: Wir hätten es wissen können. Es war evident in Polizeistatistiken, Debatten wie auch einigen – viel zu wenigen – Studien. Und jetzt kommt eine Pandemie dazu. Denn auch das wissen wir längst: Pandemien, Umweltkatastrophen und soziale wie ökonomische Krisen gehen mit einer Aktivierung von Stereotypen, Vorurteilen und Rassismus gegen Minderheiten einher. Die direkt aufgekommenen Ressentiments wie manifeste Hasstaten gegen als asiatisch markierte Menschen in Deutschland sind da zu nennen. Sie kamen auf, unmittelbar nachdem in den Medien die Information kursierte, das Covid-19-Virus stamme aus Wuhan in China (Hoa Anh Mai 2020). In den Mythen diverser Verschwörungsgruppen, die während der Pandemie immer sichtbarer, lauter und aggressiver wurden, sind Vorurteile und Rassismus ein zentraler Bestandteil, der die Gruppen zusammenhält.

Vorurteile und Rassismus drücken sich in Überzeugungen, Emotionen wie auch Verhaltensweisen aus (Spears & Tausch 2014). Sie sind mächtig, gerade dann, wenn Gruppen über andere Urteile fällen jenseits aller Prüfungen, Überlegungen und vorhandenen sozialen Normen. Sie entwürdigen gerade in Krisenzeiten, um die Vorherrschaft und ideologische Legitimität der eigenen Bezugsgruppe (»Wir«) sicherzustellen und – im Glauben an das selbst konstruierte Vorurteil – die Reihen zu schließen. Krisen werden genutzt, um sich abzugrenzen. In Deutschland und Europa war das schon zur Wirtschafts- und Finanzkrise der Fall. Im Rahmen der Langzeitstudie zur *Gruppenbezogenen Menschenfeindlichkeit* (GMF) haben Kolleg_innen früh den Kriseneffekt auf unterschiedlichste Vorurteilsmuster gegen Minoritäten und, vor allem, den Einfluss von Krisenwahrnehmungen auf den Antisemitismus nachgewiesen (vgl. Becker et al. 2019; Zick et al. 2011). Die Geschichte des Rassismus und der Vorurteile bietet hinreichend Wissen darüber, dass bei Krisen nicht nur Ungleichheiten entstehen, sondern diese durch Feindbilder erhalten und legitimiert werden (vgl. z. B. Benz 2020; Fredrickson 2002).

Die Unantastbarkeit der Würde, die aus der Erfahrung der menschenvernichtenden Ideologien und Taten des Nationalsozialismus als eine der obersten Normen im Grundgesetz garantiert wird, hätte in der Pandemie jenseits der Fragen zum Gesundheitsschutz Gebot wie Verpflichtung sein müssen: »Sie zu achten und zu schützen ist Verpflichtung aller staatlichen Gewalt.« Die legislative (gesetzgebende), die exekutive (vollziehende) und die judikative (rechtsprechende) Gewalt sind in Krisen besonders gefordert, müssen sich jedoch auch gegenseitig kontrollieren und staatliche Macht begrenzen. Da aber alle Staatsgewalt vom Volk ausgeht, ist die Achtung der Würde auch die allererste Norm der Zivilgesellschaft. Sie ist nicht nur gehalten, die Institutionen der staatlichen Gewalt dazu zu ermahnen, einzugreifen, wenn die Würde von Menschen beschädigt wird, sondern sie ist selbst gefordert, die *Antastung* der Würde von Menschen zu bemerken, sie zu verhindern und zu unterbinden. Menschenfeindliche Ideen, Bilder, Erzählungen, Urteile wie Handlungen tasten die Würde an, indem sie eine Ungleichwertigkeit behaupten. Krisen wie die Pandemie sind gute Gelegenheiten für Populismus und Extremismus, weil Gleichwertigkeit in Krisenzeiten schwerer herzustellen ist und sichtbar wird, dass hinter allen guten Absichten, Idealen und Normen die Ungleichheit hervorscheint. Das wissen Gruppen, und darum aktivieren sie feindselige Bilder von anderen, die scheinbar die merkbare Ungleichheit erzeugen.

Umso mehr erschien es in der Mitte-Studie sinnvoll, die Facetten der *Gruppenbezogenen Menschenfeindlichkeit* zu erfassen, sie zuverlässig zu dokumentieren und zu analysieren und ihr ein eigenes Kapitel zu widmen, selbst wenn sie in allen anderen Analysen der Mitte-Studie ebenso bedeutsam ist und in den Kapiteln des vorliegenden Buches immer wieder auf GMF-Facetten Bezug genommen wird.

Im Folgenden wird über Vorurteilsmuster berichtet. Dabei ist zu beachten, dass in der Studie nicht jedes gesellschaftlich relevante Vorurteil vorkommen kann. Leider können wir zum Beispiel nicht über die mit der Pandemie aufgekommenen antiasiatischen Vorurteile berichten; das werden andere Studien wie der Nationale Diskriminierungs- und Rassismusmonitor bald tun. Ferner ist festzustellen, dass die Vorurteile im begrenzten Rahmen eines Fragebogens erfasst werden. Im Alltag sind sie komplexer, facettenreicher wie auch subtiler und versteckter in ihren Erscheinungsformen. Dazu leisten viele andere Studien ihren Beitrag. Mit diesen kurzen Messungen von Gruppenbezogener Menschenfeindlichkeit lassen sich dennoch Hinweise auf Herabwürdigungen entdecken, was vor allem der zentralen These Rechnung trägt: Jedes Vorurteil und jeder Rassismus ist für sich genommen wichtig und tastet die Würde der Einzelnen an. Zugleich sind die Herabwürdigungen eng verbunden in einem Syndrom, und sie können weder gegeneinander verrechnet noch als singuläre gesellschaftliche Phänomene betrachtet werden.

6.1 Konzepte und Veränderungen der Erfassung

In der Mitte-Studie analysieren wir in repräsentativen Umfragen die Zustimmungen, Ablehnungen wie Ambivalenzen (»Teils/teils«-Einstellungen) gegenüber sozialen Vorurteilen und Rassismus, also Gruppenbezogener Menschenfeindlichkeit (Zick et al. 2011). Von sozialen Vorurteilen ist die Rede, weil wir vorurteilslastige Aussagen gegenüber Gruppen erfassen, die abwertend, also herabwürdigend, sind und weil sie gegenüber denjenigen Gruppen und Menschen, die ihnen zugeordnet sind, generalisiert werden. Die Vorurteile basieren dabei auf Emotionen, Kognitionen (Überzeugungen) wie Verhaltensabsichten oder Einstellungen zum Verhalten anderer. Von Rassismus reden wir mit dem Blick auf Herabwürdigungen, die Menschen nach Hautfarbe und/oder Abstammung unveränderliche negative Eigenschaften zuschreiben. Nicht jedes Vorurteil ist mit Rassismus gleichzusetzen (➩ Kap. 4, S. 141 ff.). Die GMF-Erhebungen, die wir von 2002 bis 2012 im Rahmen einer Langzeitstudie durchgeführt haben, werden seit 2014 im Rahmen der Mitte-Studien durch die Untersuchung von Vorurteilsmustern weitergeführt.

Dabei werden die sozialen Vorurteile mit Kurzskalen, die aus wenigen vorurteilslastigen Aussagen bestehen, erhoben. Sie sind nach entsprechenden Testkriterien geprüft (Krause & Zick 2013). In der aktuellen Mitte-Studie 2020/21 wurden zwölf Ausdrucksformen von GMF gemessen, also Zustimmungen zu Vorurteilen, Ambivalenzen, die sich in »Teils/teils«-Antworten zeigen oder in deren Ablehnung. Zu den Facetten gehören: 1. ein auf Abstammung und Hautfarbe basierender *Rassismus*, der in einer Teilstichprobe der Mitte-Studie umfänglicher erfasst wurde (➩ Kap. 4, S. 141 ff.); 2. Vorurteile gegen »Ausländer« – so der Begriff in den Vorurteilsaussagen –, also Personen, die von den Befragten als Immigrant_innen wahrgenommen werden und damit letztendlich eine *Abwertung von Fremden* aus Sicht von Zustimmenden[1]; 3. der *klassische und offene Antisemitismus*; 4. ein *israelbezogener Antisemitismus*, der antisemitische Stereotype und Vorurteile hinter einer vermeintlichen Israelkritik versteckt; 5. Vorurteile gegen *Muslim_innen*; 6. antiziganistische Einstellungen zu *Sin-*

---

1   Gemessen werden Vorurteile gegenüber Personengruppen, die von den Befragten als solche wahrgenommen oder bezeichnet werden beziehungsweise wie sie von Menschen einander zugeschrieben werden. Dazu gehört, das Vorurteil in entsprechendem Wortlaut abzufragen, auch wenn das nicht den Standards einer sensiblen Sprache genügt. Da die Studien Vorurteile und Rassismus erfassen, ist der Begriff »Fremdenfeindlichkeit« angemessen: Es geht um eine Feindseligkeit gegen Menschen, die von Vorurteilsträger_innen als »Fremde« kategorisiert werden. Uns ist bewusst, dass der Begriff falsch und stigmatisierend aufgefasst werden kann und kritisch zu beurteilen ist (Zick 1997). Bei der Darstellung der Ergebnisse wird der Begriff also zur Beschreibung des Vorurteils verwendet, nicht aber zur Beschreibung der Zielgruppen von Vorurteilen.

ti_zze und Rom_nja; 7. *Sexismus* gegen Frauen; 8. Vorurteile gegen *homosexuell orientierte* Menschen; 9. Vorurteile gegen *Trans*Menschen*; 10. Vorurteile gegen *wohnungslose* Menschen; 11. Vorurteile gegen *langzeitarbeitslose* Menschen; 12. die Betonung von Etabliertenvorrechten, also Vorbehalte gegen *Neuankömmlinge* in einer Gesellschaft (genauere Definitionen etc. vgl. Zick et al. 2019).

Die sehr unterschiedlichen Vorurteilsmuster können nicht direkt in ihrer Zustimmungs- oder Ablehnungsstärke verglichen werden, weil sie auf ganz unterschiedlichen Aussagen beruhen. Sie können aber in ihren Verbindungen untersucht werden, eben als generalisierte Entwürdigungen oder Syndrom. Dabei konzentriert sich die Mitte-Studie auf relativ offensichtliche Herabwürdigungen und misst klare Vorurteilsaussagen über Gruppen. Diskriminierungen, die Betroffene alltäglich erleben, sind jedoch oft deutlich subtiler. Das gilt auch für den Umfang, in dem GMF in einer solchen Befragung erhoben werden kann.

Dabei müssen mögliche Veränderungen der Instrumente immer wieder überlegt und sorgsam vorgenommen werden, um die Zuverlässigkeit der Messung zu erhöhen und dem historischen Wandel Rechnung zu tragen. In der Regel werden in den Studien seit 2002 identische Messinstrumente verwendet, um Zeitverläufe aufzuzeigen. Doch weil sich die Vorurteilsäußerungen gegenüber Gruppen trotz aller Stabilität wandeln und neue Stereotype und Einstellungen prägender werden, ist das nicht per se sinnvoll. Vorurteile passen sich an den Zeitgeist an und können so von Gruppen aufrechterhalten werden. Daher kommt es zu Änderungen, auch wenn das Ziel gerade einer so langen Studienreihe darin besteht, über möglichst lange Zeit vergleichbare Messungen vorzunehmen.

In der Mitte-Studie 2020/21 wurden im Vergleich zu den vorherigen Erhebungen daher leichte Änderungen vorgenommen. *Erstens* haben wir die Erfassung der Abwertung von Menschen mit Inklusionsbedarf, also Vorurteile gegen Menschen mit Behinderungen, nicht weitergeführt. Dies war dem Umstand geschuldet, dass das Ausmaß der Zustimmung zu den 2018/19 erhobenen Items verschwindend gering war und von der berichteten Alltagsdiskriminierung abweicht. Das kann auf eine tatsächliche Einstellungsänderung hindeuten; jedenfalls bei jenen, die bereit sind, an so einer Studie teilzunehmen. Es kann aber auch daran liegen, dass das Instrument der offenen Abwertung in diesem Fall nur bedingt funktioniert und Einstellung erfasst, die nicht mehr relevant sind (vgl. Bogart & Dunn 2019).

Zweitens wurden Skalen und Items – also vorurteilslastige Aussagen – geändert: Die bisherige Skala zur Erfassung der *Fremdenfeindlichkeit* in den Mitte-Studien wurde nicht weitergeführt. Für die Analysen im Kontext von GMF wird eine Skala aus den Items der Rechtsextremismusskala herangezogen (⟼ Kap. 3, S. 75 ff.): »Die Ausländer kommen nur hierher, um unseren Sozialstaat auszunutzen.«; »Wenn Arbeitsplätze knapp werden, sollte man die Ausländer in ihre Heimat zurückschicken.«; »Die Bundesrepublik ist durch die vielen Ausländer in einem gefährlichen Maß überfremdet.«.

Die Skala zur Erfassung von *Vorurteilen gegen asylsuchende Menschen* wurde erweitert um eine im Vergleich zu den bisherigen Items deutlich negativere vorurteilsvolle Aussage: »Die meisten Asylbewerber kommen nur hierher, um das Sozialsystem auszunutzen.«

Der Wortlaut der *Vorurteile gegen langzeitarbeitslose Menschen* wurde geändert, um die Zustimmung oder Ablehnung von eindeutiger herabwürdigenden Aussagen zu prüfen: »Langzeitarbeitslose sind nicht wirklich daran interessiert, einen Job zu finden«; »Langzeitarbeitslose machen sich auf Kosten der Gesellschaft ein bequemes Leben.«[2]

Drittens wurden nicht alle GMF-Elemente in der Gesamtstichprobe erhoben, da die Dauer der Umfrageinterviews begrenzt werden musste. Alle Befragten erhielten die Fragen zu Rassismus, Antisemitismus, Sexismus gegen Frauen, zu asylsuchenden Menschen, Sinti_zze und Rom_nja, Muslim_innen und Etabliertenvorrechten. In einem zufällig ausgewählten *Split*, also der Hälfte der Befragten, wurden außerdem die Einstellungen zu langzeitarbeitslosen, obdachlosen, homosexuell orientierten Menschen und Trans*Menschen erhoben (⟼ Kap. 2, S. 43 ff.).

---

2   Bisher: »Die meisten Langzeitarbeitslosen sind nicht wirklich daran interessiert, einen Job zu finden.«, »Ich finde es empörend, wenn sich die Langzeitarbeitslosen auf Kosten der Gesellschaft ein bequemes Leben machen.«

6.2 Vorurteile in der Mitte: Verteilungen und Trends

In Tabelle 6.1 (⟶ S. 188 ff.) sind sämtliche Skalen und Items mit den prozentualen Ablehnungen, Zustimmungen und ambivalenten »Teils/teils«-Antworten aufgeführt.

Die Tabelle zeigt insgesamt, dass ein Großteil der Befragten den Aussagen *nicht* zustimmt. Die Ablehnungen weisen auf den Respekt gegenüber diesen Gruppen hin. Die Befragten weisen klar die Aussagen zurück, denen andere Befragte zustimmen, oder ihnen »teils/teils« zustimmen. Aus Kapitel 4 ist schon bekannt, dass nur sehr wenige Befragte den Aussagen zum Rassismus zustimmen (⟶ Kap. 4, S. 141 ff.). Erstaunlich hoch sind allerdings die Zustimmung und auch die geringere Ablehnung von Vorurteilen gegen Asylsuchende und Muslim_innen. Der Zustimmungsanteil ist ähnlich dem Ablehnungsanteil. Auch der Anteil an »Teils/teils«-Antworten ist hoch. Angesichts der Erschütterungen in der Mitte durch Hasstaten, der öffentlichen Debatte um den Extremismus und auch angesichts der geringen Bedrohung, die die Befragten zum Beispiel in der Zuwanderung sehen (⟶ Kap. 1, S. 17 ff.), hätten auch geringere Zustimmungen erwartet werden können. In dem Kontext ist ein weiterer Befund interessant. Zusätzlich zu den Messungen wurde in der Mitte-Studie auch die allgemeine Sympathie und Antipathie gegenüber den Gruppen erfasst; in Kapitel 4 wurde dies schon mit Bezug zum Rassismus genannt. Die Befragten wurden gefragt, ob ihre Einstellung zu bestimmten Gruppen »sehr positiv«, »positiv«, »negativ«, »sehr negativ« oder »teils positiv«/»teils negativ« sei (⟶ Tab. A.1 i. Online-Anh.). Die Analysen ergeben insbesondere Antipathien gegenüber den Gruppen »Sinti und Roma« (28,9 %), »Muslime« (21,5 %) und »Flüchtlinge« (19 %).

Mit Blick auf den *Antisemitismus*, der erstens in einer offenen oder klassischen und zweitens in einer sekundären oder auch subtilen beziehungsweise israelbezogenen Variante erfasst wurde, zeigen sich deutliche Unterschiede der Facetten. Wie in den Jahren zuvor stimmen die Befragten den Aussagen zum *israelbezogenen Antisemitismus* eher zu als jenen zum *traditionell offenen Antisemitismus*. Die Sympathiemessung ergibt: »Juden« werden von 5,7 % als negativ empfunden, 34,2 % geben an, eine positive Einstellung zu haben und 60 % geben eine »teils positive«, »teils negative« Einstellung an (⟶ Tab. A.1 i. Online-Anh.).

Zustimmung zu den Aussagen der Facetten
Gruppenbezogener Menschenfeindlichkeit (Angaben in Prozent)   **Tabelle 6.1**

Stimme ...→

Rassismus (M = 1,76; SD = 0,86; n = 1.735; α = ,56)

Aussiedler sollten besser gestellt sein als Ausländer, da sie deutscher Abstammung sind.

Die Weißen sind zu Recht führend in der Welt.

Fremdenfeindlichkeit (M = 1,96; SD = 0,94; n = 1.743; α = ,81)

Die Ausländer kommen nur hierher, um unseren Sozialstaat auszunutzen.

Wenn Arbeitsplätze knapp werden, sollte man die Ausländer wieder in ihre Heimat zurückschicken.

Die Bundesrepublik ist durch die vielen Ausländer in einem gefährlichen Maß überfremdet.

Antisemitismus – klassisch (M = 1,44; SD = 0,82; n = 1.671)

Durch ihr Verhalten sind Juden an ihren Verfolgungen mitschuldig.

Antisemitismus – sekundär (M = 1,95; SD = 1,16; n = 1.631)

Viele Juden versuchen, aus der Vergangenheit des Dritten Reiches heute ihren Vorteil zu ziehen.

Antisemitismus – israelbezogen (M = 2,22; SD = 0,99; n = 1.572; α = ,59)

Bei der Politik, die Israel macht, kann ich gut verstehen, dass man etwas gegen Juden hat.

Was der Staat Israel heute mit den Palästinensern macht, ist im Prinzip auch nichts anderes als das, was die Nazis im Dritten Reich mit den Juden gemacht haben.

Muslimfeindlichkeit (M = 1,95; SD = 1,00; n = 1.675; α = ,68)

Die Mehrheit der Muslime findet islamistischen Terrorismus gerechtfertigt.

Muslimen sollte die Zuwanderung nach Deutschland untersagt werden.

Abwertung von Sinti_zze und Rom_nja (M = 2,28; SD = 1,09; n = 1.704; α = ,81)

Ich hätte Probleme damit, wenn sich Sinti und Roma in meiner Gegend aufhalten.

Sinti und Roma neigen zur Kriminalität.

Abwertung asylsuchender Menschen (M = 2,92; SD = 0,93; n = 1.731; α = ,68)

Bei der Prüfung von Asylanträgen sollte der Staat großzügig sein.

Die meisten Asylbewerber werden in ihrem Heimatland gar nicht verfolgt.

Die meisten Asylbewerber kommen nur hier her, um das Sozialsystem auszunutzen.

Sexismus – traditionell (M = 1,65; SD = 0,94; n = 1.747; α = ,78)

Für eine Frau sollte es wichtiger sein, ihrem Mann bei seiner Karriere zu helfen, als selbst Karriere zu machen.

Frauen sollten sich wieder mehr auf die Rolle der Ehefrau und Mutter besinnen.

Abwertung homosexueller Menschen (M = 1,63; SD = 0,98; n = 898; α = ,87)

Es ist ekelhaft, wenn Homosexuelle sich in der Öffentlichkeit küssen.

Homosexualität ist unmoralisch.

Tabelle 6.1

... überhaupt nicht zu	... eher nicht zu	teils/teils	... eher zu	... voll und ganz zu
44,1	30,6	16,7	5,8	2,8
67,9	16,0	10,0	4,1	2,0
35,3	22,0	32,5	5,7	4,4
61,9	18,5	13,7	4,2	1,7
48,4	19,0	21,3	5,7	5,7
71,3	18,0	6,9	2,8	1,1
48,4	24,7	14,2	8,2	4,4
40,0	29,0	21,1	6,7	3,2
27,8	27,2	26,7	11,4	6,9
39,0	33,5	15,2	7,2	5,0
54,1	21,1	15,5	4,2	5,1
40,6	27,1	20,1	6,5	5,7
25,3	27,5	29,3	11,2	6,8
19,3	26,4	32,1	14,3	7,9
14,8	28,5	36,1	11,3	9,3
17,1	31,6	32,7	8,2	10,4
67,6	16,1	10,6	3,1	2,5
61,0	18,2	13,2	4,2	3,4
59,7	19,8	11,7	4,1	4,6
69,1	19,1	6,0	1,7	4,1

**Zustimmung zu den Aussagen der Facetten
Gruppenbezogener Menschenfeindlichkeit** (Angaben in Prozent)   **Tabelle 6.1** (Fortsetzung)

Abwertung von Trans*Menschen (M = 1,90; SD = 1,11; n = 880; α = ,76)
Ich finde es albern, wenn ein Mann lieber eine Frau sein will oder umgekehrt, eine Frau lieber ein Mann.
Transsexuelle und Transgender sollten versuchen, nicht so aufzufallen.
Abwertung wohnungsloser Menschen (M = 2,04; SD = 0,86; n = 894; α = ,53)
Die meisten Obdachlosen sind arbeitsscheu.
Bettelnde Obdachlose sollten aus den Fußgängerzonen entfernt werden.
Abwertung langzeitarbeitsloser Menschen (M = 2,74; SD = 1,11; n = 893; α = ,84)
Langzeitarbeitslose sind nicht wirklich daran interessiert, einen Job zu finden.
Langzeitarbeitslose machen sich auf Kosten der Gesellschaft ein bequemes Leben.
Etabliertenvorrechte (M = 2,66; SD = 1,09; n = 1.749; α = ,56)
Wer irgendwo neu ist, sollte sich erst mal mit weniger zufriedengeben.
Wer schon immer hier lebt, sollte mehr Rechte haben, als die, die später zugezogen sind.

Anmerkungen M = arithmetischer Mittelwert; SD = Standardabweichung; n = Anzahl der Befragten; α = Cronbachs Alpha.

Für eine Sichtung der Entwicklungen gibt Tabelle 6.2 (➡ S. 192) die Zustimmungen und »Teils/teils«-Antworten für die einzelnen Vorurteilsmuster wieder, wie sie mit den Skalen erfasst werden.[3] Direkte statistische Vergleiche sind nicht möglich, da unterschiedliche Stichproben gezogen wurden und die Messverfahren sich geändert haben.[4] In den Mitte-Studien 2014 und 2016 gab es zudem keine Möglichkeit, mit »teils/teils« zu antworten. Der Zeitraum der Berichterstattung ist auf 2014 bis 2020 begrenzt, auch wenn wir Daten für GMF bis zum Jahr 2002 zurückverfolgen können. Erstens hat es 2014 einen Wechsel in der Erhebungsmethode und des Umfrageinstituts gegeben. Zweitens war dies ein Zeitraum, in dem viele wichtige Ereignisse lagen: die Europawahl 2014, die einen Rechtsruck andeutete, kurz bevor die Pegida-Demonstrationen aufkamen; die folgende starke Immigration von geflüchteten und asylsuchenden Menschen

---

3   Cut-off-Bereiche in 2014 und 2016: MW 1–2,5 wurde als »ablehnend«; MW 2,51-4 als »zustimmend« gezählt. Cut-off-Bereiche in 2018/19 und 2020/21: MW 1–2,33 wurde als »ablehnend«; MW 2,5–3 als »teils/teils« und MW 3,33–5 als »zustimmend« gezählt.
4   Sämtliche Ergebnisse für die Jahre 2002 bis 2021, also den Zeitraum von 19 Jahren, werden auf einer Internetseite zur Mitte-Studie erscheinen.

Tabelle 6.1 (Fortsetzung)

57,8	21,2	10,0	3,7	7,3
52,7	19,9	13,5	6,9	7,0
39,8	33,3	21,3	4,3	1,3
36,6	30,2	19,7	9,5	3,9
18,4	20,3	37,8	12,1	11,4
18,0	25,0	36,2	11,5	9,3
12,3	19,8	34,7	15,3	17,9
41,8	22,8	16,3	10,3	8,8

und eine massive Hasswelle sowie das Einsetzen der Coronapandemie. Die Trends für die Jahre haben wir zuvor ausführlich publiziert und besprochen (vgl. Zick et al. 2019) (⟶ Tab. 6.2, S. 192).

Die Vergleiche weisen auf einen Rückgang in den Zustimmungen hin, bis auf den Antisemitismus. Zudem gibt es einen größeren Teil an ambivalenten »Teils/teils«-Zustimmungen. Die »Teils/teils«-Antworten sind deshalb relevant, weil jene, die den Vorurteilen »teils/teils« zustimmen, den Zustimmenden ähnlicher sind als jenen Befragten, die die vorurteilslastigen Aussagen ablehnen, wie am Beispiel der Rassismusanalyse genauer gezeigt wird (⟶ Kap. 4, S. 141 ff.).

Dass ausschließlich der *Antisemitismus* anzusteigen scheint, stimmt mit dem zeitgleichen Anstieg antisemitischer Hasstaten überein – soweit es hier überhaupt hinreichende und zuverlässige Daten dazu gibt. Auf eine Kleine Anfrage der Bundestagsvizepräsidentin Petra Pau (Die Linke) und ihrer Fraktion meldete die Polizei im Februar 2021 für das Jahr 2020 2.275 Straftaten mit antisemitischem Hintergrund.[5] Ein Jahr zuvor waren es noch 1.839 Taten im Hellfeld.

Zustimmungen (+) zu den Facetten Gruppenbezogener Menschenfeindlichkeit in den Erhebungsjahren 2014 bis 2016 sowie Zustimmungen (+) und »Teils/teils«-Antworten (t/t) in den Erhebungsjahren 2018/19 bis 2020/21 in der deutschen Wohnbevölkerung
(Angaben in Prozent)   Tabelle 6.2

	2014	2016	2018/19[a]		2020/21	
	+	+	+	t/t	+	t/t
Rassismus	8,9	8,7	11,8	16,2	6,4	17,5
Fremdenfeindlichkeit[b]	19,6	19,4	18,7	22,3	12,3	16,9
Antisemitismus – klassisch	9,4	6,0	4,2	8,3	7,5	13,7
Antisemitismus – israelbezogen	–	24,1	23,3	27,5	13,4	30,0
Muslimfeindlichkeit[b]	17,6	18,4	21,1	23,8	11,0	18,3
Abwertung von Sinti_zze und Rom_nja	26,8	25,1	23,1	23,5	16,3	27,7
Abwertung asylsuchender Menschen[b]	44,3	49,3	51,5	34,0	40,4	36,4
Sexismus	11,4	9,3	8,3	11,7	7,5	11,9
Abwertung homosexueller Menschen	12,3	10,1	11,0	12,9	7,1	10,6
Abwertung von Trans*Menschen	–	12,8	14,2	14,6	11,2	18,0
Abwertung wohnungsloser Menschen	19,2	18,3	14,5	24,9	8,7	27,4
Abwertung langzeitarbeitsloser Menschen	47,8	49,6	51,6	24,5	24,9	40,2
Etabliertenvorrechte	38,2	39,3	35,7	30,7	26,8	31,4

Anmerkungen [a] Zum Vergleich der »Teils/teils«-Antworten sind die Prozentwerte der zufällig ausgewählten Hälfte der Befragten angeführt, die 2018/19 eine 5- statt eine 4-stufige Antwortskala zur Verfügung hatten. [b] Die Einstellungen wurden 2020/21 aus anderen Items als in den Vorjahren zusammengefasst.

Ein Anstieg antisemitischer Hasstaten lässt sich nach Analysen des Kantor Center (2020) weltweit feststellen. Er lässt sich nicht allein auf die Coronaverschwörungsgruppen, die während der Pandemie offen und sichtbar antisemitische Symbole und Einstellungen zeigten, zurückführen (➡ auch Kap. 9, S. 283 ff.). So hätte es nach dem antisemitisch motivierten Terrorattentat von Halle (Saale) am 9. Oktober 2019, bei dem ein Attentäter versucht hat, einen Massenmord in der Synagoge zu begehen, dann zwei Menschen erschoss und

---

5   https://www.tagesspiegel.de/politik/antisemitische-kriminalitaet-hoechststand-bei-straftaten-von-judenhassern/25608278.htm.

andere verletzte, einen Schockeffekt geben können, der die soziale Norm hervorruft, sich nicht antisemitisch zu äußern. Das scheint jedoch nicht der Fall gewesen zu sein. Daher wird später im Fokus noch einmal genauer gefragt, welche Faktoren den Antisemitismus beeinflussen (s. u.).

Die Analyse zeigt einen weiteren Befund, der nunmehr seit 19 Jahren Forschung festzustellen ist und für das Konzept eines Syndroms der Gruppenbezogenen Menschenfeindlichkeit spricht, nämlich die Verbundenheit und Generalisierung von herabwürdigenden Vorurteilen. Die Zusammenhänge zwischen den unterschiedlichen GMF-Elementen sind eng und signifikant. In Tabelle 6.3 sind sämtliche Korrelationen aufgeführt (→ Tab. 6.3, S. 194 f.).

Die Korrelationsanalyse ergibt: Je stärker eine Person den Vorurteilen gegenüber einer Gruppe zustimmt, desto stärker stimmt sie auch Vorurteilen gegenüber anderen Gruppen zu. Sexuelle Vorurteile (gegen Menschen mit homosexueller Orientierung oder Trans*Menschen) sowie fremdenfeindliche Vorurteile (z. B. Muslimfeindlichkeit, Vorurteile gegen Sinti_zze und Rom_nja) gehen stärker miteinander einher. Insgesamt sind sämtliche dargestellten Zusammenhänge zwischen den Ausdrucksformen von GMF überzufällig.

6.3 Demografie der Menschenfeindlichkeit

Die Vorurteile, Ambivalenzen und der Respekt gegenüber Gruppen sind in der Mitte je nach demografischem Hintergrund der Befragten unterschiedlich. In den bisherigen Studien – den GMF-Studien von 2002 bis 2012 (vgl. Heitmeyer 2012) und den Mitte-Studien der Friedrich-Ebert-Stiftung seit 2014 – zeigen sich regelmäßig Unterschiede in formaler Bildung, Lebensalter, Geschlecht, ferner Unterschiede zwischen Ost- und Westdeutschen sowie anderen demografischen Gruppen. Im Folgenden werden ausgewählte Beobachtungen hervorgehoben. Alle Tabellen zu den Zustimmungen in den Gruppen sowie Hinweise darauf, welche Unterschiede nach statistischen Tests signifikant sind, sind im Online-Anhang zu finden (→ Tab. A.6 i. Online-Anh.).

Hervorzuheben sind zunächst Unterschiede zwischen Befragten, die überwiegend in *Ost- oder Westdeutschland* leben. In Tabelle 6.4 (→ S. 195) sind die entsprechenden Zustimmungen zu den Vorurteilsskalen aufgeführt.

Interkorrelationen und Anzahl Befragter der Facetten
Gruppenbezogener Menschenfeindlichkeit (Korrelationskoeffizienten)   **Tabelle 6.3**

	(2)	(3)	(4)
Rassismus	,54	,51	,29
(2) Fremdenfeindlichkeit		,65	,35
(3) Antisemitismus – klassisch			,54
(4) Antisemitismus – israelbezogen			
(5) Muslimfeindlichkeit			
(6) Abwertung von Sinti_zze und Rom_nja			
(7) Abwertung von Asylsuchenden			
(8) Sexismus			
(9) Abwertung homosexueller Menschen			
(10) Abwertung von Trans*Menschen			
(11) Abwertung wohnungsloser Menschen			
(12) Abwertung langzeitarbeitsloser Menschen			
(13) Etabliertenvorrechte			

Anmerkungen Alle Werte sind mindestens auf dem Niveau p ≤ ,001 signifikant; n = 763. | n = Anzahl der Befragten.

Der Anteil der Zustimmenden zu den Vorurteilen ist unter Ostdeutschen durchweg höher als die prozentualen Zustimmungen unter Westdeutschen. Das gilt nur nicht für Einstellungen gegenüber Trans*Menschen. Bei antiziganistischen Vorurteilen ist der Anteil der Zustimmenden unter den Ostdeutschen (21,8 %) viel höher als unter Westdeutschen (14,1 %), ebenso groß ist die Differenz bei Vorurteilen gegen asylsuchende Menschen (38,8 % zu 25,2 %) und Vorurteilen gegen wohnungslose Menschen (14,0 % zu 7,0 %). Auch der Anteil derjenigen, die generell Vorrechte der Alteingesessenen einklagen und eine Tendenz der Abwertung von Neuankömmlingen befürworten, also Etabliertenvorrechte behaupten, ist unter Ostdeutschen mit 35,5 % höher als unter Westdeutschen (23,8 %). Diese Differenzen in den prozentualen Zustimmungen unter Ostdeutschen verglichen zu jenen in Westdeutschland sind trotz des allgemeinen Rückgangs in Ost wie West angestiegen.[6]

---

6   Für den Vergleich zu 2018/19: Zick et al. (2019), Tab. 3.3, S. 86.

Tabelle 6.3

(5)	(6)	(7)	(8)	(9)	(10)	(11)	(12)	(13)
,51	,41	,48	,37	,46	,48	,38	,38	,43
,64	,60	,50	,38	,43	,49	,44	,45	,51
,53	,45	,48	,28	,40	,47	,37	,45	,38
,35	,27	,37	,16	,27	,24	,23	,38	,33
	,52	,46	,32	,42	,36	,44	,42	,46
		,51	,20	,38	,37	,37	,48	,47
			,19	,25	,24	,41	,52	,38
				,40	,37	,27	,19	,34
					,73	,30	,20	,32
						,29	,21	,34
							,40	,33
								,40

Zustimmungen zu den Facetten Gruppenbezogener Menschenfeindlichkeit in Deutschland (gesamt), unter ost- und westdeutschen Befragten (Angaben in Prozent)   **Tabelle 6.4**

	Gesamt	Ost	West
	n = 1.631	n = 366	n = 1.247
Rassismus	6,4	7,8	5,2
Fremdenfeindlichkeit**	11,0	14,0	8,5
Antisemitismus – klassisch*	7,5	9,7	5,9
Antisemitismus – israelbezogen	13,4	15,8	12,2
Muslimfeindlichkeit*	11,0	14,6	10,1
Abwertung von Sinti_zze und Rom_nja***	16,3	21,8	14,1
Abwertung asylsuchender Menschen***	36,1	46,9	32,9
Sexismus**	7,5	10,7	6,3
Abwertung homosexueller Menschen	7,1	9,7	6,9
Abwertung von Trans*Menschen	11,2	10,2	11,6
Abwertung wohnungsloser Menschen**	8,7	14,0	7,0
Abwertung langzeitarbeitsloser Menschen	24,9	25,3	22,7
Etabliertenvorrechte***	26,8	35,5	23,8

Anmerkungen * = p ≤ ,05; ** = p ≤ ,01; *** = p ≤ ,001; n = Anzahl der Befragten.

Die weitere Analyse von soziodemografischen Unterschieden ergibt zudem: Befragte Männer zeigen in allen Vorurteilsmustern höhere Zustimmungen als befragte Frauen (➡ Tab. A.2 i. Online-Anh.). Die Zustimmungen steigen linear mit dem *Alter* (➡ Tab. A.3 i. Online-Anh.[7]), bis auf die Zustimmung zu Vorurteilen gegen langzeitarbeitslose Menschen und Etabliertenvorrechte, bei denen Befragte mittleren Alters (31 bis 60 Jahre) die höchsten Zustimmungen aufweisen (28,0 % bzw. 29,4 %). Die Zustimmungen sinken mit steigendem *Bildungsniveau*, wobei Befragte mit niedriger und mittlerer formaler Bildung ähnlichere Einstellungen aufweisen und Befragte mit höherer formaler Bildung am wenigsten Vorurteilen zustimmen (➡ Tab. A.4 i. Online-Anh.). Unterschiede zwischen *Gewerkschaftsmitgliedern* und anderen, wie sie in der Mitte-Studie 2018/19 noch festzustellen waren, sind aktuell nicht zu beobachten (➡ Tab. A.5 i. Online-Anh.). Mit Blick auf die Frage nach den Vorurteilen in der Mitte sind jedoch die Zustimmungsraten nach Einkommensgruppen interessant (➡ Tab. 6.5).

Während die Bildungseffekte auf die Zustimmungen deutlich sind, ist ein »Arme-Leute-Rassismus« (Zick 1997) nicht festzustellen. Im Antisemitismus, Antiziganismus, der Abwertung von asylsuchenden und wohnungslosen Menschen ist der Anteil der Zustimmenden mit mittleren Einkommen höher als der bei einkommensschwachen oder einkommensstarken Befragten. Zudem ist zu beobachten, dass die Zustimmungsanteile in den unteren und mittleren Einkommensgruppen ähnlich hoch sind, sich also größere Unterschiede zwischen prekären und mittleren Einkommensgruppen nicht einfach feststellen lassen. Man könnte auch sagen, dass durchaus ein *Mittelschichtsrassismus* festzustellen ist, wie er in der internationalen Forschung diskutiert wird und sich schon in Umfragestudien der 1980er-Jahre in Deutschland zeigte (ebd.).

6.4 Zusammenhalt, Vielfalt und Vorurteile – oder das Zusammenhaltsparadox

Ein zentrales Thema für demokratische Gesellschaften mit einer starken Mitte ist ihr Zusammenhalt. Für demokratische Gesellschaften, die sich zu Offenheit und Vielfalt bekennen, ist Zusammenhalt ein ganz besonderes Thema (Deitel-

---

7   Zur systematischen Auswertung von GMF nach Alter in den Mitte-Studien vgl. auch Zick et al. (2020).

Zustimmungen zu den Facetten Gruppenbezogener Menschenfeindlichkeit nach Einkommen[a] (Angaben in Prozent) Tabelle 6.5

Einkommensgruppe [a] →	schwach	mittel	stark
	n = 232	n = 809	n = 376
Rassismus ***	9,1	7,2	2,4
Fremdenfeindlichkeit ***	18,1	10,9	6,6
Antisemitismus – klassisch	7,9	9,3	5,9
Antisemitismus – israelbezogen	14,1	14,3	12,9
Muslimfeindlichkeit *	12,6	11,8	6,7
Abwertung von Sinti_zze und Rom_nja	18,8	18,6	14,4
Abwertung asylsuchender Menschen *	30,2	39,8	34,9
Sexismus ***	20,7	5,5	3,7
Abwertung homosexueller Menschen *	13,4	8,7	3,8
Abwertung von Trans*Menschen *	18,6	12,1	8,8
Abwertung wohnungsloser Menschen	3,5	9,7	7,7
Abwertung langzeitarbeitsloser Menschen	33,6	24,2	24,9
Etabliertenvorrechte **	29,7	29,7	21,0

Anmerkungen * = p ≤ ,05; ** = p ≤ ,01; *** = p ≤ ,001; n = Anzahl der Befragten. | [a] Einkommensschwach: < 70 % des Medians des Äquivalenzeinkommens; mittel: 70 % bis < 150 % des Medians; einkommensstark: ≥ 150 % des Medians.

hoff et al. 2020). Ein Mindestmaß an gesellschaftlichem Zusammenhalt dient der Stabilität. Er basiert auf dem Vertrauen in Institutionen, auf Zugehörigkeiten und Teilhabe sowie der Inklusion von Menschen mit unterschiedlichen Identitäten, Ressourceninteressen und Wertorientierungen. Gerade in Krisenzeiten wie der Coronapandemie ist Zusammenhalt wichtig, und es wird deutlicher als zuvor an diesen appelliert. Der Zusammenhalt ist aber zugleich auch gefährdet, wenn nicht geteilt. Die sozialpsychologische Krux ist, dass Zusammenhalt durch die Abgrenzung oder Ausgrenzung von anderen hergestellt werden kann, was dem gesellschaftlichen Konzept eigentlich widerspricht (Zick & Rees 2020). Zick und Küpper (2012) haben schon in der Langzeitstudie zur Gruppenbezogenen Menschenfeindlichkeit (GMF) anhand der Daten einer Umfrage im Jahr 2011 gezeigt, dass Menschen, die den Zusammenhalt der Gesellschaft als gefährdet sehen und Vielfalt ablehnen, stärker als andere Vor-

**Interkorrelation der Facetten Gruppenbezogener Menschenfeindlichkeit
mit Zusammenhalts- und Vielfaltseinstellungen** (Korrelationskoeffizienten)   **Tabelle 6.6**

Rassismus
Fremdenfeindlichkeit
Antisemitismus – klassisch
Antisemitismus – israelbezogen
Muslimfeindlichkeit)
Abwertung von Sinti_zze und Rom_nja
Abwertung asylsuchender Menschen
Sexismus
Abwertung homosexueller Menschen
Abwertung von Trans*Menschen
Abwertung wohnungsloser Menschen
Abwertung langzeitarbeitsloser Menschen
Etabliertenvorrechte
Zu viele kulturelle Unterschiede schaden dem Zusammenhalt der Deutschen.
Der Zusammenhalt der Deutschen ist gefährdet.

Anmerkungen Alle Werte sind auf dem Niveau p < ,001 signifikant; n = Anzahl der Befragten.

urteilen gegen Minderheiten zustimmen. Das ist ein *Zusammenhaltsparadox*, denn der gesellschaftliche Zusammenhalt wird gerade gefährdet, wenn er auf Herabwürdigungen und Abgrenzungen basiert. Zehn Jahre nach den Analysen von Zick und Küpper aus Zeiten der Wirtschafts- und Finanzkrise wird dies noch einmal in Zeiten der Pandemie untersucht.

Dazu wurden die Befragten – neben der Frage nach GMF – um eine Beurteilung von vier Aussagen gebeten: 1. die Meinung: »Der Zusammenhalt der Deutschen ist gefährdet«. 35,4 % stimmen dem »eher« oder »voll und ganz zu«, 32,7 % lehnen die Aussage »eher« oder »voll und ganz ab« und 32 % meinen »teils/teils«. 2. die Meinung: »Zu viele kulturelle Unterschiede schaden dem Zusam-

Tabelle 6.6

Der Zusammenhalt der Deutschen ist gefährdet.	Zu viele kulturelle Unterschiede schaden dem Zusammenhalt der Deutschen.	Der Zusammenhalt der EU muss gestärkt werden.	Verschiedene kulturelle Gruppen bereichern unsere Gesellschaft.
(n = 745)	(n = 756)	(n = 762)	(n = 762)
,12	,34	−,16	−,32
,27	,54	−,32	−,33
,15	,38	−,26	−,27
,12	,24	−,15	−,20
,22	,45	−,23	−,35
,26	,38	−,27	−,35
,16	,31	−,26	−,27
,11	,29	−,11	−,20
,09	,28	−,09	−,36
,10	,27	−,15	−,26
,13	,38	−,25	−,28
,16	,35	−,24	−,20
,19	,43	−,13	−,30
,31		−,24	−,13
		−,41	−,09

menhalt der Deutschen«. Hier stimmen 15,4 % zu, 65,2 % stimmen dem nicht zu, 19,4 % meinen »teils/teils«. 3. die Meinung: »Der Zusammenhalt der EU muss gestärkt werden«. Dem stimmen 81,1 % zu, 7,9 % lehnen die Meinung ab und 11 % sind »teils/teils« dieser Meinung. 4. die Meinung zur Diversität und Vielfalt: »Verschiedene kulturelle Gruppen bereichern unsere Gesellschaft«. Hier stimmt fast eine Dreiviertelmehrheit von 71,1 % zu, 8,2 % lehnen die Meinung ab, 20,7 % waren »teils/teils« dieser Auffassung.

Die Zustimmungen und Ablehnungen gehen überzufällig mit den GMF-Elementen einher, wie Tabelle 6.6 zeigt (s. o.). Je stärker die Befragten den Zusammenhalt der Deutschen als bedroht ansehen, je stärker sie meinen, die

Vielfalt schade dem Zusammenhalt, je mehr sie der Stärkung des europäischen Zusammenhalts widersprechen und je weniger sie Diversität als Bereicherung beurteilen, desto menschenfeindlicher sind sie eingestellt. Dabei fällt auf, dass die Diversitätsablehnung stärkere Zusammenhänge aufweist. Zusammenhalt hängt also mit der Beurteilung von gesellschaftlichen Minderheiten zusammen: Die Wahrnehmung, dass der Zusammenhalt der Gesellschaft gefährdet ist, geht nicht mit einer stärkeren Befürwortung von Vielfalt einher, weil diese vielleicht den Zusammenhalt stärken und grundsätzlich als positiv von der absoluten Mehrheit beurteilt werden könnte, sondern mit dem Gegenteil, der Abgrenzung und Abwertung durch das Vorurteil (➡Tab. 6.6, S. 198 f.).

Um den gemeinsamen Einfluss der Zusammenhalts- und Vielfaltswahrnehmung auf GMF zu prüfen, wurden die Befragten in Gruppen der Zustimmung, Ablehnung oder »Teils/teils«-Einstellung unterteilt und kombiniert. Tabelle 6.7 zeigt die Mittelwerte für einen Indikator Gruppenbezogener Menschenfeindlichkeit, der sich aus all den Elementen, die bei allen Befragten gemessen wurden, zusammensetzt – also Rassismus, Fremdenfeindlichkeit, klassischer und israelbezogener Antisemitismus, Muslim_innenfeindlichkeit, Abwertung Asylsuchender, Sexismus und Etabliertenvorrechte.

Mittelwerte von Gruppenbezogener Menschenfeindlichkeit nach Gruppen der Diversitätsbefürwortung und Zusammenhaltsgefährdung   Tabelle 6.7

Vielfalt		Gefährdung des Zusammenhalts			M- Vielfalt
		(»Zusammenhalt der Deutschen gefährdet«)			
		Zustimmung	teils/teils	Ablehnung	
(»Zu viele kulturelle Unterschiede schaden dem Zusammenhalt.«)	Zustimmung	2,80 (48)	2,46 (34)	2,29 (51)	2,52 (133)
	teils/teils	2,77 (147)	2,52 (146)	2,36 (61)	2,59 (354)
	Ablehnung	2,16 (388)	1,95 (333)	1,79 (413)	1,84 (1.317)
M- Zusammenhalt					gesamt: 2,15 (,621)

Anmerkungen M = Mittelwert; n = Anzahl der Befragten.

Die Gruppen unterscheiden sich grundsätzlich danach, ob sie den Zusammenhalt als gefährdet wahrnehmen oder nicht; das war aus der Korrelationsanalyse

oben bekannt. Noch deutlicher unterscheiden sich die Gruppen mit ihrer Pro-
oder Contra-Haltung zur Diversität – wobei sich hier jene, die meinen, dass
verschiedene Kulturen das Land bereicherten – und das ist eine absolute Mehrheit der Befragten – von den wenigen, die das nur »teils/teils« tun oder dagegen
sind, unterscheiden. Die Meinungen zu Zusammenhalt und Diversität zeigen
allerdings keine Wechselwirkung auf den Gesamtindikator GMF.[8] Die stärksten
Vorurteile haben Befragte, die gegen Vielfalt sind und meinen, der Zusammenhalt der Deutschen sei gefährdet. Die schwächsten Vorurteile haben Befragte,
die Vielfalt befürworten und den Zusammenhalt der Deutschen nicht gefährdet
sehen. Damit wird der Befund, den Zick und Küpper (2012) nach der Wirt-
schafts- und Finanzkrise zum Zusammenhalt und zu GMF gefunden haben,
zehn Jahre später repliziert.

6.5 Menschenfeindlichkeit, politische Ideologien und Gewalt

Die Einstellungen zu Diversität und Zusammenhalt berühren Wahrnehmungen
zum Zustand des Landes. In weiteren Analysen zeigen sich deutliche Zusammenhänge zwischen GMF und politischen Positionen. Einerseits zeigt sich mit
Blick auf die politische Selbstpositionierung auf dem »Links-Mitte-rechts-Spektrum« ein Konservatismuseffekt: Befragte, die ihre Position als links verorten,
weisen geringere Zustimmung auf als jene, die ihre politische Position in der
Mitte verorten, und diese wiederum stimmen weniger zu als jene, die ihre Position als rechts verorten (➟ Tab. A.6 i. Online-Anh.). Gegen die Kritik, letztendlich stecke hinter den »angeblichen« Vorurteilsmessungen ein prinzipieller
Konservatismus, sprechen die Unterschiede zwischen den Vorurteilsmustern,
wenn nach der Parteipräferenz gefragt wird[9]; und – das sei vorweggenommen –
es sprechen auch die gleich genannten Zusammenhänge zum Rechtsextremismus
dagegen. Tabelle 6.8 (➟ S. 202 f.) zeigt die Zustimmungen zu den GMF-Fa-

---

8   Wechselwirkungen zeigen sich nur in einer multivariaten Analyse mit den einzelnen Vorurteilen,
    die GMF ausmachen, als Kriteriumsvariablen. Effekt Vielfalt: $F_{(2, 1612)} = 143{,}68{.}05$, $p \leq {,}001$/
    Effekt Zusammenhalt: $F_{(2, 1612)} = 34{.}82$, $p \leq {,}001$/Wechselwirkung Vielfalt*Zusammenhalt:
    $F_{(2, 1612)} = {,}38$, n. s./multivariater Effekt der Wechselwirkung: $F_{(36, 5456)}: 2{.}47$, $p \leq {,}001$; die
    Wechselwirkung ist bei der Vorhersage von Antisemitismus und Sexismus direkt signifikant.
9   In der amerikanischen Vorurteils- und Rassismusforschung, die auf Umfragen basiert, wird seit den
    1980er-Jahren diskutiert, ob hinter vor allem modernen Formen des Rassismus letztendlich nicht
    ein Ausdruck von Konservatismus stecke und kein Rassismus im Sinne einer Abwertung von vor
    allem Schwarzen Amerikaner_innen (Sniderman et al. 1989).

**Zustimmung zu den Facetten Gruppenbezogener Menschfeindlichkeit
nach Parteipräferenz** (Angaben in Prozent)   Tabelle 6.8

	CDU/CSU (n = 452)	SPD (n = 181)
Rassismus ***	6,7	5,0
Fremdenfeindlichkeit ***	11,5	5,0
Antisemitismus – klassisch ***	8,5	4,4
Antisemitismus – israelbezogen ***	16,4	13,8
Muslimfeindlichkeit ***	13,2	9,3
Abwertung von Sinti_zze und Rom_nja ***	22,7	10,1
Abwertung asylsuchender Menschen ***	39,1	28,3
Sexismus ***	6,4	11,6
Abwertung homosexueller Menschen ***	9,0	12,0
Abwertung von Trans*Menschen ***	18,3	11,5
Abwertung wohnungsloser Menschen **	9,4	9,0
Abwertung langzeitarbeitsloser Menschen ***	37,4	15,6
Etabliertenvorrechte ***	36,5	23,3

Anmerkungen * = p ≤ ,05; ** = p ≤ ,01; *** = p ≤ ,001; n = Anzahl der Befragten; ᵃ Bündnis 90/Die Grünen; ᵇ Nichtwahl.

cetten unter den Anhänger_innen der verschiedenen Parteien. Die Parteipräferenz geht auf die Sonntagsfrage zurück, also die Frage, was die Befragten wählen würden, wenn am nächsten Sonntag eine Bundestagswahl stattfände.

Bei der Frage, wer besonders starke Vorurteilszustimmungen aufweist, fallen nicht generell Konservative auf. Es zeigen sich deutlich höhere Anteile an Zustimmenden unter den AfD-Anhänger_innen. Dabei ist zu beachten, dass nur 52 Befragte angaben, die Partei zu präferieren. Schlüsse sind also mit Vorsicht zu ziehen. Unter diesen AfD-Wähler_innen wird die Zustimmung zu antiziganistischen sowie zu Vorurteilen gegen Asylsuchende mehrheitlich geteilt (⟶ Tab. 6.8). Auch die Behauptung von Etabliertenvorrechten ist unter ihnen mit 64,6 % höher als jene, die Etabliertenvorrechte infrage stellen. Nur in Vorurteilen gegenüber asylsuchenden Menschen ähneln Nichtwähler_innen den AfD-Anhänger_innen. Es scheint, dass die Vorurteilszustimmungen unter AfD-Anhänger_innen zwar im Vergleich zur Mitte-Studie 2018/19 gesunken

Tabelle 6.8

FDP (n = 75)	B'90[a] (n = 330)	Die Linke (n = 64)	AfD (n = 65)	NW[b] (n = 126)
8,1	2,7	1,6	24,6	11,5
14,9	1,2	9,4	40,6	21,7
10,8	2,1	3,2	33,3	9,2
11,4	5,9	14,3	35,6	12,6
13,3	1,8	4,8	29,2	14,7
18,9	5,5	12,5	54,7	26,1
48,0	13,4	31,3	76,9	63,7
7,9	2,4	6,3	17,5	17,5
0,0	5,5	2,9	34,4	7,8
2,8	6,0	11,4	36,0	13,1
19,4	2,2	14,3	12,5	4,7
28,6	8,8	21,2	37,5	28,1
18,7	10,3	17,2	64,6	38,1

sind – ebenso wie in anderen Gruppen (Zick et al. 2019) –, aber noch immer deutlich höher sind als in den anderen Parteien. Sie scheinen sich also in der AfD stärker verankert zu haben (weitere Analysen zur Parteipräferenz und den Hintergründen ⇒ Kap. 7, S. 213 ff.).

Die Analysen der Zusammenhänge zur politischen Position verweisen implizit auf eine stärkere Nähe zwischen menschenfeindlichen Einstellungen und ideologischen Positionen. Dies zeigt sich in noch deutlicherer Weise, wenn der Bezug zu rechtsextremen Einstellungen in der Mitte – also dem zentralen Fokus der Mitte-Studien – analysiert wird. Tabelle 6.9 zeigt die Anteile der Zustimmungen unter Befragten mit einem manifest rechtsextremen Weltbild (⇒ auch Kap. 3, S. 75 ff.) und solchen Befragten, die es nicht haben (⇒ Tab. 6.9, S. 204).

Nicht alle Befragten, die nach harten Kriterien eine rechtsextreme Orientierung aufweisen, mit der sie die Welt betrachten, haben durchweg Vorurteile oder

Zustimmung zu den Facetten Gruppenbezogener Menschenfeindlichkeit bei einem manifest rechtsextremen Weltbild (Angaben in Prozent)[a]   Tabelle 6.9

	nicht manifest (n = 1.364)	manifest (n = 16)
	Keine Zustimmung	Zustimmung
Rassismus ***	4,2	45,5
Fremdenfeindlichkeit ***	6,7	100,0
Antisemitismus – klassisch ***	5,0	40,9
Antisemitismus – israelbezogen *	11,5	31,8
Muslimfeindlichkeit ***	9,0	49,4
Abwertung von Sinti_zze und Rom_nja ***	14,8	43,0
Abwertung asylsuchender Menschen ***	26,2	62,2
Sexismus ***	6,7	17,4
Abwertung homosexueller Menschen	6,8	13,5
Abwertung von Trans*Menschen *	10,5	23,1
Abwertung wohnungsloser Menschen ***	7,4	30,8
Abwertung langzeitarbeitsloser Menschen ***	23,7	48,1
Etabliertenvorrechte ***	24,9	61,1

Anmerkungen * = p ≤ ,05; ** = p ≤ ,01; *** = p ≤ ,001; n = Anzahl der Befragten. | [a] Werte für »Fremdenfeindlichkeit« entfallen hier, weil sie Teil der Rechtsextremismusskala ist.

rassistische Einstellungen. Allerdings sind die GMF-Zustimmungen signifikant höher – bis auf die Vorurteile gegen homosexuell orientierte Menschen. Manifest rechtsextrem Orientierte teilen mehrheitlich Vorurteile gegenüber asylsuchenden Menschen und nehmen mehrheitlich Vorrechte von Alteingesessenen in Anspruch und teilen Ressentiments gegen jedwede »Neue«. Fast jede zweite Person mit einem rechtsextremen Weltbild ist muslimfeindlich und negativ gegen langzeitarbeitslose Menschen eingestellt. Der klassische Antisemitismus wird von 40,9 % der Befragten mit einem rechtsextremen Weltbild geteilt, beim Antiziganismus ist der Anteil 43,0 %. Die Evidenz, dass manifest rechtsextreme Orientierungen mit GMF einhergehen, ist klar und deutlich, und dies nicht nur, weil Antisemitismus und Ausländerfeindlichkeit zentrale Elemente rechtsextremer Orientierungen sind.

Mit dem Blick auf den Rechtsextremismus in der Mitte ist die Frage nach dem Ausmaß der Billigung von Gewalt in der Mitte relevant. Rechtsextreme Orientierungen enthalten implizit Aggressions- wie Gewaltbilligungen (vgl. Zick & Küpper 2016; Küpper & Zick 2018/19). Sie sind dann besonders gefährlich, wenn Gewalthandlungen absichtlich gebilligt werden. In Umfragestudien können und dürfen manifeste Handlungen nicht gemessen werden. In den Mitte-Studien wird die Billigung von Gewalt mit einer Skala aus zwei Aussagen erfasst: »Wenn sich andere bei uns breitmachen, muss man ihnen unter Umständen unter Anwendung von Gewalt zeigen, wer Herr im Hause ist.«; und »Gewalt kann zur Erreichung politischer Ziele moralisch gerechtfertigt sein.«[10]

Zustimmung zu den Facetten Gruppenbezogener Menschenfeindlichkeit bei Gewaltbilligung (Angaben in Prozent)   Tabelle 6.10

	schwach (n = 1.665)	stark (n = 74)
Rassismus ***	4,9	27,5
Fremdenfeindlichkeit ***	8,8	50,5
Antisemitismus – klassisch ***	6,5	27,6
Antisemitismus – israelbezogen *	13,0	21,7
Muslimfeindlichkeit ***	9,0	49,4
Abwertung von Sinti_zze und Rom_nja ***	14,8	43,0
Abwertung asylsuchender Menschen ***	34,3	65,9
Sexismus ***	6,7	17,4
Abwertung homosexueller Menschen	6,8	13,5
Abwertung von Trans*Menschen **	10,5	23,1
Abwertung wohnungsloser Menschen ***	7,4	30,8
Abwertung langzeitarbeitsloser Menschen ***	23,7	48,1
Etabliertenvorrechte ***	24,9	61,1

Anmerkungen * = p ≤ ,05; ** = p ≤ ,01; *** = p ≤ ,001; n = Anzahl der Befragten.

Das Ausmaß an Vorurteilsakzeptanz unter gewaltbilligenden Befragten ist überzufällig höher als unter Befragten, die Gewalt weniger billigen, wie Tabelle 6.10 zeigt. Mehr als 60 % jener, die Gewalt als Mittel der Durchsetzung billigen,

---

10   r(1.692) = ,43, p < ,001.

weisen Vorurteile gegen asylsuchende Menschen auf, jede zweite Person ist muslimfeindlich und fast jede zweite Person ist fremdenfeindlich, antiziganistisch oder hat Vorurteile gegen langzeitarbeitslose Menschen.

Die Ergebnisse weisen zudem darauf hin, dass die Annahme, die gemessenen Vorurteile wären »nur« Einstellungen, die nichts mit Handlungen zu tun hätten, zu einfach ist. Sie sind eine wesentliche Grundlage von manifestem Verhalten, wie es sich in Hasstaten und Diskriminierungen zeigt, und genau das macht Vorurteile bedeutsam und relevant. Sie dienen der Legitimation von Gewalt und sie sind Ausdrucksformen von Menschenfeindlichkeit.

6.6   Warum Antisemitismus?

Bevor ein Fazit aus den Beobachtungen gezogen wird, kehren die Analysen noch einmal zurück zum Antisemitismus, denn die Zustimmungen dazu gehen in der Mitte antizyklisch nicht zurück. Sie nehmen zu, und dies selbst nach den öffentlich bekannt gewordenen antisemitischen Hasstaten, nicht zuletzt dem erschütternden Attentat in Halle (Saale) am 9. Oktober 2019 und den folgenden Reden von Spitzenpolitik und Spitzenverbänden, dass dies »nie wieder!« passieren dürfe. Hat die Erschütterung in der Mitte keine Effekte auf eine Änderung von antisemitischen Einstellungen? Die Ergebnisse lassen daran zweifeln. Und umso mehr ist zu fragen, welche Faktoren die Variation der antisemitischen Einstellungen erklären können.

Bereits zuvor wurde klar, dass vor allem das Bildungsniveau, Alter und eine rechte politische Orientierung, insbesondere eine Affinität für die AfD, eine Rolle spielen. Klar ist auch, dass der Antisemitismus mit rechtsextremen Einstellungen und einer höheren generalisierten und nicht näher bestimmten Gewaltbilligung gegen andere einhergeht. Werden, wie bei der Analyse des Rassismus (➡ Kap. 4, S. 141 ff.), verschiedene Einflussfaktoren zur Erklärung des Antisemitismus berücksichtigt, zeigen sich folgende Effekte auf den *klassischen Antisemitismus*: Einflüsse des Alters (Antisemitismus steigt mit Lebensjahren), der Geschlechtsgruppenzugehörigkeit (Männer antisemitischer als Frauen), der formalen Bildung (Antisemitismus steigt mit sinkenden Bildungsjahren). Umgekehrt korreliert er mit der Meinung, dass die Befragten überzeugte Demokrat_innen sind und alle Menschen gleichbehandeln würden, mit einer politischen Selbstverortung im rechten Spektrum sowie einer populistischen Einstellung, Dominanzorientierung und Autoritarismus.[11] In gewissem Maße ist das Muster ähnlich wie beim Rassismus: Offen antisemitisch eingestellte Befragte werten Jüdinnen und Juden vor allem ab, weil sie dominanzorientiert, populistisch und konservativ sind und ein antidemokratisches Selbstbild haben. Der *israelbezogene Antisemitismus* wird insgesamt besser durch die folgenden Faktoren erklärt: Populismusneigung, Autoritarismus, Alter, Bildung und die Sorge um die Folgen der Pandemie für die nationale Wirtschaft erklären die Zustimmung zu dieser modernen Form des Antisemitismus besonders gut.[12] Die Ergebnisse machen deutlich, dass diese Umwegkommunikation (Kritik an Israel) des Antisemitismus besonders mit der Krise, also der Pandemie, in Zusammenhang gebracht wird; einer Krise, die Israel besonders gut durch eine effektive Prävention gemeistert hat.

Ähnlich wie beim Rassismus hängt der klassische Antisemitismus ($r = -{,}13$; $p \leq {,}01$; n = 1.713) negativ mit der Selbsteinschätzung der Befragten zur Aussage zusammen: »Ich behandle alle Menschen gleich.« Je stärker die Befragten die Gleichbehandlung zurückweisen, desto stärker ist der klassische Antisemitismus. Der Zusammenhang zum israelbezogenen Antisemitismus ist dagegen schwach ($r = -{,}06$; $p \leq {,}03$; n = 1.564). Sehr viel deutlicher hängen der klassische Antisemitismus ($r = -{,}31$; $p \leq {,}01$; n = 1.705) und der israelbezogene Antisemitismus ($r = -{,}18$; $p \leq {,}01$; n = 1.566) mit der Selbstdefinition als Demokrat_in zusammen: Befragte, die das Selbstbild zurückweisen, sind antisemitischer eingestellt. Dieser Zusammenhang ist auch bei allen anderen Vorurteilen gegen andere Gruppen festzustellen.[13]

---

11   Grundlage ist die zum Rassismus (⟶ Kap. 5) berechnete blockweise Regressionsanalyse mit den dort genannten Faktoren: Alter (beta (β) = ,09); $p \leq {,}01$), Geschlecht ($\beta = -{,}07$; $p \leq {,}01$), Einkommen ($\beta = {,}06$; $p \leq {,}01$), Region ($\beta = {,}06$; $p \leq {,}01$), demokratisches Selbstbild ($\beta = -{,}07$; $p \leq {,}01$), Wahrnehmung Zusammenhaltsgefährdung ($\beta = {,}09$, $p \leq {,}01$), Konservatismus ($\beta = {,}14$; $p \leq {,}01$), Populismus ($\beta = {,}23$; $p \leq {,}01$), Dominanzorientierung ($\beta = {,}26$; $p \leq {,}01$), Autoritarismus ($\beta = {,}12$; $p \leq {,}01$); Varianzaufklärung $R^2 = 39$.

12   Alter ($\beta = {,}06$; $p \leq {,}01$), Geschlecht ($\beta = -{,}08$; $p \leq {,}01$), Bildung ($\beta = -{,}08$; $p \leq {,}01$), Sorge um wirtschaftliche Folgen der Pandemie ($\beta = -{,}07$; $p \leq {,}01$), Populismus ($\beta = {,}31$; $p \leq {,}01$), Autoritarismus ($\beta = {,}15$; $p \leq {,}01$), $R^2 = 47$.

13   Abwertung langzeitarbeitsloser Menschen ($r = -{,}23$; $p \leq {,}01$; n = 887), Rassismus ($r = -{,}27$; $p \leq {,}01$; n = 1.717), Fremdenfeindlichkeit ($r = -{,}38$; $p \leq {,}01$; n = 1.726), Abwertung homosexuell orientierter Menschen ($r = -{,}13$; $p \leq {,}01$; n = 890), Abwertung wohnungsloser Menschen ($r = -{,}27$;

6.7 Zwischen Toleranz und Herabwürdigung – ein Fazit

Auch wenn die Zusammenhänge zwischen Antisemitismus – wie bei allen anderen Vorurteilsmustern – und einem demokratischen Selbstbild nicht besonders ausgeprägt sind, so weisen sie auf einen Faktor hin, der Vorurteile beziehungsweise Gruppenbezogene Menschenfeindlichkeit bremst. Jene, die sich als Demokrat_innen identifizieren, stimmen Vorurteilen weniger zu. Jene, die darin ambivalent sind oder sich explizit nicht als Demokrat_innen identifizieren, sind menschenfeindlicher eingestellt. Im Zusammenspiel mit möglichen weiteren Einstellungen und Orientierungen sowie demografischen Gruppenzugehörigkeiten – wie sie entsprechend in Regressionsanalysen berechnet wurden – verschwindet der Selbstidentifikationseffekt zwar, dennoch wäre es eine Möglichkeit, ihn wie andere Faktoren zu stärken, um die Mitte gegen Minderwertigkeitszuschreibungen gegenüber Gruppen und Menschen resilient zu machen. Stärkung der Bildung, Bearbeitung von Konservatismus- und Altersvorurteilen, Bearbeitung von generalisierten Dominanzansprüchen und autoritären wie populistischen Überzeugungen – das wären Ansatzpunkte, die die Daten hergeben. Die Analysen zeigen ferner, dass ein höheres formales Bildungsniveau wie die Zugehörigkeit zu einer höheren Einkommensgruppe die Zustimmung zu Herabwürdigungen mildern. Das gilt allerdings nicht für ambivalente negative Einstellungen. Eine Zugehörigkeit zur Mittelschicht oder eine Selbstpositionierung in der politischen Mitte geht dagegen nicht generell mit geringeren Vorurteilen einher. Viele Angehörige der Einkommensmitte stimmen in ähnlich starkem Ausmaß Vorurteilen zu wie Angehörige der unteren Bildungs- und Schichtgruppen und ähneln weniger den gebildeten und statushohen Gruppen. Die sozioökonomische Mitte ist nicht resilient, nur weil sie finanziell gesicherter ist als andere, statusniedrigere Gruppen, zumal in den Vorurteilsmustern auch ein Klassismus zum Ausdruck kommt. Die Vorurteile gegenüber langzeitarbeitslosen Menschen und ihre engen Verbindungen zu anderen Vorurteilen verweisen darauf.

---

p ≤ ,01; n = 883), Etabliertenvorrechte (r = −,28; p ≤ ,01; n = 1.731), Sexismus (r = −,22; p ≤ ,01; n = 1.730), Abwertung asylsuchender Menschen (r = −,27; p ≤ ,01; n = 1.715), Antiziganismus (r = −,27; p ≤ ,01; n = 1.668), Muslim_innenfeindlichkeit (r = −,32; p ≤ ,01; n = 1.663), Abwertung von Trans*Menschen (r = −,18; p ≤ ,01; n = 872).

Vorurteile, wie sie hier operationalisiert und gemessen wurden, sind Argumente für die Behauptungen, dass bestimmte Gruppen in der Gesellschaft minderwertig seien. Sie finden weniger Zustimmungen auch und gerade unter jenen, die den europäischen Zusammenhalt befürworten. In dem Kontext zeigen sie jedoch auch: Wenn der Zusammenhalt des Landes als gefährdet betrachtet wird oder die Vielfalt kultureller Gruppen nicht als Bereicherung wahrgenommen wird, dann werden soziale Vorurteile aktiviert. Das scheint auf den ersten Blick banal und intuitiv, aber es ist paradox für eine offene und vielfältige Gesellschaft, und umso mehr muss gefragt werden: Warum ist das immer noch so, wo doch die Gesellschaft allein demografisch signifikant diverser geworden ist und viel in Zusammenhalts- und kulturelle Öffnungsprojekte wie Diversitätsanstrengungen investiert hat? Welches Weltbild steckt hinter den überaus stabilen Einstellungsmustern? Es wird deutlich, dass es ein Weltbild ist, wo Vorurteile und andere Herabwürdigungen von Gruppen eng mit Ansprüchen an gesellschaftliche Vorrangstellung in Verbindung stehen und dem Anspruch, dass sich andere, die zunächst als »fremd«, »nicht passend« oder »nicht dazugehörig« klassifiziert werden, anpassen mögen, was am Ende nicht geht, weil das Vorurteil ihnen Merkmale zuschreibt, die nahezu unveränderlich sind. Die Menschenfeindlichkeit setzt als präferierte Einstellung Merkmale von Gruppen fest, und diese sind, wenn sie geglaubt werden, in hohem Maße immun gegen Aufklärung oder Kritik. Mehr noch: Die Zuschreibungen von Minderwertigkeiten sind Ausdruck einer generalisierten Menschenfeindlichkeit. Sie richten sich nicht nur gegen »Fremde« in Sinne von Gruppen, die eingewandert sind oder deren Nachfahren hier leben, sondern auch gegen andere Gruppen, wie langzeitarbeitslose Menschen, wohnungslose Menschen, Trans*Menschen und so weiter.

Bei der Rezeption von Daten wie jenen der Mitte-Studie entsteht oft die Meinung, all das schon geahnt oder gar gewusst zu haben. Umso mehr stellt sich die Frage: Wird darüber gesellschaftlich hinreichend debattiert? Wie geht die Gesellschaft zum Beispiel mit den relativ hohen Zustimmungen zu Vorurteilen gegenüber langzeitarbeitslosen Menschen um? Diese Vorurteile sind deutlich unter Befragten mit konservativer oder rechtspopulistischer Orientierung, wie auch unter jenen mit rechtsextremer Orientierung ausgeprägt und gehen mit Gewaltbilligung einher. Was bedeuten die relativ hohen Zustimmungen zu Vorurteilen gegen wohnungslose Menschen? Warum sind die Vorurteilsmuster gegen Muslim_innen, asylsuchende Menschen, Sinti_zze und Rom_nja stabil hoch auch in Zeiten des harten Lockdowns, wo kaum noch Kontaktmöglichkeiten bestehen? Oder gehen die Vorurteile zurück, gerade weil es weniger Kontakt und Sichtbarkeit von Diversität gibt? Die Frage zum *Antisemitismus* sei wiederholt: Warum steigt er in Zeiten immer klarerer Fakten zu Hass- und Gewalttaten und öffentlicher Empörung? Gerade deshalb? Hassgewalt und antisemitische Vorurteile gehen Hand in Hand, wie auch Menschenfeindlichkeiten gegen Muslim_innen und asylsuchende Menschen mit rechtsextremen Orientierungen in der Mitte.

Es liegt nahe anzunehmen, dass es nach Zeiten, in denen die Mitte Mitglieder an den extremen rechten Rand verloren hat, es dort Verhärtungen und Verankerungen gibt. Insgesamt scheint angesichts des sonst deutlichen Rückgangs von Vorurteilen die Verankerung von Menschenfeindlichkeit am rechten Rand umso bedeutsamer. Jede_r zweite befragte AfD-Anhänger_in (48,3 %) sieht die eigene politische Position als »genau in der Mitte«, 6,9 % als »eher links«, 33,6 % »eher rechts« und 10,5 % als »rechts«; sie verstehen sich politisch mehrheitlich so wie andere Konservative auch. Zugleich ist die Verankerung von Gruppenbezogener Menschenfeindlichkeit unter AfD-Anhänger_innen besonders deutlich. Die AfD ist ein Ort für die Mitte, wo Ressentiments eine Heimat gefunden haben. Das wäre eine Hypothese, die es angesichts der geringen Zahl an Befragten genauer zu prüfen gilt (vgl. auch Pickel 2019; Hampel 2021). Der Rechtspopulismus der Mitte scheint die Menschenfeindlichkeit der Mitte in Krisenzeiten aufzusaugen, sie dann zu verhärten und zugleich viele Menschen aus der Mitte auf eine mittetypische »Teils/teils«-Einstellung zu rücken, wenn es um ihre Vorurteile gegen gesellschaftliche Gruppen geht.

Der Blick auf die AfD mag dabei helfen. Die Mitte sollte sich aber nichts vormachen mit ihrer Distanz zum Rechtspopulismus: Sie könnte nur Symptom einer Stabilisierung wie auch höheren Toleranz von Menschenfeindlichkeit sein. Denn eines darf am Ende nicht vergessen werden: Wir leben in belastenden Zeiten, die durch die Coronapandemie entstanden sind, zusätzlich zu allen anderen Belastungen. In der Mitte-Studie 2020/21 wurden die Befragten auch zur Belastung durch die Coronapandemie befragt. Ihnen wurden dazu drei Fragen gestellt: 1. »Wie beeinflusst die Coronapandemie Ihr Leben insgesamt?«

2. »Inwieweit haben Sie Sorge, dass sich die wirtschaftliche Situation in Deutschland aufgrund der Coronapandemie verschlechtert?« 3. »Inwieweit haben Sie Sorge, dass sich Ihre persönliche wirtschaftliche Lage aufgrund der Coronapandemie verschlechtert?« Während die Antworten auf die ersten beiden Fragen kaum irgendwelche Zusammenhänge zu den hier berichteten Vorurteilen gegen Gruppen aufweisen, korreliert die persönliche Sorge um die wirtschaftliche Zukunft etwas stärker mit Rassismus ($r = ,11$, $p \leq ,01$, $n = 1.729$); Fremdenfeindlichkeit ($r = ,17$, $p \leq ,01$, $n = 1.730$), Vorurteilen gegen Asylsuchende ($r = ,13$, $p \leq ,01$, $n = 1.724$), Antiziganismus ($r = ,12$, $p \leq ,01$, $n = 1.698$) sowie mit Muslimfeindlichkeit ($r = ,11$, $p \leq ,01$, $n = 1.669$), und sie ist erklärungskräftig beim israelbezogenen Antisemitismus (s. o.) und Rassismus (⇒ Kap. 4, S. 141 ff.). Die Stärke der Zusammenhänge ist nicht besonders groß, zeigt aber an, dass jene, die persönliche Sorgen wegen ihrer wirtschaftlichen Zukunft haben, stärker zu Vorurteilen tendieren. Die Geschichte der Krisenzeiten zeigt, dass ideologisch orientierte Gruppen solche Sorgen und Vorurteilstendenzen noch immer zu nutzen wussten. Es gibt keinen Automatismus zwischen Krisenfrustration und Rassismus, wie es etwa eine einfache Sündenbockhypothese suggeriert. Es kommt darauf an, mit welchem Mechanismus die viel zitierten besorgten Bürger_innen der Mitte zur Menschenfeindlichkeit bewegt werden können. Einige dieser Mechanismen zeigen sich in der Mitte-Studie 2020/21, wenn es um antiliberale, rechtspopulistische und rechtsextreme Orientierungen geht, die alle nicht ohne das Vorurteil funktionieren können.

Die aktuelle Krise ist nicht überstanden, und es werden weitere Krisen aufziehen, die zu Konflikten um Identität, Interessen, Ressourcen und Werte führen. Das erhöht die Wahrscheinlichkeit der Herabwürdigung von Gruppen, weil Vorurteile mächtige Diskriminierungswerkzeuge sind. Der Antisemitismus steigt mitten in der Pandemie an, wie auch die Zahl antiasiatischer und anderer Hassreden und Hasstaten. Viele Vorurteile gegen Gruppen werden im Lockdown weitergeschleppt, andere beruhigen sich oder münden in Ambivalenz und »Teils/teils«-Haltungen. Wie viel Kapital für die Würde des Menschen hat die Gesellschaft in Krisenzeiten und den daraus folgenden neuen Konfliktlagen?

Dies ist vielleicht eine Frage, die sich Menschen, gegen die sich Vorurteile richten, täglich stellen. Die Analysen können nicht zeigen, was ihren Alltag prägt, aber sie sagen etwas über die normative Stärke und Schwäche der Gleichwertigkeitskultur aus. Im Alltag sind diejenigen, die die Welt durch die Brille von Vorurteilen betrachten, andere hassen, abwerten, herabwürdigen oder angreifen, lauter als andere. Dies nicht zu tolerieren, ist eine aktive Handlung, die mehr erfordert, als bestimmte Einstellungen nicht zu teilen oder ihnen ambivalent gegenüberzustehen. Jene Menschen, die Herabwürdigungen täglich erleben, haben oft ein gutes Gespür für die Bigotterie, die sie umgibt.

7 Wahlmisstrauen und menschenfeindliche Einstellungen

Maike Rump · Beate Küpper

7.1 Einleitung

Im Superwahljahr 2021 stehen neben der Bundestagswahl im September auch mehrere Landtagswahlen an. Vor dem Eindruck der Coronapandemie wird mit Spannung auf das Abschneiden der Regierungsparteien geschaut, deren Stimmenanteil dann auch ein Indiz für das Krisenmanagement der Parteien sein wird. Mit Blick darauf bringen sich auch die Oppositionsparteien in Stellung. Besonders laut ist hier die Alternative für Deutschland (AfD), und das nicht nur aufgrund fragwürdiger historischer Vergleiche. Der Partei ist es seit ihrer Gründung im Jahr 2014 gelungen, einen stabilen Kern von Wähler_innen – darunter auch viele ehemalige Nichtwähler_innen – für sich zu gewinnen. Die Partei inszeniert sich als Gegenpol zu den von ihr als »Altparteien« bezeichneten etablierten Parteien und macht mit dem verbreiteten Misstrauen in Politik und Demokratie als solche mobil. Dazu gehört auch, sich kritisch gegenüber der Briefwahl zu äußern und Wahlergebnisse infrage zu stellen. Bereits im November 2020 äußerten AfD-Politiker_innen die Vermutung, die Pandemie sei erschwindelt, um mittels Briefwahl einen Wahlbetrug durchzuführen.[1]

Das Wahlergebnis anzuzweifeln gehört seit jeher zum Werkzeugkasten populistischer Politiker_innen und Parteien. Schon vor seiner Wahlniederlage hat der ehemalige US-Präsident Donald Trump das Gerücht vom »Wahlbetrug« geschürt und später über die rechte Presse und Social-Media-Kanäle verkündet, seine Wahl sei gestohlen worden. Insbesondere die Briefwahl wurde diskreditiert. Die Möglichkeit zur Briefwahl wird regelmäßig und während der Covid-19-Pandemie im Besonderen von deutlich mehr Wähler_innen der US-Demokrat_innen genutzt. Republikanische Wähler_innen, die ohnehin die Gefahr durch Covid-19 häufiger anzweifelten, reihten sich hingegen häufiger in die Schlangen

---

vor den Wahllokalen ein, um ihre Stimme abzugeben, bisweilen taten sie dies demonstrativ für Trump werbend und ohne Maske.[2] In den Tagen nach der Wahl, in denen die Stimmen der Briefwähler_innen zeitverzögert zu den Stimmen aus den Wahllokalen ausgezählt wurden, konnte die Welt zuschauen, wie der Stimmenvorteil des demokratischen Präsidentschaftskandidaten Joe Biden wuchs. Obwohl die Wahlkommissionen den korrekten Ablauf der Wahl bestätigten und sämtliche Einsprüche gegen die Wahl von den Gerichten abgewiesen wurden, hält sich die Erzählung der gestohlenen Wahl unter Trumps Anhänger_innen bis heute.

Es ist interessant zu beobachten, inwieweit die »Methode Trump« auch hierzulande kopiert wird, um Wahlprozesse und Wahlergebnisse in Zweifel zu ziehen. Den Anfang machten die Landtagswahlen in Baden-Württemberg (BW) und Rheinland-Pfalz (RLP) im Frühjahr 2021. Die Wahlbeteiligung ist bei beiden Wahlen insgesamt gesunken, was als ein Zeichen fehlender Legitimation diskutiert wird (von 70,4 % auf 64,4 % in RLP und von 70,4 % auf 63,8 % in BW). Zudem haben etwa doppelt so viele Menschen wie sonst bei den Landtagswahlen per Briefwahl abgestimmt (ZDF 2021). Die AfD hat in beiden Wahlen erheblich an Stimmen eingebüßt, was sie enorm unter Druck setzt. Der Verlust betrug 5,4 Prozentpunkte in BW und 4,3 Prozentpunkte in RLP, während die Grünen als einzige Partei zulegen konnten (+ 2,3 Prozentpunkte in BW und + 4 Prozentpunkte in RLP).

Für eine Demokratie ist die Anerkennung von Wahlen und Abstimmungsergebnissen, die von Wahlkommissionen auf ihre Korrektheit hin geprüft wurden, zentral. Schwindet diese Akzeptanz, drohen sich die Menschen von ihr zu entfernen. Die AfD versuchte bereits in der Vergangenheit, Wahlen zu delegitimieren. Das Kapitel zur Frage nach dem Vertrauen der Menschen in die Wahl und

---

2   Etliche Bürger_innen, die eigentlich vorhatten, am Wahltag persönlich ihre Stimme abzugeben, taten dies aus verschiedenen Gründen dann doch nicht, z. B. weil sie sich doch nicht für eine Partei entscheiden wollten oder ihnen etwas privat dazwischen gekommen ist (dies ist auch in Deutschland regelmäßig der Fall). Auch dies schmälerte die Wahlstimmen für die Republikanische Partei. Die Entscheidung zur Briefwahl und die Stimmabgabe erfolgen hingegen mit so viel zeitlichem Vorlauf, daher geben Menschen, die entschlossen sind, ihre Stimme abzugeben, diese in der Regel auch ab; dies dann in den USA häufiger zugunsten der Demokratischen Partei.

nach der politischen Stimmung im Land nimmt deshalb auch (potenzielle) Wähler_innen der AfD in den Blick.

7.2 Sonntagsfrage: Wie wählt die Mitte?

Um die politische Stimmung abzubilden, nutzt die Mitte-Studie die klassische Sonntagsfrage. Dazu werden die Menschen gebeten, die Frage zu beantworten: »Wenn am nächsten Sonntag Bundestagswahl wäre, welche Partei würden Sie dann wählen?« Auf Nachfrage wurde erklärt, dass die Stimme gemeint ist, mit der die Partei gewählt wird. Abweichend zu anderen Wahlumfragen wurde die Sonntagsfrage in der Mitte-Studie allen Befragten gestellt, unabhängig davon, ob sie wahlberechtigt sind. Ziel ist hier, ein Bild der politischen Stimmungslage im Land zu erhalten, das auch von jenen mitbeeinflusst wird, die nicht (oder noch nicht) wahlberechtigt sind. Ziel war nicht, eine Wahlprognose zu erstellen.

33,2 % der Befragten geben in der Mitte-Studie an, die CDU oder die CSU zu wählen, wenn am nächsten Sonntag Bundestagswahlen wären (⟶ Tab. 7.1, S. 216). Gefolgt wird dies von 24,2 % Stimmen für Bündnis 90/Die Grünen, 13,3 % für die SPD und 5,5 % für die FDP. Hier bestätigt sich der bundesweite Trend, nachdem die Grünen in der Gunst der Wähler_innen in den letzten Monaten immer mehr zulegen konnten. 4,8 % der Befragten haben angegeben, die AfD wählen zu wollen, und 6,4 % würden nach eigenen Angaben am nächsten Sonntag gar nicht wählen.

Ergänzend wurde gefragt, ob die Befragten schon einmal mit dem Gedanken gespielt hätten, einer anderen Partei ihre Stimme zu geben, und wenn ja, welcher. Hier nannten 59 weitere Personen die AfD, was den Anteil potenzieller AfD-Wähler_innen fast verdoppelt. In der Mitte-Studie 2018/19 entsprach dieser aufsummierte Wert recht genau den Wahlumfragen im Befragungszeitraum und reichte nah an das Wahlergebnis bei der letzten Bundestagswahl 2017 heran. Ausgeklammert wurden bei diesen Angaben jene 350 Personen, die auf die Sonntagsfrage mit »weiß nicht« geantwortet haben oder »keine Angabe« gemacht haben. Gerechnet auf die Gesamtstichprobe von 1.750 Befragten, ist dies ein Anteil von 22,1 %. Das heißt, mehr als jeder fünfte Befragte ist unentschlossen oder äußert sich nicht auf die Frage nach der Wahlabsicht.

Ergebnisse der Sonntagsfrage

Tabelle 7.1

	Häufigkeit (n = 1.361)	Gültige % (n = 100)	Ergebnisse Sonntagsfrage[a] in % (n = 1.025)
CDU bzw. CSU	452	33,2	33
SPD	181	13,3	16
FDP	75	5,5	8
Bündnis 90/Die Grünen	330	24,2	20
Die Linke (bis 2008 PDS/Linkspartei)	64	4,7	6
Alternative für Deutschland (AfD)	65	4,8	11
Piratenpartei	2	0,1	
NPD	4	0,3	Sonstige: 6
Andere Partei	44	3,2	
Ich würde nicht wählen	126	9,2	
Nicht wahlberechtigt	19	1,4	

Anmerkungen Angaben für die Mitte-Studie 2020/21 einschließlich der nicht Wahlberechtigten (inklusive Befragte ohne deutsche Staatsbürgerschaft bzw. die angeben, nicht wahlberechtigt zu sein). [a] **Quelle** infratest dimap für den ARD-DeutschlandTrend vom 19.2.2021. Die Vergleichswerte von infratest dimap in der rechten Spalte umfassen nur Wahlberechtigte.

Das Misstrauen, das Trump in den USA im Nachgang der US-Wahl verbreitet hat, haben wir zum Anlass genommen, in der Mitte-Studie zu fragen, ob Personen darauf vertrauen, dass die Wahlen in Deutschland alles in allem korrekt durchgeführt werden und ob sie der Meinung sind, die politische Stimmung im Land sei anders, als ihnen die Wahlergebnisse weismachen wollen.[3] Die große Mehrheit der Befragten (86,4 %) vertraut darauf, dass die Wahlen in Deutschland korrekt ablaufen (→Tab. 7.2, S. 218 f.). 7,8 % stimmen jedoch der Frage danach nur »teils/teils« zu, hegen also offenbar Zweifel am korrekten Ablauf der Wahlen, weitere 5,7 % aller Befragten äußern ihr Misstrauen ganz offen. »Dass die politische Stimmung im Land« anders ist, »als die Wahlergebnisse weismachen wollen«, glauben 42,7 % nicht, hingegen stimmen 31,8 % der Be-

---

3   Aus Platzgründen wurde die zweite Frage nur 50 % der Befragten, die per Zufallsauswahl ermittelt wurden, präsentiert. Die Repräsentativität der Daten ist dadurch nicht eingeschränkt.

fragten hier »eher« oder »voll und ganz zu«, signalisieren damit ihr Misstrauen gegenüber den Ergebnissen der Wahlen. Ein Viertel der Befragten antwortet »teils/teils«, sind in dieser Frage also auch nicht ganz eindeutig. Nun kann es unterschiedliche Gründe dafür geben zu meinen, Wahlergebnisse spiegelten die Stimmungslage im Land nur bedingt wider. Es zeigen sich allerdings durchaus moderate Zusammenhänge zwischen dieser letzten Aussage und dem klaren Misstrauen in den korrekten Ablauf der Wahlen. Wer das eine meint, meint auch eher das andere (r = −,37). Ebenso korreliert beides mit der Einschätzung der AfD als »Partei wie jede andere« (r = ,31 bzw. −,31) (⇨ Tab. 7.2, S. 218 f.).

Die Auffassung, die AfD sei »eine Partei, wie jede andere«, teilt der Großteil der Befragten (73 %) nicht, lediglich 12,9 % sehen dies so. In der vorangegangenen Mitte-Studie 2018/19 waren noch 22 % davon überzeugt (Küpper et al. 2019, S. 191). Hier mögen die innerparteilichen Auseinandersetzungen über die Ausrichtung der Partei nach ganz rechts außen, der Ausschluss mehrerer Parteimitglieder und die Diskussion um die Beobachtung des Verfassungsschutzes eine Rolle gespielt haben.

7.3 Vertrauen in den korrekten Ablauf der Wahlen

Grundsätzlich sieht das Gesetz bei Wahlen die Stimmabgabe an der Urne am Wahlsonntag vor, ermöglicht aber zugleich über die Briefwahl mehr Menschen, daran teilzunehmen (seit 2008 auch ohne Angabe von Gründen). Immer mehr Bürger_innen entscheiden sich inzwischen dafür, bei Wahlen ihre Stimme per Brief abzugeben, ganz besonders gilt dies in der Coronapandemie. Diese Entwicklung wird durchaus kritisch gesehen; so äußert sich der Bundeswahlleiter auch öffentlich skeptisch mit Blick auf die Möglichkeit von Wahlbetrug.[4] De facto ist dieser allerdings in Deutschland sehr selten, internationale Organisationen bescheinigen Wahlen in Deutschland einen hohen Grad an Korrektheit, auf dem Election-Perception-Index belegt Deutschland mit 81 Punkten den sechsten Platz hinter Dänemark mit 86 Punkten (Norris & Grömping 2019), (⇨ Tab. 7.2, S. 218 f.).

---

4   Bundeswahlleiter Georg Thiel im Interview mit tagesschau.de am 21.5.2019: https://www.tagesschau.de/faktenfinder/inland/briefwahl-109.html [Aufruf am 15.03.2021].

Beurteilung der Aussagen zum Vertrauen in die Wahl, zur politischen Stimmung im Land und zur AfD als einer Partei wie jede andere (Angaben in Prozent)   **Tabelle 7.2**

Trifft ... ➡

M = 4,5; SD = 0,9; n = 1.739
Ich vertraue darauf, dass die Wahlen in Deutschland alles in allem korrekt durchgeführt werden.
M = 2,7; SD = 1,2; n = 770
Die politische Stimmung im Land ist anders, als uns die Wahlergebnisse weismachen wollen.
M = 1,9; SD = 1,2; n = 1.716
Die AfD ist eine Partei wie jede andere auch.

Anmerkungen M = arithmetischer Mittelwert; SD = Standardabweichung; n = Anzahl der Befragten. | Abweichendes n zu 1.750 Befragten durch Beantwortung der Frage mit »Weiß nicht« oder »keine Angabe«; Daten sind design- und anpassungsgewichtet.

Bereits bei der letzten Bundestagswahl 2017 warnte allerdings die AfD vor möglicher Wahlfälschung und rief zur Wahlbeobachtung auf. Sie setzte damit die für die Wahl verantwortlichen Institutionen ganz bewusst einem negativen Verdacht aus und gab Deutschland so den Anstrich autoritärer Regime. Im Vorfeld der Bundestagswahlen 2021 macht die Partei Stimmung insbesondere gegen die Briefwahl, auch unter Verbreitung der Mär vom Wahlbetrug in den USA, und zweifelt damit die korrekte Durchführung der Wahl schon im Vorfeld an.[5]

Zwei Drittel (65,4 %) der Befragten sagen ohne Einschränkung: »Ich vertraue darauf, dass die Wahlen in Deutschland alles in allem korrekt durchgeführt werden.« Ein weiteres Fünftel (21,0 %) befindet dies eher als zutreffend. Die große Mehrheit in Deutschland vertraut den Wahlen hierzulande also. Allerdings äußern 7,8 % gewisse oder größere Zweifel, antworten hier lediglich mit »teils/teils«, einige unter ihnen jedoch haben überhaupt kein Vertrauen (➡ Tab. 7.2, S. 221).

---

5   https://www.tagesschau.de/investigativ/kontraste/usa-afd-wahlbetrug-101.html [Aufruf am 15.3.2021].

Tabelle 7.2

... überhaupt nicht zu	... eher nicht zu	teils/teils	... eher zu	... voll und ganz zu
2,8	2,9	7,8	21,0	65,4
15,1	27,6	25,4	17,1	14,7
49,0	24,0	14,1	6,3	6,6

Die Hälfte der Personen, die der Aussage »Ich vertraue darauf, dass die Wahlen in Deutschland alles in allem korrekt durchgeführt werden« überhaupt nicht zustimmen, sind Nichtwähler_innen gefolgt von den AfD-Wähler_innen mit 26,7 % (→ Abb. 7.1, S. 220). 45,7 % der Personen, die dieser Aussage eher nicht zustimmen, sind Nichtwähler_innen, 25,7 % AfD-Wähler_innen. Unter den Nichtwähler_innen war schon in der Vergangenheit das Misstrauen in die Demokratie besonders groß (Küpper 2017, auf Basis der Mitte-Studie 2014 u. 2016). Allerdings geht das Anzweifeln der Wahldurchführung darüber hinaus, auch wenn an dieser Stelle ungeklärt bleibt, an welchem Aspekt der Durchführung Zweifel bestehen. Unter denen, die die Frage nicht eindeutig beantworten, sind die Wähler_innen der CDU/CSU besonders häufig vertreten. Ebenso unter den Personen, die »eher« oder »voll und ganz« auf die korrekte Durchführung vertrauen, gefolgt von den Wähler_innen der Grünen (→ Abb. 7.1, S. 220).

Das Übereinstimmen der Wahlergebnisse mit der politischen Stimmung im Land wird von den Menschen insgesamt kritischer bewertet als die korrekte Durchführung der Wahl. Personen, die der Aussage »Die politische Stimmung im Land ist anders, als uns die Wahlergebnisse weismachen wollen« »voll und ganz« zustimmen, sind zu 26,3 % AfD-Wähler_innen und zu 23,7 % Nicht-

»Ich vertraue darauf, dass die Wahlen in Deutschland alles in allem korrekt durchgeführt werden.« (Angaben in Prozent)   **Abb. 7.1**

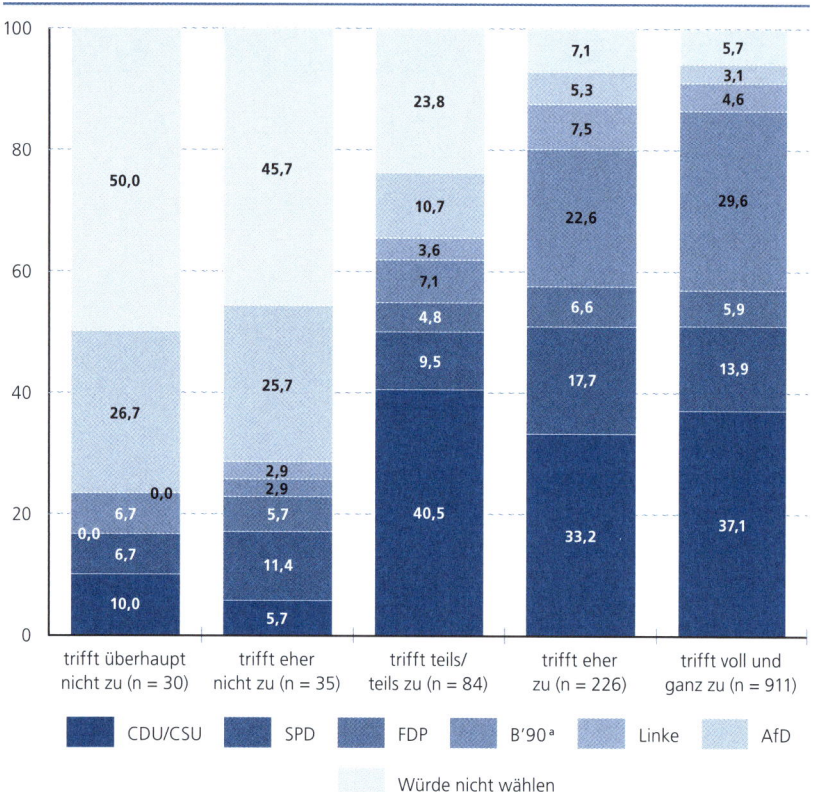

Anmerkungen n = Anzahl der Befragten; **n (gesamt)** = 1.286. | Daten sind design- und anpassungsgewichtet. In Spalte **»Trifft überhaupt nicht zu«**: Wert für FDP und Linke = 0,0 %. [a] Bündnis 90/Die Grünen.

wähler_innen (⇒ Abb. 7.2). Allerdings antworten von den Personen, die der Aussage zustimmen, immerhin 30 % auf die Sonntagsfrage mit »CDU/CSU«. Die Wähler_innen der Grünen stellen gemeinsam mit den Wähler_innen der CDU/CSU den größten Anteil derer, die diese Aussage völlig ablehnen. Gut ein Fünftel der Personen, die sich nicht klar für oder gegen die Aussage positionieren möchten, sind Wähler_innen der SPD.

»Die politische Stimmung im Land ist anders, als uns die Wahlergebnisse weismachen wollen.« (Angaben in Prozent)   Abb. 7.2

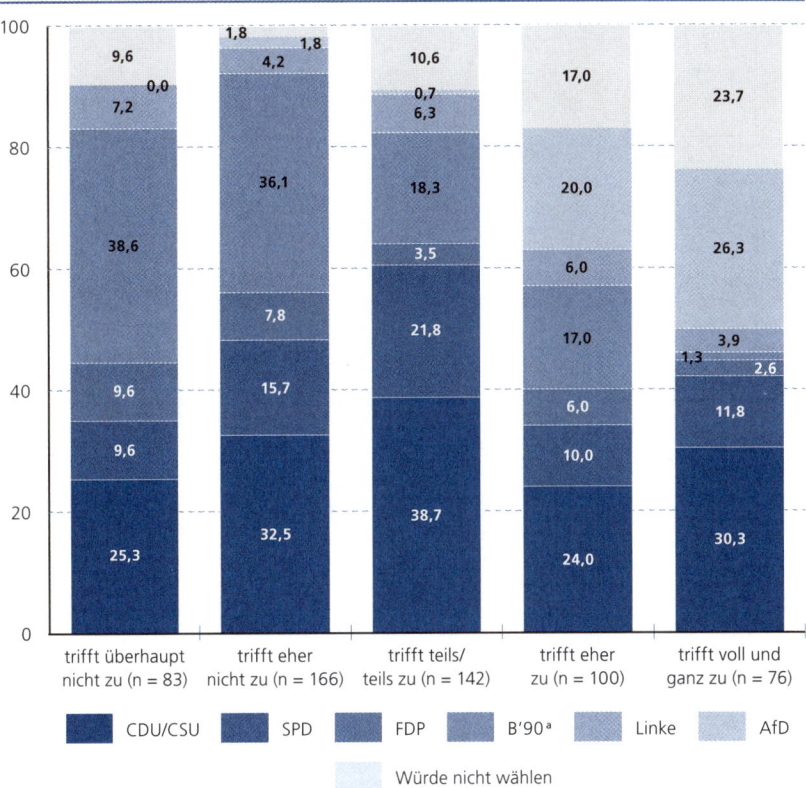

Anmerkungen n = Anzahl der Befragten; n (gesamt) = 567. | Daten sind design- und anpassungsgewichtet. In Spalte »Trifft überhaupt nicht zu«: Wert für AfD = 0,0 %. [a] Bündnis 90/Die Grünen.

7.4 Die AfD als Partei wie jede andere?

Die AfD hat sich als Partei mittlerweile etabliert, in den Landtagswahlen in Baden-Württemberg und Rheinland-Pfalz hat sie jedoch erstmals Stimmanteile verloren. Ergänzend haben wir daher nach der Einschätzung der AfD »als Partei wie jede andere« gefragt (➠ Abb. 7.3, S. 222). Die Auffassung, die AfD sei »eine Partei wie jede andere«, teilt der Großteil der Befragten (73 %) nicht, lediglich 12,9 % sehen dies so. In der vorangegangenen Mitte-Studie 2018/19

»Die AfD ist eine Partei wie jede andere auch.«
(Angaben in Prozent)   **Abb. 7.3**

waren noch 22 % davon überzeugt (Küpper et al. 2019, S. 191). So sind nur Befragte, die tatsächlich angeben, der AfD ihre Stimme geben zu wollen, davon überzeugt, sie sei »eine Partei wie jede andere«. Mit weitem Abstand finden dies dann am ehesten noch Befragte, die nicht wählen gehen würden, wenn am nächsten Sonntag Bundestagswahlen wären, gefolgt von potenziellen Wähler_innen der FDP.

7.5 Schlussbetrachtung

Die große Mehrheit in Deutschland vertraut auf die korrekte Durchführung der Wahlen, nur wenige misstrauen dieser. Dennoch glaubt ein Viertel der Menschen, die politische Stimmung im Land stimme nicht mit den Wahlergebnissen überein. 49 % der Befragten lehnen die Aussage, die AfD sei »eine Partei wie jede andere«, »voll und ganz« ab. Bereits bei den vergangenen Bundestagswahlen 2017 und nun – angelehnt an das Vorbild Donald Trump –, zu Zeiten der Coronapandemie, bei der noch einmal verstärkten Kampagne gegen die Briefwahl, hatte die AfD versucht, das Wahlergebnis schon im Vorfeld zu diskreditieren. Noch ist offen, inwieweit sie damit bei den kommenden Bundestagswahlen im Herbst 2021 breiter durchschlagen kann. Ein gewisses Potenzial für Misstrauen in die Wahlergebnisse ist in Deutschland vorhanden, und auch unter Sympathisant_innen der AfD, die die Partei bislang noch nicht gewählt haben, ist dies deutlich verbreiteter. Dies geht einher mit einer Ablehnung der Gleichstellung von Frauen und Klimawandelskepsis, auf welche die Partei inzwischen als weitere Themen neben der Ablehnung von Migration setzt. Letztlich geht dies bei ihren (potenziellen) Wähler_innen auch einher mit einer deutlich ausgeprägteren Tendenz zu rechtsextremen Einstellungen als bei der Mehrheit der übrigen Bevölkerung. Bisher ist es ihr gelungen, diese Themen trotz eines unverhohlenen Liebäugelns mit dem äußersten rechten Lager so zu bespielen, dass sie bis weit in die Mitte Zuspruch erhält. Es bleibt abzuwarten, ob ihr dies weiter gelingt.

8.0 Rechtsextreme Widerstandspostulate und völkisch-autoritäre Rebellion

Alexander Häusler · Beate Küpper

8.0.1 Politischer Einfluss und Druck von rechts außen

Im Kontext des Aufstiegs neuer rechter Bewegungen und Parteien haben sich völkische und nationalchauvinistische Einstellungen verfestigt. »Unser Volk zuerst« ist eine spektrenübergreifende Forderung, die bei politisch rechts eingestellten Kreisen in einer zunehmend polarisierten Gesellschaft Anklang findet. Mit den Wahlerfolgen der rechtspopulistischen und in Teilen rechtsextremen Partei »Alternative für Deutschland« (AfD) und ihrem Einzug als stärkste Oppositionspartei in den Deutschen Bundestag im Jahr 2017 haben solche Positionen nun auch eine parlamentarische Vertretung gefunden. Die zunehmenden realpolitischen Einflussmöglichkeiten der AfD und die damit einhergehende Veränderung im politischen Rechtsaußenspektrum haben wir in der letzten Ausgabe der Mitte-Studien ausführlich beschrieben (Häusler & Küpper 2019). Eine Vertiefung politischer Polarisierung, wie sie beispielsweise in der Regierungszeit von US-Präsident Trump und dessen knapper Abwahl sichtbar wurde, lässt sich auch in vielen anderen Teilen der Welt feststellen. So stellen beispielsweise im bevölkerungsreichen Indien mit der *Bharatiya Janata Party* (BJP) und in Brasilien mit Jair Bolsonaro gar zwei radikal rechte Kräfte die Regierung. In Form einer »große(n) Regression« (Geiselberger 2017) haben in vielen Mitgliedsländern der als politisches Erfolgsmodell gefeierten Europäischen Union mittlerweile radikal rechte Parteien an Einfluss gewonnen, die sich die Rückkehr zu nationalistischen Politikansätzen auf die Fahne geschrieben haben. »Retrotopia« nannte der inzwischen verstorbene Soziologe Zygmunt Bauman diese rückwärtsgewandte Gesellschaftsutopie. Sie sei geprägt durch »die Rehabilitation des tribalen Gemeinschaftsmodells, den Rückgriff auf das Bild einer ursprünglichen/unverdorbenen, ›nationalen Identität‹, deren Schicksal durch nicht kulturelle Faktoren und solche, die Kultur gegenüber immun sind, vorherbestimmt sei, und ganz allgemein die derzeit in den Gesellschaftswissenschaften wie in der öffentlichen Meinung populäre Ansicht, es gebe wesensmäßige, nicht

verhandelbare Sine-qua-non-Voraussetzungen ›zivilisatorischer Ordnung‹.«
(Bauman 2017, S. 18) Dem Volk wird hierbei populistisch ein einheitlicher
Wille zugesprochen; es wird als ein »homogenes Volk imaginiert« (Rosanvallon 2020, S. 27). Der *Rechts*populismus deutet dabei »Probleme der Demokratie in Probleme der nationalen Souveränität und Kultur um.« (Jörke & Selk
2017, S. 168)

In Deutschland trifft dies auf ein vormodernes und völkisch geprägtes Volksverständnis, welches das Volk als organische Einheit begreift: »Gegen den
modernen Individualismus setzt es die Idee, daß das Ganze des Volkes eine
organische Einheit und eine Persönlichkeit sei. Gegen den Antagonismus einer
von Konflikten erschütterten Gesellschaft betont es die Fiktion einer naturwüchsigen Volksgemeinschaft. Gegen den aufklärerischen Gedanken der Menschen- und Bürgerrechte besteht es darauf, daß Gleichheit die Gemeinsamkeit
der Abstammung, des Schicksals, der Rasse oder Kultur voraussetze. Gegen die
Mühsal einer demokratischen Aushandlung des Mehrheitswillens beharrt es
darauf, daß dem Wesen des Volkes ein substanziell vorgegebener Wille zu eigen
sei. Gegen die Mobilität und Wurzellosigkeit der Industriegesellschaft nährt es
die Gefühle von Heimat und erwärmt sich für die Ideale des bäuerlichen Lebens.«
(Hoffmann 1995). Hier schließen sich eine antifeministische und Anti-Gender-
Agitation an, die eine vermeintlich natürliche Ordnung und klassische Familie
als Keimzelle des »Volks« und Sicherung seines Fortbestands propagieren
(⟶ Kap. 8.1, S. 246 ff.). Es finden sich einerseits Bezüge zu Naturschutz und
rechter Ökobewegung und andererseits die Ablehnung von Klimaschutz und
Energiewende als vermeintliche Kontrollversuche des »Volks« durch die »Eliten«
(⟶ Kap. 8.2, S. 262 ff.).

Zwei Aspekte des Rechtspopulismus sind in der Analyse bislang überraschend
wenig ausgeleuchtet worden, denen im Folgenden auch in ihrer Verknüpfung
nachgegangen werden soll: die *Wut* und die *völkische Konzeption von Volk*. Bei
beiden ist das Verhältnis zum Populismus umstritten (u. a. auch Zick & Küpper 2017 mit Analysen aus der Mitte-Studie 2016): die Wut, weil sie als Antrieb
und Legitimation für politische Forderungen und Handlungen gilt und sich
nicht dem Vorwurf des Populismus aussetzen sehen will; die völkische Konzeption, weil sie zu leicht als rechtsextrem dechiffrierbar ist. So vermeidet der Popu-

lismus zumeist ein allzu offen völkisches Vokabular aus Sorge vor dem Verlust von Wähler_innenstimmen aus dem umworbenen konservativen Milieu.

8.0.2 Völkisches Revival und rechter Kulturkampf

Die Zunahme rechtspopulistisch geprägter »Zornpolitik« steigert den Hass auf Minderheiten sowie auf eine globalisierte Welt, die fortwährenden Veränderungen unterliegt. Laut Jensen (2017, S. 11) versteht sich »Zornpolitik als eine Einmischung in gegenwärtige Debatten« in einer Ausdrucksform von Vorurteilen und Ressentiments: Beim Ressentiment handelt es sich nach der psychoanalytisch geprägten Lesart von Jensen »um ein ohnmächtiges Gestimmtsein, das wir als ungenügend erleben können. In unserer Erfahrungswelt drängt dieses Grollen danach, die Ohnmacht zu überwinden und sich zu vollwertigen Verneinungsgefühlen auszuwachsen. Hier liegt der Ursprung jener Lusterfahrung, die uns Hass oder Zorn bereiten können. In ihnen haben wir den Eindruck, die Machtlosigkeit des Unzufriedenen überwunden zu haben.« (Jensen 2017, S. 169) Besonders im Hass auf muslimische Migrant_innen und Geflüchtete brach sich eine solche Zornpolitik in den letzten Jahren Bahn: »Die ›Islamisierung‹ wird dabei als moralische Überwältigung begriffen, sodass sich andere Gefühlsreaktionen anbieten: Angst vor einer bevorstehenden Machtübernahme und Zorn über das moralische Unrecht hinter der vermeintlichen islamischen Mächtigkeit« (Jensen 2017, S. 170).

Die Muslim_innenfeindlichkeit ist propagandistisch ein Treibstoff für den Rechtspopulismus in Deutschland und Europa: In ihr verdichten sich gewissermaßen völkische Gesellschaftsbilder, rassistische Abwehr von multikultureller Gesellschaft und kulturkämpferischer Fanatismus (Häusler 2019, S. 9). Die Abwehr der »Fremden« erfolgt nicht zuletzt aus einer völkisch-nationalistischen Inanspruchnahme des Volksbegriffs. Die Vorstellung von Volk als »Abstammungs- und generationsübergreifende ›Zeugungsgemeinschaft‹« ist laut Kellershohn »konstitutiv für völkisches Denken« (Kellershohn 2017, S. 135). Die Renaissance des Völkischen lässt sich nicht zuletzt auch als ein Wunsch nach einem schon vom Nationalsozialismus beschworenen »Gemeinsinn« (Hermand 1995, S. 11) im Sinne eines Wunsches nach klaren Ordnungsvorstellungen deuten, die faschistisch geformt sind.

Die Kategorie des Volkes ist nach Kohlstruck in der rechten Ideenwelt von zentraler Bedeutung: Radikal rechts gerichtete Strömungen bezeichnen das Volk »als Abstammungsgemeinschaft, als Kulturgemeinschaft oder als Schicksalsgemeinschaft«. Sie beanspruchen »die Exklusivität dieser Gemeinschaft« und stellen dabei die »Ideen der Eigenart, der inneren Eigentlichkeit und der Einheit des Volkes« in den Vordergrund, die »gegen die Gefahr von innen und außen verteidigt« werden müsse. Aus diesem Bedrohungskonstrukt lässt sich das rechtsextreme »Volksfeindsyndrom« ableiten, »das sich gegen die Juden als Volksfeinde par excellence richtet sowie gegen andere, jeweils historisch wechselnd bestimmte Feindgruppen«. Für die extreme Rechte steht daher die »innere Einheit des Volkes« als konstitutionelle Basis für die »Ablehnung und Angriffe auf gesellschaftliche Pluralität und parlamentarische Regierungsformen« (Kohlstruck 2011, S. 41 f.). Die Berufung auf »organisch-holistische Konzepte des Volkes« stellt die weltanschauliche Klammer her zwischen der historischen völkischen Bewegung und der heutigen extremen Rechten (ebd., S. 43). Da das offen völkische Denken durch die NS-Verbrechen öffentlich diskreditiert worden ist, machte es sich die extreme Rechte der Nachkriegszeit zur Aufgabe, »die Delegitimierung der organischen Volks- und Geschichtsauffassung ihrerseits in Frage zu stellen und damit das völkische Selbstbewusstsein der Deutschen zu befördern.« Als propagandistisches Mittel hierzu dient unter anderem das Konstrukt einer angeblichen »Umerziehung« der Deutschen durch die Alliierten (ebd., S. 48). Daraus leitet die extreme Rechte ihre Forderung nach einer »Normalisierung« der deutschen Geschichte ab, die eine Umkehr der Erinnerungspolitik in ein erneutes »organisch-völkisches Volkskonzept« zum Ziel hat (ebd., S. 53).

In Ostdeutschland hingegen nährt sich der völkische Populismus von unverarbeiteten Umbruchserfahrungen und Entwertungsempfindungen: Die Systemtransformationen in osteuropäischen Staaten sowie in den ostdeutschen Bundesländern und deren lebensweltliche Veränderungsfolgen riefen vielerorts – mobilisiert »durch nationalpopulistische Parteien« – eine Geisteshaltung hervor, die eine »völkisch-nationale Identität« zum Bezugspunkt ihrer rückwärtsgewandten Sehnsüchte nach Vollbeschäftigung, sicheren Arbeitsplätzen, Wohlfahrtsstaat und Anerkennung eigener Lebensbiografien erhob (Segert 2020, S. 41). Dazu gehört auch die Instrumentalisierung nationaler Großmythen und der Aufarbeitung der kommunistischen Zeit, die so umgeschrieben werden, dass sie unwillkürlich auf die heutigen Machthabenden zulaufen und diese somit legitimieren (Fehr 2016).

8.0.3 Neue rechte Bewegungen und die AfD

Solcherlei Vorstellungen vom Volk finden sich auch in der AfD und in rechtsextremen Strömungen wie der »Identitären Bewegung« oder dem Institut für Staatspolitik (IfS) wieder – als gemeinsamen ideologischen Nenner kann ihr »völkischer Denkansatz« bezeichnet werden (Holtmann 2018, S. 79). Hier wird eine alte völkisch und rechtsextreme »Blut-und-Boden«-Ideologie in modernisiertem und verharmlosendem Gewand etwa über den Begriff des »Ethnopluralismus« bedient: Verschiedene »Völker« werden rassisch-biologisch in Abgrenzung zueinander verstanden, die sich nicht vermischen und in jeweils »ihrem angestammten Gebiet« leben sollen.

Als eine »Politik der menschlichen Überflutung« bezeichnet der AfD-Ehrenvorsitzende Alexander Gauland die Zuwanderung. Nach Ansicht des Spiritus Rektors der Rechtsaußenpartei steht Zuwanderung für den »Versuch, das deutsche Volk allmählich zu ersetzen durch eine aus allen Teilen dieser Erde herbeigekommene Bevölkerung.«[1] Für den ehemaligen CDU-Politiker geht es bei der AfD-Politik nun ums Ganze – um einen völkischen Kultur- und Daseinskampf: »Das elementare Bedürfnis eines Volkes besteht darin, sich im Dasein zu erhalten. Das ist im Grunde das AfD-Parteiprogramm in einem Satz. Es geht uns einzig um die Erhaltung unserer Art zu leben.«[2] »Völkische Fantasien« und NS-Vokabular als »Lebenselixier« attestiert der Historiker Norbert Frei der Partei – Zweck und Strategie des völkischen AfD-Populismus sei die Verschiebung »der Grenze des Sagbaren« (Frei 2016, S. 5).

Die AfD hat sich seit ihrer Gründung kontinuierlich nach rechts außen radikalisiert und wird mittlerweile zu großen Teilen dem Rechtsextremismus zu-

---

1   Gauland, Alexander (2016): Rede auf dem Marktplatz in Elsterwerda am 2.6. Wortlaut in: FAZ online v. 5.6.2016 https://www.faz.net/aktuell/politik/inland/zum-nachlesen-gaulands-rede-im-wortlaut-14269861.html?printPagedArticle=true#pageIndex_2 [Aufruf am 20.4.2021].
2   Gauland, Alexander (2019): Populismus und Demokratie. In: ders.: Nation, Populismus, Nachhaltigkeit. Drei Vorträge. Schnellroda: Verlag Antaios, S. 27-50 (S. 50).

geordnet (Funke 2021; Pfahl-Traughber 2020). Zugleich ist sie die Partei der sozialen Netzwerke, die mit ihren »alternativen Medien« im World Wide Web massiv die politische Polarisierung und Politikfeindlichkeit befördert: »Keine andere Partei ist so erfolgreich in den sozialen Netzwerken wie die AfD.« Die Partei setzt auf »Emotion, Manipulation« und »Influenzer_innen« (Stegemann & Musyal 2020, S. 219).

Eine rechtspopulistische Partei wie die AfD lebt hierbei vom Spiel mit Emotionen: Um die Verunsicherten und Ressentimentgeladenen mobilisieren zu können, müsse nach Ansicht des selbst ernannten AfD-Parteiphilosophen und Bundestagsabgeordneten Marc Jongen die Wut mobilisiert werden. Im Gespräch mit der *Frankfurter Allgemeinen Zeitung* warb der Karlsruher Philosophiedozent für die Nutzung des Begriffs Thymos, »ein altgriechisches Wort, das in seiner Bedeutung zwischen Mut, Zorn und Empörung schwankt«.[3] Laut Jongen leide die Bundesrepublik an einer »thymotischen Unterversorgung«, einer Armut an Zorn und Wut.[4] Weil es Deutschland an Zorn und Wut fehle, mangele es seiner Kultur auch an Wehrhaftigkeit gegenüber anderen Kulturen und Ideologien, etwa dem Islamismus, der seinerseits eine »hochgepushte thymotische Bewegung« sei. Die AfD unterscheide sich durch ihren positiven Bezug zum Thymos von allen anderen politischen Parteien. Einzig die AfD lege »Wert darauf, die Thymos-Spannung in unserer Gesellschaft wieder zu heben«, so Jongen. »Stolz und Wut« sind nach Meinung des Parteiphilosophen »in der AfD wichtige Emotionen«.

Eine solche Emotionalisierung des Politischen mündet bei der Rechtsaußenpartei in eine rechte Aufstandsrhetorik. Diese Tendenz veranschaulichte der Thüringer AfD-Vorsitzende Björn Höcke auf dem zweiten Treffen der Parteirechten in der AfD um die Gruppierung »Der Flügel« am Kyffhäuser-Denkmal 2016, wo er die aktuelle politische Situation als nationale »Wendezeit« deutete

---

3   Beitrag von Bender, Justus/Bingener, Reinhard (2016): Marc Jongen: Der Parteiphilosoph der AfD. In: FAZ online v. 15.1.2016 [Aufruf am 19.4.2021]. https://www.faz.net/aktuell/politik/inland/ marc-jongen-ist-afd-politiker-und-philosoph-14005731.html [Aufruf am 2.5.2021].
4   Die Süddeutsche Zeitung betitelte ihn in Reaktion auf das Interview in der FAZ als »Der Wutdenker der AfD«; gleichnamiger Beitrag von Janker, Karin (2016): in: Süddeutsche.de; online v. 22.2.2016). https://www.sueddeutsche.de/politik/philosoph-marc-jongen-der-wutdenker-der-afd-1.2865813 [Aufruf am 2.5.2021].

und erklärte: »Die Geduld unseres Volkes ist zu Ende, und schon die alten Römer wussten vom legendären Furor teutonicus zu berichten. Liebe Freunde, wir lassen uns nicht abschaffen! Wir haben diese Wende eingeleitet, wir wollen diese Wende schaffen, und wir werden diese Wende schaffen!«[5] Der rechtsextreme Politiker mobilisiert auf Demonstrationen dazu, »diesen Augiasstall aus(zu)misten« und fordert »eine politische Grundreinigung«.[6]

Mit diesen Veränderungen einher ging ein deutlich gestiegener Bedeutungszugewinn der sogenannten *Neuen Rechten*: Neurechte Strömungen versuchen seit den 1970er-Jahren durch ideologische Bezugnahmen auf jungkonservative und nationalrevolutionäre Theorien der präfaschistischen »Konservativen Revolution« aus der Zeit der Weimarer Republik eine Neuauflage völkisch-nationalistischer Politikansätze zu implementieren. Sie gaben und geben sich ein intellektuelles Gesicht, einen zivilisierten Habitus, sie gehen auf Distanz zum harten Rechtsextremismus der Straße und kleiden den Rechtsextremismus in ein modernisiertes Gewand, das es ihnen erleichtert, in konservative Kreise einzusickern oder gezielt einzudringen. Dazu gehören rechtskonservative Medien, Kulturveranstaltungen und -einrichtungen wie beispielsweise die Tagungen des Instituts für Staatspolitik (IfS) oder die Veranstaltungen in der Bibliothek des Konservatismus ebenso wie Interessenskreise in Parteien. Die aktuelle politische Einflussnahme der Neuen Rechten zeigt sich in der jungkonservativen und zum Teil offen rechtsextremen Ausrichtung des IfS mit seinem rechten Bewegungsunternehmer Götz Kubitschek, der als politischer Ideengeber des AfD-Rechtsextremisten Björn Höcke und dessen politischem Umfeld gilt. Extrem rechte Projekte wie das IfS zielen auf den Aufbau einer völkisch gesinnten Gegenelite und auf die metapolitische Besetzung und Umdeutung von Begriffen (Virchow & Häusler 2021; i. E.).

Nicht zuletzt mit der AfD und der parteinahen Desiderius-Erasmus-Stiftung bieten sich ihnen nun erweiterte Zugangsmöglichkeiten zu politischen und

---

5 Höcke, Björn (2016): Rede auf dem 2. Kyffhäusertreffen der AfD-Gruppierung »Der Flügel«, http://www.derfluegel.de/2016/06/06/video-rede-von-bjoern-hoecke-beim-kyffhaeusertreffen-2016/[Aufruf am 28.7.2016].
6 Höcke, Björn (2018): Rede auf AFD Bürgerversammlung in Lutherstadt Eisleben v. 20.1.2018 [Aufruf am 5.2.2018].

finanziellen Fördermöglichkeiten (Fuchs & Middelhoff 2019, S. 28 ff.). Eine aktuelle Reminiszenz an die sogenannten Volkskonservativen aus der Endphase der Weimarer Republik (Kellershohn 2018, S. 104) findet sich in der Wochenzeitschrift Junge Freiheit (JF). Die JF verknüpft solche Ansätze mit klassisch rechtsextremen Verschwörungserzählungen: Laut JF-Chefredakteur Dieter Stein soll ein »verinnerlichter und in immer monströserer Gestalt perpetuierter exklusiver deutscher Schuldkult« die »Transzendierung der nationalen in eine erlösende kosmopolitisch-multikulturelle europäische Identität unumkehrbar und alternativlos machen«.[7] Die Rede vom »Schuldkult« zählt zu den meistverwendeten rechten Kampfbegriffen (Suermann 2019). Gleiches gilt für den Begriff der »Rasse« (Friedrich 2019): In bemerkenswerter Offenheit belegt der neurechte Vordenker und JF-Autor Karlheinz Weißmann das rassistische Verständnis, das die Neue Rechte vom Multikulturalismus hat: Multikulturell verfasste Gesellschaften gelten dem rechten Studienrat als »multirassische, multireligiöse Gesellschaften«, die »nicht funktionieren«.[8]

Die Sehnsucht nach nationalistischen, autoritären und völkischen Politikangeboten speist sich nicht zuletzt aus unterschiedlichen Verlustempfindungen scheinbar vergangener klarer Ordnungsmuster und sozialer wie kultureller Vormachtstellungen. Im Westen der Republik offenbare sich das Gefühl geistig-politischer Heimatlosigkeit in einer »Erschöpfung des Konservatismus« (Biebricher 2019, S. 282) und folglich in dessen Radikalisierung hin zu neurechten und rechtsextremen Politikangeboten.

8.0.4 Rechter Aufstand im Ausnahmezustand

Im Kontext der Covid-19-Pandemie – so die allgemeine Beobachtung, der wir in diesem Band empirisch nachgehen – offenbart sich eine zunehmende Demokratieskepsis, die Wissenschaftsfeindlichkeit, Politikverdrossenheit und die Ablehnung von Einschränkungen aufgrund staatlicher Maßnahmen zur Eindämmung der Pandemie verknüpft mit Verschwörungsglauben, Antisemitismus und rechter Radikalisierung. Auf dem rechten Feld führt dies zu einer Zunah-

---

7   Stein, Dieter (2020): Für eine neue Nation. Nachdenken über Deutschland. Berlin: Junge Freiheit Verlag; hier S. 13.
8   Weißmann, Karlheinz (2016): Rubikon. Deutschland vor der Entscheidung. Berlin: Junge Freiheit Verlag; hier S. 84.

me völkisch-autoritärer Widerstandspostulate: Das Rechtsaußenspektrum hierzulande fühlt sich im »Aufstand« gegen eine »Merkel-Diktatur« – der von der extremen Rechten lange herbeigesehnte »Ausnahmezustand« wird als Gelegenheit zur Entfachung einer völkisch-autoritären Rebellion gedeutet. Ein rechter Angriff auf die Demokratie erfährt in besonderem Maße durch Netzaktivismus Verstärkung: »Die rechte Mobilmachung ist in vollem Gange. Neurechte Influenzer_innen verkaufen auf Instagram und YouTube nicht nur Klamotten und Bücher der Neuen Rechten, sondern auch ihre politische Ideologie« (Stegemann & Musyal 2020, S. 24). In rechtsextremen Blättern wie dem Compact-Magazin (4/2021) werden Konzepte wie der »Great Reset« des Weltwirtschaftsforums zur Entfaltung eines sogenannten grünen Kapitalismus mit dem Ziel der ökologischen Ressourcenverwaltung umgedichtet zu völkischen Verschwörungsfantasien: Der verkündete große Neustart wird dort – in Analogie zur rechtsextremen Erzählung vom »Großen Austausch« angestammter mit zugewanderten Bevölkerungsteilen – umgedeutet zu einem Austausch der »Völker«, der durch den Plan sogenannter internationaler Eliten zur Neuordnung der Welt in Gang gesetzt werden soll. Solche Verschwörungserzählungen dienen antisemitischen Feindbildsetzungen in der Tradition der berüchtigten »Protokolle der Weisen von Zion« (Strobl 2021). Übersetzt findet sich dies dann in Verschwörungserzählungen, die so ähnlich in vielen Teilen Europas nicht nur im Internet, sondern auch von prominenten politischen Akteuren verbreitet werden (➡ Kap. 9, S. 283 ff.). Im Zuge der großen Fluchtbewegung nach Europa 2015/16 lautete die Verschwörungserzählung (➡ Kap. 9, S. 283 ff.) prototypisch in etwa so: *George Soros [jüdischer Milliardär, Philanthrop und Kosmopolit, der mit seiner Open Society Foundation eine offene, plurale Gesellschaft fördert] bringt die Flüchtlinge nach Deutschland und Europa, weil er eine Umvolkung plant, Angela Merkel ist seine Gehilfin, und Feministinnen sind schuld daran, dass so wenig deutsche Kinder geboren werden, hinter allem stecken die Juden.* Mittlerweile werden diese Erzählungen ersetzt durch jene von Bill Gates, der, so wird behauptet, über Impfungen den Menschen Chips einpflanze, um die Menschheit zu kontrollieren.

Zugleich ist eine neue Protestbewegung gegen die staatlichen Maßnahmen zur Pandemieeindämmung entstanden, die als Bewegung der Pandemieleugner_innen bezeichnet werden kann (Virchow & Häusler 2020). Diese Bewegung verbindet unterschiedliche soziale und kulturelle Milieus, die durch Verschwörungsgläubigkeit, Wissenschaftsfeindlichkeit und rechtsorientierte Forderungen nach »Widerstand« und »Aufstand« zusammengefunden haben (ebd., S. 36 f.). Allerdings lässt sich die Anticoronabewegung nicht etwa durch eine eigene Ideologie kennzeichnen, sondern ist vielmehr als eine »Misstrauensgemeinschaft« zu verstehen (Reichardt o. J.).

Die Szene der dort Protestierenden ist heterogen; sie reicht von Rechtsextremen über Homöopath_innen bis hin zu Anhänger_innen der Naturheilkunde und esoterischen Gruppen. Sie verknüpfen manche vielleicht berechtigte Fragen und Befürchtungen mit einer grundsätzlichen Ablehnung der Eindämmungsmaßnahmen in der Pandemie, einschließlich des Tragens von Masken (diffamiert als »Maulkorb«) und des Impfens, unterfüttert mit Verschwörungserzählungen. Die Impfgegnerschaft hat eine lange Tradition in Deutschland, die sich (auch) aus der völkischen Ideologie speist, verbunden mit Ideen von Natur und Rasse, von einem gesunden Leib und einem gesunden Volkskörper, die in ihrer schlimmsten Form während des Nationalsozialismus in Holocaust und Euthanasie mündeten.

Im Laufe des Protestgeschehens hat sich die Protestbewegung der Pandemieleugner_innen deutlich nach rechts außen radikalisiert. Die Großdemonstration am 29. August 2020 in Berlin ist zugleich ein Massenauflauf von Rechtsextremen gewesen.[9] Die kurzzeitige Besetzung einer Treppe des Reichstagsgebäudes an diesem Tage, bei der unter anderem Reichsfahnen geschwenkt wurden, galt in Rechtsaußenkreisen fortan als symbolträchtiges Zeichen für das Nahen einer großen antidemokratisch-nationalistischen Erhebung. Die Massivität rechter Radikalisierung offenbarte sich bei einer »Querdenken«-Demonstration am 7. November 2020 in Leipzig: Rechtsextreme aller Schattierungen von rechten Hooligans bis zu Neonazigruppen traten dort aggressiv in Erscheinung. Beobachtet wird zudem eine zunehmende Gewaltbereitschaft

---

9   Verfassungsschutz Berlin 2020: Beteiligung von Rechtsextremisten und »Reichsbürgern« und »Selbstverwaltern« an Kundgebungen gegen staatliche Coronamaßnahmen in Berlin am 29. August 2020. https://www.verfassungsschutz.de/de/aktuelles/schlaglicht/schlaglicht-2020-02-protestgeschehen [Aufruf am 20.2.2021].

auch jenseits des bekannten rechtsextremen Spektrums.[10] Zurecht wird daher die Radikalisierung einer »vermeintlichen Mitte« befürchtet, die auch Gewalt rechtfertigt, wähnt man sich doch »im Widerstand gegen eine Diktatur«.[11] Bemerkenswert ist hier wie bereits bei den »Spaziergängen« von Pegida, dass auch Personen aus der augenscheinlichen Mitte der Gesellschaft wütend und gewalttätig auftreten.

Die Zeiten des Ausnahmezustands in der Pandemie bieten nun noch einmal neue Möglichkeiten für die völkisch-nationalistische Mobilisierung auch in Milieus, die bis dato weniger erreicht wurden. Die kritische Frage für die Mitte-Studie ist, inwieweit das hier skizzierte völkische Denken – gekoppelt an Wut und Widerstandsrhetorik – in der Mitte der Gesellschaft anschlussfähig ist.

8.0.5 Völkisch-autoritär-rebellische Einstellungen in der Mitte 2020/21

Bereits in der Mitte-Studie 2018/19 haben wir erstmalig versucht, völkische sowie auch neue rechte Einstellungen messbar zu machen, um zu erfassen, inwieweit auch neurechte Kommunikationsstrategien von den Befragten geteilt werden. Leitend hierfür waren sowohl theoretische Ausführungen zur Neuen Rechten und zu völkischem Denken als typische Verlautbarungen dieses Spektrums, die wir in Aussagen übersetzt haben. Neben den Kommunikationsstrategien der Neuen Rechten, um autoritär-nationalistische Politikansätze zu normalisieren, sind auch jene des Rechtspopulismus darauf angelegt, die normative Grenze des Sagbaren im öffentlichen Diskurs nach rechts zu verschieben: Mit Forderungen nach Meinungsfreiheit und Bezugnahmen auf den »gesunden Menschenverstand« unter dem Motto »Das wird man doch noch sagen dürfen« wird versucht, Elemente Gruppenbezogener Menschenfeindlichkeit (⇒ Kap. 6, S. 181 ff.) in das Spektrum demokratischen Meinungsaustausches zu integrieren. Diesen Versuch der Normalisierung oder Verharmlosung rechtsextremer und völkischer Politikansätze teilt die Kommunikationsstrategie des Rechts-

---

10 MDR Sachsen: »Querdenken«-Kundgebung. Entsetzen nach gewalttätigen Auseinandersetzungen in Leipzig. https://www.mdr.de/sachsen/leipzig/leipzig-leipzig-land/corona-querdenken-gegendemonstrationen-100.html [Aufruf am 9.3.2021].

11 Goertz, Stephan im Interview mit dem Tagespiegel. Beitrag von Fiedler, Maria (2021): Extremismusforscher beunruhigt über wachsende Gewaltbereitschaft bei Querdenkern. In: Der Tagespiegel, online v. 28.4.2021.

populismus mit jener der Alten und Neuen Rechten. Sie alle eint eine völkisch-autoritär-rebellische Stoßrichtung gegen die Fundamente der liberal-pluralistischen Demokratie.

Nun sind weder die Akteure noch die Ideologie und die inhaltlichen Äußerungen, wie oben ausgeführt, immer klar voneinander abgrenzbar – neurechts verschwimmt mit altrechts und rechtspopulistisch auf all diesen Ebenen. Zudem wandelt und modernisiert sich zum Teil auch der klassische Rechtsextremismus, radikalisiert sich der Rechtspopulismus, und die Neue Rechte trägt – wenngleich verdeckter – den Aspekt der Gewalt in sich. Hier handelt es sich um dynamische Phänomene, die sich zudem strategisch untereinander sowie beim anderen bedienen und ganz gezielt auch auf Tarnung setzen (die Identitären empfehlen hier das »Mimikry«). Das Ummünzen von eigentlich demokratischen Anliegen gehört ebenfalls zur Strategie. Diese offenbart sich im Ruf nach »Meinungsfreiheit«, der Behauptung, die »Meinungsfreiheit« werde unterdrückt, es herrsche eine vermeintliche »Diktatur in Deutschland« und auch in dem lockenden Ruf nach mehr direkter Demokratie. Aus dem Populismus wird die Erzählung der betrügerischen Eliten und die Proklamation einer eigentlichen »Wahrheit« übernommen (➡ Kap. 2, S. 43 ff.).

In der Mitte-Studie 2020/21 bilden wir die folgenden Elemente aus dem *völkisch-autoritär-rebellischen* Spektrum ab (➡ Tab. 8.0.1, S. 238 f.). Wir wählen hier eine von uns neu zusammengesetzte Begrifflichkeit, um die oben skizzierten Ideologie-, Auftretens- und Kommunikationsmuster zu fassen, die sich gerade durch ihre Ambivalenzen auszeichnet: *völkisches* Denken, welches auf Einheit setzt, zugleich aggressiv ausschließt, eine *autoritäre Haltung* im Sinne von autoritätshörig, Autorität wünschend und fordernd, welche jedoch gerade nicht staatsautoritär ist, sondern *rebellisch* gegenüber festen Strukturen, staatlichen Institutionen und Vertretungen der parlamentarischen Demokratie. Seine Anhänger_innen gebärden sich als »freie Radikale« und beziehen daraus ihr Selbstbewusstsein.

Völkisches Denken: 12,3 % der Befragten stimmen »eher« oder sogar »voll und ganz« (weitere 21,9 % »teils/teils«) der Aussagen zu: »Manche Völker sind begabter als andere.« 5 % der Befragten sind der Auffassung: »Unterschiedliche

Völker sollten sich nicht vermischen.« Ein weiteres gutes Zehntel (9,8 %) antwortet hier mit »teils/teils«.

Islamverschwörung: Ein Fünftel der Befragten (21,3 % plus weitere 22,2 % »teils/ teils«) folgt offenbar dem durch Akteure der Neuen Rechten verbreiteten Mythos einer Verschwörung durch den Islam, wenn sie der Aussage zustimmen: »Die deutsche Gesellschaft wird durch den Islam unterwandert.« Hier geht es der Propaganda nicht nur um den Islam als Religion, sondern, wie oben skizziert, um die Idee eines Bevölkerungsaustauschs. Die beiden Aussagen zum völkischen Denken und die Aussage zur Islamverschwörung bilden ein empirisch abgesichertes gemeinsames Konstrukt; zusammengenommen liegen 12 % der Befragten im Zustimmungsbereich, folgen also völkischem Denken auch unter Einbezug der Vorstellung einer vermeintlichen Unterwanderung durch den Islam.

Beklagen mangelnder Meinungsfreiheit: Rund ein Viertel der Befragten (26,5 %) schließt sich der Klage an, in Deutschland könne »man nicht mehr frei seine Meinung äußern, ohne Ärger zu bekommen«. Fast die Hälfte der Befragten (48,9 %) meint: »In Deutschland darf man nichts Schlechtes über Ausländer sagen, ohne gleich als Rassist beschimpft zu werden.« Hinzu kommen jene, die hier zumindest ambivalent sind und mit »teils/teils« antworten. Beide so oder ähnlich vorgebrachten Vorwürfe werden von denen, die sie vorbringen, als Beleg für mangelnde Meinungsfreiheit herangezogen. Übersetzt steckt darin allerdings die Klage, für die Äußerung von Meinungen (auch pauschal ganze Gruppen abwertende) zur Verantwortung gezogen zu werden. Zusammengefasst über beide Aussagen beklagt rund ein Viertel der Befragten (24,7 %) solcherart die Einschränkung der Meinungsfreiheit.

Betrügerische Eliten: Die populistische Kernerzählung des von den korrupten Eliten um die »Wahrheit« betrogenen Volks wird immer wieder auch im neurechten und völkischen Kontext bedient. Wie schon zuvor berichtet (➡ Kap. 2, S. 43 ff.) glaubt fast ein Viertel (23,3 % plus weitere 29,2 % »teils/teils«): »Die Regierung verschweigt der Bevölkerung die Wahrheit.« 15,8 % (plus weitere 19,7 % »teils/teils«) behaupten gar: »Die regierenden Parteien betrügen das Volk.« Zusammengefasst über beide Aussagen vertreten 21,2 % der Befragten eine Art der Elitenkritik, die der Regierung Betrug am Volk vorwirft.

Völkisch-autoritär-rebellische Einstellungen in der Mitte-Studie 2020/21
(Angaben in Prozent)   Tabelle 8.0.1

Trifft ... ⇀

Völkisches Denken/Ethnopluralismus und Islamverschwörung (M = 1,99; SD = ,09; n = 1.738; α = ,65)
Manche Völker sind begabter als andere.
Unterschiedliche Völker sollten sich nicht vermischen.
Die deutsche Gesellschaft wird durch den Islam unterwandert.
Behauptung Einschränkung der Meinungsfreiheit[a] (M = 3,03; SD = 1,17; n = 831; α = ,77)
In Deutschland kann man nicht mehr frei seine Meinung äußern, ohne Ärger zu bekommen.
In Deutschland darf man nichts Schlechtes über Ausländer sagen, ohne gleich als Rassist beschimpft zu werden.
Behauptung Diktatur[a] (M = 2,24; SD = 1,17; n = 834; α = ,78)
Unser Land gleicht inzwischen mehr einer Diktatur als einer Demokratie.
Es ist Zeit, mehr Widerstand gegen die aktuelle Politik zu zeigen.

Anmerkungen M = arithmetischer Mittelwert; SD = Standardabweichung; n = Anzahl der Befragten; α = Cronbachs Alpha. | [a] Die hier zur Erfassung verwendeten Aussagen wurden aus Platzgründen im Fragebogen lediglich einer zufällig ausgewählten, repräsentativen Hälfte der Befragten vorgelegt.

Behauptung einer Diktatur: 16,1 % der Befragten (plus weitere 11,0 % »teils/teils«) sind der Auffassung: »Unser Land gleicht inzwischen mehr einer Diktatur als einer Demokratie.« Damit folgt rund ein Viertel der Bevölkerung zumindest in Teilen der Strategie der Neuen Rechten, demokratische Begriffe und Werte zu übernehmen und umzudeuten.

Aufruf zum Widerstand: Über ein Fünftel der Befragten (22,7 % plus weitere 21,9 % »teils/teils«) fordert: »Es ist Zeit, mehr Widerstand gegen die aktuelle Politik zu zeigen.« Diese Aussage ist zunächst einmal inhaltlich ungerichtet formuliert – der einfache Slogan »Widerstand« wurde etwa auf den Demonstrationen von Pegida und aktuell gegen die Coronamaßnahmen vorgebracht und könnte aus unterschiedlicher politischer Position heraus befürwortet werden. Diese und die vorherige Aussage wurden zu einem sehr reliablen Konstrukt *Widerstand und Diktatur* zusammengefasst; 19 % der Befragten liegen hier im Zustimmungsbereich (⇀ Tab. 8.0.1).

Tabelle 8.0.1

... überhaupt nicht zu	... eher nicht zu	teils/teils	... eher zu	... voll und ganz zu
51,5	14,4	21,9	7,9	4,4
68,2	17,0	9,8	2,6	2,4
31,8	24,6	22,2	11,4	9,9
25,1	26,6	21,8	12,2	14,3
7,8	14,4	28,9	25,0	23,9
51,7	21,3	11,0	8,2	7,9
26,7	28,7	21,9	13,0	9,7

Gewalt: Nur wenige Befragte sind offen gewaltbilligend. So sind lediglich 4,3 % der Befragten der Meinung: »Gewalt kann zur Erreichung politischer Ziele moralisch gerechtfertigt sein.« 7,3 % zeigen sich selbst gewaltbereit zur Sicherung eigener Vormachtstellung, wenn sie der Aussagen zustimmen: »Wenn sich andere bei uns breitmachen, muss man ihnen unter Umständen unter Anwendung von Gewalt zeigen, wer Herr im Hause ist.« 5,4 % rechtfertigen Gewalt gegenüber Politiker_innen, wenn sie die Auffassung vertreten: »Einige Politiker haben es verdient, wenn die Wut gegen sie auch schon Mal in Gewalt umschlägt.« Alle drei Aussagen können empirisch abgesichert zu einem Konstrukt Gewaltbilligung zusammengefasst werden, in der Mitte-Studie 2020/21 nun ergänzt um den Aspekt der Rechtfertigung von Gewalt gegenüber Politiker_innen. Zusammengefasst über alle drei Aussagen billigen 4 % der Bevölkerung Gewalt im gesellschaftspolitischen Raum. Allerdings zeigen sich weitere Befragte mit »Teils/teils«-Antworten in der Gewaltfrage unentschlossen, lehnen Gewalt also im gesellschaftspolitischen Raum auch nicht eindeutig ab.

Völkisch-autoritär-rebellische Einstellungen in der Mitte-Studie 2020/21
(Angaben in Prozent)   Tabelle 8.0.2

Trifft ... ➡

Gewaltaffinität (M = 1,56; SD = 0,74; n = 1.719; α = ,66)

Gewalt kann zur Erreichung politischer Ziele moralisch gerechtfertigt sein.

Wenn sich andere bei uns breitmachen, muss man ihnen unter Umständen unter Anwendung von Gewalt zeigen, wer Herr im Hause ist.

Einige Politiker haben es verdient, wenn die Wut gegen sie auch schon mal in Gewalt umschlägt.

Anmerkungen M = arithmetischer Mittelwert; SD = Standardabweichung; n = Anzahl der Befragten; α = Cronbachs Alpha.

8.0.6 Zusammenhängendes Muster völkisch-autoritär-rebellischer Einstellungen

Die oben aufgeführte Auswahl an Aussagen und die sie spiegelnden Grundmuster finden sich so oder ähnlich nicht nur in den Erzählungen und medialen Plattformen der neuen und äußersten Rechten, sondern auch auf der Ebene der Einstellungen eines Teils der Bevölkerung. Sie hängen hier wie dort bemerkenswert eng zusammen – wer der einen zustimmt, stimmt mit einiger Wahrscheinlichkeit auch anderen zu (➡ Tab. 8.0.3). Auch mit der Billigung von Gewalt bestehen klare Zusammenhänge, am deutlichsten jedoch mit völkischem Denken/Islamverschwörung sowie dem Ruf nach Widerstand und Diktatur.

Zusammenhänge zwischen Indikatoren völkisch-autoritär-rebellischer Einstellungen sowie der Billigung von Gewalt (Korrelationen)   Tabelle 8.0.3

	Meinungs-freiheit	Widerstand und Diktatur	Betrügeri-sche Eliten	Gewaltbilli-gung
Völkisches Denken	,57***	,48***	,53***	,47***
Meinungsfreiheit	–	,60***	,62***	,33***
Widerstand und Diktatur	–	–	,78***	,44***
Betrügerische Eliten	–	–	–	,38***

Anmerkungen * p = ≤ ,05; ** p = ≤ ,01; *** = p ≤ ,001.

Tabelle 8.0.2

... überhaupt nicht zu	... eher nicht zu	teils/teils	... eher zu	... voll und ganz zu
66,5	20,0	9,2	2,6	1,7
64,0	18,5	10,3	4,2	3,1
70,6	17,2	6,7	2,5	2,9

Empirisch lassen sich alle aufgeführten Aussagen mit Ausnahme der Gewalt in einer einzigen dahinterstehenden Dimension abbilden. Dies spricht dafür, dass sie alle Ausdruck ein und derselben Grundhaltung sind. 24,3 % der Befragten zeigen klar eine Haltung, die offen ist für rechte und völkische Ideologie und Strategie (Index völkisch-autoritär-rebellischer Einstellungen).[12] Befragte, die *überwiegend im Osten aufgewachsen* sind, neigen knapp signifikant häufiger zu völkisch-autoritär-rebellischen Einstellungen als jene, die *im Westen aufgewachsenen* sind (29,3 % der Ostdeutschen und 22,1 % der Westdeutschen liegen mit ihren Einstellungen im Zustimmungsbereich des zusammenfassenden Index).

In Abhängigkeit der *politischen Selbstpositionierung* zeichnet sich auch hier eine Hockeyschlägerverteilung ab: Je weiter rechts sich die Befragten im politischen Links-Mitte-rechts-Spektrum selbst verorten, desto eher stimmen sie völkisch-autoritär-rebellischen Einstellungen zu; die ganz links Positionierten weisen minimal höhere Zustimmungswerte auf als die eher Linken. Befragte, die sich politisch »genau in der Mitte« sehen, weisen etwas höhere Zustimmungswerte auf, besonders hoch sind sie bei jenen ganz rechts. Aufgrund der kleinen Stichprobengröße an den politischen Rändern kann diese Beobachtung allerdings nur mit Zurückhaltung zur Kenntnis genommen werden.

---

12 Aufgrund der Überlappung zum Populismus wurde die Elitenkritik aus dem zusammenfassenden Index ausgeklammert.

8.0.7 Zusammenhang mit rechtsextremen Einstellungen

Immer wieder wird zur Vorsicht gemahnt, den wütenden Vertreter_innen einer völkisch-autoritär-rebellischen Haltung nicht leichtfertig eine Nähe zum Rechtsextremismus zu unterstellen. Doch die nach außen behauptete Distanz zum Rechtsextremismus, die bei näherem Hinsehen sowohl auf der Ebene der Akteure wie der Aktivitäten fraglich erscheint, ist auch auf der Einstellungsebene nur bedingt haltbar. Befragte mit einer völkisch-autoritär-rebellischen Orientierung erreichen auf allen Subdimensionen rechtsextremer Einstellungen signifikant höhere Zustimmungswerte (➡ Tab. 8.0.4). Die Korrelation zwischen einer völkisch-autoritär-rebellischen Haltung und rechtsextremen Einstellungen ist so hoch, dass beides kaum voneinander zu trennen ist (r = ,76). Neurechts-völkisch Eingestellte halten sich auch selbst seltener für »einen überzeugten Demokraten«.

Zusammenhang zwischen völkisch-autoritär-rebellischen und rechtsextremen Einstellungen 2020/21 (Korrelationen)   Tabelle 8.0.4

	völkisch-autoritär-rebellische Einstellungen	Gewalt-billigung
Befürwortung Diktatur	,58***	,39***
Chauvinismus	,51***	,44***
Verharmlosung des Nationalsozialismus	,47***	,43***
Fremdenfeindlichkeit	,70***	,45***
Antisemitismus	,59***	,41***
Sozialdarwinismus	,54***	,37***
Rechtsextremismus Gesamt	,77***	,59***
Völkisch-autoritär-rebellische Einstellungen	–	,49***

Anmerkungen * p = ≤ ,05; ** p = ≤ ,01; *** = p ≤ ,001. | Zufällige Hälfte der Stichprobe, da in den zusammenfassenden Faktor völkisch-autoritär-rebellische Einstellungen einige Aussagen eingehen, die nur dort erhoben wurden.

8.0.8 Determinanten völkisch-autoritär-rebellischer Ansichten und Bezüge zur Coronapandemie

Die Neigung zu völkisch-autoritär-rebellischen Ansichten wird ganz besonders von *Orientierungsanomia* und *Demokratiemisstrauen* bestimmt sowie von einer *sozialen Dominanzorientierung*, die Hierarchien zwischen sozialen Gruppen befürwortet. Ebenfalls signifikant, wenngleich schwächer, wird sie auch von einem *Autoritarismus* mitbestimmt, der mehr Strafe und ein härteres Vorgehen gegen Außenseiter verlangt und zugleich eine Bereitschaft zur Unterwerfung signalisiert; wenig von Bedeutung ist das *Gefühl politischer Machtlosigkeit*. Die empirischen Bezüge sind in Abbildung 8.0.1 dargestellt.

Determinanten völkisch-autoritär-rebellischer Einstellungen
(lineare Regressionsanalyse)   **Abb. 8.0.1**

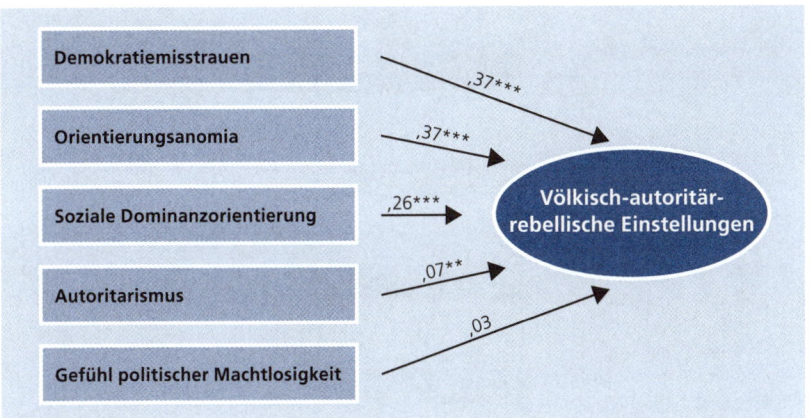

Anmerkungen * p = ≤ ,05; ** p = ≤ ,01; *** = p ≤ ,001; n = Anzahl der Befragten. | Abgebildet sind Betakoeffizienten; je höher der Wert, desto stärker der Einfluss eines jeweiligen Prädiktors (der minimale Wert beträgt 0, der maximale Wert beträgt 1); korrigiertes R^2 = ,58.

Bemerkenswert ist ferner der Zusammenhang mit Aussagen *zur Coronapandemie* (⟶ Abb. 8.0.2, S. 244). Befragte mit völkisch-autoritär-rebellischen Ansichten nehmen einerseits die Coronapandemie als bedrohlicher für das Land wahr. Sie fühlen sich auch eher negativ von der Pandemie betroffen und haben eher Sorge, dass sich ihre eigene wirtschaftliche Situation wie die von Deutschland durch die Pandemie verschlechtern wird. Zugleich fürchten sie eher, die Coronapandemie werde für »Zwangsimpfungen genutzt«, und tendieren eher dazu, die »Demonstrationen gegen die Coronamaßnahmen« gut zu finden.

Völkisch-autoritär-rebellische Einstellungen und Befürchtungen im Zusammenhang mit der Coronapandemie (Mittelwerte[b])   Abb. 8.0.2

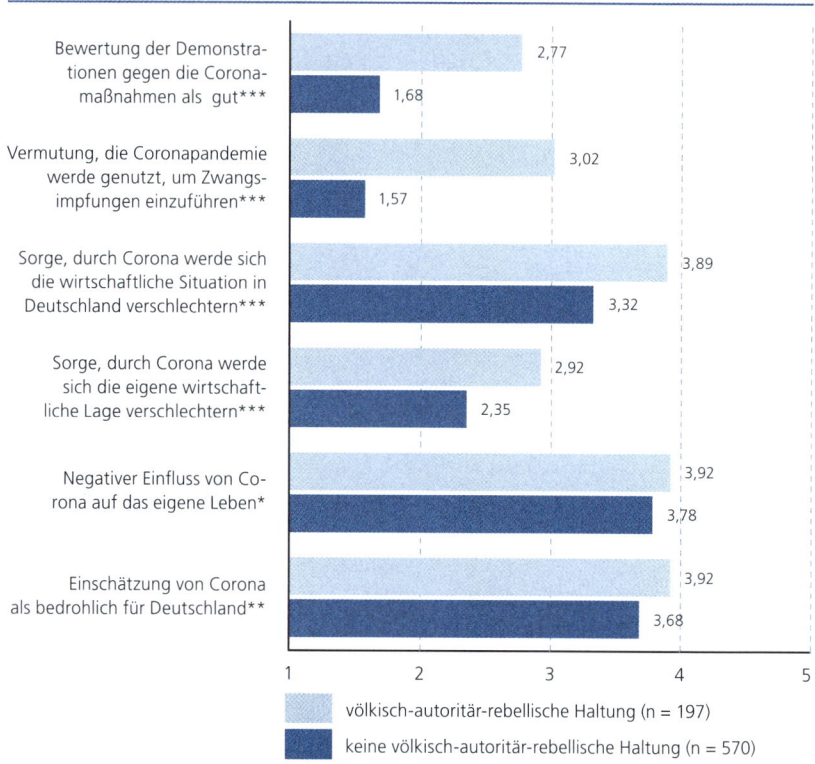

Bewertung der Demonstrationen gegen die Coronamaßnahmen als gut*** — 2,77 / 1,68

Vermutung, die Coronapandemie werde genutzt, um Zwangsimpfungen einzuführen*** — 3,02 / 1,57

Sorge, durch Corona werde sich die wirtschaftliche Situation in Deutschland verschlechtern*** — 3,89 / 3,32

Sorge, durch Corona werde sich die eigene wirtschaftliche Lage verschlechtern*** — 2,92 / 2,35

Negativer Einfluss von Corona auf das eigene Leben* — 3,92 / 3,78

Einschätzung von Corona als bedrohlich für Deutschland** — 3,92 / 3,68

völkisch-autoritär-rebellische Haltung (n = 197)
keine völkisch-autoritär-rebellische Haltung (n = 570)

Anmerkungen * $p = \leq ,05$; ** $p = \leq ,01$; *** $= p \leq ,001$; [b] Mittelwerte; Skala 1–5); n = Anzahl der Befragten. | Zugrunde liegende Antwortskala 1 bis 5; Erfassung völkisch-autoritär-rebellischer Einstellungen lediglich in einer zufälligen Hälfte der Befragten.

8.0.9 Schlussbetrachtung

Inwieweit all dies nur nachgeplappert ist oder tatsächlich tiefe Überzeugungen spiegelt, muss offenbleiben. Am Anfang völkisch-autoritär-rebellischer Einstellungen mögen zunächst der Kitzel und die Neugier stehen, sich auf ein mit dem Gestus des »Widerstands« schmückendes Terrain zu begeben, in dem Dinge gedacht und gesagt werden, die man eigentlich nicht mehr sagt und die große Mehrheit auch nicht mehr denken und sagen will. Welche Akteure, Strategien und Ideologien dahinterstehen, dürfte vielen aus »der Mitte« der

Bevölkerung, die diese Positionen vertreten, nicht wirklich bewusst sein. Doch aus anfänglicher Neugier kann ein Nachplappern werden, ohne Gegenaufklärung dann auch eine Überzeugung, die an das in der deutschen Kultur, Geistes- und Handlungsgeschichte verwurzelte völkisch-nationalistische Denken anknüpft und dieses aufwärmt. Einmal angestoßen kann dies leicht zum Selbstläufer werden und in die Radikalisierung führen, wie dies bei den besonders engagierten und involvierten Protestler_innen gegen die Coronamaßnahmen derzeit befürchtet wird und schon bei Pegida beobachtet werden musste.[13] Dies verstärkt sich dann umso leichter über die gut funktionierende und international vernetzte digitale Infrastruktur der äußersten Rechten (⟶ Kap. 3.2, S. 123 ff.).

In den Einstellungen offenbaren sich zudem bemerkenswerte Ambivalenzen, gerade auch in Bezug auf die Coronapandemie. Durch das Muster der Befunde scheint eine gewissermaßen kindisch anmutende Haltung zur Welt – der Wunsch nach Orientierung, ein Autoritarismus zwischen Gehorsam und Law-and-Order gegenüber anderen und ein Misstrauen in die Demokratie mit ihren anspruchsvollen Aushandlungs- und Entscheidungsprozessen, gepaart mit einem aufmüpfigen Gestus und der Forderung sozialer Hierarchien. Die Coronapandemie wird als Bedrohung für das Land und die eigene finanzielle Situation gesehen, Maßnahmen dagegen oder auch Impfungen skeptisch betrachtet. Es soll einfach alles anders sein, und ich will Macht – das ist verkürzt das Bild, was sich hier abzeichnet.

---

13 ZEIT ONLINE vom 23.5.2019: 200 Ermittlungsverfahren gegen Pegida-Anhänger in Sachsen. https://www.zeit.de/gesellschaft/zeitgeschehen/2019-05/rechte-gewalt-pegida-ermittlungsverfahren-rechtsextremismus-sachsen [Aufruf am 1.6.2021].

8.1 Antigenderismus: Ideologie einer »natürlichen Ordnung« oder Verfolgungswahn?

Nico Mokros · Maike Rump · Beate Küpper

8.1.1 Einleitung

»Ihr seid alle ein Haufen von Feministinnen. Ich hasse Feministinnen«, verkündete ein 25-Jähriger in Montreal 1989, bevor er an einer Hochschule für Ingenieurwesen 14 Frauen tötete, zehn weitere Frauen und vier Männer verletzte. Für den Amokläufer gehörten die Studentinnen zu »jenen Frauen, die Männerberufe machen« wollten und deswegen Subjekt seines Hasses wurden (Eglin & Hester 1999). Die Tatsache, dass es einen solch explizit antifeministischen Terrorismus gibt, erreichte das öffentliche Bewusstsein erneut im April 2018. Diesmal verübte ein 25-Jähriger in Toronto eine Amokfahrt, bei der er zehn Menschen tötete und 14 zum Teil schwer verletzte. Zuvor rühmte er in einem Facebook-Post einen jungen Mann, der 2014 in Kalifornien als erster Mörder aus dem Umfeld sogenannter »Incels« (Abk. f. engl.: »involuntary celibates«; dt.: »unfreiwillige Zölibatäre«) möglichst viele Frauen aus Rache dafür töten wollte, dass ihm Sex vorenthalten und er von Frauen sowie der Gesellschaft zurückgewiesen worden sei (u. a. Autor*innenkollektiv FE.IN 2019). Die Anhänger der Szene verstehen sich als unfreiwillig enthaltsam lebende Männer, die ihre Wut darüber sowie Gewalt- und Machtfantasien vor allem in Onlineforen teilen (z. B. WikiMANNia, 4chan), sich aber auch offline treffen, beispielsweise in Workshops zum »Aufreißen« von Frauen (Schutzbach 2018).

Als Terror ausgeübter Antifeminismus soll in erster Linie Angst machen, verschärft aber oft die ohnehin bestehenden Spannungen zwischen unterschiedlichen Gruppen und Positionen in der Gesellschaft. Dabei können menschenfeindliche Ideologien, Normalitäten und Diskurse zusammenwirken und sich neben Frauen auch gegen Homosexuelle, Trans*- und Inter*Menschen[14] richten

---

14 Im Folgenden auch kurz: LSBTI*Q für Lesben, Schwule, Bisexuelle, Trans*, Inter* und queere Menschen. Das Sternchen soll verschiedene Selbstverständnisse und Geschlechtsidentitäten ausdrücken.

oder teilweise auch gegen gleichstellungsorientierte Männer, die zu Mitläufern einer Geschlechterordnung erklärt werden, welche »wahre« Männer und Männlichkeit unterdrücke. Geradezu prototypisch und anleitend wirkte dazu der Aufruf des AfD-Vorsitzenden in Thüringen, Björn Höcke, im November 2015: »Wir müssen unsere Männlichkeit wiederentdecken. Denn nur wenn wir unsere Männlichkeit wiederentdecken, werden wir mannhaft. Und nur wenn wir mannhaft werden, werden wir wehrhaft, und wir müssen wehrhaft werden, liebe Freunde!« (zit. n. Sauer 2018). Hier bekommt eine männliche Opferideologie Bedeutung, die zur Frage nach dem Erhalt der Nation übersteigert wird. Beklagt wird ein angeblicher Identitäts- und Werteverlust, der bruchstückhaft über antifeministische und sexistische, antisemitische und rassistische Bilder und Rhetoriken der Bedrohung hergeleitet wird. Gegen eine »Feminisierung der abendländischen Kultur« verübte Anders Breivik 2011 ein islamfeindliches und rechtsterroristisches Massaker an jungen Sozialdemokrat_innen in Norwegen. Auch der Anschlag auf zwei Moscheen in Christchurch 2019 sowie auf die Synagoge von Halle oder, im März 2021, auf als asiatisch markierte Frauen in Atlanta offenbaren, wie sich Hass und Menschenfeindlichkeit zu globalen Assoziations- und Reaktionsketten mit tödlichen Folgen verstricken können (➠ Kap. 4, S. 141 ff.). Das betrifft ebenso den alltäglichen Sexismus wie die alarmierenden Zahlen von Partnerschaftsgewalt und Femiziden (BKA 2020; Dyroff, Pardeller & Wischnewski 2020).

Die Auseinandersetzungen um männliche Vorherrschaft werden zum Symptom der Abwehr einer offenen und liberalen Gesellschaft. Dabei scheint es antifeministischen und frauenfeindlichen Männern nicht zuletzt darum zu gehen zurückzuerobern, was ihnen angeblich genommen wurde, aber von Natur und/oder Gott aus zustehe – Ehre, Stärke, Kontrolle und Macht (Kaiser 2020). So sind die im Wandel begriffenen Geschlechterverhältnisse insbesondere Schauplatz von autoritären und reaktionären, bestimmten christlichen und konservativen, aber auch neoliberalen Gegenbewegungen, die Feminismus klar als Feindbild und Geschlecht unhinterfragbar als Gegebenheit propagieren (Lang & Peters 2018). Die Frage, welche Unterschiede zwischen den Geschlechtern auf die Natur zurückgehen und inwiefern der soziale Ausdruck von Frau- oder Mannsein auf die Erziehung, Sozialisation und Kultur zurückzuführen sind, beschäftigt nicht nur die Wissenschaft, sondern zirkuliert in der Politik wie im

Privaten und polarisiert dort durchaus heftig. *Gender* wurde zum Reizwort wie kaum ein anderes: von Gender-Mainstreaming über »Gender-Gaga« oder »Gender-Wahn« bis zur »Abschaffung des Menschen«. Dabei haben verächtlich und vorurteilsvoll geführte Anti-Gender-Diskurse gegen Gleichstellungspolitiken, Geschlechterforschung oder eine Sexualpädagogik der Vielfalt längst auch die Mitte der Gesellschaft erreicht (u. a. Frey et al. 2014; Hark & Villa 2015)[15], während ein breites Fundament aus genderbezogenem Alltagswissen und Selbstverständnis europaweit eine symbolische Brücke nach rechts außen bildet (Kováts & Põim 2015; Stube et al. 2021).

Wir sind in der Mitte-Studie 2020/21 den Fragen nachgegangen, wie weit eine solche Brücke auf der Einstellungsebene als *Antigenderismus* in die deutsche Bevölkerung hineinreicht und in welchen Zusammenhängen sie zu Facetten menschenfeindlicher und rechtsextremer Ideologie sowie zu einer rechtspopulistischen und verschwörungsgläubigen Orientierung steht. Zuvor werfen wir einen erweiterten Blick auf Entwicklungen in den Geschlechterverhältnissen, die unser anschließendes Verständnis des Phänomens Antigenderismus rahmen.

8.1.2 »Gender Trouble«[16] in der Mitte

Etwa seit den 1970er-Jahren hat das Modell von männlich zentrierter Lohnarbeit und weiblich besetzter, unbezahlter Sorgearbeit durch tiefgreifende Veränderungen in der Organisation des privaten, öffentlichen und wirtschaftlichen Lebens an institutioneller Grundlage und Legitimität verloren; auch durch feministische Kritik daran (u. a. Aulenbacher & Riegraf 2015; Bauhardt 2019). In der Folge hat sich das Geschlechterarrangement zumindest teilweise modernisiert und zeigt Tendenzen der Individualisierung und Differenzierung, die das Verständnis und die Verständigung über Werte, Normen und Normalität rund um Geschlecht, Sexualität und Familie erweitern. Dies gilt auch für die Mitte der Gesellschaft, wenngleich die bürgerliche Kleinfamilie hinter aller Modernisierung immer noch als Leitbild durchscheint (BMFSFJ 2012 u. 2021; Koppetsch & Speck 2015; Wimbauer et al. 2018).

---

15 Wie sehr das Thema Gender polarisiert, zeigen auch die feindseligen Reaktionen auf gendersensible Sprache, die seit Jüngstem z. B. auch im ZDF »heute-journal« zu hören ist.

16 Butler (1991) betont in ihrem gleichnamigen Buch die Bedeutung der sozialen Konstruktion von Geschlecht und dem damit verbundenen Machtverhältnis.

Auch die Coronapandemie zeigt, dass viele Paare und Eltern im Zweifelsfall in traditionelle Muster zurückfallen. Frauen, die gerade die Hauptlast der zusätzlichen Sorgearbeit tragen und dafür oft im Beruf kürzertreten, werden wohl auch langfristig die Folgen davon zu spüren bekommen (Kohlrausch & Zucco 2020). In Deutschland ist der Anteil der Frauen in Teilzeitbeschäftigung weit über dem europäischen Durchschnitt, während der Anteil der Frauen in Führungspositionen deutlich darunter liegt (Eurostat 2020 u. 2021). Zwar machen immer mehr Frauen höhere Schulabschlüsse, studieren öfter und sind zu Konkurrentinnen der Männer auf dem Arbeitsmarkt geworden, aber die gläserne Decke hinsichtlich der Verteilung von Arbeit und Macht erweist sich als stabiles Hindernis für viele Frauen. Sichtbar wird dies am Gender-Pay-Gap, der eine durchschnittlich niedrigere Bezahlung von Frauen ausweist und dabei umso größer ausfällt, je höher der Erwerbsumfang und je besser die berufliche Position der Frauen gegenüber vergleichbaren Männern ist (WSI GenderDatenPortal 2020).

Daneben führen der Umbau ganzer Branchen oder befristete Verträge zur Unterbrechung von Erwerbsbiografien. Die Folge sind weniger sichere Arbeitsplätze sowie die Notwendigkeit, flexibel zu bleiben, sich weiter zu qualifizieren und in verschiedene Projekte einzubringen (vgl. Bröckling 2002 u. 2007; Lessenich 2009). Mehr Freiheit und Individualität in den Arbeits- und Lebensverhältnissen einerseits, Erfahrungen der Entgrenzung und Unsicherheit andererseits – sie spiegeln sich in grundlegenden Spannungen unter der Kategorie Gender wider und begründen sowohl neue Formen der Gleichheit als auch der Ungleichheit (vgl. Lengersdorf & Meuser 2017; Motakef & Wimbauer 2019; Wimbauer, Motakef & Teschlade 2015). Diesbezüglich lohnt ein Blick auf die alltägliche Praxis und vermeintlich natürliche Ordnung der Unterscheidung und Zuschreibung von »typischen« Rollen von Männern und Frauen, die wiederum auch sexuell aufeinander bezogen werden (u. a. Butler 2009; Dölling 2008; Fraser 2013).[17]

---

17 Zur Erinnerung: Die Gleichberechtigung von Frauen und Männern hatte es 1949 nur knapp ins Grundgesetz geschafft. Bis Ende der 1960er-Jahre mussten Frauen in der ehemaligen BRD ihren Mann um Erlaubnis bitten, wenn sie arbeiten oder auch den Führerschein machen wollten. Männer konnten den Arbeitsplatz ihrer Frau kündigen und ihr Geld verwalten. Vergewaltigung in der Ehe wird nach langem und erbittertem Widerstand der konservativen Parteien erst 1997 verboten. Allein die Idee zu der Gesetzesreform fanden viele Abgeordnete damals lächerlich.

Dem Wandel selbst sehen sich hingegen vielfach heterosexuelle Männer der traditionellen Mittelschichten ausgesetzt, deren soziale Identität wesentlich durch die Rolle des »Hauptverdieners« und »Vollzeitmannes« bestimmt worden ist und sich mit der geforderten Flexibilität schwer vereinbaren lässt (u. a. Aulenbacher 2009; Bauer & Luedtke 2008; Motakef, Teschlade & Wimbauer 2018). Was in der Folge der Emanzipation der Frauen wiederholt als »Krise der Männer« beklagt wurde, aber auch allgemein auf Männer als Modernisierungsverlierer verweist (Meuser 2015), ließ die Selbstverständlichkeit von Männern und ihrer Männlichkeit zwar nicht mehr als fraglos gegeben bestehen, ermöglichte aber, im Entgegenwirken bestimmte Einstellungs- und Verhaltensweisen aufrechtzuerhalten, die eher der Sicherung männlicher Souveränität nutzten, als dass sie zu deren Verlust beigetragen haben (Demirović & Maihofer 2013; Fegter 2012; Pohl 2011). Während das Normgebilde im traditionellen Bereich von Arbeit, Ehe und Familie strittig geworden ist, setzen sich neue Vorstellungen sogenannter hegemonialer Männlichkeit durch, die es erlauben, dass die Ungleichheit zwischen den Geschlechtern, die Unterordnung und Abwertung von Frauen und Weiblichkeit sowie von als »abweichend« markierten Männern fortbesteht (Lenz 2013; Pangritz 2019; Wedgwood & Connell 2010; zum Konzept hegemonialer Männlichkeit vgl. auch Connell 2015). So finden sich milieu- und altersübergreifend antifeministische Haltungen und Orientierungen, die den Willen zu einer weitergehenden Gleichstellung der Geschlechter verneinen und an der »natürlichen« Geschlechterordnung festhalten (Höcker, Pickel & Decker 2020; Wippermann 2017).

8.1.3 Gender als erweitertes Konfliktfeld

Im Zuge der Auseinandersetzungen um die Geschlechterverhältnisse wird besonders gegenüber der Gleichstellung von LSBTI*Q an hegemonialen Vorstellungen und Strukturen festgehalten. Dabei stehen die sozialen Einstellungen in der Bevölkerung nicht zuletzt in Wechselwirkung mit rechtlichen oder institutionellen Verankerungen, durch die die Eindeutigkeit sozialer Normen der Anerkennung von Frauen und LSBTI*Q in der jüngeren Vergangenheit gestärkt werden konnte (Küpper & Zick 2015). Die offene Ablehnung von Gleichwertigkeit entlang der Genderdimension ist seit einigen Jahren rückläufig, wie auch die Mitte-Studie belegt. Ein immer geringerer Anteil in der Bevölkerung stimmt traditionellem Sexismus (2020/21: 7,5 %; 2018/19: 8,3 %), der Abwertung von Homosexuellen (2020/21: 7,1 %; 2018/19: 11 %) oder von Trans*Menschen zu (2020/21: 11,2 %; 2018/19: 14,2 %).[18] Gleichzeitig beobachten wir mehr Befragte, die ihre Einstellung in einer »Teils/teils«-Antwort ausdrücken. Dies sind beim traditionellen Sexismus und der Abwertung von Homosexuellen rund 11 % beziehungsweise 12 % sowie 18 % bei der Abwertung von Trans*Menschen (➞ Kap. 6, S. 181 ff.; vgl. auch Zick, Berghan & Mokros 2019). Darüber hinaus stimmen Befragte, die bei den hetero-/sexistischen Aussagen mit »teils/teils« antworten, an anderer Stelle der Abwertung doch eher zu, was dafürspricht, dass eine vordergründig zurückhaltende Antwort in etlichen Fällen eine verdeckte Zustimmung widerspiegelt. Zudem wissen wir, dass der Ausdruck der Abwertung auch sozialen Veränderungen unterliegt; sich modernisiert und teilweise subtiler wird (Küpper, Klocke & Hoffmann 2017).

Gegen die sogenannte Ehe für alle, eine angebliche »Genderideologie« sowie »Früh- und Homosexualisierung« von Kindern brachte zum Beispiel ab 2014 ein Zusammenschluss aus Maskulinist_innen, Antifeminst_innen, christlichen Fundamentalist_innen, extremen Rechten und »besorgten Eltern« eine selbst ernannte »Demo für alle«[19] auf die Straßen. Dort wurde nicht nur inhaltlich an weitverbreitete Geschlechter- und Rollenbilder angeschlossen, sondern mit rosa Bannern und blauen Luftballons auch farblich deutlich gemacht, welche Ordnung sie in Gefahr wähnen und bewahren wollen. Dabei wurde europaweit ein beachtliches Mobilisierungspotenzial offengelegt (Kováts & Pőim 2015; Paternotte & Kuhar 2017). Und auch die AfD brachte sich 2016 in ihrem Grundsatzprogramm »gegen Gender« in Stellung (Kemper 2014 u. 2016).

Von Antigenderismus wurde daher auch in Deutschland zunächst als Bewegung gesprochen, die dann in einzelne Aktionen und Kampagnen übergegangen ist.

---

18 Zum Vergleich sind hier die Zustimmungswerte der zufällig ausgewählten Hälfte der Befragten angeführt, die in der letzten Erhebung eine 5- statt eine 4-stufige Antwortskala zur Verfügung hatten. Dadurch entstehen leichte Abweichungen zu den Angaben in der Publikation zur Mitte-Studie 2018/19 (➞ Kap. 1.2).

19 Angelehnt an die homo- und transfeindliche Bewegung »Le Manif pour Tous« in Frankreich, die 2013 hunderttausende Menschen gegen die Ehe für alle mobilisierten und zuletzt gegen eine Ausweitung des Rechts zur künstlichen Befruchtung von alleinstehenden Frauen sowie lesbischen Paaren protestierten. Die Bewegung steht teilweise eng in Verbindung mit der römisch-katholischen Kirche und der extremen Rechten.

In der politischen Kultur sind daraus ideologische Artefakte entstanden, deren Kern in der Subsumierung von Diskursen liegt, die sich im weitesten Sinne um sexuelle, reproduktive und familiäre Rechte drehen und dazu eignen, den Begriff und die Analysekategorie Gender abzuwehren, umzudeuten und zu entwerten (vgl. Hark & Villa 2015; kritisch dazu u. a. Henninger 2020; Lang & Fritzsche 2018). Ziel der biologistischen und essenzialistischen Argumentationsmuster ist es, gegen Positionen und Perspektiven zu skandieren, welche die soziale, kulturelle und historische Bedingtheit von Geschlecht aufdecken (u. a. Siri 2018). In dieser Hinsicht kann Antigenderismus auch als spezifische Form antifeministischer, mitunter auch wissenschaftsfeindlicher und antipluralistischer Einstellungen verstanden werden. Ebenso entfaltet sich daran eine rechtspopulistische Strategie gegen einen vermeintlich »von oben« angeordneten »Genderismus«, dessen Ziel eine Umerziehung oder Abschaffung von Zweigeschlechtlichkeit und Heterosexualität sei (Paternotte & Kuhar 2017; Schmincke 2018). Der Genderbegriff und der damit verbundene Aktivismus von Frauen und LSBTI*Q zeigt, wie Themen und Diskurse von rechts außen angeeignet und an negative Affekte und Feindbilder gebunden werden, um sich selbst als Gegenentwurf und Heilsbringer zum »Gender-Wahn der Eliten« aufzutun (Maihofer & Schutzbach 2015). Auf diese naive, diskreditierende Weise wird letztlich versucht, die »Falschheit« rechtlicher Gleichheitsnormen, den Alleinanspruch für den »gesunden« (völkisch gefassten) Menschenverstand sowie eine Ideologie der »natürlichen Ordnung« zu rechtfertigen (vgl. Mayer 2021; Wilde & Meyer 2018). Diesem Kultur- und Deutungskampf stünde unter anderen eine mächtige »Homo-Lobby« gegenüber, die versuche, der Mehrheit ihren Willen und einen homosexuellen »Lebensstil« aufzuzwingen. Dabei wird besonders der vorgebliche Schutz von Kindern für eine Gegnerschaft zu Homosexualität und Geschlechtergleichheit inszeniert und instrumentalisiert (Schmincke 2020). Die Forderungen und Rechte von LSBTI*Q als »zu viel« beziehungsweise Zumutung zu beklagen, dient auch in der breiteren Bevölkerung zur Legitimation abwertender Einstellungen (Küpper, Klocke & Hoffmann 2017).

Diese Entwicklung betrifft nicht zuletzt die autoritäre Vorstellung, in einer Demokratie solle vielmehr der privilegierte Status der Mehrheit bestätigt werden als den Schutz und die Rechte von Minderheiten zu sichern (➟ Kap. 2, S. 43 ff.; vgl. auch Berghan & Zick 2019). So werden Minderheiten von Verfolgten zu

Verfolgern erklärt, wie es mit Bezug auf Gender, Gleichstellung und Geschlechterforschung in Polen und Ungarn bereits Teil der Regierungspolitik ist und sich in der Zeit der Coronapandemie durch Metaphern der Seuche oder auch das Ausrufen von »LGBT-freien Zonen« weiter verschärft hat (Adamiak 2021; Perintfalvi 2021). Demgegenüber erweisen sich Ambivalenzen in der Behauptung der Unvereinbarkeit und Ungleichwertigkeit bestimmter Gruppen auch als Schlüssel für die Vereinnahmung von Feminismus oder Toleranz für LSBTI*Q in konservativen, neoliberalen, nationalistischen und rechtspopulistischen Parteien und Programmatiken (u. a. Farris 2011; Lang 2017). Insbesondere nach der Kölner Silvesternacht 2015 wurde die Forderung, dass »unsere« Werte, Frauen und sogar »unsere« Homosexuellen geschützt werden müssten, zur Abwehr von Migranten, Ausländern und Muslimen als fremdgemachte »andere« ausgespielt (Hark & Villa 2017; zu Homo- und Femonationalismus vgl. auch Çetin 2016).

8.1.4 Erfassung und Verbreitung von Antigenderismus in der Mitte-Studie 2020/21

In der letzten Mitte-Studie haben wir im Rahmen neurechter Mentalitäten auch antifeministische Einstellungen erhoben (Häusler & Küpper 2019). Insgesamt stimmten 6,7 % der Befragten 2018/19 den Aussagen zu, dass es »einen Krieg gegen die traditionelle Ehe und Familie« gäbe oder durch den Feminismus »in unserer Gesellschaft die Männer systematisch benachteiligt« würden, während 21 % im »Teils/teils«-Bereich antworteten und somit auch nicht klar ablehnend waren. Um der Aktualität und Breite des Phänomens auf der Einstellungsebene weiter nachzugehen, haben wir den Befragten in der aktuellen Erhebung 2020/21 neue Aussagen zur Bewertung vorgelegt, die sowohl auf die Unterordnung und Abwertung von Frauen als auch auf die von LSBTI*Q abzielen. Zwei Aussagen beziehen sich auf eine vermeintlich überzogene Gleichstellung, die nicht darauf ausgerichtet sei, die – ohnehin für richtig befundenen – Geschlechterverhältnisse gerechter zu machen, sondern darauf, Männer zu benachteiligen. Eine dritte Aussage zielt auf eine angebliche »Gender- beziehungsweise Regenbogenideologie« und fragt nach der Thematisierung von sexueller Vielfalt als Eingriff in die normale Entwicklung von Kindern. In Tabelle 8.1.1 (⟶ S. 254 f.) sind die Ablehnungen beziehungsweise Zustimmungen zu den einzelnen Aussagen in ihrer Abstufung von (1) »trifft überhaupt

Antigenderismus 2020/21 (Angaben in gültigen Prozent)   **Tabelle 8.1.1**

Trifft ... →

Antigenderismus (M = 2,02; SD = 0,89; n = 831; α = ,68)
Heutzutage werden Männer auf dem Arbeitsmarkt gegenüber Frauen oft benachteiligt. (n = 808)
Bei der Gleichberechtigung geht es eigentlich darum, dass Frauen mehr Macht bekommen als Männer. (n = 829)
Das ganze Gerede von sexueller Vielfalt verhindert, dass Kinder sich normal entwickeln. (n = 800)

Anmerkungen M = arithmetischer Mittelwert; SD = Standardabweichung; n = Anzahl der Befragten; α = Cronbachs Alpha. | Erfassung von Antigenderismus lediglich bei einer zufälligen Hälfte der Befragten.

nicht zu« bis (5) »trifft voll und ganz zu« aufgeführt. Dort finden sich auch der arithmetische Mittelwert, die Standardabweichung sowie Cronbachs Alpha (→ Glossar, S. 332 u. 334 f.) für die Skala.[20] Eine große Mehrheit der Bevölkerung lehnt Antigenderismus ab. Prozentual am ehesten zugestimmt haben die Befragten der Aussage, »das ganze Gerede von sexueller Vielfalt verhindert, dass Kinder sich normal entwickeln« (17 %). Relevant wird auch hier wieder die Bedeutung der mittleren Antwortkategorie, auf der sich – je nach Aussage – 12 % bis 18 % der Befragten verorten. Die drei Aussagen wurden zu einem verlässlichen Indikator zusammengefasst. Befragte, die im Durchschnitt einen Zustimmungswert > 3 erzielten, wurden als »zustimmend« kategorisiert (→ Kap. 1.2, S. 32 ff.). Über alle Befragten hinweg zeigt sich eine Zustimmungsrate von rund 11 %.

In der gesellschaftlichen Verbreitung des Antigenderismus stellt sich außerdem die Frage, wie anschlussfähig dieser in bestimmten Bevölkerungsgruppen ist.[21]

---

20 Die Variablen sind ausreichend geeignet für eine Faktorenanalyse (KMO-Wert = ,66; Bartlett-Test: Chi² (3) = 330,23, p < ,001). Dabei weisen sie zwar eher niedrige Kommunalitäten auf, laden aber bei einem Eigenwertkriterium > 1 zwischen ,59 und ,66 auf einem gemeinsamen Faktor, der 39 % der Gesamtvarianz in den Variablen erklären kann.

21 Chi²-Tests zur Bestimmung signifikanter Unterschiede in der Zustimmung beziehungsweise Ablehnung nach demografischen Merkmalen: Geschlecht: nicht signifikant; Ost/West: Chi² (1, 766) = 7,650, p < ,01; Alter: Chi² (2, 820) = 13,775, p < ,001; Einkommen: Chi² (2, 695) = 28,571, p < ,001; Bildung: Chi² (2, 808) = 21,529, p < ,001; politische Orientierung: Chi² (4, 782) = 13,755, p < ,01; Parteipräferenz: Chi² (10, 637) = 25,765, p < ,01.

Tabelle 8.1.1

... überhaupt nicht zu	... eher nicht zu	teils/teils	... eher zu	... voll und ganz zu
42,8	35,1	12,2	7,7	2,3
46,3	26,7	17,5	5,3	4,2
37,0	28,0	18,0	10,2	6,9

Vielleicht auf den ersten Blick überraschend: Männer (11,5 %) neigen kaum häufiger zum Antigenderismus als Frauen (10,6 %). Es wenden sich also durchaus auch Frauen gegen Gleichstellung und sexuelle Vielfalt, was nicht zuletzt zeigt, wie einflussreich der Diskurs darüber ist, wer eigentlich von Krisen oder Ungleichheiten betroffen ist und wem dabei zugestanden wird, ökonomische oder statusbezogene Anliegen zu haben (vgl. Dowling, van Dyk & Graefe 2017; Küpper & Zick 2011). Befragte, die überwiegend in Ostdeutschland aufgewachsen sind – und hier doch insbesondere Männer – neigen fast doppelt so häufig zum Antigenderismus (14,9 %) wie Befragte, die überwiegend in Westdeutschland aufgewachsen sind (7,9 %). Diese Befunde passen zu der Annahme, dass sich vor allem Teile der männlichen deutschen Bevölkerung durch die sozialen, kulturellen und ökonomischen Verschiebungen herausgefordert oder auch gekränkt fühlen und in diversen Identitäts- und Gleichstellungspolitiken die Ursache für ihren vermeintlichen Privilegienverlust sehen würden (am Beispiel USA vgl. Kimmel 2016). Inwiefern damit bestimmte Milieu- und Sozialisationserfahrungen zu tun haben, wie beispielsweise die Auflösung oder auch Deklassierung sogenannter »Normalarbeitsverhältnisse«, bedarf tieferer Analysen (vgl. u. a. Dörre et al. 2018; Koppetsch 2017; Nachtwey 2016; Sauer 2020). Im Osten kommen erschwerend die Transformationserfahrungen nach 1989 hinzu. Dass die in der DDR gelebte Beteiligung von Frauen an der Erwerbsarbeit bei gleichzeitiger Übernahme traditioneller Sorgearbeit in den Familien nicht zu einer dauerhaft gleichberechtigteren Perspektive geführt hat, überrascht nur bedingt. Ferner können DDR-Vergleiche mit der aktuellen Gleichstellungspolitik (»Gleichmacherei«) als spezifische Abgrenzungsfolie des Antigenderismus sowie als ost-/westdeutsches Dominanzverhältnis diskutiert werden (vgl. Heft 2015).

Daneben finden die Aussagen zum Antigenderismus mit steigendem Alter mehr Zuspruch und werden bei unter 30-Jährigen am ehesten abgelehnt (bis 30 Jahre: 4,1 %; 31–60 Jahre: 9 %; über 60-Jährige: 15,9 %). Darüber hinaus ist Antigenderismus unter Befragten mit niedrigem Einkommen deutlich verbreiteter (25,2 %) als in der Einkommensmitte (8 %) oder unter Befragten mit hohem Einkommen (9,2 %). Ebenfalls weiter verbreitet ist Antigenderismus bei Befragten mit einem niedrigen Schulabschluss (18,1 %) im Vergleich zu jenen mit einem mittleren (10,3 %) oder höheren Schulabschluss (5,7 %). Mit einer politischen Selbstpositionierung im Spektrum von »links« (keine Zustimmung), über »eher links« (6,3 %), nach »eher rechts« (15,6 %) steigen die Zustimmungswerte an, während Befragte, die sich »rechts« positionieren (6,7 %) nur überraschend wenig zustimmen. Auch unterscheiden sich die Zustimmungswerte von Befragten, die ihre politischen Ansichten »genau in der Mitte« verorten – und das tut die Mehrheit – mit 13,7 % nur wenig von den Befragten, die sich selbst »eher rechts« sehen. Aufgrund der – absolut gesehen – geringen Anzahl an Befragten, die sich ganz links oder ganz rechts einordnen, müssen die Ergebnisse jedoch mit Zurückhaltung interpretiert werden.

Gleiches gilt für die Parteipräferenz. Unter Befragten, die angegeben haben, bei der nächsten Bundestagswahl Bündnis 90/Die Grünen wählen zu wollen, findet sich kaum Zustimmung zum Antigenderismus (3,3 %), während er unter Befragten mit einer Präferenz für die CDU/CSU (9,7 %), die FDP (13,9 %), aber auch für Die Linke (6,3 %) etwas verbreiteter ist. Bemerkenswert sind die vergleichsweise höheren Zustimmungen unter erklärten SPD- und Nichtwähler_innen, die beide mit rund 14 % und 15 % vermehrt eine Anti-Gender-Auffassung teilen. Hier scheint der identitätspolitische Diskurs eines »Entweder/oder« der sozialen Stärkung einfacher Arbeiter_innen und des Schutzes von Minderheiten zutage zu treten. Noch häufiger sind potenzielle Wähler_innen der AfD der Ansicht, Frauen würden durch die Gleichberechtigung übervorteilt, Männer benachteiligt und die Thematisierung von sexueller Vielfalt störe Kinder in ihrer Entwicklung (22,2 %).

8.1.5 Zusammenhänge mit Menschenfeindlichkeit und Rechtsextremismus
Antigenderismus ist kein singuläres Phänomen, sondern bettet sich in den Kontext gesellschaftlicher Konflikte über Status, Hierarchie und Gruppenzugehörigkeit ein. Dies bestätigt sich empirisch auch an den Zusammenhängen mit menschenfeindlichen und rechtsextremen Einstellungen (➡ Tab. 8.1.2, S. 258). Antigenderismus korreliert durchweg signifikant positiv mit allen Elementen einer Gruppenbezogenen Menschenfeindlichkeit (GMF) (➡ Kap. 6, S. 181 ff.). Am stärksten korrelieren Antigenderismus und traditioneller Sexismus miteinander (r = ,42). Die korrelativen Zusammenhänge mit der Abwertung von Homosexuellen (r = ,26) und Trans*Menschen (r = ,28) fallen etwas geringer aus, aber ähnlich wie die zur Forderung von Etabliertenvorrechten (r = ,28). Das gibt einen Hinweis darauf, dass es tatsächlich auch um die Verteidigung der vorherrschenden Ordnung geht und, damit verbunden, um den Vorrang gegenüber anderen Gruppen und eigener Privilegien (Küpper 2017a). Die Frage, wer oder was hierbei als etabliert erachtet wird, liegt in dem Muster begründet, dass die abwertenden Einstellungen miteinander bilden. Was sich im Antigenderismus in der Umkehr von Machtverhältnissen als Ablehnung von Gleichstellung sowie sexueller Vielfalt artikuliert, geht Hand in Hand mit der Abwertung von Gruppen, die als »fremd« markiert werden – hier geprüft für Ausländer_innen und Schwarze Menschen (r = ,29), Muslim_innen (r = ,31), Asylsuchende (r = ,17) sowie Sinti_zze und Rom_nja (r = ,24). Gleiches gilt gegenüber Obdachlosen (r = ,31) und Langzeitarbeitslosen (r = ,20), denen in der Wahrnehmung als gesellschaftliche Belastung mit Härte begegnet wird. In dieses Abwertungsmuster können auch antisemitische Einstellungen (r = ,24 u. ,23) eingeordnet werden, bei denen Jüd_innen die Schuld an politischen Entwicklungen gegeben und ihnen als Gruppe gesellschaftliche Einfluss- und Vorteilsnahme unterstellt wird (vgl. auch Stögner 2017). In einem rechtsextremen Weltbild sind solche Ansichten über jüdische Menschen als machtvolle Gruppe noch stärker ausgeprägt und korrelieren gleichzeitig deutlich höher mit einer Anti-Gender-Einstellung (r = ,37).

Die weiteren Facetten rechtsextremer Einstellungen weisen ähnlich moderate Zusammenhänge zum Antigenderismus auf und sprechen insgesamt dafür, dass dem eine Ideologie der »natürlichen Ordnung« zugrunde liegt, die nach innen wie außen verteidigt wird. Dabei besteht ein eindeutiger Zusammenhang mit der Befürwortung einer rechtsgerichteten Diktatur (r = ,36) sowie der Verharm-

**Zusammenhänge von Antigenderismus mit Gruppenbezogener
Menschenfeindlichkeit und Rechtsextremismus** (Pearson-Korrelationen)   **Tabelle 8.1.2**

Gruppenbezogene Menschenfeindlichkeit		Rechtsextreme Einstellungen	
Sexismus	,42*** (828)	Befürwortung einer rechtsgerichteten Diktatur	,36*** (828)
Abwertung homosexueller Menschen	,26*** (456)		
Abwertung von Trans*Menschen	,28*** (443)	Chauvinismus	,36*** (824)
Etabliertenvorrechte	,28*** (830)		
Rassismus	,29*** (822)	Verharmlosung des Nationalsozialismus	,39*** (821)
Muslimfeindlichkeit	,31*** (798)		
Abwertung asylsuchender Menschen	,17*** (817)	Fremdenfeindlichkeit	,37*** (830)
Abwertung von Sinti_zze und Rom_nja	,24*** (801)		
Antisemitismus – klassisch/sekundär	,24*** (814)	Antisemitismus	,37*** (801)
Antisemitismus – israelbezogen	,23*** (737)		
Abwertung wohnungsloser Menschen	,31*** (456)	Sozialdarwinismus	,39*** (830)
Abwertung langzeitarbeitsloser Menschen	,20*** (455)		

Anmerkungen * p = ≤ ,05; ** p = ≤ ,01; *** = p ≤ ,001. | Zahlen in Klammern = Stichprobengröße.

losung des Nationalsozialismus (r = ,39). Egalitäre und solidarische Ansprüche an soziale Gerechtigkeit werden pauschal zurückgewiesen, was beispielsweise aus den Zusammenhängen mit Chauvinismus (r = ,36), Sozialdarwinismus (r = ,39) und Fremdenfeindlichkeit (r = ,37) hervorgeht. So scheint im Rechtsextremismus und dessen Konstrukt einer schicksalhaften »Volksgemeinschaft« jenes Moment von »Natur« versus »Kultur« angelegt zu sein, welches für die Genderperspektive wesentlich ist und unterschiedliche Vorlagen zur Abwertung und Unterordnung bestimmter Gruppen bietet. Antigenderismus wird dabei zur »nationalen Pflicht« gegen demografische wie kulturelle Bedrohungs- oder Untergangsszenarien, die in sich verändernden Geschlechterverhältnissen und Emanzipationsgewinnen gesehen werden (vgl. auch Bitzan 2016; Köttig, Bitzan & Petö 2017; Mayer 2021).

8.1.6 Zusammenhänge mit Verschwörungsglauben, Rechtspopulismus und Gewalt

Die Rechtfertigung einer Ideologie der »natürlichen Ordnung« ist beim Antigenderismus mit Verschwörungsglauben gekoppelt (➟ Kap. 9, S. 283 ff.). Darauf deutet sowohl der signifikante Zusammenhang mit der spezifischen Vorstellung hin, die deutsche Gesellschaft werde vom Islam unterwandert[22], als auch mit der generalisierten Vorstellung von übermächtigen Gruppen (➟ Tab. 8.1.3): Wer zum Antigenderismus neigt, glaubt eher an Verschwörungen der Politik, Medien und Wissenschaft (r = ,43). Neben dem Verschwörungsglauben kann sich über die Befürwortung autoritärer Aggression, die Zurückweisung von Minderheitenrechten sowie Misstrauen in demokratische Prozesse, Politiker_innen und Parteien der Weg zur Rechtfertigung einer Ideologie der »natürlichen Ordnung« hin zum Verfolgungswahn ebnen. Eingeschlossen in eine vereinfachte Gegenüberstellung von Rechtsstaatlichkeit und Volkssouveränität verweist der erhöhte Zusammenhang der Anti-Gender-Einstellung mit einer rechtspopulistischen Orientierung (r = ,46) darauf, dass sich die Argumentationsmuster überlappen.

Zusammenhänge von Antigenderismus mit Verschwörungsmentalität, Rechtspopulismus und Gewaltbilligung (Pearson-Korrelationen)   **Tabelle 8.1.3**

	Verschwörungs-mentalität	Rechtspopulismus[a]	Gewaltbilligung
Antigenderismus	,43 *** (n = 831)	,46 *** (n = 831)	,24 *** (n = 821)

Anmerkungen * = p ≤ ,05; ** = p ≤ ,01; *** = p ≤ ,001; n = Anzahl der Befragten. | [a] Abweichend zum Gesamtindex der rechtspopulistischen Orientierung in der Mitte-Studie 2020/21 gehen hier unter GMF nicht die Abwertungen von »Fremden«, sondern Sexismus sowie die Abwertung von Homosexuellen und Trans*Menschen als Genderdimension von Rechtspopulismus in die Berechnung ein (➟ Kap. 2, S. 43 ff.).

Gerade der Komplex einer vermeintlichen Benachteiligung von Männern birgt die Gefahr, dass die Diskriminierung von Frauen und LSBTI*Q verkannt oder gar geleugnet und durch eine hegemonial männliche Opferideologie ersetzt wird (vgl. Sauer 2018). Diese könnte an Krisendiskurse über Männer als »ver-

---

22 r = ,35*** (n = 772). Die Einzelaussage korreliert zudem hoch mit Muslimfeindlichkeit.

gessenes« oder »geschwächtes« Geschlecht in unserer Gesellschaft anschließen. Außerdem könnte eine solche Opferideologie den gender- beziehungsweise statusbezogenen Rückschluss erlauben, dass es legitim sei, sich zur Überwindung empfundener Schwäche gegen Gleichstellung und Migration zur Wehr zu setzen. Diese Deutung fällt nicht zuletzt aufgrund des signifikanten Zusammenhangs ins Gewicht, dass Befragte, die zum Antigenderismus neigen, auch eher politisch motivierte Gewalt billigen (r = ,24).

8.1.7 Fazit und Ausblick

Antigenderismus erweist sich als erweitertes und erweiterbares Konfliktfeld, das im Zuge der Abwertung und Unterordnung von Frauen und LSBTI*Q auch über rassistische, nationalistische, antisemitische sowie verschwörungsgläubige Diskurse befeuert werden kann. Die Ergebnisse unterstreichen die rechtspopulistische Funktionsweise von Antigenderismus und machen darauf aufmerksam, welche symbolische Bedeutung diesem im Kontext von Bedrohungs- und Krisenszenarien zukommt. In der Eigenlogik des Antigenderismus scheinen dabei Themen wie Zuwanderung, Globalisierung, Vormachtstellung oder die Liberalisierung der Gesellschaft als Trigger für unterschiedliche Abwertungsdimensionen zu fungieren und den Eliten böse Absichten zu unterstellen. Die Verwendung des Genderbegriffs und darauf aufbauende Maßnahmen werden als Ausdruck von Dekadenz und Spinnerei den Problemen »normaler« Menschen gegenübergestellt. So kann der vermeintliche »Genderwahn« der anderen zum eigenen Verfolgungswahn werden, wenn die Ideologie der »natürlichen Ordnung« hinsichtlich von Geschlecht und Sexualität erklärungs- und legitimierungsbedürftig wird; dadurch die eigene Alltagspraxis und Vorstellung von Normalität infrage gestellt sein können, während die Position untergeordneter und marginalisierter Gruppen gestärkt scheint. Dies begründet abwertende Einstellungen und wirft die Frage nach dem gesellschaftlichen Verhältnis zu Minderheiten, ihrer Anerkennung und Sichtbarkeit neu auf (z. B. Frankfurter Allgemeine Zeitung v. 22.2.2021; taz v. 3.3.2021). Neben der Thematisierung sexueller Vielfalt werden gerade auch Bestrebungen zur Geschlechtergleichstellung als störende, künstliche Einflussnahme auf eine ansonsten richtige, »natürliche« Ordnung empfunden, wie die Zusammenhangsanalysen zeigen. Anti-Gender-Einstellungen korrespondieren insofern mit einem Misstrauen in die Demokratie, ihre Prinzipien und Institutionen, dass etwaige Bestrebungen, die Geschlechterverhältnisse zu demokratisieren und Gleichheit unter Genderaspekten zu institutionalisieren, grundlegend abgelehnt werden (vgl. Birsl 2020). In diesem Sinn ist Antigenderismus allerdings mehr als eine Reaktion auf Gleichstellungen und queerfeministische Erfolge, sondern auch eine Reaktion auf globale Dynamiken und eine neoliberale Politik, die das Vertrauen in die Handlungsfähigkeit der Eliten geschwächt und soziale Ungleichheiten verschärft haben, die wiederum rechtspopulistisch umgedeutet werden (vgl. Mayer & Sauer 2017; Henninger 2020). Dabei existiert der Anspruch auf Leistungsgerechtigkeit neben der autoritären Versuchung, traditionelle Rollen sowie bestehende Vorstellungen und Strukturen der Ungleichheit beziehungsweise Ungleichwertigkeit zu restaurieren und zu verteidigen. So führt uns auch die Auswertung nach demografischen Merkmalen vor Augen, dass die Anschlussfähigkeit von Antigenderismus in der Bevölkerung teilweise deutlich variiert und oft verwickelt ist in Zusammenhänge von Alter, Milieu und Sozialisation. Die entsprechende Dynamik von Wert- und Normorientierungen birgt ein ausgeprägtes Konflikt- und Polarisierungspotenzial, in dessen Hintergrund sich der Wandel hegemonialer Männlichkeit beziehungsweise bestimmter Macht- und Ungleichheitsverhältnisse widerspiegelt (vgl. Motakef, Teschlade & Wimbauer 2018). Weitere Analysen und Beobachtungen sind nötig, etwa mit Blick auf die (höheren) Zustimmungswerte von Frauen oder von Befragten in Ostdeutschland (vgl. Küpper 2018).

8.2 Propagandafeld: Klima

Fritz Reusswig · Beate Küpper · Maike Rump

8.2.1 Energie- und Klimapolitik als Themenfeld rechter und rechtspopulistischer Diskurse

Der Klimawandel wird aktuell als größte Bedrohung für das Land gesehen, gleich nach Rechtsextremismus und noch vor der Coronapandemie, wie die Mitte-Studie 2020/21 unterstreicht (➠ Kap. 1, S. 17 ff.). Das wird durch einschlägige Studien bestätigt (Bundesumweltministerium/Umweltbundesamt 2019). Dabei geht einem Großteil der Bevölkerung die Energiewende nicht schnell genug. Es gibt aber auch Kritik an ihrer Umsetzung etwa an der Verteilung der Kosten und der Intransparenz von Entscheidungen (Setton 2019). Klima- und Energiepolitik sind aber nicht nur hoch relevante Zukunftsthemen, sondern zugleich Austragungsort gesellschaftlicher Polarisierungen. Der Klimadiskurs entspinnt sich zwischen den Forderungen von Organisationen wie *Fridays for Future* oder *Extinction Rebellion*[23] auf der einen Seite und der Kampfansage rechter und rechtspopulistischer Diskurse und Organisationen auf der anderen, die jegliche Klimapolitik ablehnen und einen (menschengemachten) Klimawandel leugnen.

Obwohl die Energie- und Klimapolitik seit Jahren ein wichtiges und auch konfliktreiches Politikfeld darstellt, spielte es bis vor Kurzem für Parteien und Organisationen der äußersten Rechten allenfalls eine untergeordnete Rolle. Das hat sich seit Kurzem deutlich geändert, Klima ist zum neuen Propagandafeld der extremen Rechten geworden, auch international. So verband beispielsweise Steve Bannon – Anhänger der *Alt-Right*-Bewegung (»Alternative Rechte«) und zu Beginn der Präsidentschaft von Donald Trump dessen Berater – die Kern-

---

23 *Extinction Rebellion* – also der Aufstand gegen das Aussterben – ist eine mittlerweile ebenfalls global aktive Umweltschutzbewegung, die mit Mitteln des zivilen Ungehorsams (wie v. a. Blockaden) konsequente Maßnahmen gegen das vom Menschen verursachte weltweite Artensterben einfordert. Verdächtigt wird Extinction Rebellion u. a. als anarchistisch, ökosozialistisch, esoterisch, sektenhaft und gewaltbereit, offen für Extremismus unterschiedlicher Färbung. In Deutschland ist die Gruppe nach Einschätzung von Expert_innen bislang nicht sehr einflussreich.

themen des ganz rechten Populismus von Islamgegnerschaft bis Klimawandelleugnung. Kurze Zeit später verkündigte Trump den Ausstieg der USA aus dem Pariser Klimaabkommen (der Wiedereinstieg war eine der ersten Amtshandlungen des neu gewählten demokratischen Präsidenten Joe Biden). In einem Welt-Interview vom 15. September 2019 erklärte der damalige Kovorsitzende der Partei Alternative für Deutschland (AfD), Alexander Gauland: »Die Kritik an der sogenannten Klimaschutzpolitik ist nach dem Euro und der Zuwanderung das dritte große Thema für die AfD.« Das war der rechtspopulistische »Ritterschlag« für ein lange vernachlässigtes Thema und ermöglicht es der Partei, sich nun auch als Opposition zu einer angeblich drohenden »links-grünen Ökodiktatur« zu inszenieren.

Eine ganze Reihe von Plattformen der sogenannten »alternativen Medien« (z. B. KenFM, Rubicon, GEOLITICO) verbreiten inzwischen auch in Deutschland Verschwörungsmythen nicht nur im Zusammenhang mit Migration, Gender, »jüdischer Weltherrschaft« und Corona, sondern auch mit dem Klimawandel und der Energiewende. Insbesondere die Windkraft gerät dabei ins Fadenkreuz der Kritik. Die Mitte-Studie 2018/19 belegte bereits den engen Zusammenhang verschiedener Verschwörungsmythen untereinander, einschließlich der Behauptung, »die meisten Studien, die den Klimawandel belegen, sind gefälscht«.

Die Frage ist, inwieweit all dies weiter Resonanz in der Bevölkerung findet (oder, umgekehrt, dort vorhandene Stimmungslagen aufgreift), inwieweit über populistisch aufbereitete Verschwörungsmythen weitere Milieus erreicht werden, die für die Themen Klimawandel und Energiewende ansprechbar sind und inwieweit sich Zusammenhänge mit der Coronapandemie beobachten lassen (⇒ Kap. 8.0, S. 225 ff.).

8.2.2 Warum das Themenfeld Klima/Energiewende von rechts außen aufgegriffen wird

Es gibt eine Reihe von Gründen, warum die Klima- und Energiepolitik zum Propagandafeld für rechts außen avanciert. Der Klimawandel ist fundamental, global, komplex, erscheint unbeherrschbar und damit bedrohlich, doch im Alltag und lokalen Raum ist er oft nur indirekt erkennbar (z. B. durch viele außergewöhnlich heiße und trockene Sommer). Es braucht die Wissenschaft, um ihn stichhaltig zu belegen. Er bringt schleichende Veränderungen, deren dramatische Folgen sich erst in der Zukunft in voller Härte zeigen werden. Konsequenter Klimaschutz verlangt zugleich gravierende Veränderungen im Lebensstil des Hier und Jetzt. Damit ist er wie geschaffen für einen Populismus, der der Institution Wissenschaft misstrauisch gegenübersteht, sich gegen Veränderungen wehrt und Gründe dafür liefert, die Augen vor den Realitäten zu verschließen.

Anschlussfähig an extrem rechte und rechtspopulistische Diskurse (➠ Kap. 2, S. 43 ff.) ist die Kritik an der Energiewende auch deshalb, weil erneuerbare Energien das Landschaftsbild verändern und den Naturhaushalt beeinträchtigen können, weshalb viele Naturschutzverbände zum Beispiel gegen Windkraftanlagen klagen. Heimat, Natur und Volk sind historische Kernthemen des Rechtsextremismus, der darüber ideologisch angestammte Vorherrschaften begründet (Stichwort »Blut und Boden«) (➠ Kap 8.0, S. 225 ff.). Über die Codierung von Naturschutz als Heimatschutz – invasive Arten stören hier genauso wie Migrant_innen – wird auf der extremen Rechten der Versuch unternommen, »grüne« Themen zu besetzen und so die vermeintliche Hegemonie der politischen Linken (zu der Die Grünen hinzugerechnet werden) zu brechen.

8.2.2.1 *(Rechts-)populistische Logik im Themenfeld Klimaschutz und Energie*

Ein Strukturmerkmal des *Populismus* ist, die Welt in »gut« und »böse« einzuteilen und zwischen dem »betrogenen« Volk (als einer »moralisch« qualifizierten »Mehrheit«) und den »korrupten« Eliten zu unterscheiden (➠ Kap. 2, S. 43 ff.). Neben pauschaler Kritik an Eliten ist Antipluralismus das zweite Kernmerkmal des Populismus (Mudde & Rovira Kaltwasser 2017; Müller 2016; Priester 2012). Ostiguy & Casullo (2017) schlagen vor, die Polarität Elite – (wahres) Volk durch eine dritte Größe zu ergänzen: die sogenannten »schändlichen Minderheiten« (*nefarious minorities*), also die (moralisch als »böse«) klassifizierten sozialen Gruppen, die der (moralisch »guten«) »Mehrheit« (und sei sie auch nur behauptet oder gefühlt) gegenüberstehen – in deren Namen und Interessen die korrupte Elite Politik macht. Im *Rechtspopulismus* wird diese Argumentationsfigur über Fremdenfeindlichkeit, Rassismus, Antisemitismus, Antigenderismus und anderes inhaltlich besetzt. Für alle genannten Dimensionen sind Klimaschutz und Energiewende relevant.

Teile der Bevölkerung stimmen der zum Teil eben auch (rechts-)populistisch auf-
geladenen Kritik ganz offensichtlich zu – was hier zu prüfen ist –, und so erscheinen Klima- und Energiepolitik neben Migration und EU als typische Projekte
einer politischen Elite, die ohne Einverständnis der Bevölkerung ihre Politik von
oben beschließt und die Kosten und Konsequenzen dem »Volk« aufbürdet – in
Form von erhöhten Strompreisen, »verschandelter« Landschaften und durch
Windkraftanlagen getöteter Vögel. Die politische Elite ziehe die Energiewende im
Interesse einer als »böse« charakterisierten gesellschaftlichen »Minderheit« durch,
die als Bündnis zwischen multikulturell-urbaner Elite und den Profiteuren der
Energiewende charakterisiert wird (Forchtner et al. 2019; Radtke et al. 2019). Im
populistischen Narrativ hat sich diese »Minderheit« nicht zuletzt dank einer die
»Klimahysterie« befeuernden links-grünen »Lügenpresse« politisch durchgesetzt.
Dass Klimapolitik ein stark international geprägtes Politikfeld und vornehmlich
wissenschaftlich begründet ist, lässt sie erst recht verdächtig erscheinen (Eichenauer et al. 2018; Huber et al. 2020; Mede & Schäfer 2020). Die im (Rechts-)
Populismus verbreitete Lesart wird auch von Teilen der Bevölkerung geteilt, wie
aus ersten Umfragestudien hervorgeht, die empirisch einen Zusammenhang zwischen populistischen und klimawandelskeptischen beziehungsweise die Energiewende ablehnende Einstellungen belegen (z. B. für Großbritannien Huber 2020).

Dass es dieselbe Kanzlerin war, die 2015 in einem angeblich »gemeinwohlschäd-
lichen Alleingang« die Grenzen für Flüchtlinge geöffnet hat und 2011 aus Angst
vor dem durch Fukushima eingeschüchterten Publikum die Energiewende
eingeleitet hat – das hält man im rechtspopulistischen Diskurs für keinen Zufall.
Angela Merkel wird hier als »Klimakanzlerin« angegriffen, die im Verein mit
einer in die gesellschaftliche Mitte tendierenden CDU/CSU Deutschland ab-
sichtsvoll in eine links-grüne Republik verwandeln will. Als Machtvehikel auf
diesem Weg diene ihr neben den »Mainstreammedien« auch die Wissenschaft,
weshalb die Mobilisierung von Klimaskepsis[24] hier zum Standardrepertoire

---

24 Der Begriff »Klimaskeptizismus« wird hier verwendet, weil er weithin bekannt ist. An sich ist
Skepsis (altgriechisch für Zweifel und Zurückhaltung des (schnellen) Urteils) eine Basistugend
sowohl in der Wissenschaft wie in der Politik. Der Ausdruck »Klimaskepsis« verharmlost insofern
das aktive Leugnen der überwältigen Befunde eines anthropogenen Klimawandels. In Deutschland
tut sich insbesondere der pseudowissenschaftliche »Thinktank« EIKE (Europäisches Institut für
Klima und Energie e. V.) in diesem Sinne hervor. Es besteht inhaltliche und personelle Nähe zu

gehört (Huber et al. 2020; Mede & Schäfer 2020). Ähnlich argumentiert – gegen die etablierte Wissenschaft – übrigens auch die Werteunion, ein CDU/CSU-naher Verein, in ihrem »Klimamanifest 2020«. Gezogen wird zudem eine Parallele zwischen Klima- und Coronapolitik: In beiden Fällen entscheiden wissenschaftliche Expert_innen über die Köpfe der Menschen hinweg, was wir tun und wie wir leben sollen, so der Vorwurf (Hartmann et al. 2020). AfD-Anhänger_innen glauben signifikant häufiger als der Bevölkerungsdurchschnitt, Corona diene nur als Vorwand, die Menschen zu unterdrücken (65 % zu 14 %; Roose 2020). Durch die Coronapolitik ebenso wie durch die Klimapolitik leide nicht nur die deutsche Wirtschaft, sondern auch das »normale« Volk, dem man Freiheit, Flug, Fleisch und Fahrzeug nehmen wolle. Der Rechtspopulismus kann von daher auch als eine defensive Strategie der Verteidigung einer »normalen«, fossil-intensiven Lebensweise verstanden werden (Eversberg 2019).

Parteien der äußersten Rechten vertreten bisher eine generelle »antiökologische« Haltung, die auch antipostmaterialistische Einstellungen in der Bevölkerung aufgreift und verstärkt. Es geht um den Erhalt des Bestehenden gegenüber den »Zumutungen« des Wandels (für Europa vgl. Fraune & Knodt 2018; Huber 2020; McCright et al. 2016). Doch so wie sich die Spielarten des (Rechts-)Populismus unterscheiden (Zulianello 2020), unterscheiden sich auch die Positionen verschiedener Rechtsaußenparteien in der Energie- und Klimapolitik (Hess & Renner 2019; Schaller & Carius 2019). So ist die österreichische FPÖ zwar klimaskeptisch, setzt sich aber für den Ausbau erneuerbarer Energien im Sinne einer Energieautarkie ein. Ähnliche Nuancierungen finden sich im *Rassemblement National* in Frankreich oder in der *Lega* in Italien. Die bisher feststellbare grundsätzliche Affinität der Rechtspopulisten zu Klimaskepsis und Klimaleugnertum (Götze 2019; Lockwood 2018; Radtke & Schreurs 2019) kann sich auch in Richtung eines klimapolitischen Nationalismus (Motto: »Wir haben schon alles getan, sollen erstmal die Chinesen was tun!«) oder eines klimapolitischen Konservatismus entwickeln (Motto: »Was immer wir tun – es darf unsere Wirtschaft

---

Rechtspopulisten und Rechtsextremen, aber auch zu Teilen der fossilen beziehungsweise energieintensiven Industrie (vgl. Reusswig et al. 2020). Als Grundmuster ist erkennbar, dass der wissenschaftliche Konsens zum anthropogenen Klimawandel als quasireligiöser Glaube diffamiert wird, während die eigene ideologisch geprägte Position als »wissenschaftlich« auftritt. EIKE-Motto: »Nicht das Klima ist bedroht, sondern unsere Freiheit!«

nicht schädigen«). So war es in den letzten Jahren bei den rechtspopulistischen Parteien in Dänemark, Schweden und Finnland zu beobachten (Vihma et al. 2020). Hier zeigt sich der Populismus flexibel, sofern das Kernnarrativ des von den Eliten betrogenen Volkes bedient wird (Reusswig et al. 2020). Dabei spielt nicht zuletzt auch die Frage der Koalitionsfähigkeit und der Positionierung im konkreten politischen System eine Rolle (Ćetković & Hagemann 2020). Die Diskrepanzen zwischen dem Parteiprogramm der AfD und der parlamentarischen Praxis auf der Ebene der Bundesländer (Götze & Kirchner 2016) lassen darauf schließen, dass auch die AfD kein monolithischer Block in Sachen Klima ist. Das gilt umso mehr für die Wählerschaft der AfD, unter der sich übrigens mehr Befürworter als Gegner der Energiewende finden (Setton 2019).

8.2.2.2   Ökologie von rechts?

Auch in den Diskursen von Akteuren auf der extremen Rechten spielen klimaskeptische und klimaleugnerische Positionen eine bedeutsame Rolle, wobei es weniger die Bedrohung individueller Freiheiten durch Klimapolitik als vielmehr die Bedrohung des völkischen Kollektivs ist, die hier betont wird (Forchtner et al. 2018). In diesem Spektrum finden sich schon seit vielen Jahren Ideen einer »Ökologie von rechts« (Jahn & Wehling 1991), die im Rahmen der aktuellen Klimakrise mobilisiert werden. Die rechtsextreme Kleinpartei »Der dritte Weg« etwa kritisiert die klimakritische Haltung der AfD als neoliberale Besitzstandswahrung und bezeichnet den massiven Ausbau der Erneuerbaren als »absolute Notwendigkeit« und »logischen Bestandteil des Zieles einer raumgebundenen Volkswirtschaft« (Anonymus 2019). Extrem rechte Zeitschriften wie die kürzlich eingestellte »Umwelt & Aktiv« – ihr folgt jetzt »Die Kehre« – propagieren seit Jahren die Gleichsetzung von Umweltschutz und völkischem Heimatschutz und kämpfen gegen die aus ihrer Sicht fatale Vereinnahmung von Umwelt- und Naturschutz gegen die mal als links, mal als kapitalismusfreundlich charakterisierten Grünen. Sie erinnern dabei gerne an die rechten Wurzeln der Natur- und Heimatschutzbewegung (FARN 2019).[25]

---

25   Die Bewegung der völkischen Siedler etwa nimmt solche Fäden durch ihren ebenso natur- wie »volksverbundenen« Lebensstil wieder auf (Röpke & Speit 2019). Anders als die AfD argumentieren die rechten Ökologen gegen Gentechnik und Agrarchemie und warnen vor dem Eindringen invasiver Arten – also solcher, die von außen eindringen mit negativen Auswirkungen auf die heimische Flora und Fauna – durch den Klimawandel.

Hier wird gleich eine doppelte Verkürzung vorgenommen, gegen die auch Kritiker_innen dieses Aneignungs- und Umdeutungsversuchs nicht gefeit sind (vgl. Götze 2019). Die Reduktion der Geschichte des Naturschutzes in Deutschland auf ein rechtes oder gar reaktionäres Projekt stellt eine Verkürzung dar, die den Naturschutz »von links« komplett ignoriert (z. B. die 1895 gegründeten »Naturfreunde« oder den 1922 gegründeten »Volksbund Naturschutz«) (BfN 2015; DNR 2020; Frohn 2018). Der bloße Hinweis auf die Tatsache, dass das erste landesweite Naturschutzgesetz in Deutschland – das Reichsnaturschutzgesetz von 1935 – unter der Ägide des Reichsforst- und Reichsjägermeisters Hermann Göring entstand, ersetzt nicht die historische Auseinandersetzung mit seiner Genese. Präambel und Begriffswahl weisen es zwar klar als völkisch-nationalsozialistisch geprägt aus. Aber in seinen Kernanliegen und gesetzlichen Bestimmungen geht es auf Gesetzesinitiativen aus der Weimarer Republik zurück (Radkau & Uekötter 2003) und zeigt sich ideologisch geprägt vom konservativen Geist des romantisch orientierten Naturschutzes seit der Wende vom 19. zum 20. Jahrhundert (Franke 2017). Dass seine Wirksamkeit durch die gegenläufigen Interessen der nationalsozialistischen Siedlungs-, Verkehrs- und Wehrwirtschaftspolitik stark begrenzt wurde – denn sie war quasi die faschistische Zuspitzung der industriellen Moderne, gegen die der romantische Natur- und Heimatschutz ursprünglich einmal angetreten war –, darf als bittere Ironie der Geschichte des Naturschutzes ebenfalls nicht unterschlagen werden.

Auch wenn die extreme Rechte also nur durch Geschichtsklitterung die Kontinuitätslinie einer Ökologie von rechts zu konstruieren vermag[26], bietet sie doch eine – aktuell allerdings unbedeutende – Alternative zum Antiökologismus der AfD. Vor diesem Hintergrund stellt sich die Frage, wohin sich der Klimadiskurs im politischen Rechtsaußenspektrum in Deutschland entwickeln wird. Die erwähnte Flexibilität des populistischen Kernnarrativs eines Volks, das von »den Eliten« verraten und den »anderen« bedroht wird, macht es im Prinzip möglich, dass es in der Mitte der Gesellschaft angesichts einer wachsenden Besorgnis um die Klimakrise in großen Teilen zu einer Umstellung von

---

26 Ganz analog zum hybriden, widersprüchlichen und oft rein strategischen Charakter antikapitalistischer Strömungen in neueren Debatten auf dem rechtsextremen Flügel der AfD (vgl. Kellershohn 2019).

Klimaleugnertum auf einen klimapolitischen Nationalismus kommt. Theoretisch möglich wäre auch, auf die Ökologie von rechts der Nationalrevolutionäre umzustellen, wenngleich diese Position dort selbst umstritten ist. Aktuell sieht alles danach aus, als würde der deutsche Rechtspopulismus an seinem »wohlstandschauvinistischen« Anti-Klima-Kurs festhalten, um sich als die einzig wahre Alternative einer angeblich drohenden grünen »Ökodiktatur« zu stilisieren (Reusswig & Leggewie 2019).

8.2.3 Einstellungen zu Klimawandel und Energiewende in der Bevölkerung

Der *Klimawandel* stellt für die große Mehrzahl der Befragten eine große bis sehr große Bedrohung dar (69,9 %) und liegt damit zusammen mit dem Rechtsextremismus an der Spitze aller abgefragten Bedrohungen (➟ Kap. 1, S. 17 ff.). 80 % aller Befragten halten den Klimawandel für vollständig oder eher vom Menschen gemacht (anthropogen), während 8,5 % daran zweifeln, knapp 11 % mit »teils/teils« antworten (➟ Abb. 8.2.1, S. 270). Im Vergleich zu einer Umfrage aus dem Jahr 2011 (Engels et al. 2013) ist aktuell ein deutlich größerer Teil der Bevölkerung von einem anthropogenen Klimawandel überzeugt als noch vor zehn Jahren (damals waren dies nur 63 %). Gleichzeitig fällt eine gewisse Polarisierung der Bevölkerung in dieser Frage auf, denn auch die Klimawandelskeptiker sind mehr geworden, ihr Anteil ist von damals 7 auf heute 9,4 % leicht gewachsen. Unentschieden sind in dieser Frage heute nur noch knapp 11 % der Befragten im Vergleich zu damals noch fast 30 % (➟ Abb. 8.2.1, S. 270).

Zudem meinen nur wenige (5,4 %) Befragte der Mitte-Studie 2020/21, »Studien, die den Klimawandel belegen«, seien »meist gefälscht« (vgl. dazu und für die folgenden Aussagen ➟ Abb. 8.2.2, S. 271). Ebenfalls nur eine Minderheit (15 %) der Befragten hält den Ausbau der Windkraft in erster Linie für eine Bereicherungsquelle für Unternehmer, unterstellt also primär ökonomische Motive. Eine ähnlich kleine Minderheit (12 %) glaubt, die Kommunalpolitik stecke mit der »Windkraftlobby« unter einer Decke, unterstellt damit also Korruption, was auch ein Verbünden hinterrücks gegen die Interessen »des Volks« assoziiert. Die große Mehrheit teilt solcherart populistisch formulierte windkraftkritische Positionen zwar nicht, dennoch schimmert in den vergleichsweise vielen indifferenten »Teils/teils«-Antworten ein gewisses Misstrauen gegenüber der Umsetzung der Energiewende durch. Wie bei aller generellen Akzep-

Einschätzung eines anthropogenen Klimawandels 2011 und 2020/21
(Angaben in Prozent)   **Abb. 8.2.1**

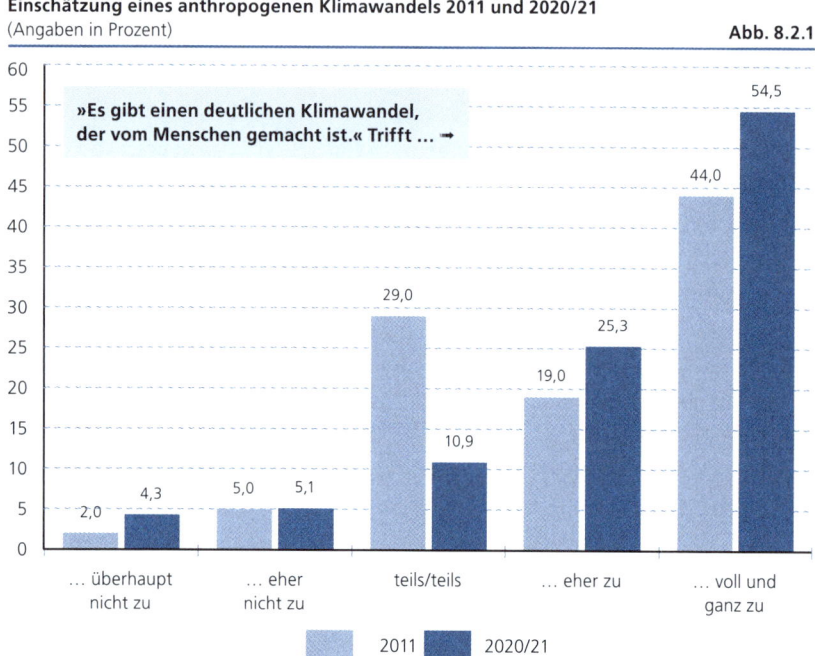

Anmerkungen Daten basieren auf Engels et al. 2013 und Mitte-Studie 2020/21.

tanz der Energiewende die Kritik an deren Umsetzung in Misstrauen umschlagen kann, lässt sich bei deren lokaler Umsetzung beobachten (vgl. Setton 2019). Letztlich wird die *Energiewende* jedoch von der großen Mehrheit (fast 75 %) akzeptiert. Damit bestätigen die Befunde der Mitte-Studie der Tendenz nach andere Studien, die der Energiewende allgemein hohe Akzeptanzwerte bei einer großen Mehrheit der Bevölkerung attestieren (vgl. BMU & BfN 2020; AEE 2021).

Die eingangs erwähnte Polarisierung des energie- und klimapolitischen Diskurses in Deutschland kann also nicht nur im historischen Vergleich, sondern auch in der Struktur der aktuellen Einstellungsmuster nachgewiesen werden. Die Polarisierung verläuft zwischen der großen Mehrheit, die den Klimawandel als Bedrohung und für deutlich menschengemacht hält und die Energiewende im Großen und Ganzen für richtig erachtet, und einer kleinen Minderheit, die dies nicht so sieht und überdurchschnittlich häufig populistische Einstellungen in Bezug auf Klima und Energiewende teilt.

Einstellungen zum Klimawandel und zur Energiewende[a]
(Angaben in Prozent)   **Abb. 8.2.2**

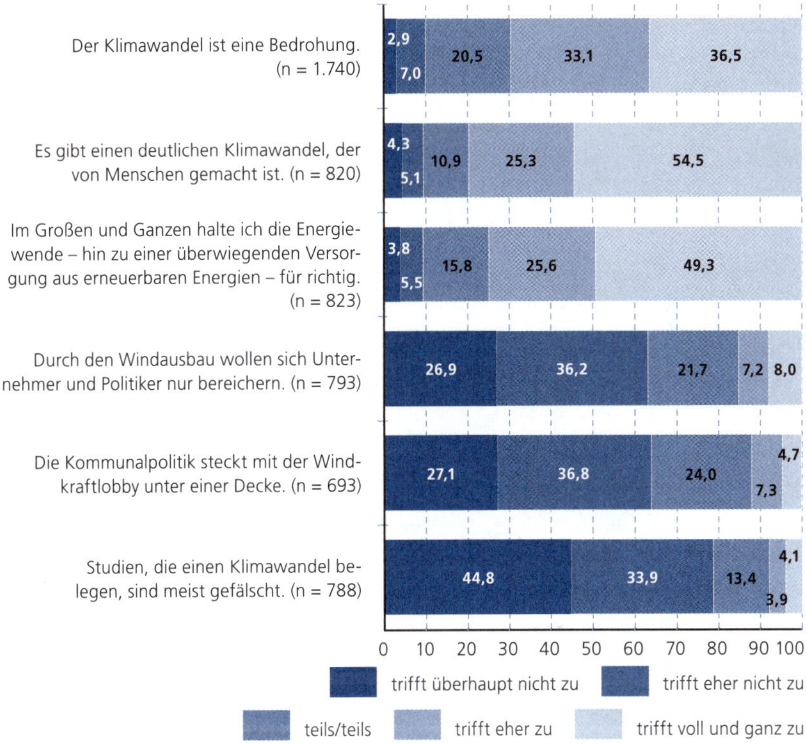

	trifft überhaupt nicht zu	trifft eher nicht zu	teils/teils	trifft eher zu	trifft voll und ganz zu
Der Klimawandel ist eine Bedrohung. (n = 1.740)	2,9	7,0	20,5	33,1	36,5
Es gibt einen deutlichen Klimawandel, der von Menschen gemacht ist. (n = 820)	4,3	5,1	10,9	25,3	54,5
Im Großen und Ganzen halte ich die Energiewende – hin zu einer überwiegenden Versorgung aus erneuerbaren Energien – für richtig. (n = 823)	3,8	5,5	15,8	25,6	49,3
Durch den Windausbau wollen sich Unternehmer und Politiker nur bereichern. (n = 793)	26,9	36,2	21,7	7,2	8,0
Die Kommunalpolitik steckt mit der Windkraftlobby unter einer Decke. (n = 693)	27,1	36,8	24,0	7,3	4,7
Studien, die einen Klimawandel belegen, sind meist gefälscht. (n = 788)	44,8	33,9	13,4	3,9	4,1

Anmerkungen [a] Einige der Fragen zu diesem Themenkomplex wurden aus Platzgründen im Fragebogen nur einer zufällig ausgewählten Hälfte der Befragten vorgelegt, sodass hier lediglich Antworten von rund 800 Befragten zur Verfügung stehen.

Für die erfassten Einstellungen zum Thema Klima und Energie sind demografische Merkmale der Befragten wie Alter, Geschlecht, Bildung und Einkommen nahezu unerheblich. Letzteres widerspricht der Annahme, die Ablehnung der Energiewende erfolge primär aufgrund der wahrgenommenen Kosten und sei bei den niedrigen Einkommen besonders hoch.

Jüngere Befragte sind in Bezug auf das Thema Klimawandel besonders alarmiert und halten in der ganz großen Mehrheit auch die Energiewende im Großen und Ganzen für richtig. Ältere Befragte bewerten den Klimawandel zwar ähnlich wie mittelalte und jüngere Befragte als Bedrohung, sind aber vergleichsweise etwas misstrauischer in Bezug auf mögliche Absprachen zwischen Kommunalpolitik und »Windkraftlobby«. Auch sind sie nicht ganz so überzeugt von der Energiewende, wenngleich auch unter den Älteren die Energiewende von über zwei Dritteln klar für richtig gehalten wird. Die altersbezogenen Befunde der Mitte-Studie decken sich mit der Beobachtung einer SINUS-Studie aus dem Sommer 2019, nach der ein großer Teil der Jugendlichen große Angst vor dem Klimawandel hat, sich beim Klimaschutz aber von den Älteren im Stich gelassen fühlt.[27] Den vorliegenden Ergebnissen zufolge sind aber auch die Älteren über den Klimawandel besorgt, was die positive Resonanz von *Fridays for Future* auch unter vielen Älteren erklären kann. Männer nehmen den Klimawandel etwas seltener als eine Bedrohung wahr als Frauen. Personen mit niedrigerem formalem Bildungsniveau und Einkommen sind misstrauischer gegenüber wissenschaftlichen Studien, die den Klimawandel belegen, und gegenüber Kommunen. Hier könnte das populistische Narrativ ansetzen. Ostdeutsche nehmen den Klimawandel seltener als eine Bedrohung wahr als Westdeutsche und halten Klimastudien etwas häufiger für gefälscht. Ostdeutschland ist von Klimawandelfolgen wie Hitze und Trockenheit noch stärker betroffen und bedroht als Westdeutschland (vgl. Buth et al. 2015). Die eigene Betroffenheit könnte hier eine ambivalente Rolle spielen, führt sie die Notwendigkeit von Veränderung besonders deutlich vor Augen.

8.2.4 Zusammenhangsmuster energie- und klimapolitischer Einstellungen

Politische Ideologien und individuelle Einstellungen zeigen Muster, die auf dahinterstehende Weltbilder verweisen, auch wenn diese im Fluss und nicht immer kohärent sein mögen. Dies gilt auch für die Einstellungen zu Klimawandel und Energiewende.

Folgt man der Logik von »Problem« und »Lösung«, dann kann man vereinfacht sagen: Der Klimawandel ist das Problem, die Energiewende ist die Lösung, der

---

27   https://www.sinus-institut.de/fileadmin/user_data/sinus-intranet/News_Bilder/Klimaschutz/Pressematerialien_Jugend_Fridays_for_Future_und_Klimaschutz_SINUS-Institut.pdf [Aufruf am 1.6.2021].

Windkraftausbau ein Teil davon. Selbstverständlich kann man das Problem auch negieren und die »Lösung« folglich als unnötig oder unsinnig verwerfen. Aber auch in diesem Fall folgt das Antwortmuster einer Logik. Abbildung 8.2.3 bildet diesen inneren Zusammenhang klima- und energiepolitischer Einstellungen theoretisch und empirisch ab.

Muster der Zusammenhänge klima- und energiepolitischer Einstellungen[a]
(wie in der Mitte-Studie 2020/21 erfasst)   **Abb. 8.2.3**

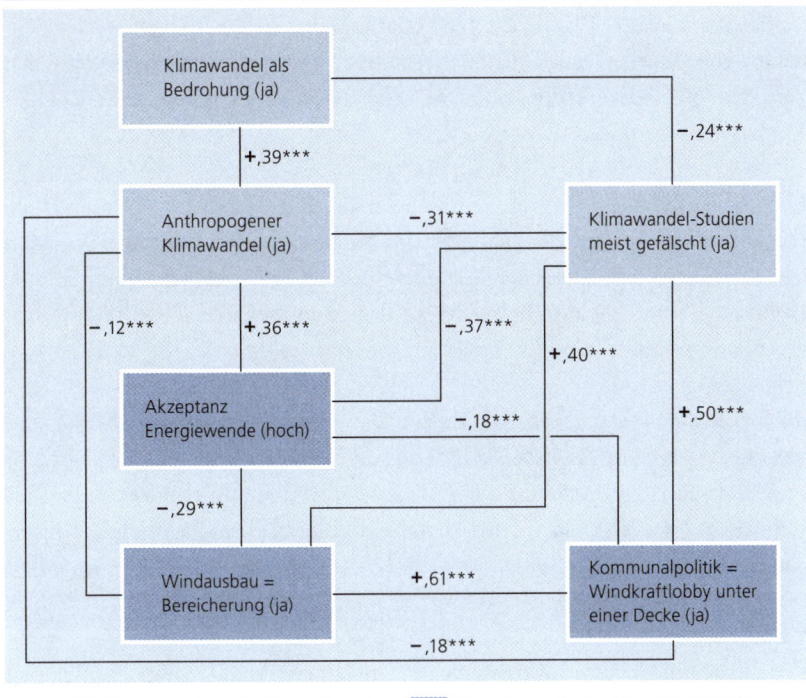

Klimawandel als »Problem«-Komplex   Energiewende als »Lösungs«-Komplex

Anmerkungen Zwischen mit einem »+« gekennzeichneten Einstellungen besteht ein positiver Zusammenhang, umgekehrt zwischen mit einem »–« gekennzeichneten ein negativer. Die Zahlen belegen den jeweiligen empirischen Zusammenhang, wie er sich in der Mitte-Studie 2020/21 darstellt (Pearson-Korrelationskoeffizienten mit positivem und negativem Vorzeichen; → Glossar, S. 333 f.). | [a] Vertiefter werden diese Fragestellungen im Rahmen des Projekts »DEMOKON – Eine demokratische Konfliktkultur für die Energiewende« unter Förderung der Stiftung Mercator untersucht, an dem die Autor_innen dieses Kapitels gemeinsam mit weiteren Partner_innen beteiligt sind.

Wer die anthropogene Natur des Klimawandels bejaht, zweifelt seltener an Studien, die den Klimawandel belegen, und befürwortet im Großen und Ganzen eher die Energiewende. Wer die Energiewende insgesamt für sinnvoll hält, sieht auch deutlich weniger häufig Bereicherungsabsichten am Werk oder denkt, die Kommunalpolitik stecke mit der »Windkraftlobby« unter einer Decke. Wer dagegen eher glaubt, Klimawandelstudien seien gefälscht, ist häufiger auch der Meinung, es ginge primär um Bereicherung und Lobbyismus. Auch ein gewisser negativer Zusammenhang zwischen einer Pro-Klima-Haltung und dem Verdacht auf lokales Politikversagen bestätigt sich. Die niedrigeren Zusammenhangswerte könnten jedoch auf Zweifel an der Umsetzung klimaschutzpolitischer Ziele auf lokaler Ebene hindeuten, worüber an dieser Stelle aber nur spekuliert werden kann.

Nicht jede_r, der/die das Themenfeld Klima und Energiewende grundsätzlich skeptisch sieht, hängt also auch klimapopulistischen Einstellungen an. Man kann aus nicht populistischen Gründen an Klimawandel und Energiewende zweifeln. Aber die Wahrscheinlichkeit, dass man dies tut, ist deutlich höher, wenn man populistische Narrative teilt.

8.2.5 Zusammenhänge zwischen Einstellungen, die auf Klima und Energiewende bezogen sind, und rechtspopulistischen sowie rechtsextremen Einstellungen
Es bleibt die Frage, welche Rolle rechtspopulistische und rechtsextreme Einstellungen (➟ Kap. 3, S. 75 ff.) allgemein auf das »Propagandafeld Klima« haben.

8.2.5.1   Politische Selbstpositionierung und Wahlpräferenz
Die Einstellungen zum Klimawandel und zur Energiewende unterscheiden sich zunächst einmal in Abhängigkeit von der politischen Selbsteinordnung. Befragte, die sich selbst »eher links« positionieren, unterscheiden sich dabei am deutlichsten von jenen, die ihre politischen Ansichten selbst »rechts« sehen. Jene, die sich politisch »genau in der Mitte« sehen, teilen Einstellungen dazwischen (➟ Abb. 8.2.4). Der Klimawandel wird im politischen Spektrum rechts der Mitte kaum weniger als in der Mitte und links davon als Bedrohung und auch als menschengemacht eingeschätzt, jedoch wird hier die Energiewende deutlich seltener für richtig befunden. Auch werden Studien, die den Klimawandel be-

legen, im rechten Spektrum eher angezweifelt und hinter der Windkraft primär Bereicherung als Motiv vermutet, während der Verdacht auf Kungelei zwischen Kommunalpolitik und »Windkraftlobby« auch ganz links geteilt wird.

Einstellungen zu Klimawandel und Energiewende nach politischer Selbstpositionierung (Mittelwerte; Skala 1–5)   **Abb. 8.2.4**

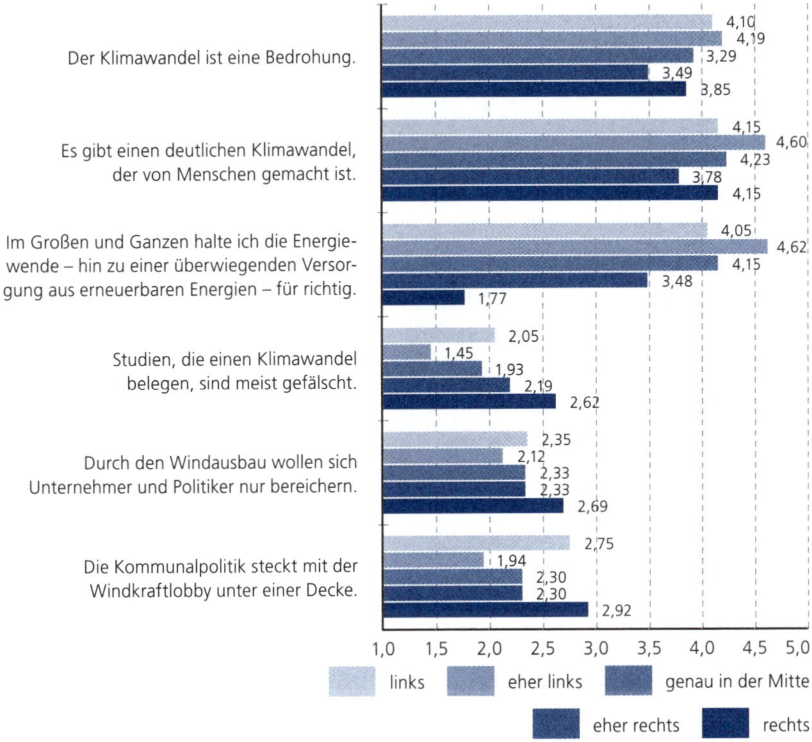

Der Klimawandel ist eine Bedrohung.
- 4,10
- 4,19
- 3,29
- 3,49
- 3,85

Es gibt einen deutlichen Klimawandel, der von Menschen gemacht ist.
- 4,15
- 4,60
- 4,23
- 3,78
- 4,15

Im Großen und Ganzen halte ich die Energiewende – hin zu einer überwiegenden Versorgung aus erneuerbaren Energien – für richtig.
- 4,05
- 4,62
- 4,15
- 3,48
- 1,77

Studien, die einen Klimawandel belegen, sind meist gefälscht.
- 2,05
- 1,45
- 1,93
- 2,19
- 2,62

Durch den Windausbau wollen sich Unternehmer und Politiker nur bereichern.
- 2,35
- 2,12
- 2,33
- 2,33
- 2,69

Die Kommunalpolitik steckt mit der Windkraftlobby unter einer Decke.
- 2,75
- 1,94
- 2,30
- 2,30
- 2,92

1,0 1,5 2,0 2,5 3,0 3,5 4,0 4,5 5,0

links   eher links   genau in der Mitte

eher rechts   rechts

Auch die Parteipräferenz der Befragten bei Wahlen spiegelt sich in ihren Einstellungen zum Thema Klima und Energiewende. Wähler_innen von Bündnis 90/ Die Grünen teilen ganz überwiegend und noch deutlicher als die Wähler_innen anderer Parteien eine Pro-Klimawandel- und Pro-Energiewende-Haltung und sind im Vergleich zu Wähler_innen anderer Parteien im Durchschnitt diesbezüglich auch besonders wenig populistisch eingestellt. Im Gegensatz zu den Ansichten der Wähler_innen der Grünen stehen die der AfD-Wähler_innen. Sie halten im Durchschnitt den Klimawandel für vergleichsweise weniger bedrohlich als Wähler_innen anderer Parteien und auch weniger für menschengemacht, zudem die meisten Studien zum Klimawandel für gefälscht erachtet werden. Sie vermuten hinter dem Windausbau häufiger Konspiration und Bereicherung. Auch wenn hinsichtlich einzelner Aspekte Wähler_innen von FDP, CDU/CSU und insbesondere Nichtwähler_innen zu ähnlichen Einschätzungen kommen, spiegelt das Antwortmuster der potenziellen AfD-Wähler_innen doch die klimaskeptische Sicht dieser Partei. Allerdings sieht auch die Mehrheit der hier befragten potenziellen AfD-Wähler_innen einen deutlichen anthropogenen Klimawandel. Diese Beobachtungen können aufgrund der kleinen Stichprobe allerdings nur als Hinweis und mit entsprechender Zurückhaltung berichtet werden. Daher verzichten wir an dieser Stelle darauf, Prozentzahlen zu nennen. AfD-Anhänger_innen haben ganz allgemein in die Institution Wissenschaft ein deutlich geringeres Vertrauen als Anhänger_innen anderer Parteien (➡ Kap. 2, S. 43 ff.), insbesondere deshalb, weil sie der Meinung sind, die Wissenschaft sei käuflich (Wissenschaft im Dialog 2020), also Teil der korrupten Elite. Die große Mehrheit der Befragten vertraut jedoch der Klimaforschung.

8.2.5.2   *(Rechts-)populistische und rechtsextreme Einstellungen*

Bisher wurde Populismus über Einstellungen zu Energiewende und Klima definiert. Aber Einstellungen zu Klimawandel und Energiewende könnten auch mit *allgemein*-populistischen Einstellungen zusammenhängen, so die im Folgenden geprüfte Annahme, wobei an dieser Stelle über die Richtung des Zusammenhangs nur spekuliert werden kann. So könnte eine generelle Affinität zu Populismus die Bereitschaft erhöhen, auch im »Propagandafeld Klima« populistischen Positionen zu folgen. Umgekehrt könnten Einstellungen im Themenfeld Klima und Energie etwa aufgrund negativer Erfahrungen bei der lokalen Umsetzung von Energiewendemaßnahmen (wenig Mitsprache der Bürger_innen, intransparente Verfahren usw.) die Bereitschaft erhöhen, ganz generell populistischen Positionen zu folgen. Diese zeichnen sich durch eine politische Logik aus, die »das Volk« in Gegnerschaft zu »den Eliten« (neben der Regierung, auch die Wissenschaft und große Energiekonzerne) und »den anderen« versteht. Im Fall des Rechtspopulismus sind diese »anderen« nicht nur jene mit anderen Ansichten und Interessen (etwa in puncto Energiewende), sondern auch als »fremd« und »anders« markierte soziale Gruppe (z. B. Eingewanderte). Zur Prüfung möglicher Zusammenhänge wurde auf den in Kapitel 2 vorgestellten Populismusindex zurückgegriffen, der sich aus einer Anti-Eliten-Haltung, Antipluralismus und der Forderung nach Volkssouveränität zusammensetzt. Ergänzt wurde dieser Index um die Abwertung als »fremd« markierter sozialer Gruppen, um seine besondere Ausformung als *Rechts*populismus abzubilden (ausführlicher dazu ⟶ Kap. 2, S. 43 ff.).

Personen, die ganz allgemein zu Populismus neigen (also hohe Werte auf dem Populismusindex haben), sehen den Klimawandel in der Tendenz seltener als Bedrohung und zweifeln eher an einem menschengemachten Klimawandel, halten Studien zum Klimawandel eher für gefälscht, vermuten hinter der Förderung der Windenergie eher Bereicherung und konspiratives Zusammenarbeiten von Kommunen mit einer »Windkraftlobby« – die Zusammenhänge mit diesen drei populistisch formulierten Aussagen sind besonders eng.[28] Erkennbar wird hier die Anknüpfung zu Verschwörungsmythen in anderen Themenfeldern; auch hier gibt es deutliche Zusammenhänge (vgl. dazu auch ⟶ Kap. 9, S. 283 ff.). Insgesamt halten ganz allgemein populistisch Eingestellte die Energiewende häufiger für nicht richtig.

Von den allgemein populistisch eingestellten Befragten vertreten zusammengefasst 29,2 % eine Contra-Klimawandel-Energiewende-Haltung und 36,8 % sind auch im Feld Klima- und Energiewende populistisch, von den allgemein nicht deutlich populistisch Eingestellten teilen lediglich 13,6 % eine Contra-Klimawandel-Energiewende-Haltung und nur 7,9 % sind in dem Feld populistisch eingestellt (⟶ Abb. 8.2.5, S. 278).

Sehr ähnlich gilt all dies auch sowohl für *rechtspopulistisch* als auch für *rechtsextrem* eingestellte Personen (⟶ Tab. 8.2.1, S. 279). Der Blick auf die Subdimensionen von Rechtsextremismus zeigt keine Auffälligkeiten (so sind etwa die Zusammenhänge der klimawandel- und energiewendebezogenen Einstellungen mit der Subdimension Sozialdarwinismus nicht höher als mit anderen Subdi-

---

28 Zwischen allgemeinem Populismus und dem auf Klimawandel und Energiewende bezogenen Populismus besteht eine deutlich positive Korrelation (r = ,56) und mit einer Pro-Contra-Klima-Haltung eine schwach negative (r = −,16).

Einstellungen zu Klimawandel und Energiewende in Abhängigkeit von der Zustimmung zu Populismus allgemein (Angaben in Prozent)   **Abb. 8.2.5**

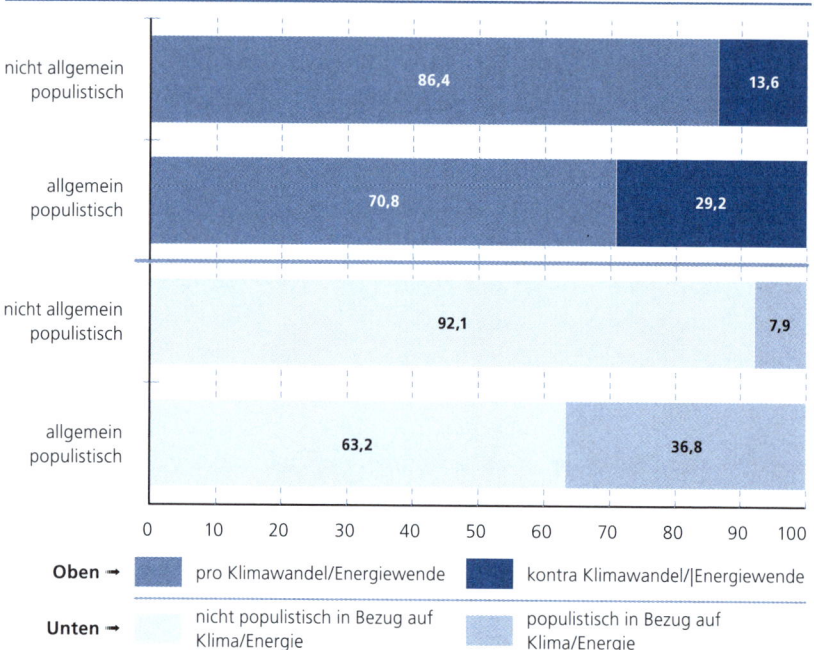

mensionen). Einzig die Zweifel an der anthropogenen Ursache des Klimawandels hängen deutlicher mit rechtsextremen Einstellungen zusammen (Korrelation r = −,30) als mit rechtspopulistischen Einstellungen (Korrelation r = −,20). Dies deutet darauf hin, dass die innerhalb der extremen Rechten geführte Debatte um eine rechtsökologisch orientierte positive Deutung des Klimawandels bei der Anhängerschaft entweder noch nicht angekommen ist oder dort nicht verfängt. Umgekehrt könnte es bedeuten, dass sich eine rechtspopulistische Partei wie beispielsweise die AfD aktuell leichter tun würde, ihren klimapolitischen Antiökologismus aufzugeben, als geschlossen rechtsextreme Gruppen (➝ Tab. 8.2.1).

**Zusammenhänge zwischen Einstellungen zu Klimawandel/Energiewende und Populismus/
Rechtspopulismus/Rechtsextremismus** (Pearson-Korrelationskoeffizienten)   **Tabelle 8.2.1**

	Populismus allgemein	Rechts-populismus	Rechtsex-tremismus
Der Klimawandel ist eine Bedrohung.	−0,14	−0,16	−0,11
Es gibt einen deutlichen Klimawandel, der von Menschen gemacht ist.	−0,20	−0,20	−0,30
Im Großen und Ganzen halte ich die Energiewende – hin zu einer überwiegenden Versorgung aus erneuerbaren Energien – für richtig.	−0,33	−0,37	−0,36
Durch den Windausbau wollen sich Unternehmer und Politiker nur bereichern.	0,47	0,40	0,36
Die Kommunalpolitik steckt mit der Windkraftlobby unter einer Decke.	0,49	0,49	0,48
Studien, die einen Klimawandel belegen, sind meist gefälscht.	0,48	0,50	0,45

Anmerkungen Abgebildet sind Pearson-Korrelationskoeffizienten mit positivem oder negativem
Vorzeichen, die jeweils die Stärke des positiven bzw. negativen Zusammenhangs ausdrücken
(→ Glossar, S. 333 f.).

8.2.6 Zusammenfassung und Ausblick

Aufgrund der zunehmenden gesellschaftlichen Resonanz und politischen Bedeutung des Klimathemas wurden Fragen zur Klimakrise und zur Energiewende erstmals in die Mitte-Studie aufgenommen. Angesichts der Tatsache, dass
auch der Rechtspopulismus dem Thema in jüngster Zeit mehr Aufmerksamkeit
geschenkt und so zur Polarisierung der Debatte beigetragen hat, beleuchtet das
vorliegende Kapitel damit eine wichtige Facette des allgemeinen gesellschaftlichen
Bewusstseins und kann helfen, das neu eröffnete »Propagandafeld Klima« besser zu vermessen. Folgende Befunde zeigen sich:

• Die große Mehrheit erkennt im Klimawandel eine Bedrohung für das Land
  und befürwortet die Energiewende. Doch die grundsätzliche Akzeptanz der
  gesellschaftlichen Gemeinschaftsaufgabe Energiewende schließt eine kritische
  Sicht auf deren Umsetzung vor Ort nicht aus. Insbesondere beim Ausbau
  der Windkraft sehen auch Menschen, die die Energiewende im Prinzip
  unterstützen, Anzeichen von ökonomischer Bereicherung und lokalem
  Politikversagen. Wenn dieser Punkt nicht bei der weiteren institutionellen

Ausgestaltung der Energiewende berücksichtigt wird, besteht die Gefahr, dass sich der Populismus lokale Proteste zunutze macht und sein Narrativ doch noch weiterverbreiten kann.

- Klimaschutz und Energiewende werden vom Rechtspopulismus als Elitenprojekte im Interesse einer grünalternativen gesellschaftlichen Minderheit auf Kosten der Mehrheit der »normalen Leute« gebrandmarkt. Daneben finden sich im Diskurs der extremen Rechten bisher noch eher randständige Positionen einer »Ökologie von rechts«, die sich *für* Klimaschutz und Energiewende im Namen völkischer Autokratie aussprechen.

- Eine deutliche Mehrheit der deutschen Bevölkerung sieht im anthropogenen Klimawandel eine massive Bedrohung und unterstützt die Energiewende grundsätzlich. Hier bestätigt die aktuelle Mitte-Studie viele andere ähnlich gelagerte Befunde.

- Gleichzeitig ist die Klimadebatte polarisierter geworden: Weniger Menschen sind in dieser Frage unentschieden, und der Anteil der Skeptiker eines menschengemachten Klimawandels hat sich in den letzten zehn Jahren leicht erhöht.

- Die einzelnen hier abgefragten Einstellungen zu Klima und Energiewende sind kein zufälliges Aggregat, sondern bilden inhaltlich interpretierbare und statistisch signifikante typische Zusammenhangsmuster: Einem Mehrheitsmuster aus Klimawandelbesorgnis, Energiewendeakzeptanz und Vertrauen in die Energiepolitik steht ein Minderheitsmuster aus Klimaskepsis, Energiewendeablehnung und Misstrauen in die Politik gegenüber.

- Nicht alle, die sich gegen Klimawandel und Energiewende kritisch zeigen, sind populistisch eingestellt. Aber unter ihnen gibt es deutlich mehr Klimapopulismus als bei denen, die eine befürwortende Haltung zeigen.

- Die populistische Skepsis oder Ablehnung gegenüber Klimawandel und Energiewende ist bei Befragten, die sich rechts der Mitte positionieren, besonders ausgeprägt und spiegelt sich auch in der Wahlpräferenz wieder; Wähler_innen der AfD fallen durch ihre überdurchschnittlich häufiger auftretende klimaskeptische Haltung auf, doch auch hier wird die Energiewende noch von einer Mehrheit unterstützt. Anders als Rechtspopulisten behaupten, sprechen sie ganz offensichtlich nur für eine recht kleine Minderheit. Die rechtspopulistisch agierende AfD steht damit vor einem strategischen Dilemma, muss sie sich zwischen den beiden Polen Mehrheits- und Koalitionsfähigkeit einerseits und dem Alleinstellungsmerkmal Protestpartei andererseits entscheiden (vgl. Giebler et al. 2019). Allerdings fällt die Ablehnung der anthropogenen Natur des Klimawandels im rechtsextremen Spektrum der Bevölkerung stärker aus als im rechtspopulistischen. Und auch im politisch ganz linken Spektrum – gemessen an der politischen Selbstpositionierung – fällt eine vergleichsweise höhere Neigung zu populistischen Einstellungen bezogen auf Klimawandel und Energiewende auf; ausgeprägt ist hier insbesondere das Misstrauen in eine mögliche Zusammenarbeit der Kommunalpolitik mit einer vermeintlichen »Windkraftlobby«. Anders als auf der Rechten hängt dies aber nicht mit in einer generellen Ablehnung der Energiewende zusammen.

Der randständige Diskurs einer »Ökologie von rechts«, der auch mit dem klimaskeptischen Antiökologismus der AfD abrechnet, ist in der breiten Bevölkerung entweder noch nicht angekommen oder stößt auf keine nennenswerte Resonanz. Das bedeutet nicht, dass er nicht gefährlich wäre, aber es gibt zumindest in unseren Daten keinen Hinweis auf eine Mehrheitsfähigkeit – und sei es auch nur im rechten politischen Spektrum. Ob sich dies im Zuge einer Verschärfung des Klimawandels ändert, muss allerdings offenbleiben. Erinnert werden muss in diesem Zusammenhang aber daran, dass der rechtsextreme Versuch einer »Eingemeindung« des Klimaschutzes in einen völkisch definierten Natur- und Heimatschutz vor einem Problem steht, mit dem bereits der historische Nationalsozialismus konfrontiert war: Sich ideologisch gegen die ökologischen Folgen einer kapitalistisch geprägten Moderne zu positionieren, derer man sich aus Gründen des Machterhalts doch gerne bediente.

9 Gefährliche Mythen: Verschwörungserzählungen als Bedrohung für die Gesellschaft

Pia Lamberty · Jonas H. Rees

9.1 Einleitung

Die Verbreitung von Verschwörungserzählungen wurde in den letzten Monaten insbesondere mit Blick auf die Covid-19-Pandemie intensiv öffentlich, medial und politisch diskutiert. Dabei drehte sich die Diskussion nicht bloß um Einzelne, die Hygienemaßnahmen missachteten, weil sie die Warnungen vor der neuen Krankheit für übertrieben oder frei erfunden hielten. Weltweit wurden Verschwörungserzählungen und Fehlinformationen über die Krankheit teilweise zu einem massiven Problem für die Eindämmung der Pandemie, weil Menschen Schutzmaßnahmen ignorierten, irrwitzigen Therapieansätzen wie dem Trinken von Bleiche Glauben schenkten oder zu Gewalt aufriefen. Es zeigte sich auch in der Pandemie, dass der Glaube an Verschwörungserzählungen kein Phänomen am Rande der Gesellschaft ist, sondern weite Teile der Bevölkerung weltweit dafür empfänglich sind. Laut bevölkerungsrepräsentativen Erhebungen wie beispielsweise dem Covid-19-Snapshot-Monitoring glaubt rund ein Viertel der Befragten, dass es sich bei Covid-19 entweder um einen Schwindel handle, von dem verborgene Mächte profitieren würden oder das Virus von Menschen absichtlich gezüchtet wurde; – knapp jede_r Zehnte glaubt sogar beides.

Für viele in Gesellschaft und Politik unerwartet, schien sich außerdem in Onlineforen und auf den Straßen eine Allianz aus Impfskeptiker_innen, Esoteriker_innen, Holocaustleugner_innen und Rechtsextremen zu bilden. Sie eint ein tiefer Verschwörungsglaube, die feindselige Ablehnung von etablierten Institutionen wie Politik, Virologie und Medien. Auf Demonstrationen von Coronaleugner_innen wurden und werden nicht nur regelmäßig Hygienebestimmungen missachtet, es kommt auch zu geschichtsrevisionistischen Äußerungen, Einschüchterungsversuchen und gewalttätigen Übergriffen gegen Polizeibeamt_innen, Pressevertreter_innen und Gegendemonstrant_innen. Allein in Berlin zählte die Polizei von März 2020 bis März 2021 laut Recherche der

Tageszeitung taz 1.233 Delikte im Zusammenhang mit den sogenannten »Coronaprotesten«, darunter 160 tätliche Angriffe auf Polizeibeamte, 17 gefährliche Körperverletzungen und 24 Gefangenenbefreiungen.[1] Im November 2020 warnte der Verfassungsschutz vor der Entstehung einer neuen Form des Extremismus und begann ab Winter, die selbst ernannten »Querdenker« in Baden-Württemberg und später auch in Bayern zu beobachten. Bei »Querdenken« handelt es sich um eine in Stuttgart gegründete Initiative, die seit Sommer bundesweit verschwörungsideologisch geprägte Proteste organisiert und immer wieder durch Verbindungen mit Rechtsextremen, Reichsbürger_innen und Holocaustleugner_innen medial Aufmerksamkeit erlangt.

Neben dieser coronabedingten Aktualität sind Verschwörungserzählungen inzwischen auch untrennbar mit terroristischen Anschlägen verbunden. Der rechtsextreme Attentäter, der im April 2018 in Toronto zehn Menschen tötete, wollte nach eigenen Angaben eine Rebellion der sogenannten »Incels« (Abk. f. engl.: »involuntary celibates«, dt.: unfreiwillige Zölibatäre) in Gang setzen, Vertretern einer misogynen und in weiten Teilen gewaltbereiten Internetsubkultur (➞ Kap. 8, S. 225 ff.). Der rechtsextreme Terrorist, der in Halle am höchsten jüdischen Feiertag Jom Kippur 2019 versuchte, die Synagoge zu stürmen, um die dort anwesenden Betenden zu ermorden und zwei Menschen erschoss, hatte nicht nur ein geschlossen antisemitisches Weltbild, sondern sah Feminismus auch als verantwortlich für die »sinkende Geburtenrate im Westen, die die Ursache für die Massenimmigration« sei. Die Täter bezogen sich dabei oft nicht nur auf rassistische, antisemitische und sexistische Verschwörungserzählungen. Sie bezogen sich auch so oft aufeinander, dass es schlicht falsch ist, ihre Anschläge als Einzeltaten zu verharmlosen. Sie sollten vielmehr verdeutlichen, dass Verschwörungsmythen nicht nur anschlussfähig an andere extremistische Ideologien sind, sondern insbesondere, wenn sie sich als Ideologie manifestieren, auch zur Legitimation von Gewalt dienen können. Sie sind inzwischen so weitverbreitet und wurden inzwischen so oft in mörderische Realität umgesetzt, dass sich die Gefahr nicht mehr leugnen lässt, die von ihnen unzweifelhaft ausgeht.

---

1   https://taz.de/Straftaten-auf-Coronaprotesten/!5754881/ [Aufruf am 1.6.2021].

In diesem Kapitel wollen wir zunächst einen Überblick darüber geben, warum Menschen an Verschwörungserzählungen glauben und was psychologische Motive sind, aus denen Menschen sich solchen Erzählungen zuwenden. Wir werden dann auf die Konsequenzen und Verbreitung von Verschwörungserzählungen auch mit Blick auf Covid-19 in Deutschland eingehen. Beim Blick auf die Zusammenhänge von Verschwörungsglaube mit anderen politischen Einstellungen werden wir einerseits deren gesellschaftliches Spaltungspotenzial und andererseits in Grundzügen die ideologischen Bindekräfte über das politische Spektrum hinweg betrachten.

9.2 Die Psychologie hinter dem Glauben an Verschwörungen

Es gibt aus wissenschaftlicher Perspektive unterschiedliche Antworten auf die Frage, warum Menschen an Verschwörungen glauben. Ein persönlichkeitspsychologischer Ansatz geht davon aus, dass Menschen sich grundsätzlich darin unterscheiden, wie sehr sie an Verschwörungen glauben, was dann als *Verschwörungsmentalität* bezeichnet wird und eine stabile Persönlichkeitseigenschaft widerspiegelt. Die Idee einer kohärenten, individuell ausgeprägten Verschwörungsmentalität basiert unter anderem auf den Studienergebnissen von Wood, Douglas und Sutton (2012). Sie konnten zeigen, dass Menschen, die glauben, dass Lady Di vom britischen Geheimdienst getötet wurde, auch eher denken, dass sie ihren eigenen Tod nur vorgetäuscht habe. Ähnliche Ergebnisse finden sich auch während der Covid-19-Pandemie: Knapp jede_r Zehnte in Deutschland glaubt, dass Corona eine Erfindung sei und gleichzeitig, dass es sich um eine Biowaffe handle (Betsch et al. 2020). Dass ein und dieselbe Person an eine ganze Reihe solcher Verschwörungserzählungen glauben kann, obwohl sich diese gegenseitig logisch ausschließen, lässt sich mit dem persönlichkeitspsychologischen Ansatz gut vereinbaren. Die individuelle Verschwörungsmentalität ist nach dieser Sichtweise dann eine mehr oder weniger stabile Persönlichkeitseigenschaft, in der sich Menschen interindividuell voneinander unterscheiden.

Daneben gibt es aber auch Ansätze, die sich auf Motive beziehen, die befördern, warum Menschen an Verschwörungen glauben. Diese Ansätze befassen sich mit den Situationen, in denen Menschen an Verschwörungen glauben, und dem Nutzen, den Menschen aus diesem Weltbild ziehen. Dabei werden insbesonre existenzielle, soziale und epistemische Motive unterschieden (Douglas, Sutton & Cichocka 2017).

Existenzielle Motive beziehen sich auf das Streben nach Kontrolle und Sicherheit. So zeigt sich, dass Menschen, die ein Gefühl von Kontrollverlust erleben, eher zu Verschwörungsdenken neigen, um den erlebten Kontrollverlust zu kompensieren. Neuere Studien zeigen, dass der Kontrollverlust sich dabei weniger auf die Verschwörungsmentalität auswirkt als auf den Glauben an konkrete Verschwörungen (Lamberty & Imhoff 2021). Auch findet sich in Studien, dass ein politischer Kontrollverlust einen stärkeren Einfluss hat als ein privat erlebter. Das Gefühl, auf die Gesellschaft keinen Einfluss zu haben, hängt demnach stärker mit Verschwörungsdenken zusammen als beispielsweise persönliche Erlebnisse von Kontrollverlust wie Trennungen oder Schicksalsschläge. Zentral ist dabei das *Gefühl*, keinen Einfluss auf die Gesellschaft zu haben. Zwar mögen subjektives Kontrollempfinden und objektive Kontrolle miteinander einhergehen, das muss aber nicht der Fall sein. Nicht zuletzt werden Sorgen vor einem Kontrollverlust daher auch politisch instrumentalisiert und gezielt geschürt, um etwa das Vertrauen in demokratische Institutionen zu untergraben. Insbesondere Krisensituationen können als Beschleuniger für die Verbreitung von Verschwörungserzählungen fungieren. Der durch eine Ausnahmesituation erlebte Kontrollverlust kann die eigene Lebenswirklichkeit infrage stellen und so den Glauben an Verschwörungen noch einmal verstärken. Gerade unsichtbare und abstrakte Bedrohungen sind für Menschen oft schwer verständlich und einordnbar. Im Jahr 1919 wurde im hochrangigen Wissenschaftsmagazin *Science* ein Artikel von George Soper zu den Lehren aus der Spanischen Grippe (1918–1920) veröffentlicht. Schon während der Spanischen Grippe hatte sich gezeigt, dass viele Menschen in Reaktion auf die neue und unbekannte Erkrankung zunächst nach Erklärungen und den »eigentlichen Gründen« dahinter suchten. Hier zeigt sich wiederum, dass Verschwörungserzählungen nicht nur existenzielle Motive bedienen, sondern darüber hinaus auch eine Möglichkeit der Selbstinszenierung bieten: Verschwörungsgläubige sehen sich als vermeintlich Wissende oder sogar als Widerstandskämpfer_innen, während der Rest der Gesellschaft wahlweise die »echte« Bedrohung ignorieren würde oder blind auf die scheinbare »Plandemie« hereinfalle und »wie ein Schlafschaf« der Regierung folge.

Auch *soziale Motive* wurden im Kontext Verschwörungsglaube als ein wichtiger Faktor identifiziert. Dazu gehört auch beispielsweise das Motiv nach einer positiven Selbstwahrnehmung. Scheinbar »die Wahrheit« zu sehen, kann auch das Gefühl verstärken, »besonders« zu sein. Verschiedene Studien haben gezeigt, dass insbesondere Menschen mit einem starken Bedürfnis nach Einzigartigkeit an Verschwörungen glauben (Imhoff & Lamberty 2017; Lantian et al. 2017). Auch kollektiver Narzissmus spielt dabei eine Rolle: Beim kollektiven Narzissmus wird die eigene Gruppe – ob Nation, Gesellschaftsschicht oder selbst ernannte »Querdenker« – als besonders einzigartig und kompetent wahrgenommen. Gleichzeitig hegen Menschen mit ausgeprägtem kollektivem Narzissmus eher Groll gegen all die, die diese Einzigartigkeit ihrer Meinung nicht erkennen und anerkennen.

Epistemische Motive beziehen sich schließlich darauf, wie Menschen die Welt verstehen. Verschwörungserzählungen bieten Erklärungen, die es Menschen ermöglichen können, den Glauben angesichts von Unsicherheit und Widerspruch zu bewahren. Verschwörungsgläubige finden zum Beispiel Muster eher dort, wo die meisten anderen das nicht tun. Auch nehmen sie eher Intentionalität wahr, wo keine existiert.

9.3 Konsequenzen von Verschwörungsideologien

Gesundheit und Krankheit waren immer schon Anlass und Gegenstand von Verschwörungserzählungen. So wurden Juden_Jüdinnen für Pestepidemien im Mittelalter verantwortlich gemacht. Ihnen wurde vorgeworfen, die Brunnen zu vergiften, oder es hieß, dass die Pest eine Strafe Gottes sei, weil Juden unter Christen leben würden. Solche Verschwörungserzählungen führten dazu, dass teilweise ganze jüdische Gemeinden vertrieben und ermordet wurden.

Aber auch heute sind Verschwörungserzählungen im Gesundheitsbereich weitverbreitet. Psychologische Studien konnten zeigen, dass Verschwörungsmentalität mit einer stärkeren Ablehnung vom biomedizinischen Ansatz und größerer Offenheit gegenüber alternativen Ansätzen einhergehen. Je stärker der Verschwörungsglaube, desto eher werden beispielsweise Impfungen abgelehnt (Imhoff & Lamberty 2020; Lamberty & Imhoff 2018). Das hat Konsequenzen: Bereits 2019 hat die WHO Impfgegner_innen als globale Bedrohung bewertet und auch im Kontext der Coronapandemie vor einer »Infodemie«, also der Verbreitung von Fehlinformationen rund um die Pandemie, gewarnt.

Der Verschwörungsglaube wirkt sich nicht nur auf das Gesundheitsverhalten aus, sondern auch darauf, wie Menschen sich in einer Gesellschaft verhalten, welche Einstellungen sie zu ihr und den sozialen Gruppen darin haben. So hat sich beispielsweise gezeigt, dass Menschen mit ausgeprägter Verschwörungsmentalität eher antidemokratische Formen von politischem Verhalten und weniger demokratisch legitimierten Protest nutzen (➡ Kap. 2, S. 43 ff.). Verschwörungserzählungen können zudem Gewalt legitimieren und damit auch den gesellschaftlichen Zusammenhalt und die Demokratie gefährden. Feinde sind dann konsequenterweise alle, die als mächtig wahrgenommen werden: Wissenschaftler_innen, Politiker_innen oder auch soziale Gruppen wie Juden_Jüdinnen (Imhoff & Bruder 2014).

9.4   Verbreitung von Verschwörungsmythen in der Mitte

Bei der Erfassung einer generalisierten Verschwörungsmentalität in der Mitte-Studie greifen wir einerseits auf etablierte Skalen aus der Forschung zum Thema zurück (insb. den Conspiracy Mentality Questionnaire, Bruder, Haffke, Neave, Nouripanah & Imhoff 2013; Imhoff & Bruder 2014). Wir wollen allerdings auch weitere Facetten abbilden mit Aussagen, die bereits in anderen Umfragen verwendet wurden (vgl. z. B. Schultz, Jackob, Ziegele, Quiring & Schemer 2017) sowie selbst neu konstruierte. Im Einzelnen wurde in der Umfrage erhoben:

- Verschwörungsmentalität, also die Überzeugung, dass geheime Organisationen Einfluss auf politische Entscheidungen nehmen beziehungsweise dass Politiker_innen, und Führungspersönlichkeiten ganz generell bloß Marionetten nicht näher definierter »dahinterstehender Mächte« seien,
- Medienverschwörung beziehungsweise das Infragestellen der Unabhängigkeit der Medien, konkret die Behauptung, Medien und Politik steckten unter einer Decke,
- Wissenschaftsfeindlichkeit, also größeres Vertrauen auf die eigenen Gefühle als auf »sogenannte Experten« und
- Klimawandelleugnung beziehungsweise das Infragestellen wissenschaftlicher Studien, die den Klimawandel belegen.

Dass einzelne Facetten sich teilweise überlappen, ist dabei offensichtlich (z. B. Wissenschaftsfeindlichkeit und Klimawandelleugnung) und liegt in der Natur von Verschwörungserzählungen. Diese Überlappungen zeigen sich auch in den Ergebnissen: Die Zustimmung oder Ablehnung von Befragten ist über alle Aussagen hinweg so stark korreliert, dass es sinnvoll erscheint, eine gemeinsame zugrunde liegende Orientierung »Verschwörungsmentalität« anzunehmen.[2]

Nachfolgend sind die Ergebnisse der Mitte-Studie 2020/21 zur Verbreitung von Verschwörungsmentalität in der deutschen Bevölkerung dargestellt. Die dazu verwendeten Aussagen und die entsprechende Zustimmung oder Ablehnung der Befragten finden sich in Tabelle 9.1 (➡ S. 290 f.).

Eine Verschwörungsmentalität ist in Deutschland weithin verbreitet. Etwa jede_r Fünfte (22,9 %) glaubt an geheime Organisationen, die großen Einfluss auf politische Entscheidungen haben. Ebenfalls jede_r Fünfte stimmt der Aussage zu, Politiker_innen und andere Führungspersönlichkeiten seien nur Marionetten dahinterstehender Mächte (20,5 %) oder finden, Medien und Politik steckten unter einer Decke (24,2 %; ➡ Kap. 3, S. 75 ff.). Sogar knapp ein Drittel (32,3 %) der Befragten teilt eine wissenschaftsfeindliche Haltung und gibt an, dass sie ihren Gefühlen mehr vertrauten als sogenannten Expert_innen. Auch den Klimawandel zweifelt immerhin noch knapp jede_r Zehnte an (8 %; ➡ Kap. 8, S. 225 ff.). Es ist bei dieser kurzen Zusammenfassung anzumerken, dass wir lediglich die Antwortkategorien von »stimme eher zu« und »stimme voll und ganz zu« auswerten. Unter Hinzunahme der Mittelkategorie, die immerhin nicht ausdrücklich ablehnt, würden die Zustimmungswerte teilweise noch deutlich höher ausfallen.

In verschiedenen gesellschaftlichen Gruppen ist die Verschwörungsmentalität unterschiedlich stark verbreitet.[3] Männer und Frauen unterscheiden sich nicht

---

2   Die Korrelationen variieren zwar von r = ,30 zwischen der ersten und vierten Aussage und r = ,70 zwischen den ersten beiden. Es sind allerdings alle Korrelationen signifikant mit mindestens p < ,01 und 9 von 10 relevanten Korrelationen sind substanziell mit r ≥ ,30.

3   Wir teilen die Gruppe der Befragten zu diesem Zweck in solche ein, die den entsprechenden Aussagen insgesamt eher zustimmen und einen Durchschnittswert von mehr als 3 erreichen (was wir als »Zustimmung« werten). Demgegenüber stehen Befragte, die einen Durchschnittswert von

Verschwörungsmentalität 2020/21 (Angaben in Prozent)   Tabelle 9.1

Stimme ... →

Verschwörungsmentalität 2020/21 (M = 2,50; SD = 0,94; n = 725; α = ,81)
Es gibt geheime Organisationen, die großen Einfluss auf politische Entscheidungen haben.
Politiker und andere Führungspersönlichkeiten sind nur Marionetten dahinterstehender Mächte.
Die Medien und die Politik stecken unter einer Decke.
Ich vertraue meinen Gefühlen mehr als sogenannten Experten.
Studien, die einen Klimawandel belegen, sind meist gefälscht.

Anmerkungen M = arithmetischer Mittelwert; SD = Standardabweichung; n = Anzahl der Befragten; α = Cronbachs Alpha.

signifikant in ihrem Verschwörungsglauben. Während 26,1 % der Frauen an Verschwörungen glauben, sind es bei den Männern 23,5 %.[4] Bei jüngeren Menschen zwischen 16 und 30 Jahren glauben 14,4 % an Verschwörungen, bei Erwachsenen zwischen 31 und 60 Jahren sind es 26,6 % und bei älteren Erwachsenen 24,8 %. Zwischen Ost und West unterscheiden sich Menschen signifikant im Verschwörungsglauben: Während 32,8 % der Ostdeutschen an Verschwörungen glauben, sind es bei den Westdeutschen 20,3 %.[5] Eine andere Frage, die oft diskutiert wird, ist das Verhältnis von Verschwörungsglauben und Religion. Die Analyse zeigt: Protestant_innen haben die niedrigsten Zustimmungswerte (19,7 %), gefolgt von Menschen, die sich keiner Religion zugehörig fühlen (22,8 %), während bei Katholik_innen ungefähr jede_r Dritte an Verschwörungen glaubt (30,0 %).[6]

---

maximal 3 erreichen (was wir als »Ablehnung« werten). Es ergibt sich eine Aufteilung von 24,8 % Zustimmung und 75,2 % Ablehnung zu Verschwörungserzählungen unter den 831 Befragten, von denen entsprechende Daten vorliegen. Wir verwenden außerdem, wo dies möglich ist, in parallelen Berechnungen jeweils die zu einer Skala zusammengefassten Aussagen, was statistische Vorteile bedeutet, und berichten die entsprechenden Mittelwerte.

4   Chi² (1, 831) = 0,753, p = ,386.

5   Chi² (1, 766) = 41, 356, p < ,001.

6   Aufgrund der geringen Fallzahlen (unter n = 10) konnten die Ergebnisse von Freikirchler_innen, Muslim_innen und anderen Glaubensgemeinschaften nicht verglichen werden.

Tabelle 9.1

... überhaupt nicht zu	... eher nicht zu	teils/teils	... eher zu	... voll und ganz zu
26,9	25,4	24,8	14,0	8,9
29,6	25,2	24,7	12,7	7,8
27,7	25,4	22,7	11,4	12,8
15,2	18,8	33,8	13,4	18,9
44,8	33,9	13,4	3,9	4,1

Auch in Bezug auf den Bildungsgrad zeigen sich überzufällige Unterschiede: Während Menschen mit formal hoher Bildung am wenigsten an Verschwörungen glauben (12,9 %), glaubt etwa ein Viertel derer mit mittlerem Bildungsgrad (25,3 %) und mehr als ein Drittel derer mit niedrigem Bildungsgrad (36,5 %) an Verschwörungen.[7] Wichtig ist, dass dies nicht darauf zurückzuführen ist, dass Menschen mit niedrigem formalem Bildungsgrad weniger intelligent seien. Der Zusammenhang zwischen Bildung und Verschwörungsglauben kann nicht auf eine einzige Ursache reduziert werden, sondern ist das Ergebnis eines komplexen Zusammenspiels mehrerer psychologischer Faktoren. So hat sich beispielsweise gezeigt, dass Menschen mit einem niedrigen Bildungsgrad auch deswegen an Verschwörungen glauben, weil sie sich in der Gesellschaft machtloser fühlen (Van Prooijen 2017) und das Gefühl haben, weniger ausrichten zu können (s. a. existenzielle Motive). Dieser Effekt zeigt sich auch in den Daten der Mitte-Studie: Der Zusammenhang zwischen Bildungsgrad und Verschwörungsglauben wird über Machtlosigkeit und Orientierungsanomie vermittelt. Kontrolliert man diese zwei Faktoren, wird der Zusammenhang zwischen Bildung und Verschwörungsglauben signifikant geringer.

---

7   Chi² (2, 809) = 11,80, p = ,001.

Zustimmung zu Coronaverschwörungserzählungen 2020/21 (Angaben in Prozent)   Tabelle 9.2

Stimme ... →

Coronaverschwörungserzählungen 2020/21 (M = 1,84; SD = 1,13; n = 829; α = ,74)
Geheime Mächte sind für die Coronapandemie verantwortlich.
Die Coronapandemie wird genutzt, um Zwangsimpfungen einzuführen.

Anmerkungen M = arithmetischer Mittelwert; SD = Standardabweichung; n = Anzahl der Befragten; α = Cronbachs Alpha.

9.5   Verschwörungserzählungen über die Covid-19-Pandemie

Das Jahr 2020 war geprägt durch das neuartige Coronavirus Sars-Cov-2 und den damit einhergehenden Maßnahmen zur Einschränkung der Verbreitung des Virus. Im Zuge dessen kam es ab Frühling 2020 in Deutschland zu Protesten, die sich zumindest in der Eigendarstellung gegen die Maßnahmen der Bundesregierung richteten. Es zeigte sich dabei immer wieder, dass die Proteste auch rechtsextremen Gruppierungen Raum boten oder sich zumindest nicht klar von ihnen abgrenzten und in weiten Teilen von Verschwörungserzählungen bestimmt waren. Durch diese neue Sichtbarkeit von Verschwörungserzählungen begann auch ein vermehrter gesellschaftlicher und medialer Diskurs über das Thema.

Verschwörungserzählungen über Pandemien sind, wie bereits beschrieben, nicht erst mit Covid-19 entstanden, sondern existieren spätestens seit der Pestepidemie im Mittelalter. Während der Choleraepidemie in Großbritannien im 19. Jahrhundert wurden Ärzt_innen beispielsweise beschuldigt, hinter der Epidemie zu stecken, um Patient_innen ins Krankenhaus zu bringen und sie zu töten, um ihre Körperteile zu stehlen. Als die Spanische Grippe wütete, verbreitete sich der Mythos, das Grippevirus wäre absichtlich durch deutsche U-Boote in die ganze Welt getragen worden. In Bezug auf die Ebolapandemie wurde behauptet, eine angebliche *Neue Weltordnung* hätte die Krankheit inszeniert, um Quarantänen, Reiseverbote und schließlich das Kriegsrecht zu verhängen. Eine Studie aus den USA zeigte, dass 2016 etwa jede_r fünfte US-Amerikaner_in an mindestens eine zikabezogene Verschwörungserzählung glaubte – wie die Idee, das Virus würde durch gentechnisch veränderte Moskitos verursacht.

Tabelle 9.2

... überhaupt nicht zu	... eher nicht zu	teils/teils	... eher zu	... voll und ganz zu
61,6	20,2	8,5	6,0	3,8
56,5	18,2	8,2	10,1	7,1

Um *Coronaverschwörungserzählungen* zu erfassen, verwenden wir Aussagen, die an die Messung zur generalisierten Verschwörungsmentalität sowie gängige Verschwörungserzählungen während der Pandemie angelehnt sind. Konkret erfragen wir die Überzeugung,

*   dass geheime Mächte für die Coronapandemie verantwortlich seien sowie
*   dass die Pandemie genutzt werde, um Zwangsimpfungen einzuführen.

Nachfolgend sind die Ergebnisse der Mitte-Studie 2020/21 zur Verbreitung von Verschwörungserzählungen in der deutschen Bevölkerung dargestellt, die sich auf die Coronapandemie beziehen. Die dazu verwendeten Aussagen und die entsprechende Zustimmung oder Ablehnung der Befragten finden sich in Tabelle 9.2.

Jede_r Zehnte in Deutschland glaubt, dass die Coronapandemie durch geheime Mächte verursacht wurde (9,8 %). Noch mehr Menschen glauben, dass durch die Pandemie Zwangsimpfungen eingeführt würden (17,2 %).[8]

---

8   Wir teilen auch hier die Gruppe der Befragten zu diesem Zweck in solche ein, die den entsprechenden Aussagen insgesamt eher zustimmen und einen Durchschnittswert von mehr als 3 erreichen (was wir als »Zustimmung« werten). Demgegenüber stehen Befragte, die einen Durchschnittswert von maximal 3 erreichen (was wir als »Ablehnung« werten). Es ergibt sich eine Aufteilung von 14,1 % Zustimmung und 85,90 % Ablehnung zu Coronaverschwörungserzählungen unter den 829 Befragten, von denen entsprechende Daten vorliegen. Wir verwenden außerdem, wo dies möglich ist, in parallelen Berechnungen jeweils die zu einer Skala zusammengefassten Aussagen, was statistische Vorteile bedeutet, und berichten die entsprechenden Mittelwerte.

Prozentuale Zustimmung zur positiven Bewertung der Coronaproteste 2020/21
(Angaben in Prozent)   Tabelle 9.3

Stimme ... →

Coronaproteste 2020/21
Ich finde die Demonstrationen gegen die Coronamaßnahmen gut.

Anmerkungen M = arithmetischer Mittelwert; SD = Standardabweichung; n = Anzahl der Befragten; α = Cronbachs Alpha.

Wer glaubt an Coronaverschwörungserzählungen? Die Ergebnisse der Studie zeigen, dass Frauen (16,8 %) nicht signifikant häufiger an Coronaverschwörungen glauben als Männer (11,3 %).[9] In Ostdeutschland lebende Menschen (20,3 %) zeigen einen stärkeren coronabezogenen Verschwörungsglauben als Menschen aus Westdeutschland (10,1 %).[10] Ähnlich wie beim generellen Verschwörungsglauben zeigt sich auch bei den spezifischen Coronaverschwörungserzählungen ein Bildungseffekt: Menschen mit hoher formaler Bildung stimmen Coronaverschwörungserzählungen seltener zu (10,4 %), gefolgt von Menschen mit mittlerer (24,1 %) und niedriger formaler Bildung (35,0 %). Auch in Bezug auf das Alter gibt es signifikante Unterschiede: Junge Menschen zwischen 16 und 30 Jahren berichten die niedrigsten Zustimmungswerte (11,0 %). Menschen zwischen 31 und 60 (24,8 %) und über 61 Jahre (24,2 %) unterscheiden sich dagegen kaum in ihrer Wahrnehmung in Bezug auf angebliche Coronaverschwörungen und liegen damit deutlich über den jüngeren Befragten.

Insgesamt bewerten 14,0 % der Befragten die Demonstrationen gegen die staatlichen Coronamaßnahmen als positiv (→ Tab. 9.3). In den letzten Monaten wurde immer wieder diskutiert, dass der Verschwörungsglaube der bindende Kitt zwischen den Demonstrierenden sei. Dies bestätigen auch die Daten der Mitte-Studie 2020/21: Menschen, die hinter der Covid-19-Pandemie eine Verschwörung vermuten, bewerten die Coronademonstrationen positiver als Menschen, die nicht davon ausgehen, dass geheime Mächte hinter dem Virus stecken.

---

9   $M_{männlich}$ = 1.80 (SD = 1.04) und $M_{weiblich}$ = 1.87 (SD = 1.21), t(1, 827) = −,896, p = ,370.
10 M_{Ost} = 2.10 (SD = 1.23) und M_{West} = 1.71 (SD = 1.04), t(1, 763) = 7,875, p < ,001.

Tabelle 9.3

... überhaupt nicht zu	... eher nicht zu	teils/teils	... eher zu	... voll und ganz zu
52,5	20,8	12,7	6,8	7,2

Von denen, die die Demonstrationen gut finden, glauben jeweils 65,6 % generell an Verschwörungen und 52,8 % an eine Coronaverschwörung.[11]

9.6 Verschwörungsmentalität und politische Selbstpositionierung

Der Glaube an Verschwörungen im Allgemeinen sowie solche mit Blick auf die Coronapandemie im Speziellen ist am stärksten bei Befragten ausgeprägt, die sich politisch »eher rechts« oder »rechts« verorten beziehungsweise rechtspopulistische und rechtsextreme Parteien wählen (➞ Abb. 9.1, S. 296).

Das bedeutet nicht, dass Menschen, die ihre politische Position in der Mitte verorten, frei sind von Verschwörungsglauben. Die Zustimmungswerte zu den entsprechenden Aussagen sind hier geringer. Am geringsten sind sie jedoch genau genommen bei solchen Befragten, die sich »eher links« verorten und am höchsten bei jenen, die sich »rechts« verorten. Insbesondere AfD-Wähler_innen (66,7 %) und Nichtwähler_innen (57,6 %) glauben an Verschwörungen. Die niedrigsten Werte finden sich bei Anhänger_innen von FDP (5,6 %) und Bündnis 90/Die Grünen (7,2 %).

In gesellschaftlichen und medialen Diskussionen geht es auch immer wieder darum, inwiefern Verschwörungsgläubige einfach verunsichert seien, Sorgen und Ängste hätten. Daran knüpft auch die Frage an, wen oder was Menschen

---

11 Verschwörung allgemein: Chi² (1, 831) = 135,33, p < ,001 und Coronaverschwörung: Chi² (1, 829) = 187,25, p < ,001.

Durchschnittliche Zustimmung zu Verschwörungserzählungen und Corona-verschwörungserzählungen nach politischer Selbstverortung [a] **Abb. 9.1**

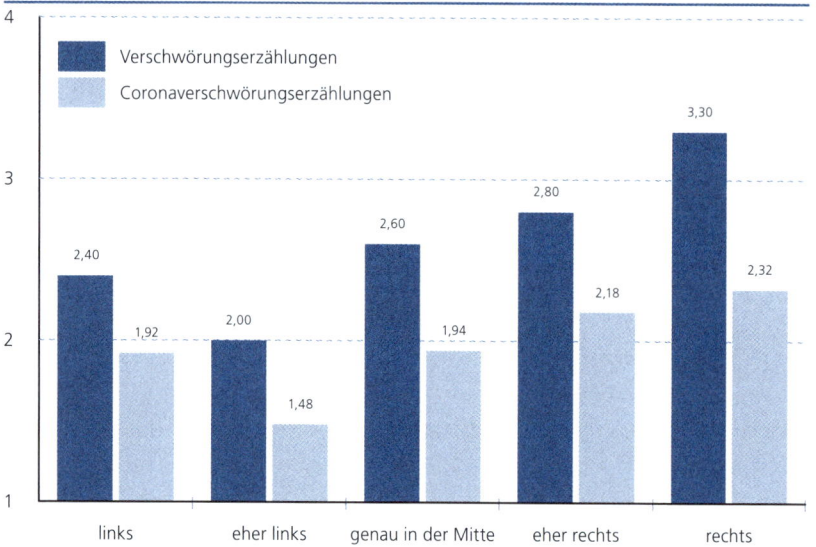

Anmerkungen [a] Mittelwerte; Skala 1–5.

mit ausgeprägter Verschwörungsmentalität eigentlich als Bedrohung wahrnehmen. Ist es so, dass sie insgesamt ängstlicher sind oder sind es spezifische Themen, die als bedrohlicher eingeschätzt werden? Schon seit einigen Jahren werden Themen wie Globalisierung, Zuwanderung oder Klimawandel immer wieder verschwörungsideologisch aufgeladen. Dies zeigt sich auch im individuellen Weltbild: Menschen mit ausgeprägter Verschwörungsmentalität nehmen diese Themen eher als Bedrohung wahr als Menschen mit niedrigen Werten. Je stärker die Verschwörungsmentalität, desto eher werden Zuwanderung (r = ,36) und Globalisierung (r = ,30) und desto weniger der Klimawandel (r = –,15) als Bedrohung angesehen. Die Überlappung von Verschwörungsglauben und rechtem Weltbild äußert sich auch darin, dass Rechtsextremismus als weniger gefährlich angesehen wird (r = –,16), während Linksextremismus (r = ,29) und Islamismus (r = ,24) für Verschwörungsgläubige eher eine Bedrohung darstellen.[12] Auch sehen Ver-

---

12 Diese Zusammenhänge bleiben auch dann stabil, wenn in der Korrelation für politische Einstellung kontrolliert wird.

schwörungsgläubige den Verlust von Tradition und Werten (r = ,34), Vereinsamung (r = ,20) sowie Wettbewerb und Leistungsdruck (r = ,16) eher als bedrohlich an. Auch die Einschränkung von Grundrechten ist für Verschwörungsgläubige eine Bedrohung (r = ,46; vgl. auch ⟶ Kap. 1, S. 17 ff.).[13]

Die Coronapandemie wird von Verschwörungsgläubigen interessanterweise etwas stärker als Gefahr wahrgenommen (r = ,17). Dies gilt allerdings nur für den generellen Verschwörungsglauben. Der Glaube an eine Coronaverschwörung hängt dagegen nicht mit der Wahrnehmung der Pandemie als Bedrohung zusammen. Dies kann damit zusammenhängen, dass je nach Verschwörungserzählung die Bedrohungslage unterschiedlich bewertet wird. Wer meint, dass es sich bei der Pandemie nur um einen Schwindel handle, hat weniger Angst vor dem Virus. Wer dagegen glaubt, dass es sich bei Sars-Cov-2 um eine Biowaffe handeln würde, sieht zwar eine Bedrohung – aber weniger begründet im Virus selbst als in der angeblichen Verschwörung dahinter (vgl. auch Imhoff & Lamberty 2020).

9.7 Verschwörungsmentalität und Gewaltbilligung

Wie die bisherigen Analysen zeigen, mögen Verschwörungserzählungen von außen zunächst krude oder absurd wirken. Wir haben aber eingangs bereits darauf verwiesen, dass sie durchaus gefährliche Konsequenzen haben können. Verschwörungserzählungen wurden in den letzten Jahren immer wieder als Legitimation für Rechtsterrorismus herangezogen. Ob Christchurch, Halle oder Toronto – immer wieder waren es Verschwörungserzählungen, auf die sich die Terroristen beriefen, um ihre Taten zu rechtfertigen.

Wie schon in anderen Studien gezeigt worden ist, hängen auch in der Mitte-Studie 2020/21 Verschwörungsglaube und Gewaltbilligung zusammen. Die Analysen zeigen, dass knapp 14 % der Menschen mit Verschwörungsmentalität die Anwendung von Gewalt zur Erreichung politischer und sozialer Ziele billigen (13,8 %), während bei Menschen ohne Verschwörungsmentalität nur etwas mehr als 4 % angaben, sie würden Gewalt billigen.

---

13 Alle berichteten Korrelationen sind mindestens auf Niveau p < ,01 signifikant.

9.8 Fazit und Ausblick

Seit der Covid-19-Pandemie steht neben Politik und Medien auch die Wissenschaft zunehmend im Fokus verschwörungsideologischer Gruppen. Insbesondere solche Wissenschaftler_innen, die ihrer gesellschaftlichen Verantwortung nachkommen, ihre Forschung kommunizieren und sich öffentlich äußern, werden immer häufiger angefeindet und bedroht. Auch wenn das generelle Vertrauen in die Wissenschaft nach wie vor hoch ist, zeigt sich doch auch in Umfragen wie der Mitte-Studie 2020/21 eine Polarisierung in der Gesellschaft. Insbesondere jene, die die Pandemie als Verschwörung verharmlosen oder gänzlich leugnen, werden die Wissenschaft inzwischen vermutlich noch negativer wahrnehmen als vorher. Dies wirkt sich sicherlich auch auf die Bereitschaft aus, überhaupt an wissenschaftlichen Umfragen teilzunehmen. Der Soziologe Oliver Nachtwey konstatierte beispielsweise für seine Studie zu den Coronaprotesten, »dass in der Gesamtpopulation der Kritiker_innen von Coronamaßnahmen viele Personen öffentlichen Institutionen – wie etwa der Wissenschaft – skeptisch gegenüberstehen« würden und »deshalb an der Studie nicht teilgenommen haben« (Nachtwey, Schäfer & Frei 2020, S. 4). Darüber hinaus wurde in Telegram-Gruppen ausdrücklich vor einer Teilnahme an der Studie gewarnt. Sollte dies der Fall sein und insbesondere Menschen mit starkem Verschwörungsglauben seit der Pandemie noch weniger bereit sein, an wissenschaftlichen Umfragen teilzunehmen, würde sich das auch negativ auf die Aussagekraft solcher Studien auswirken. Sie würden die Verbreitung von Verschwörungserzählungen in der Gesellschaft unterschätzen und potenziell verzerrte Ergebnisse liefern, da dann insbesondere die radikalen Verschwörungsgläubigen nicht mehr an der Studie teilnehmen würden. Inwiefern solche Einschränkungen auf jüngere und aktuelle Studien einschließlich der vorliegenden zutreffen, ist aktuell nur schwer einzuschätzen.

Unabhängig von den Einschränkungen, die Umfragen unweigerlich mit sich bringen, lässt sich festhalten, dass Verschwörungsglaube in Deutschland auch oder insbesondere nach dem außergewöhnlichen und durch das Coronavirus geprägten Jahr 2020 weitverbreitet ist. Etwa jede_r fünfte Befragte glaubt an geheime Organisationen oder hält Politiker_innen für Marionetten dahinterstehender Mächte. Basierend auf den Daten der Mitte-Studie 2020/21 kann man nicht davon sprechen, dass mehr Menschen an Verschwörungen glauben als noch vor zwei Jahren. Es kann aber sein, dass sich der Glaube an Verschwörungserzählungen in einzelnen Gruppen verstärkt hat und für sie handlungsleitender geworden ist.

Diese Ergebnisse sollten gerade in Zeiten nachdenklich stimmen, in denen das Vertrauen in eine funktionierende Demokratie und das politische Handeln im Sinne der Allgemeinheit maßgeblich dafür sind, wie wir als Gesellschaft durch die Pandemie kommen (⟶ Kap. 2, S. 43 ff.). Dass jede_r Sechste der Verschwörungserzählung zustimmt, diese werde genutzt, um Zwangsimpfungen einzuführen, beziffert die konkrete Gefahr für den Impferfolg in Deutschland. Er ist neben einer zumindest in Teilen misslungenen öffentlichen Kommunikation und der versäumten Beschaffung von ausreichend Impfstoff auch durch Verschwörungserzählungen gefährdet.

Die Diskussion um Verschwörungserzählungen rund um die Coronapandemie sollte besonders berücksichtigen, dass in den vergangenen Jahren ein Anstieg an Gewalttaten im Zusammenhang mit Verschwörungserzählungen zu verzeichnen ist. Solche Taten veranschaulichen auf schockierende Art, was in der Logik einer Erzählung, die übermächtige und geheime Gruppen am Werk sieht, die um jeden Preis aufgehalten werden müssen, nur folgerichtig scheint. Die Daten zeigen dies als Zusammenhang zwischen Verschwörungsglaube und Gewaltbilligung. Verschwörungserzählungen erschweren nicht nur ein Management der Pandemie und befeuern eine Abkopplung vom demokratischen Diskurs, sondern können auch Gewalt bis hin zu Terrorakten legitimieren. Wenn man nun bedenkt, wie fest diese Ideologie in der gesellschaftlichen Mitte verankert ist, sollte das nicht nur mit Blick auf die Pandemie nachdenklich stimmen.

10 Im Einklang mit der Gesellschaft? Mentalisierung als Kompetenz der Mitte

Nora Rebekka Krott · Klaus Michael Reininger

»Globuli, Impfen oder Klimawandel: Wenn die eigene Wahrnehmung zur Wahrheit wird, erübrigt sich jedes Gespräch. Es ist Zeit, Meinungen wieder stärker von Tatsachen zu unterscheiden« (Haaf 2020). Dieser Onlinekommentar der Süddeutschen Zeitung aus dem Jahr 2020 greift eindrücklich die Polarisierung der (gesellschaftlichen) Meinungen und Positionen in den letzten Jahren auf. Der Austausch von sozialen Informationen wird in der deutschen Gesellschaft stets komplexer und stellt damit für viele Menschen eine immer größere Herausforderung dar. In Politik, Gesellschaft, Medien und – wie es die Coronapandemie gezeigt hat – nicht zuletzt in der Wissenschaft mehren und polarisieren sich Informationen, Perspektiven und Meinungen (z. B. Brady et al. 2017; Cohn 2014; Zick et al. 2019). In der Gesellschaft macht sich das Gefühl breit, nicht mehr im Einklang mit dem zu sein, was (vermeintlich) mehrheitsfähig oder politisch akzeptiert ist. Die Debatten sind aufgeheizt. Viele Menschen wollen oder versuchen, sich zu positionieren und sich somit in gesellschaftliche oder politische Gruppen einzuordnen. Gesellschaftliche und politische Diskussionen werden dabei zunehmend härter geführt; es scheint, als würden immer mehr Meinungen und Überzeugungen als vermeintliche Fakten und individuelle Wahrheiten behandelt, die keinerlei Zweifel zulassen und somit keinen wirklichen Austausch mit Andersdenkenden ermöglichen. Diese Verhärtung und vermeintliche Vereinfachung des gesellschaftlichen Diskurses wird besonders von populistischen und extremistischen Akteuren für die Mobilisierung von Menschen und Gruppen genutzt. In solch polarisierten Zeiten sollte eine politische Mitte über die Kompetenz verfügen, Spannungen aushalten, zwischen Extremen faktenbasiert sowie überzeugend zu vermitteln und letztendlich politische Entscheidungen demokratisch umzusetzen (Berghan & Zick 2019).

10.1 Vermittlungsfähigkeit als Kompetenz der Mitte

Soziale Identitäten und damit verbundene Überzeugungen und Forderungen bestimmen mehr und mehr, wie Menschen politisch denken, fühlen und handeln (z. B. El-Mafaalani 2019). Genauer gesagt, bestimmen soziale Identitäten, mit wem Menschen in Kontakt sind, von wem sie Informationen erhalten und mit wem sie in emotionalem Austausch stehen. Durch das vermeintliche Wissen, das in sozialen »Filterblasen« geteilt wird, wird es zunehmend schwieriger, andere Perspektiven mitzudenken und mitzufühlen (Brady et al. 2017). Die Fähigkeit, Ambivalenzen und Spannungen bei sich und bei anderen auszuhalten und miteinander vermitteln zu können, wird ersetzt durch ein Denken, Handeln und Fühlen, welches geprägt ist von *kognitiver Singularität*, indem die eigene Überzeugung als alleinige Wahrheit repräsentiert ist. Ein weiteres Merkmal dieses Denkens, Fühlens und Handelns ist die *Rigidität*. Da die eigene Überzeugung als wahrhaftig und unumstößlich gilt, muss rigide an ihr festgehalten werden. Wie kann man vor diesem Hintergrund nun mit widersprüchlichen Informationen umgehen? Hier kommt das dritte und letzte Merkmal ins Spiel: Die *Ignoranz* oder *Aggression* gegenüber anderen Sichtweisen. Das beschriebene Denken, Fühlen und Handeln macht es schwer, andere Sichtweisen anzuerkennen, da sie dem eigenen »Wissen« widersprechen und somit bedrohlich sind. Andere Sichtweisen müssen demnach ignoriert oder aber bekämpft werden und können somit in Ressentiments und Vorurteilen münden (➡ Kap. 6, S. 181 ff.) (Reininger 2016; Reininger & Krott 2019). Welche Konsequenzen hat der beschriebene psychologische Prozess nun für den gesellschaftlichen und politischen Diskurs? Das beschriebene Denken, Fühlen und Handeln kann unter Umständen den Weg ebnen für Konflikte, Abschottung und Radikalisierung, und damit für antidemokratische Tendenzen zwischen Gruppen, die bestimmte religiöse oder politische Überzeugungen teilen und in der Gesellschaft um Anerkennung ihrer Position kämpfen (z. B. Reininger et al. 2020). Das wäre ein Problem für die Mitte, da gerade sie Räume für unterschiedliche Perspektiven und Sichtweisen, für Kompromisse und vertrauensvolle Diskurse (➡ Kap. 3, S. 75 ff.) bietet (Reininger & Krott 2019). Somit sollte das Denken, Fühlen und Handeln der Mitglieder der Mitte in gewisser Weise *vermittelnd* sein und damit gekennzeichnet durch *Pluralität* (versus *Singularität*), *Flexibilität* (versus *Rigidität*) und *Offenheit* für andere Sichtweisen (versus *Ignoranz* oder *Aggression*; Reininger 2018).

10.2 Mentalisierungsfähigkeit als psychologische Basis von Vermittlung

Die oben beschriebene Vermittlungsfähigkeit wird in der Psychologie als *Mentalisierungsfähigkeit* bezeichnet: Menschen, die dazu fähig sind, zwischen eigenen und anderen Perspektiven zu vermitteln, können sich in andere hineinversetzen. Das heißt, sie können sich vorstellen (mental repräsentieren), wie sie selbst und wie andere Menschen fühlen oder denken. Mentalisieren bedeutet, das eigene Verhalten und das Verhalten anderer durch die Zuschreibung mentaler Zustände (z. B. Intentionen, Wünsche, Bedürfnisse) zu interpretieren und zu verstehen (Fonagy & Target 1997; Fonagy et al. 2016). Eine Grundlage für die Mentalisierungsfähigkeit liegt in Beziehungserfahrungen, in denen das Selbst und der oder die andere als getrennt voneinander und gleichzeitig im Einklang miteinander wahrgenommen werden können und in denen Ambivalenzen bei sich und anderen ausgehalten und integriert werden können, nach dem Prinzip: »Es gibt mich, es gibt dich und es gibt uns.« Je stärker die Mentalisierungsfähigkeit ausgeprägt ist, desto klarer wird, dass die eigene Wahrnehmung und auch die Wahrnehmung der anderen immer mit Zweifeln versehen ist und niemand einen absoluten Zugang zur Wahrheit hat (Fonagy et al. 2015; Taubner 2015). Menschen, die mentalisieren, sind neugierig gegenüber dem inneren psychischen Erleben sowie offen für die Wahrnehmungen, Perspektiven und Gedanken anderer Personen. Auf diese Weise entsteht ein Denken, das im Einklang mit der Außenwelt geprägt ist durch *kognitive Pluralität, Flexibilität* und *Offenheit.*

Auf einer gesellschaftlichen Ebene sollten Menschen mit einer stark ausgeprägten Mentalisierungsfähigkeit unterschiedliche Standpunkte und Wahrnehmungen vermitteln und weniger Extrempositionen und vermeintliche Wahrheiten für sich beanspruchen. Somit könnte sich eine demokratische Mitte aus denjenigen bilden, die über die individuelle Kompetenz verfügen, auf gesellschaftlicher Ebene Perspektiven zu übernehmen und zwischen Positionen zu vermitteln, wie etwa zwischen Liberalen und Konservativen, Religiösen und Säkularen, Verunsicherten und Überzeugten, Armen und Reichen oder Gruppen, die nationalistische oder weltoffene Positionen befürworten. Aus psychologischer Sicht sollte die demokratische Mitte durch die Mentalisierungsfähigkeit vor extremen, antidemokratischen Tendenzen geschützt sein. Im Folgenden soll

Mentalisierung unter den Befragten 2020/21 (Angaben in Prozent)   **Tabelle 10.1**

Ich stimme ... ➡

Mentalisierung (M = 3,70; SD = ,86; n = 914; α = ,55 ᵃ)
Es fällt mir schwer, richtige Worte zu finden, um meine Gefühle auszudrücken.
Oft kann ich mir selbst nicht erklären, warum ich etwas getan habe.
Ich denke ungern über meine Probleme nach.

Anmerkungen M = arithmetischer Mittelwert; **SD** = Standardabweichung; **n** = Anzahl der Befragten; α = Cronbachs Alpha. Mittelwert und Standardabweichung der Gesamtskala beziehen sich auf revers codierte Werte (hohe Werte = hohe Mentalisierungsfähigkeit). | ᵃ Der Wert des α (Cronbachs Alpha) für die hier verwendete Kurzskala ist deswegen so gering, weil aus ökonomischen Gründen nur drei Items aus der ursprünglichen Skala ausgewählt werden konnten.

beschrieben werden, 1. wie sich Mentalisierungsfähigkeit in der Mitte darstellt, 2. ob sie mit Einstellungen und Werten der demokratischen Mitte in Zusammenhang steht und 3. ob sie als ein Schutzfaktor vor antidemokratischen und menschenfeindlichen Tendenzen wirkt.

10.3 Mentalisierung unter den Befragten

Die Mentalisierungsfähigkeit unter den Befragten der Mitte-Studie wurde mithilfe von drei Aussagen erhoben, zu denen die Befragten auf einer 5-stufigen Likert-Skala angeben konnten, inwieweit die Aussagen auf sie persönlich zutreffen, von 1 (»überhaupt nicht«) bis 5 (»voll und ganz«). Die Auswahl der Aussagen basiert auf einem geprüften Messinstrument zur Erfassung von Mentalisierungsfähigkeit (*MentS*; Dimitrijević et al. 2018), aus dem drei Aussagen ausgewählt wurden. In Tabelle 10.1 sind die gewichteten Durchschnittswerte der einzelnen Items der Skala zur Mentalisierungsfähigkeit abgebildet (➡ Tab. 10.1).

Rund 17 % der Befragten geben an, häufig nicht die richtigen Worte für das, was sie fühlen, zu finden. Ein ähnlich großer Anteil der Befragten scheint zudem unmotiviert, die eigenen mentalen Zustände zu reflektieren. Unter mehr als der Hälfte der Befragten ist die Mentalisierungsfähigkeit dagegen stark bis sehr stark ausgeprägt. Die Mentalisierungsfähigkeit unterscheidet sich zudem zwischen den verschiedenen gesellschaftlichen Gruppen. Unter den älteren Befragten

Tabelle 10.1

... überhaupt nicht zu	... eher nicht zu	teils/teils	... eher zu	... voll und ganz zu
30.7	25.3	26.7	10.1	7.2
36.6	33.0	20.8	5.7	3.9
28.2	28.4	24.0	11.1	8.2

(über 60 Jahre) ist die Mentalisierungsfähigkeit weniger stark ausgeprägt, besonders im Vergleich zur mittleren Altersgruppe (zwischen 30 u. 60 Jahren). Je höher der Bildungsgrad der Befragten, desto stärker ist die Mentalisierungsfähigkeit. Weibliche Befragte zeigen eine etwas höhere Mentalisierungsfähigkeit im Vergleich zu männlichen Befragten. Eingewanderte und deren Nachkommen und autochthone (einheimische, indigene) Befragte unterscheiden sich dagegen nicht in ihrer Mentalisierungsfähigkeit oder -bereitschaft. Es zeigt sich zudem, dass besonders Menschen, die sich der politischen Mitte sowie dem linken politischen Spektrum zuordnen, eine höhere Fähigkeit und Bereitschaft zur Mentalisierung aufweisen, verglichen mit Befragten, die sich politisch rechts einordnen.[1]

10.4 Mentalisierung als Vermittlungskompetenz der demokratischen Mitte

Die zentrale Frage ist, welche Bedeutung die Selbstzuschreibung als politische Mitte im Jahr 2021 hat; dies gerade vor dem Hintergrund, dass wir im Verlauf der letzten Jahre eine Verschiebung der Mitte in Richtung extremer und antidemokratischer Einstellungen und Haltungen beobachtet haben (Zick et al. 2019).[2] Daher soll sich die Hypothese der hoch ausgeprägten Mentalisierungs-

---

1   Diese Unterschiede sind statistisch signifikant: Mentalisierung nach Alter: $F_{(2, 891)} = 10.59$, $p < ,001$, $\eta^2 = ,02$; Mentalisierung nach Bildungsgraden: $F_{(2, 881)} = 41.7$, $p < ,001$, $\eta^2 = ,09$; Mentalisierung nach Geschlecht: $F_{(1, 912)} = 3.97$, $p = ,047$, $\eta^2 = ,004$; Mentalisierung nach politischer Orientierung: $F_{(2, 858)} = 3.11$, $p = ,045$, $\eta^2 = ,01$.

2   Mit Blick auf unsere Daten zeigt sich in der Tat, dass sich 47,7 % der AfD-Wähler_innen der demokratischen Mitte zuordnen.

fähigkeit der Mitte nicht alleine auf eine politische Selbstzuschreibung beziehen, sondern vielmehr auf die Identifikation als Demokrat_in und damit auch die Befürwortung der freiheitlich-demokratischen Grundordnung. Wir nehmen an, dass Personen, die sich als Demokrat_innen identifizieren, unterschiedliche Werte und Positionen vermittelnd einnehmen können und gleichzeitig angeben, mehr mentalisieren zu können. Die Abbildung 10.1 zeigt in der Tat, dass in der untersuchten Stichprobe mit der Identifikation als Demokrat_in auch die Mentalisierungsfähigkeit als psychologisch-vermittelnde Kompetenz steigt.[3]

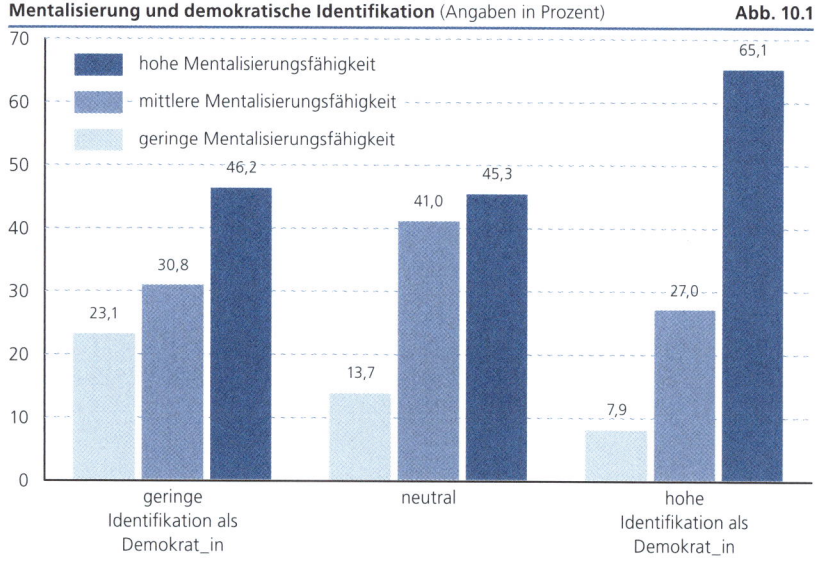

Mentalisierung und demokratische Identifikation (Angaben in Prozent)   **Abb. 10.1**

Die Abbildung zeigt, dass der Anteil der Menschen mit einer stark ausgeprägten Mentalisierungsfähigkeit unter den Demokrat_innen besonders hoch ist; er liegt bei etwa 65 %. Unter denjenigen mit einer geringen bis mittleren demokratischen Identifikation sinkt die Mentalisierungsfähigkeit dagegen auf unter 50 %. Hier gibt zudem jede_r Fünfte an, über eine geringe Mentalisierungsfähigkeit zu verfügen. Neben der Identifikation als Demokrat_in steht die

---

3   Unterschied in der Mentalisierung zwischen unterschiedlichen Identifikationen als Demokrat_in: Chi² (4, n = 910) = 37.82, p < ,001.

Mentalisierung in einem positiven Zusammenhang zu Indikatoren eines demokratischen Miteinanders. Die Mentalisierung fördert ein demokratisches Denken, Fühlen und Handeln. Wer mentalisiert, spricht sich für gleiche Rechte für alle aus, zeigt Vertrauen in die demokratischen Institutionen und weiß, dass er oder sie sich politisch einsetzen kann (⟶ Abb. 10.2).

Mentalisierung und demokratisches Denken, Fühlen und Handeln   Abb. 10.2

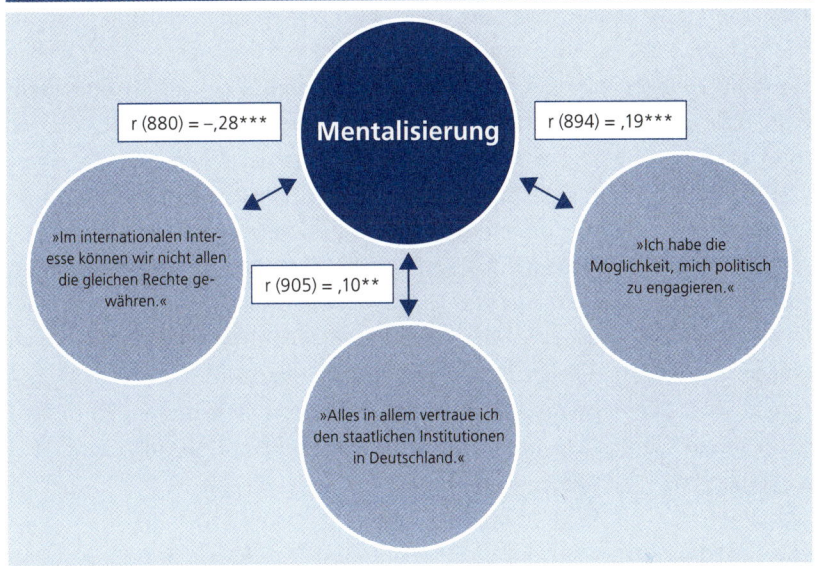

Wenn Mentalisierung eine Kompetenz darstellt, die sich in zwischenmenschlichen und gesellschaftlichen Beziehungen vermittelnd auswirkt, prägt sie damit ein Denken, Fühlen und Handeln, das pluralistisch, flexibel und offen für verschiedene Perspektiven und Sichtweisen ist. Somit sollte die Mentalisierungsfähigkeit auch einen persönlichen Schutzfaktor darstellen, der antidemokratischem Denken, Fühlen und Handeln entgegenläuft. Im Folgenden beleuchten wir, welche konkreten Zusammenhänge sich in der Befragung des Jahres 2020/21 zwischen der Mentalisierungsfähigkeit der Bürger_innen und menschenfeindlichen und antidemokratischen Einstellungen und Verhaltenstendenzen sowie Gefühlen von Verunsicherung zeigen.

10.5 Mentalisierung als Schutzfaktor vor antidemokratischem Denken, Fühlen und Handeln

Die Mentalisierungsfähigkeit stellt unter den Befragten der Mitte-Studie einen psychologischen Schutzfaktor dar, der antidemokratischem Denken entgegenwirkt, genauer gesagt, rigiden Vorstellungen bezüglich der eigenen vermeintlichen gesellschaftlichen Vormachtstellung und menschenfeindlichen sowie rechtspopulistischen Einstellungen. Es zeigen sich negative Zusammenhänge zwischen der Mentalisierungsfähigkeit und der Gruppenbezogenen Menschenfeindlichkeit, der Forderung von Etabliertenvorrechten sowie rechtspopulistischen Einstellungen. Je ausgeprägter die Mentalisierungsfähigkeit der Befragten, desto niedriger fallen menschenfeindliche Einstellungen und Forderungen sowie rechtspopulistische Einstellungen aus.[4] Auch auf einer stärkeren Gefühlsebene von Einstellungen zeigt sich: Je stärker die Mentalisierungsfähigkeit, desto niedriger fallen Gefühle der politischen Machtlosigkeit aus.[5] Letztlich zeigen sich die Auswirkungen der Mentalisierungsfähigkeit auch auf einer Einstellungsebene, die stärker mit Verhaltenstendenzen verknüpft ist. Wer mentalisiert, neigt weniger dazu, Gewalt als Mittel der Durchsetzung politischer Interessen zu billigen und zeigt weniger rechtsextreme Einstellungen sowie autoritäre Aggression.[6] Die Gesamtzusammenhänge zwischen Mentalisierungsfähigkeit und antidemokratischem Denken, Fühlen und Handeln sind in Abbildung 10.3 dargestellt (➟ Abb. 10.3).

10.6 Fazit

Die gesellschaftliche Mitte ist von einem teilweisen Anstieg rechtsextremer und menschenfeindlicher Einstellungen betroffen. Aus einer individualpsychologischen Perspektive ist es Mentalisierung, die als individuelle Fähigkeit das gesellschaftliche Zusammenleben vor antidemokratischen und feindseligen Tendenzen im Denken, Fühlen und Handeln schützen kann. Mentalisierung selbst

---

4   Korrelationen zwischen der Mentalisierung und GMF: r(912) = −,31, p < ,001; Mentalisierung und Etabliertenvorrechte: r(912) = −,29, p < ,001; Mentalisierung und rechtspopulistische Einstellungen (Gesamtskala): r(912) = −,31, p < ,001.
5   Korrelationen zwischen der Mentalisierung und der Gesamtskala politischer Machtlosigkeit: r(912) = −,25, p < ,001.
6   Korrelationen zwischen der Mentalisierung und der Gesamtskala Gewaltbilligung r(909) = −,24, p < ,001; Mentalisierung und Gesamtskala rechtsextreme Einstellungen: r(709) = −,30, p < ,001; Mentalisierung und Gesamtskala autoritäre Aggression: r(912) = −,26, p < ,001.

Mentalisierung und antidemokratisches Denken, Fühlen und Handeln Abb. 10.3

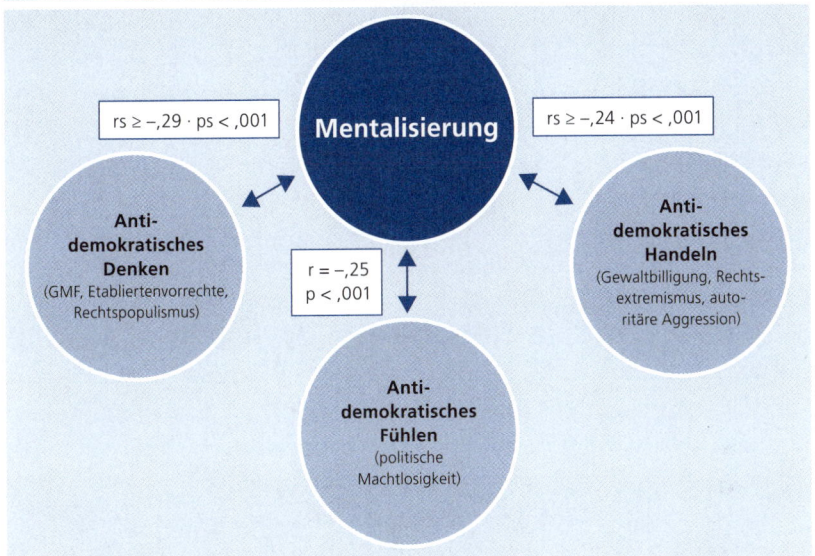

ist eine Fähigkeit, die im Rahmen von therapeutischen Prozessen und Bildungs-
maßnahmen erlernt, gestärkt und gefördert werden kann, sowohl auf individueller als auch auf Gruppenebene (Bateman & Fonagy 2016). Damit bildet die
Mentalisierungsfähigkeit eine Kernkompetenz, die im Rahmen der politischen
Bildung vermittelt werden soll. In einer demokratischen Gesellschaft kann
diese Kompetenz gefördert und ausgebaut werden und zur Stärkung des demokratischen und zivilgesellschaftlichen Engagements führen. Diejenigen, die sich
im Einklang mit der Gesellschaft sehen, sich als Demokrat_innen definieren
und sich als handlungsfähige Personen wahrnehmen, zeigen auch die höchste
Mentalisierungsfähigkeit. Gerade bei Personen mit einer stark ausgeprägten
Mentalisierungsfähigkeit bestehen mentale, innerpsychische Räume zur Ver-
mittlung unterschiedlicher Standpunkte und Perspektiven. Menschen, die
mentalisieren können, begegnen sowohl inneren als auch äußeren Spannungen
und Konflikten flexibel, offen und interessiert. Spannungen und Konflikte
müssen nicht in extreme Formen des Denkens, Fühlens und Handelns münden,
sondern können ausgehalten und in Beziehungen sowie Auseinandersetzungen
vermittelt werden. Auf der psychologischen Ebene bildet Mentalisierung eine

Kompetenz der gemäßigten, demokratischen Mitte, jenseits von Gefühlen von Bedrohung und Machtlosigkeit, aber auch jenseits von Gewaltbilligung und autoritärer Aggression.

11 Politische Bildung als Transmitter der Demokratie: Demokratie muss man machen – Neun Appelle zur politischen Bildung

Sabine Achour

Die Verbindung von Bildung und Demokratie ist einzigartig, so der Soziologe Oskar Negt. Während Sachwissen und Berufsqualifikation sich mit jeder Gesellschaftsverfassung vereinbaren lassen, auch mit einer totalitären, trifft dies für die politische Bildung lediglich auf die Demokratie zu.[1] Nur in dieser ist mit (politischer) Bildung die Zielsetzung verbunden, Mündigkeit, kritische Urteils- und Handlungsfähigkeit der Menschen zu fördern. Für autoritäre Gesellschaften zögen diese Qualifikationen deren Ende nach sich, in Demokratien sichern sie deren Lebensfähigkeit im Sinne pluraler Vitalität und emanzipatorischen Wandels. Ohne mündige, selbstbestimmte Menschen ist Gesellschaft als verwirklichte Demokratie nicht vorzustellen (Adorno 1966).

Da der Mensch aber nicht als politisches Wesen geboren ist, muss Demokratie gelernt werden, immer wieder, tagtäglich, ein Leben lang, so Oskar Negt (2010). Vor dem Hintergrund von gesellschaftlichen Krisen, Populismus und Gefährdungen für die Demokratie appellierte er schon vor mehr als zehn Jahren: »Im Inneren dieser Gesellschaft brodelt es […]. Es mag ein bisschen verstaubt und anachronistisch klingen, aber ich sehe nur eine Möglichkeit: politische Bildung.«[2]

Was »brodelt« in der Mitte? Wodurch ist sie gefordert? Entlang von zentralen Ergebnissen der Mitte-Studie 2020/21 werden im Folgenden neun Appelle für die Bedeutung und Konzeption von politischer Bildung formuliert. Sie stellen

---

1 Spiegel-Gespräch mit Oskar Negt: »In dieser Gesellschaft brodelt es«, in: Der Spiegel (2010) 32, S. 98-101, abrufbar unter: http://www.spiegel.de/spiegel/a-710880.html [Aufruf am 1.6.2021].
2 Ebd.

Handlungsansätze dar, mit denen auf die gesellschaftlichen Herausforderungen, die wir identifiziert haben, (bildungs-)politisch reagiert werden kann.

11.1 Einstellungsmodifikationen: Erinnerung an eine andere politische Kultur? Politische Bildung als Daueraufgabe, nicht als Feuerwehr

Die Mechanismen von Autoritarismus und Menschenfeindlichkeit sind simpel: Wird nur einem Menschen die Gleichwertigkeit abgesprochen, kann sie jedem Einzelnen von uns aberkannt werden.

Erinnert sich die Mitte an diesen Mechanismus und zeigt sich dies in ihren Einstellungsmodifikationen? Ihre Zustimmung zu menschenfeindlichen, antidemokratischen und extrem rechten Einstellungen ist im Vergleich zu den letzten Jahren gesunken. Zugleich sieht sie heute im Rechtsextremismus die größte gesellschaftliche Bedrohung. (➟ Kap. 1, S. 17 ff.)

Mit zur Schau gestelltem Rassismus und Demokratiefeindlichkeit in Öffentlichkeit, Medien und Parlamenten hat die politische Kultur, ihr »guter politischer Stil«, Schaden genommen. Lädiert zeigt sich ihr demokratischer Grundkonsens, besonders, wenn es um die Anerkennung des Gegenübers und den Umgang mit benachteiligten Gruppen geht.

Wenn wir Demokratie und Freiheit wollen, sollte sich dies auch in den politischen Einstellungen und Handlungen widerspiegeln. Denn Demokratien benötigen für ihr Überleben eine gewisse Kongruenz von Struktur und Kultur (Greiffenhagen et al. 2019). Der »process of introduction into the political culture«, also der Prozess der Hinwendung zur politischen Kultur (Almond & Verba 1963), erfolgt allerdings nicht von oben nach unten, sondern in der demokratischen Praxis des Zusammenlebens, in Prozessen politischer Sozialisation und politischer Bildung. Mit letzterer verfügen Demokratien über Räume, um politische Kultur einzuüben und zu pflegen. Politische Bildung wird so zum Transmitter für die Demokratie. Die Demokratie und ihre Unterstützer_innen müssen diese Räume aber wieder für alle öffnen, kontinuierlich, einladend, barrierearm und ohne vermeintlich »Bildungsferne«, »Migrant_innen« oder »Gefährder_innen der Demokratie« zu stigmatisieren (Achour & Gill

2020). Eine Demokratie schiebt eben nicht – wie Populismus und Extremismus es tun – Menschen nach drinnen und draußen, oben oder unten. Trotz einer enormen Zunahme politischer und gesellschaftlicher Aufmerksamkeit für die politische Bildung sind die Folgen eines langen Existenzkampfes, das Wegbrechen und die Auflösung von Regelstrukturen oder prekäre Schulsituationen durch die Reduzierung von Unterrichtsstunden in den letzten Jahren nicht einfach mit befristeten Förderprojekten zu kompensieren. In Tagesworkshops lässt sich die »Demokratiekompatibilität« von Antidemokrat_innen und Rassist_innen nicht wiederherstellen. Bildung war so lange übermäßig durch das ökonomische Primat geprägt (Engartner 2020), dass die Förderung von Emanzipation und Mündigkeit möglicherweise zu sehr aus dem Blick geraten ist. In der Tat ist das Revival politischer Bildung aktuell stark von dem Wunsch geprägt, dass sie eine Feuerwehrfunktion übernimmt, welche sich im Löschen der Brände menschenfeindlicher, antidemokratischer und rechter Einstellungen ausdrückt. Politische Bildung aber ist eine Daueraufgabe, so die eindeutige Aussage im 16. Kinder- und Jugendbericht zum Schwerpunkt demokratische Bildung (BMFSFJ 2020, S. 13). Ihre Relevanz zeigt sich in der Kontinuität menschenfeindlicher Einstellungen in den Daten der Mitte-Studien.

11.2 Die Mitte zwischen Toleranz und Menschenfeindlichkeit: Politische Bildung als antirassistische Bildung

Wo steht die Mitte, wenn es um Rassismus, Menschenfeindlichkeit, Hass und Vorurteile geht? Ein Großteil der Befragten lehnt solche Abwertungen ab. Vielfalt und Engagement für Vielfalt werden von mehr als zwei Dritteln als Bereicherung und gesellschaftliche Notwendigkeit empfunden. Aber trotz der wachsenden Anerkennung sozialer Gruppen zeigt sich diese Entwicklung bei Weitem nicht gesamtgesellschaftlich (➞ Kap. 2, S. 43 ff.; 4, S. 141 ff. u. 6, S. 181 ff.).

Sinti_zze und Rom_nja, asylsuchende und muslimische Menschen sind immer noch häufiger mit Vorurteilen und Ablehnung konfrontiert. Die Zustimmung zum Antisemitismus wächst, und Menschen, die seit Covid-19 als asiatisch markiert werden, erleben verstärkt Diskriminierung und Angst. Breit von sich weist die Mitte zudem einen »Anti-Schwarzen-Rassismus« (➞ Kap. 4, S. 141 ff.). Aber erstens muss sich die Demokratie fragen, ob 10 % eindeutige Rassismuszustimmung, die insbesondere im subtilen Rassismus sichtbar werden, »tolerabel« sind. Und zweitens bringt die Mitte-Studie mit Schilderungen wie der von Souad Lamroubal (➞ Kap. 5, S. 173 ff.) die Mitte in einen Widerspruch zwischen Selbstbild und Alltag. Die Augen können vor der Allgegenwärtigkeit von Rassismus, die der Menschenfeindlichkeit in all ihren Facetten entspringt, verschlossen oder geöffnet werden. Kaum jemand von uns hat nicht schon glaubhaft gehört, dass Menschen nicht zum Bewerbungsgespräch oder zur Wohnungsbesichtigung eingeladen werden, dass ihnen Diskriminierungen oder Gewalt von Behörden nicht geglaubt werden, dass sie gefragt werden, wo sie *eigentlich* herkommen (nach dem Motto: Warum bist du nicht weiß, sprichst aber deutsch?), dass ihre Sitznachbar_innen in der Bahn zur Seite rutschen oder die Tasche näher an sich heranziehen, dass sie aufgrund ihres Phänotyps von Polizei oder Zoll öfter kontrolliert werden (Racial Profiling). Mehr noch: Das gewaltsame Töten in Hanau wird »erklärt« mit »ermordet, weil sie anders waren« und ihre Angehörigen werden von den Behörden als »Gefährder« bezeichnet (Baghernejad 2021). 18,4 % meinen in der Mitte-Studie, Schwarze Menschen seien zu empfindlich, wenn von Rassismus in Deutschland die Rede ist. 28,5 % stimmen dem »teils/teils« zu. Auf welche Mehrheit können Schwarze Menschen und viele andere Gruppen hoffen, die zur Zielscheibe von Hass werden, wenn sich zugleich fast alle in der Mehrheit als Demokrat_innen sehen, wie die Studie zeigt?

Wer von uns so etwas nie erleben musste, verfügt über »Privilegien des Weißseins«. Dies zu reflektieren und zu begreifen, welche Folgen diese Privilegien für alle haben, die sie nicht für sich in Anspruch nehmen können, die in Angst vor verbaler und körperlicher Gewalt leben, ist Teil von Demokratiearbeit als antirassistischer Arbeit. Dass Demokratiebefürwortung und Antirassismus miteinander in einem positiven Zusammenhang stehen, erhärtet die Empirie: Überzeugte Demokrat_innen stimmen Rassismus und Menschenfeindlichkeit weniger zu als jene, die darin ambivalent sind oder sich explizit nicht als Demokrat_innen identifizieren (➞ Kap. 6, S. 181 ff.). Rassismus beginnt nicht mit Hasstaten und Mord, sondern damit, dass eine Mehrheit rassistischen Mechanismen gegenüber ignorant ist: so gegenüber der Differenzierung von »wir« und »den anderen« entlang äußerlicher Merkmale oder zugeschriebener kultureller Unterschiede bei Werten, Religion, Geschlecht, Bildung oder gar Kriminalität (»Clans«).

Demokratiearbeit als antirassistische Arbeit findet dort statt, wo Räume des Alltags wie Schulen, Universitäten, Kitas, Medien, Unternehmen, Vereine, Gewerkschaften, Verwaltung keine Bühnen mehr für Menschenfeindlichkeit sind, sondern Räume politischer Bildung (vgl. Fereidooni & Hößl 2021) und wo sich das auch in Bezug auf Bildungsmaterialien, Notengebung, Medien, Gespräche, Gesten, Bilder, Narrationen, Straßennamen und so weiter zeigt. Dieser im Alltag schmale Grat zum Rassismus bedarf der Selbstreflexion. Da Gesellschaft von Rassismus allgegenwärtig durchdrungen ist, kommt diese Selbstreflexion in der Regel nicht von selbst. Politische Bildung als Querschnittsaufgabe in Aus- und Weiterbildung heißt: Förderung professioneller antirassistischer Kompetenz der verschiedenen Akteure auf allen gesellschaftlichen Ebenen. Dass dies in der ernst gemeinten Umsetzung noch ein langer Weg sein wird, zeigen beispielsweise die kontroversen Debatten zur Einführung des Landesantidiskriminierungsgesetzes (LADG) in Berlin zum Schutz vor diskriminierendem behördlichen Handeln. Dabei ginge mit einer bundesweiten Implementierung solcher Gesetze die Verpflichtung einher, Menschen in ihrer antirassistischen Kompetenz zu qualifizieren, ebenso wie die Chance, rechtliche Lücken zu schließen: so zum Beispiel, dass Schüler_innen sich nicht auf der Grundlage des Allgemeinen Gleichbehandlungsgesetzes (AGG), das nur im Arbeitsleben greift, gegen Diskriminierung an öffentlichen Schulen wehren können – trotz bekannter negativer Auswirkungen auf Gesundheit und Schulerfolg (Bonefeld & Dickhäuser 2018; Ziegler & Beelmann 2009). Gerade weil sich viele aus Angst vor Ignoranz oder Benachteiligung nicht zur Wehr setzen, werden rechtliche Regelungen, Beratungs- und Meldestellen zu wichtigen Signalen für eine ernst gemeinte Demokratiearbeit. Damit wird deutlich gezeigt, dass Rassismus und Diskriminierung als gesamtgesellschaftliches Problem wahrgenommen und nicht als individuelles der Betroffenen bagatellisiert werden. Durch ihre Sichtbarkeit in Öffentlichkeit und Gesellschaft setzen sie ebenfalls ein klares Zeichen gegen rechte Strukturen in Institutionen.

11.3 Rechtspopulismus: Rechtsextreme Vermischung und Verhärtung – Von der Extremismusprävention zur politischen Bildung für die Mitte

Populismus ist in Deutschland Rechtspopulismus. Er zeigt sich in Demokratie- und Elitenschelte, Antipluralismus, in der Forderung, dem vermeintlich »betrogenen, homogen gedachten Volk die Macht zurückzugeben« sowie menschenfeindlichen und verstärkt rechtsextremen Einstellungen. Letztere werden zwar in Form eines manifesten rechtsextremen Weltbildes lediglich von einem Bruchteil der Befragten vertreten, aber etliche stimmen einzelnen Elementen zu oder lehnen diese mit »Teils/teils«-Antworten nicht eindeutig ab. Der Rückgang rechtsextremer Einstellungen im Vergleich zu 2018/19 ist weniger als »Re-Demokratisierung« zu deuten denn als »Indifferenz hinsichtlich des Rechtsextremismus« (➡ Kap. 3, S. 75 ff. u. 8, S. 225 ff.). Fast ein Viertel der Befragten zeigt sich offen für völkisch-autoritär-rebellische Haltungen, welche völkisches Denken, Verschwörungsglauben, vermeintlich fehlende Meinungsfreiheit, Diktaturvorwürfe, die Existenz betrügerischer Eliten mit dem Aufruf zum Widerstand verknüpfen. Dieser strategisch-völkisch aufgeladene Widerstandstopos ist nach rechts außen besonders anschlussfähig (➡ Kap. 8, S. 225 ff.). Sowohl mit Blick auf die politischen Akteure und Parteien als auch hinsichtlich der Einstellungsebene verschwimmen Rechtspopulismus und Rechtsextremismus ineinander, zugleich scheinen sich rechtspopulistische Einstellungen zu rechtsextremen zu verhärten (➡ Kap. 3, S. 75 ff. u. 8, S. 225 ff.). Beispielhaft dafür sind Parteiausschlüsse mehrerer AfD-Mitglieder oder die wie ein Damoklesschwert über der Partei hängende drohende Beobachtung durch den Verfassungsschutz. Möglicherweise halten vor dem Hintergrund dieser Entwicklungen nur noch 13 % die AfD für eine Partei wie jede andere (im Vergleich zu 22,4 % in der Mitte-Studie 2018/19), während unter den »bekennenden« AfD-Anhänger_innen rechtspopulistische und rechtsextreme Einstellungsmuster auffällig verbreitet sind. Mag die AfD einen überproportionalen Teil des rechtsextremen und rechtspopulistischen Potenzials »aufsaugen«, so zeigen sich Zustimmungen zu einzelnen Elementen auch bei Befragten mit anderer Parteipräferenz und bei Nichtwähler_innen, ergo in allen Bevölkerungsgruppen (➡ Kap. 3, S. 75 ff.). Das heißt, die Vorstellung greift zu kurz, dass Demokratie und Freiheit lediglich von den Rändern her gefährdet seien. Vielmehr ist die Mitte selbst gefährdet. So richten sich strategische Verschiebungen »des Sagbaren« nach rechts gezielt an diese, um Einstellungsmuster bis hin zur Gewaltlegitimierung zu beeinflussen (➡ Kap. 3, S. 75 ff.). Insofern ist eine politische Bildung, verkürzt auf Extremismusprävention, die sich lediglich auf Randgruppen oder »gefährdete« Jugendliche ausrichtet, langfristig zum Scheitern verurteilt. Der Auftrag politischer Bildung darf daher nicht in dieser Form reduziert werden (BMFSFJ 2020), sondern muss sich beim »Kampf gegen rechts« auf die Demokratiestärkung der Mitte richten.

Zum einen zeigen sich in dieser Mitte-Studie erneut und empirisch die nachteiligen Effekte eines (formalen) Bildungsgefälles auf rechtsextreme, rechtspopulistische und menschenfeindliche Einstellungen. Eindeutig ist aber auch, dass der Einfluss der Bildung geringer ist, wenn wir Faktoren wie Dominanzorientierung oder autoritäre Politikvorstellungen berücksichtigen. Es muss also kontinuierlich kritisch gefragt werden, wo Zugänge zu (politischer) Bildung und Demokratieerfahrung fehlen, zum Beispiel aufgrund von Strukturschwächen, oder wo zu lange (politische) Ignoranz gegenüber einer »Etablierung« rechter Äußerungen und Haltungen herrschte oder wo die »Normalisierung« eines menschenfeindlichen Klimas gezielt durch rechtspopulistische und rechtsextreme Akteure und Anhänger_innen zu lange forciert und geduldet wurde (➡ Kap. 3.1, S. 112 ff.). Mit vielen Kürzungen – nicht nur in der formalen und nonformalen politischen Bildung, sondern auch in der Jugendarbeit, bei Sport-, Freizeit- und Informationsangeboten – sind Formate informeller (politischer) Bildung weggebrochen. Über lange Zeit konnte so in strukturschwachen Regionen eine rechtsextrem motivierte »Nationale Graswurzelarbeit« im Gewand sozialen Engagements ohne viel Widerstand Fuß fassen (Röpke & Speit 2019, S. 15).

Vor dem Hintergrund des Bildungseffektes auf rechte Einstellungen und der Bedeutung antiautoritär-demokratischer Alltagserfahrungen ist politische Bildung für die Mitte als Instrument zur Aufklärung und Befähigung zur Mündigkeit zu verstehen: als Antidot gegen die Anschlussfähigkeit von Rechtspopulismus an autoritäre, menschenfeindliche und sexistische Einstellungsmuster, gegen neurechte Inszenierungen durch Influencer_innen in den Sozialen Medien, gegen Versuche eines »völkischen« Revivals, insbesondere mit Blick auf eine große Offenheit des völkisch-autoritären Widerstandes (➡ Kap. 8, S. 225 ff.) und so weiter. Neben der kognitiven Fähigkeit, all dies einordnen, analysieren und beurteilen zu können, fördert politische Bildung eine demokratische Haltung und demokratisches Handeln. Sie fördert und stärkt Erfahrungen in sozialen, zivilgesellschaftlichen und Bildungsräumen, die rechte Einstellungen, Äußerungen und Handlungen begründet ablehnen. Nach Putnam (2000) fördert das Involviertsein in solche sozialen Netze demokratische Einstellungen und Partizipation. Investitionen in eine entsprechende politische Bildung für diejenigen, die sich gegen Rechtsextremismus und Menschenfeindlichkeit einsetzen (wollen), erscheinen zielführender als eine systemorientierte Demokratiekonditionierung für die Ränder. Dies lässt sich auch auf die Herausforderungen in Verbindung mit Verschwörungsmythen übertragen.

11.4 Antidemokratischer Cocktail von Verschwörungsglauben und (neu-)rechten Einstellungen: Aufklärung gegen die rechte Märchenwelt

Christchurch, Halle, Hanau, Toronto. Diese Städte sind Symbole für Attentate geworden, die von einer ideologischen Vermischung von Rechtsextremismus, Rassismus, Menschenfeindlichkeit und Verschwörungsglauben motiviert waren. Auch die Mitte-Studie 2020/21 identifiziert in ihren Ergebnissen diese Zusammenhänge. So zeichnet sich ein Verschwörungsglaube insbesondere bei denjenigen ab, die sich politisch (eher) rechts einordnen, entsprechende Parteien wählen, Rechtsextremismus weniger als Bedrohung einschätzen, dafür eher die »Unterwanderung durch den Islam« oder durch jüdische Menschen befürchten oder durch »zu übermächtige Gruppen« in Politik, Medien, Wissenschaft (⟶ Kap. 9, S. 283 ff.). Gefährlich »angereichert« wird der Cocktail durch die Legitimation von Gewalt, Wissenschaftsfeindlichkeit (z. B. die Klimadebatte; ⟶ Kap. 8.2, S. 262 ff.), Frauenhass und Antigenderismus, während die klassische Familie als Keimzelle des Volks propagiert wird (⟶ Kap. 8.1, S. 246 ff. u. 9, S. 283 ff.).

»Der Kampf gegen die Merkel-Diktatur« der Pandemieleugner_innen oder rechte, als symbolträchtig dargestellte Aktionen wie die Besetzung der Treppe des Reichstagsgebäudes und das Schwenken von Reichsfahnen sind völkisch-autoritäre Widerstandsnarrative und Bilder (⟶ Kap. 8, S. 225 ff.), mit denen die antidemokratische Mischung weiter auf den Straßen und in den Sozialen Medien brodelt. Die extreme Rechte propagiert – auch im Kontext der Covid-19-Pandemie – den langersehnten »Ausnahmezustand« mit der Gelegenheit zur völkisch-autoritären Rebellion. All dies wird lanciert durch einen besonderen Netzaktivismus in den Sozialen Medien, welche als »alternative Medien« mit Katalysatorfunktion für Falschinformationen insbesondere gegen die Öffentlich-Rechtlichen in Stellung gebracht werden. So verfängt Medienmisstrauen oder eher Medienschelte in Kombination mit Verschwörungsglauben bei rechtspopulistischen und rechtsextremen Einstellungen (⟶ Kap. 3.2, S. 123 ff.).

Politische Bildung wird kaum Erfolge bei überzeugten Verschwörungsgläubigen oder Rechtsextremen erzielen, aber sie kann Menschen, die sie umgeben, stärken, indem sie deren Reflexions- und Argumentationsfähigkeit, deren Resilienz, demokratische Haltung und politische Medienkompetenz stärken: Dazu gehört das Identifizieren von Fake News vor dem Hintergrund seriöser journalistischer Arbeit, dazu gehört auch die Differenzierung zwischen Informationen und Falschmeldungen, das Aufzeigen alternativer Deutungsangebote, das Demaskieren von Widersprüchlichkeiten, wie sie für Verschwörungsnarrative kennzeichnend sind. Politische Bildung leistet Aufklärung da, wo Unsicherheit und Angst geschürt werden als (politische) Funktion von Verschwörungsglauben, der zur Interessensdurchsetzung bestimmter Akteure dient (Cassam 2019). Sie gibt den Menschen Mittel an die Hand, um die Muster von Verschwörungsmythen zu dekonstruieren, um gegen solche Mythen und Falschinformationen sprachfähig zu sein, um aktiv eigene Medien gestalten zu können und sich satirisch für die Entlarvung der Feinde einer offenen demokratischen Gesellschaft einsetzen zu können.

Haben sich solche Verschwörungsnarrative noch nicht als Gedankengebäude verfestigt, können Nachfragen und Zuhören bewirken, dass auch Verschwörungsgläubige sich in Widersprüchen verfangen. Oft bedarf dies allerdings einer »Kompetenz des Aushaltens«, weil Verschwörungsglauben mit Abwertungen und Menschenfeindlichkeit verbunden ist. Sofortige Kritik hingegen bestärkt eher den Glauben an Verschwörungsmythen (wir sprechen vom sogenannten »Backfire-Effekt«). Der Balanceakt, den wir leisten müssen, um demokratische Grenzen zu ziehen und Betroffene zu schützen, machen das Sprechen und Handeln zu einer Herausforderung. Räume für politische Bildung ermöglichen das Ausprobieren und Internalisieren dieser Fähigkeiten. Die Förderung einer demokratischen Haltung und entsprechender sozialer Netze, die Menschen auffangen, halten und stärken, ist deshalb besonders wichtig, weil ein nicht unerheblicher Teil der Befragten dieser Mitte-Studie ambivalent war in seinen Einstellungen.

11.5 Zwischen Ambivalenzen und Bigotterie: Vielfalt und Konflikte anerkennen – Perspektiven greifbar machen

Ambivalente Haltungen bei Menschenfeindlichkeit, Rassismus, Antigenderismus, Medienmisstrauen und Rechtspopulismus zeigte ein bedeutsamer Anteil der Befragten: Sie flüchten sich in »Teils/teils«-Zustimmungen, die eine häufig vorhandene Ablehnung sozialer Gruppen oder die Zustimmung zum Autoritarismus verschleiern (sollen), und sie können oft auch eine gewisse Bigotterie in Form eines impliziten Rassismus gegen People of Colour nicht verstecken (→ Kap. 4, S. 141 ff.). Fast noch jede_r zehnte Deutsche steht der Demokratie ablehnend gegenüber (→ Kap. 2, S. 43 ff.). Ein nicht zu unterschätzender Anteil steht auch den öffentlich-rechtlichen Medien skeptisch gegenüber (→ Kap. 3.2, S. 123 ff.). Es zeigt sich insgesamt eine Verschränkung von demokratischen und antidemokratischen Einstellungen bezüglich der politischen Repräsentant_innen und des Prinzips des Pluralismus.

Wie lassen sich also jene Indifferenten davon überzeugen, dass beispielsweise Interessensvielfalt und -konflikte zur pluralistischen Demokratie dazugehören oder dass die Anerkennung von Emanzipationsbewegungen wie Black Lives Matter und MeToo gerade das Funktionieren unserer Demokratie ausmachen? Dass das Einlösen dieser Forderungen *Pars pro Toto* steht für das Einlösen von Grund- und Menschenrechten, wie sie jeder und jedem zustehen. Für die Skeptischen und Überforderten müssen wir möglicherweise das Abstraktionsniveau der Debatte überdenken und die Perspektiven für alle verständlicher formulieren: »Niemand will von der Polizei malträtiert oder gar getötet werden; ebenso ist die Forderung, nicht von mächtigen Männern belästigt oder gar vergewaltigt zu werden, kein skurriler Sonderwunsch einer dauerbeleidigten Minderheit, sondern prinzipiell für alle nachvollziehbar.« (Müller 2021).

Die Fähigkeit, Perspektiven zu übernehmen, sich in andere hineinzuversetzen, zwischen eigenem und anderem zu vermitteln und somit auch Ambivalenzen oder Ambiguitäten aushalten zu können und Mitgefühl zu entwickeln, ist ein niederschwelliges und, wie es aussieht, wirkungsvolles Instrument politischer Bildung (Achour et al. 2020). In der Psychologie wird dieses mentale Repräsentieren von Denken und Fühlen als *Mentalisierungsfähigkeit* bezeichnet, die wie eine demokratische Schutzfunktion gegen Menschenfeindlichkeit, rechte Einstellungen und Gewaltbilligung zu fungieren scheint (➡ Kap. 10, S. 301 ff.): Mit der Mentalisierungsfähigkeit steigt in den Daten der Mitte-Studie 2020/21 die Identifikation als Demokrat_in, das Vertrauen in demokratische Institutionen und die Einschätzung, sich politisch beteiligen zu können; auch sinkt das Gefühl politischer Ohnmacht. Menschen, die besser mentalisieren können, scheinen resilienter zu sein gegenüber Verschwörungsglauben und populistischen Narrativen. Möglicherweise sind sie aufgrund ihres multiperspektivischen Verständnisses weniger offen für (monoperspektivische) Filterblasen und vermeintliche Wahrheiten (➡ Kap. 10, S. 301 ff.).

Die Mentalisierungsfähigkeit nimmt mit einem hohen Bildungsgrad zu, woraus sich für die politische Bildung der Appell ergibt: Es muss früh damit begonnen werden, Mentalisierung als individuelle Fähigkeit zu fördern, insbesondere mit Blick auf die unterschiedlichen Bildungsvoraussetzungen bei Kindern und Jugendlichen aus soziokulturell benachteiligten Elternhäusern.

Aber vor allem für diese Kinder und Jugendlichen ist der Zugang zu den Angeboten politischer Bildung quantitativ und qualitativ allein schon an den Schulen ungleich verteilt, obwohl gerade mit den Schulen (fast) alle künftigen Demokrat_innen erreicht werden könnten. Die Gymnasien verfügen im Vergleich zu den nicht gymnasialen Schulformen über die »hochwertigeren« Angebote[3], werden aber deutlich seltener von soziokulturell benachteiligten Lernenden besucht (Achour & Wagner 2019). Der Zugang zur demokratischen Schutzfunktion der Mentalisierung ist in Deutschland somit schon früh ungleich verteilt.

11.6 Bildungsabhängigkeit demokratischer Einstellungen: Gegen die strukturellen Zugangsbarrieren zur politischen Bildung – »von Anfang an«

Es konnte empirisch über die Jahre kontinuierlich nachgewiesen werden, dass nicht nur für die Mentalisierungsfähigkeit, sondern auch für die Frage, ob menschenfeindliche, demokratieskeptische und rechte Einstellungen abgelehnt werden oder nicht, Bildung eine zentrale, positive Rolle spielt. Eine frühe In-

---

3   Das bedeutet: mehr Stunden und Schuljahre, mehr außerunterrichtliche Formate sowie didaktisch anspruchsvollere Angebote.

vestition in Demokratieerfahrungen und politische Bildung zeigen positive Effekte schon in Kitas (Richter, Lehmann & Sturzenhecker 2017) sowie in Schulen (Achour 2020). Trotzdem offenbart sich in Schulen durchgängig und in allen Jahrgangsstufen eher ein Mangel am Zugang zu politischer Bildung: An den Grundschulen ist sie als Fach kaum verankert, in den Oberschulen nicht immer durchgängig bis Klasse 10 und ungleich in den Stundentafeln für Gymnasien und nicht gymnasiale Schulformen verankert (Gökbudak & Hedtke 2020). Berufsschulen sind für die politische Bildung aufgrund der heterogenen Lernenden und pluralen Einstellungsmuster ein sehr lohnenswertes und wichtiges Feld, aber strukturell sind dort die Hürden für die politische Bildung besonders hoch, weil sie in den Lehrplänen zeitlich wie von der Bedeutung her ein Schattendasein fristet (Besand 2014). All das wird von Barrieren für soziokulturell benachteiligte Lernende noch verschärft. Lediglich in der gymnasialen Oberstufe ist das Fach sichtbar implementiert. Aber davon profitieren ausschließlich die Abiturient_innen, und es verstärkt sich der Eindruck, dass politische Bildung ein elitäres Angebot sein könnte.

Der in der politischen Kulturforschung erfasste Zusammenhang von politischer Ungleichheit und sozialer Ungleichheit (Schäfer 2015) unter Erwachsenen lässt sich somit schon auf ungleiche Zugänge zum Politischen im Kindes- und Jugendalter zurückführen. Da einige Milieus der Demokratie und Sphäre des Politischen skeptisch und misstrauisch gegenüberstehen (⟶ Kap. 2, S. 43 ff.), erhält gerade für Kinder und Jugendliche aus diesen Familien und deren Umfeld die schulische und außerschulische Jugendbildung als politische Sozialisationsinstanzen eine besondere Relevanz.

Viele Jahre spielte die ganzheitliche Querschnittsaufgabe »Demokratiebildung« im Sinne demokratischer Schul- und Unterrichts*kultur* eine eher untergeordnete Rolle. Heute wird in der Lehrkräfteaus- und -weiterbildung wieder engagiert versucht, die politische Bildung zu reimplementieren. Aber die Studien- und Ausbildungsstrukturen sind dicht, die zeitlichen Ressourcen knapp, und so zeigt sich, dass die politische Förderung und Unterstützung für diese Fortbildung an Schulen und in der Lehrkräftebildung weiterhin dringend notwendig ist. Denn weder die aktiven Lehrer_innen (Schneider & Gerold 2018) noch die angehenden fühlen sich zurzeit für diese Aufgabe gut ausgebildet (Dippelhofer 2019).

Wir können nur wiederholen: Eine politische Jugendbildung zu vernachlässigen, die strukturell stark im schulischen und außerschulischen Feld verankert ist, muss mit Blick auf die Sozialisationsforschung als fahrlässig bezeichnet werden, denn sie ist ein besonders effektives Instrument für die Demokratieförderung. Was hier verpasst wird, ist schwer zu kompensieren: Politische Orientierungen werden insbesondere in der Jugendphase erworben. Langzeitstudien belegen deren hohe Stabilität bis ins späte Erwachsenenalter (Rippl et al. 2015). Modifikationen sind seltener, finden aber statt. Insbesondere brisante gesellschaftliche Entwicklungen und auch kritische Lebensereignisse können Einfluss auf politische Einstellungen haben. Für Teile der Mitte scheinen in Hanau, Halle sowie mit den Morden an George Floyd und Walter Lübcke solche Entwicklungen zu liegen. Aber Menschen dürfen nicht erst sterben, um den Wert von Demokratie und Bildung sichtbar zu machen.

11.7 Wider die politische Ohnmacht: Politische Bildung, wo sie gebraucht wird – aufsuchend und sozialräumlich

Befragte in der Mitte-Studie 2020/21, die sich politisch machtlos fühlen und angeben, sie hätten keinen Einfluss auf die Politik und ein mangelndes Demokratievertrauen, zeigen sich häufig menschenfeindlicher und rechtspopulistischer. Ihr Vertrauen in staatliche Institutionen und Wahlen ist geringer (➠ Kap. 2, S. 43 ff.; 6, S. 181 ff. u. 7, S. 213 ff.). Oft handelt es sich um Befragte, die von verschiedenen Benachteiligungen betroffen sind, auch intersektional, entlang der Kategorien Bildung, ökonomische Verhältnisse, Region (ländliche Umgebung) oder Migration. Zugleich gibt nur etwa die Hälfte der Befragten an, in ihrem Umfeld Möglichkeiten zu haben, sich politisch zu beteiligen. Dabei schätzt sich die große Mehrheit in Deutschland (80 %) als überzeugte_r Demokrat_in ein (➠ Kap. 2, S. 43 ff. u. 6, S. 181 ff.). All dies hinterlässt in der Gesamtschau den Eindruck verschiedener Beteiligungslücken, die es in einer Demokratie zu überbrücken gilt und für die die politische Bildung Konzepte anbieten kann.

Man kann zwar ein »guter Demokrat« sein, ohne politisch partizipieren zu müssen, und im Prinzip fehlt es nicht an Möglichkeiten zur Beteiligung. Zu nutzen wissen diese – auch aufgrund eines oft anspruchsvollen Prozederes – allerdings vor allem Menschen mit einem hohen Bildungsniveau (Bödeker 2012), während die besonders Unterrepräsentierten dies eher nicht können als nicht wollen. Aufgrund der Tatsache, dass Partizipationserfahrungen einen positiven Einfluss auf die politische Bildung haben und oft mit ihr einhergehen, haben diese Partizipationserfahrungen oft auch einen positiven Effekt auf politische Einstellungen und demokratische Werte (Quintelier & van Deth 2014). Politische Bildung benötigt somit Räume, wo demokratische Selbstwirksamkeitserfahrungen möglich werden, und zwar durch die Beteiligung jener Menschen, die bisher nicht daran dachten, dass ihre Interessen als politische Interessen ernst genommen werden könnten. Sie müssen erfahren, dass sie ein Anrecht auf politische Vertretung und Aggregation ihrer Interessen haben. Dazu braucht es einen Abbau von Teilhabebarrieren, der mit einer Demokratisierung möglichst aller Lebensbereiche einhergeht (Negt 2010, S. 514), also auch mit Demokratie(bildung) im Alltag der Menschen, im sozialräumlichen Umfeld, im vorpolitischen Raum, in Schule, Kita, Elternarbeit, Gewerkschaften, in Vereinen[4] und auf der Arbeit. Im Kontext der Arbeit zeigt sich die sogenannte *Industrial Citizenship* als ein protektiver Faktor für demokratische Orientierungen (Kiess & Schmidt 2020). Die Industrial Citizenship geht einher mit positiven (Alltags-)Erfahrungen der Beteiligung, Solidarität und Anerkennung. Der vorpolitische Raum ist für die politische Kultur somit besonders bedeutsam, und gerade autoritäre Gesellschaften widmen dem eine große Aufmerksamkeit – das heißt aber im Umkehrschluss: Demokratien können dort ebenso viel verlieren (Mayer 2018, S. 45).

Vor allem fehlende Ressourcen wie Zeit (Kinder, alleinerziehend), Bildung(sstrukturen), monetäre, sprachliche oder emotionale Ressourcen (Alltagssorgen) können für Menschen zu Barrieren hinsichtlich der klassischen Angebote politischer Bildung werden. Also muss die politische Bildung zu den Menschen kommen. Diese Barrieren sind in der Coronapandemie enorm gewachsen (⟶ Kap. 1, S. 17 ff.). Eine »aufsuchende« politische Bildung nimmt Zugänge wahr über Alltagserfahrungen, auch in Verbindung mit Ansätzen der Sozialen Arbeit oder im Sinne der Lebenshilfe, durch den Aufbau von Kooperationsstrukturen vor Ort und mit Unterstützung von Vertrauenspersonen (Ludwig 2019). Dabei können Gefühle von Benachteiligungen, Wut, Diskriminierung,

---

4   Siehe zur ambivalenten Funktion z. B. in Sportvereinen Kap. 3.3.

also auf den ersten Blick negative, verzweifelte, hilfsbedürftige Emotionen, die häufig gar nicht als »politisch« wahrgenommen werden, Zugänge für die politische Bildung darstellen (Besand, Overwien & Zorn 2019). Der Rechtspopulismus weiß, insbesondere Emotionen als Mobilisierungspotenzial zu instrumentalisieren und in eine »Aufstandsrhetorik« zu überführen (⇒ Kap. 8, S. 225 ff.). Daher muss man zugleich sensibel bleiben für mögliche Barrieren der »politischen Sprache« der »Profis« (Achour & Massing 2020), welche häufig mit elaborierten Codes, inhaltlicher Komplexität und konfliktinhärenter Argumentation einhergeht und somit Menschen von der politischen Kommunikation exkludieren kann. Ein Berücksichtigen dieser Ansätze – auch von der etablierten Politik – kann möglicherweise Zugänge zu denjenigen Menschen ebnen, die darauf mit Demokratieverdrossenheit und Elitenschelte reagieren und sich von einer »populären« Sprache und antipluralistischen Ansichten des Rechtspopulismus angesprochen fühlen (de Vreese & Esser et al. 2018). Vor dem Hintergrund anhaltender und zukünftiger Kriseneffekte bleibt es eine Daueraufgabe für *die* Politik und *die* politische Bildung, den vermeintlich attraktiven populistischen Angeboten demokratische Alternativen entgegenzustellen (Schäfer & Zürn 2021).

11.8 Soziale Spaltung, Klimawandel, völkisch-autoritäre Rebellion, Antisemitismus: Heute mit politischer Bildung gegen menschenfeindliche Kriseneffekte von morgen

Die Situation der Pandemie ist eine besondere. Die Krise geht einher mit ökonomischen, gesundheitlichen und sozialen Belastungen, und laut Vorurteilsforschung gehen Krisen auch mit Herabwürdigungen und Diskriminierungen einher. Insbesondere die Einkommensschwachen – anders als die mittleren und hohen Einkommensgruppen, die den Rechtsextremismus an dieser Stelle sehen – schätzen jetzt schon die soziale Spaltung als größte Bedrohung für das Land ein (⇒ Kap. 1, S. 17 ff.). Für alle Einkommensgruppen stellt allerdings der Klimawandel, der immer offensichtlicher mit einer Wirtschafts- und Gesellschaftskrise einhergehen kann (Göpel 2016), die zweitgrößte Bedrohung dar.

Beim mit Sicherheit eintretenden Wettstreit um Ressourcen werden Konflikte entlang von Identitäten, Interessen und Werten geführt sowie anhand von Vorurteilen. Fremd- und Eigengruppen werden mit der Frage markiert, wem was zusteht. Ein gutes Drittel sieht den Zusammenhalt der Deutschen als gefährdet an, etwa ein weiteres stimmt dem »teils/teils« zu. Je stärker dieser als gefährdet angesehen wird, desto eher wird die Ansicht geteilt, dass »zu viele kulturelle Unterschiede dem Zusammenhalt schaden« (➟ Kap. 4, S. 141 ff. u. 6, S. 181 ff.). Schon jetzt zeigen sich – wenn auch schwache – Zusammenhänge in der Mitte-Studie 2020/21 zwischen der Sorge um die persönliche wirtschaftliche Lage aufgrund der Coronapandemie und Zustimmungen zu den Elementen Gruppenbezogener Menschenfeindlichkeit. Verteilungsfragen lassen sich von globalen Fragen kaum trennen, so beim Klimawandel. Nicht erst mit den Fridays for Future existieren Forderungen, dass die politische Bildung sich auch auf die Themen nachhaltige Entwicklung, globales sowie transformatives Lernen (Eicker & Eis et al. 2020) konzentrieren solle, und zwar in einem interdisziplinären und gesellschaftlich breiteren Ansatz als bisher. Schließlich wird das Thema zunehmend von rechts außen besetzt, entweder durch rechte Ökobewegungen mit Blick auf den Naturschutz oder in kontradiktorischer Ablehnung von Klimaschutz und Energiewende, da es sich um Kontrollversuche des »Volks« durch die »Eliten« handele (➟ Kap. 8.2, S. 262 ff.). Heute bedarf es einer Stärkung eben dieser Ansätze in der politischen Bildung, vor allem, weil ihre Themen vom Rechtspopulismus gezielt als Bedrohungsszenarien aufgegriffen werden und eine hohe Anschlussfähigkeit nach rechts außen und an völkisch-autoritär-rebellische Einstellungen haben (➟ Kap. 8, S. 225 ff.): (antimuslimischer) Rassismus und Abwertung von Asylsuchenden, wenn die Weltbevölkerung weiter migriert; Menschenfeindlichkeit als Antwort auf die Soziale Frage, wenn ökonomisch schwächere Menschen wegen der wirtschaftlichen Einbußen in der Pandemie in den Sozialstatistiken wieder sichtbarer werden; Antisemitismus, wenn Verschwörungsgläubige Schuldige für geschwächte Volkswirtschaften suchen (➟ Kap. 9, S. 283 ff.).

Die wachsende Zustimmung zum Antisemitismus (➟ Kap. 6, S. 181 ff.) ist für die politisch-historische Bildung ein Warnsignal. Gewarnt wird nicht nur vor antisemitischen Verschwörungserzählungen im Kontext der Coronapandemie, sondern ebenso vor der zunehmenden Sichtbarkeit des sekundären Antisemitismus. Dieser zeigt sich in verachtenden Äußerungen gegenüber den Opfern und zustimmenden Haltungen zu den Verbrechen des Nationalsozialismus. Er rüttelt an den demokratischen Lehren aus dieser dunklen Zeit, die heute zum gesellschaftlichen Grundkonsens gehören. (LAG[5] 2019). Nach Adorno (1966) ist Teil dieses Grundkonsenses das »Ziel aller Pädagogik, dass Auschwitz sich nicht wiederhole«. Vor dem Hintergrund steigender Zustimmung zu antisemitischen Haltungen in der Mitte-Studie 2020/21 (➞ Kap. 6, S. 181 ff.) ist die besondere Bedeutung der politisch-historischen Bildung in diesem Punkt elementar, ebenso die Notwendigkeit, die politische Bildung professionell an die jeweils aktuellen Erscheinungsformen (Grimm & Müller 2020) von Verschwörungsglauben, israelbezogenem Antisemitismus oder den Kulturkampf von rechts anzupassen. Mit der Verharmlosung und Leugnung von NS-, aber auch Kolonialverbrechen versucht dieser Kulturkampf von rechts, völkisches Denken und sich daran anschließende organische Volkskonzepte von einer als diskreditierend empfundenen Geschichtsauffassung und Erinnerungskultur »zu befreien« und den Weg zu ebnen für ein völkisches Selbstbewusstsein sowie die Konstruktion einer heldenhaften deutschen Nationalgeschichte. Die Korrelation zwischen einer völkisch-autoritär-rebellischen Haltung und rechtsextremen Einstellungen ist so hoch, dass beides kaum voneinander zu trennen ist (r = ,76). 24,3 % der Befragten zeigen sich offen für eine rechte und völkische Ideologie und Strategie (➞ Kap. 8, S. 225 ff.). Auch wenn einer Verharmlosung des Nationalsozialismus in Bezug auf alle drei hier erfragten Subdimensionen nur 1,4 % der Befragten zustimmen, zeigt sich diesen einzelnen jeweils ein Viertel bis ein Drittel der Befragten nicht eindeutig ablehnend gegenüber den Aussagen: 1. Der Nationalsozialismus hätte auch seine guten Seiten gehabt; 2. Die Verbrechen des Nationalsozialismus seien in der Geschichtsschreibung maßlos übertrieben worden; 3. Ohne Judenvernichtung würde Hitler heute als großer Staatsmann angesehen (➞ Kap. 3, S. 75 ff.). Akteure von rechts suchen verstärkt den Boden für entsprechende Einstellungen fruchtbar zu machen (➞ Kap. 8, S. 225 ff.).

11.9 Neurechte Akteure »politischer Bildung«: Rückkehr und Solidarität der Etablierten

Das Feld Bildung ist ein umkämpftes, und neben der AfD haben sich Akteure wie die parteinahe Desiderius-Erasmus-Stiftung, das Institut für Staatspolitik (IfS) und rechte Publikationsorgane wie die Junge Freiheit mit dem Ziel auf-

5 LAG: Landesarbeitsgemeinschaft der Gedenkstätten und Erinnerungsinitiativen zur NS-Zeit.

gestellt, eine rechte Elite zu fördern, um in die gesellschaftliche Breite zu wirken (Gill 2021 i. E.; ➟ Kap. 8, S. 225 ff.). Durch solche »Bildungsinstitutionen« mit ideologischem Rekurs auf jungkonservative und nationalrevolutionäre Theorien der präfaschistischen »Konservativen Revolution« sucht der Rechtsextremismus sich als Wolf im Schafspelz zu gebärden. Mit seinem taktisch aufgelegten intellektuell-zivilisierten Image sucht er die Anschlussfähigkeit an konservative Milieus.

Wenn Bildung nicht weiter zum Einfallstor von rechts werden soll, bedarf es einer reflektierten Rückkehr der politischen Akteure – der Parteien, Politiker_innen, Journalist_innen – zur Vorbildfunktion in der politischen Bildung. Als Demokratieunterstützer_innen müssen sie Position beziehen und gegen antidemokratische und rassistisch motivierte Äußerungen im öffentlichen Raum intervenieren – anstatt einen (ungewollten) Beitrag zur Plausibilisierung neurechten Denkens und Normalisierung eines menschenfeindlichen Vokabulars zu leisten.

Politische Bildner_innen als Demokratieunterstützer_innen benötigen Solidarität im Rahmen ihrer Demokratiearbeit, wenn sie angegriffen, verunsichert und verunglimpft werden: durch Schulmeldeportale oder durch Provokationen in Gedenkstätten, durch das Sammeln von Informationen mit dem Mittel parlamentarischer Kleiner Anfragen, um die Akteure als politische Feind_innen oder gar als Antidemokrat_innen zu stigmatisieren (Zentralen für politische Bildung 2020), schließlich durch die Instrumentalisierung eines vermeintlichen Neutralitätsgebots, mit dem entweder neurechte Positionen unter dem Etikett der »Meinungsfreiheit« legitimiert werden sollen oder beim Untersagen derselben die »Unterdrückung der Meinungsfreiheit« als undemokratisch und diktatorisch beklagt wird.

Das Ziel dieser Agenda ist es, rechte Positionen als legitime »Meinung« dem demokratischen Diskurs (junger Menschen) aufzudrücken und die Grenzen des Sagbaren nach rechts zu verschieben, anstatt solche als Menschenrechtsverletzung und Angriff auf demokratische Grundwerte klar zu benennen. Insbesondere Schule ist ein zentraler Ort zum Entern von Themen und für rechte Interventionen: Gender, Klima, Migration, Islam, Erinnerungskultur, um nur einige zu nennen. Das frühe Agenda-Setting bei den Schüler_innen ist nicht nur sozialisationspsychologisch, sondern auch strategisch gewählt: Über Schulen werden mit Eltern und Lehrkräften Erwachsenenkohorten und zentrale Sozialisationsinstanzen erreicht, die der politischen Bildung in dieser Quantität als potenzielle Multiplikator_innen nicht zugänglich sind. Dabei werden die Indifferenten von rechts verunsichert, die Sympathisierenden in ihren Äußerungen ermutigt. Die zivilgesellschaftlichen Demokrat_innen vor Ort benötigen – wie das Beispiel Schule zeigt – die Solidarität durch Verwaltung und (Bildungs-)Politik in Form von öffentlicher Haltung, rechtlicher Unterstützung und Förderung von (schulischer) Demokratieentwicklung. Wie notwendig eine politische Bildung als Investition in die gesellschaftlich-demokratische Solidarität ist, zeigen auch der zunehmende Hass und die Gewalt gegenüber denjenigen, die kontinuierlich für die Demokratie tätig sind, gegenüber Amts- und Mandatsträger_innen, Politiker_innen und Bürgermeister_innen (➡ Kap. 3, S. 75 ff.). Mag auf den ersten Blick die Zustimmung prozentual gering erscheinen, muss man sich das reale Bedrohungspotenzial und die Folgen für die Demokratie deutlich vor Augen führen, wenn 5,4 % die gewaltlegitimierende Aussage gegenüber Politiker_innen unterstützen: »Einige Politiker haben es verdient, wenn die Wut gegen sie auch schon Mal in Gewalt umschlägt« (➡ Kap. 8, S. 225 ff.).

Besonders drastisch wirkt sich das auf Politiker_innen mit Migrationsgeschichte aus: So zog Tareq Alaows, geflüchtet aus Syrien, seine Kandidatur für den Bundestag zurück mit der Begründung einer zu hohen Bedrohungslage für sich und vor allem für ihm nahestehende Menschen. Trotz eines Kabinettsausschusses der Bundeskanzlerin zur Bekämpfung von Rassismus und Rechtsextremismus, trotz des menschenrechtlichen Anspruchs auf Teilhabe und des sich daraus ergebenden Auftrages des Staates (Rudolf 2017), sieht die Realität oft so aus, wenn es um diskriminierungsfreie, politische Teilhabe geht. Auch deshalb ist die Mitte herausgefordert. Auch deshalb brauchen wir eine starke politische Bildung als Transmitter für eine demokratische Mitte: Diese Mitte darf nicht schweigen, damit sich die menschenfeindliche Minderheit nicht mächtiger fühlt, als sie ist. Doch es gilt: Wir müssen die Herausforderungen auch annehmen. Denn Demokratie muss man machen.

Anhang

Die zusätzlichen Tabellen des Online-Anhangs
finden Sie unter www.fes.de/mitte-studie.

Glossar statistischer und methodischer Begriffe

***/**/* Sternchen in Tabellen, Abbildungen oder im Lauftext drücken die Bedeutsamkeit der in der Stichprobe gefundenen Ergebnisse (zum Beispiel Zusammenhänge zwischen zwei Merkmalen in Form von Korrelationen oder Regressionskoeffizienten) aus, unter Berücksichtigung der Wahrscheinlichkeit, mit der sich die Forscherin oder der Forscher irrt, wenn sie oder er von diesen Ergebnissen auf die Grundgesamtheit, in unserem Fall die deutsche Wohnbevölkerung ab 18 Jahren, schließt. Bei *** liegt diese Irrtumswahrscheinlichkeit nur bei 0,1 %, bei ** liegt sie bei 1 %, bei * liegt sie bei 5 %. Je kleiner die Irrtumswahrscheinlichkeit, desto bedeutsamer sind die gefundenen Ergebnisse für die Grundgesamtheit. Für mehr Informationen siehe auch unter *statistische Signifikanz*.

CATI-Verfahren (Computer Assisted Telephone Interview) Dieser Begriff bezeichnet eine computerunterstützte Befragung per Telefon. Im Gegensatz zum CAPI-Verfahren (Computer Assisted Personal Interview) führen die Interviewer die Befragung nicht in direkter Anwesenheit des Befragten durch, sondern von einem Telefonstudio aus. Die telefonische Durchführung der Interviews ist zeit- und kostensparend. Die Ergebnisse liegen direkt nach Ende der Erhebung in digitalisierter Form vor.

Chi²-Test Mit diesem Test – auch Kontingenztest genannt – wird überprüft, ob ein gefundener Unterschied zwischen zwei kategorialen Variablen zufällig besteht oder nicht. Dabei wird ein Vergleich zwischen theoretisch erwartbaren und beobachteten Häufigkeiten vorgenommen.

Cronbachs Alpha Siehe unter Reliabilität.

Faktorenanalyse (explorativ) Eine Methode der Zusammenfassung von direkt gemessenen Einzelitems zu sogenannten *Faktoren* mit dem Ziel, Dimensionen zu reduzieren, Struktur zu entdecken und mit einer Variable weiter rechnen zu können, die die nicht direkt beobachtbare Einstellung besser repräsentiert als die direkt erhobenen Einzelitems. Faktoren sind also nicht direkt beobachtbare, sogenannte *latente Konstrukte*, die, wenn man sie entsprechend in die Berechnung einfließen lässt, nicht mehr den Messfehler enthalten, den alle nicht latenten, also manifesten Einstellungsmessungen (lediglich direkt über die Fragen im Fragebogen konstruiert) beinhalten. Analysen mit *latenten Konstrukten* statt manifesten Einstellungsindikatoren liefern daher präzisere Ergebnisse. Bei der technischen Durchführung der explorativen Faktorenanalyse werden ein Eigenwert und eine aufgeklärte Varianz ausgewiesen, die angeben, wie viel Varianz aus allen Variablen durch den gemeinsamen, latenten Faktor erklärt wird. In der Interpretation der Faktorenanalyse wird eine Ursache gesucht, die für die Korrelation zwischen den Items und Elementen verantwortlich ist.

Faktorenanalyse (konfirmatorisch) Das sich aus der explorativen Faktorenanalyse ergebende Modell wird mittels der konfirmatorischen Faktorenanalyse überprüft. Anhand statistischer Kennwerte, sogenannter Gütemaße, kann festgestellt werden, wie gut das aufgestellte Modell zu den empirischen Daten passt (Modellfit).

F-Test Mit diesem Test wird überprüft, ob sich die Abweichung vom Mittelwert – auch Varianz genannt – in zwei unabhängigen Stichproben signifikant voneinander unterscheidet.

Item Ein Item ist das kleinste Element innerhalb eines Fragebogens, mit dem ein Konstrukt gemessen werden kann. *Items* sind einzelne Aussagen/Fragen/ Aufgaben, zu denen die Befragten ihre Zustimmung beziehungsweise Ablehnung auf mehrstufigen Skalen, beispielsweise zwischen »stimme überhaupt nicht zu« und »stimme voll und ganz zu« angeben sollen.

Korrelation/Produkt-Moment-Korrelation (r) Die Korrelation (statistischer Ausdruck dafür ist r) gibt an, wie eng der lineare Zusammenhang zwischen zwei Konstrukten oder Merkmalen ist. Sie kann einen Wert zwischen – 1 und + 1 annehmen. Der Wert 0 zeigt an, dass kein Zusammenhang vorliegt. Der Wert – 1 zeigt einen perfekt-negativen, der Wert + 1 einen perfekt-positiven Zusammenhang an. Ein positiver Zusammenhang bedeutet konkret: Je höher (bzw. niedriger) die Ausprägung auf Merkmal a ist, desto höher (bzw. niedriger) ist sie auch auf Merkmal b. Umgekehrt gilt bei einer negativen Korrelation: Je höher die Ausprägung auf Merkmal a ist, desto niedriger ist sie auf Merkmal b. Liegt kein Zusammenhang zwischen zwei Merkmalen vor, bedeutet das, Merkmal a tritt nicht gemeinsam mit Merkmal b auf. Eine Korrelation ist nur auf die Grundgesamtheit (hier: deutsche Wohnbevölkerung > 18 Jahre) zurückzuschließen, wenn diese statistisch signifikant ist. Sie lässt jedoch keine Schlüsse über die Richtung des kausalen Zusammenhangs zwischen a und b zu.

Latentes Konstrukt Siehe unter Faktorenanalyse.

Mittelwertskala Eine Zusammenfassung von einzelnen *Items* (siehe Item), die eine gemeinsame latente Dimension abbilden (siehe Faktorenanalyse), zu einer Skala (siehe Skala) über die Bildung eines Mittelwertes der Antworten zu den Einzelitems.

Quasimetrisch Als metrische Werte werden Werte bezeichnet, die mindestens intervallskaliert sind. Intervallskaliert bedeutet, dass der Abstand zwischen allen Werten als gleich groß angenommen werden kann. Zusammen mit der Kardinalskala ist das das höchste Skalenniveau, und man kann nur auf diesen Skalenniveaus die meisten statistischen Verfahren durchführen und bspw. Mittelwerte, Korrelationen oder Regressionen sinnvoll interpretieren. Da dieses Skalenniveau auch in der Meinungsforschung immer angestrebt wird, wird häufig der Begriff quasimetrisch für Einstellungsmessungen mit vier- oder fünfstufigen Skalierungen benutzt. Damit ist in der Regel gemeint, dass auch Skalen mit nur drei, vier oder fünf Skalenpunkten so behandelt werden, als ob die Abstände zwischen den einzelnen Skalenpunkten gleich groß wären, um alle statistischen Verfahren damit durchführen zu können. Leichter zu rechtfertigen ist diese Interpretation bei fünfstufigen Skalen, bei denen die Endpunkte der Skala benannt werden (zum Beispiel 1 »trifft gar nicht zu« und 5 »trifft voll und ganz zu«).

Reliabilität/Cronbachs Alpha Die Reliabilität sozialwissenschaftlicher Messungen von Merkmalen und Einstellungen drückt ganz allgemein die Verlässlichkeit, Genauigkeit und Präzision aus, mit der diese gemessen werden. Präzise und genau ist die Messung dann, wenn sie frei von zufälligen Messfehlern ist und auch in anderen Befragungen unter gleichen Rahmenbedingungen das gleiche Messergebnis erzielt. Einstellungen und Orientierungsmuster, wie sie in der vorliegenden Studie gemessen werden, sind nicht direkt beobachtbar und auch mittels einer einzigen Frage schlecht direkt präzise messbar. Daher werden oft Skalen (siehe Skalen) benutzt, die die darunter liegende, latente Einstellung besser abbilden können. Im Kontext von Skalen aus mehreren Items drückt die Reliabilität dann die interne Konsistenz dieser Skala aus zwei oder mehr Items aus, das heißt, inwieweit alle Items zuverlässig das gleiche latente Konstrukt messen. Die Berechnung des Wertes Cronbachs Alpha gilt als Standardmethode zur Schätzung der Reliabilität (Zuverlässigkeit) einer Skala, wobei Werte < ,50 auf eine nicht reliable – eben nicht zuverlässige – Messung hinweisen. Laut Konvention zeigen Werte > ,50 eine ausreichende Reliabilität an. Darüber hinaus ist der Alpha-Koeffizient von der Anzahl der Items abhängig: Je mehr Items verwendet werden, umso höher fällt der Wert aus. Eine hohe Reliabilität ist neben einer hohen Validität (siehe unter Validität) eines der wichtigsten Gütekriterien für empirische Untersuchungen.

Signifikanz/statistische Bedeutsamkeit Wenn sich zwei Gruppen beispielsweise in ihren Mittelwerten unterscheiden, ist dieser Zusammenhang nicht zwangsläufig statistisch signifikant. Es muss stets überprüft werden, ob der Zusammenhang nicht auch zufällig entstanden sein könnte. In diesem Fall dürfte nicht auf die interessierende Grundgesamtheit zurückgeschlossen werden. Es wird also getestet, mit welcher Wahrscheinlichkeit die Zusammenhänge tatsächlich auf die Grundgesamtheit, die in unserer Studie die deutsche Wohnbevölkerung ab 18 Jahre ist, rückgeschlossen werden können. Diese Wahrscheinlichkeitsberechnungen (Inferenzstatistik) sind nur dann sinnvoll, wenn die Repräsentativität der Stichprobe für die Grundgesamtheit gegeben ist, was in den Mitte-Studien der Friedrich-Ebert-Stiftung gewährleistet ist. Es ist also von signifikanten Zusammenhängen zwischen zwei Merkmalen in der Stichprobe die Rede, wenn diese nach der vorgegebenen Irrtumswahrscheinlichkeit auch tatsächlich in der deutschen Bevölkerung existieren. Die Irrtumswahrscheinlichkeit p wird also dafür berechnet, dass der Zusammenhang möglicherweise zufällig bedingt ist und somit fälschlicherweise auf die deutsche Bevölkerung geschlossen wird. Bei einer Irrtumswahrscheinlichkeit von unter 5 % gilt ein Zusammenhang als statistisch signifikant und wird mit * markiert (siehe *Sternchen* oben), liegt sie unter 1 Prozent, so wird sie mit ** markiert und liegt die Irrtumswahrscheinlichkeit bei unter 0,1 Prozent, so ist der Zusammenhang hoch signifikant und wird mit *** markiert. Die Irrtumswahrscheinlichkeit wird in Dezimalzahlen angegeben; sie ist entweder kleiner als bzw. gleich 5 Prozent (p ≤ ,05), kleiner als bzw. gleich 1 Prozent (p ≤ ,01) oder kleiner als 0.1 Prozent (p ≤ ,001). Je nach Art des Unterschiedes (zum Beispiel Mittelwertunterschiede oder sich unterscheidende Häufigkeiten, Korrelationen oder Regressionskoeffizienten) wird die statistische Signifikanz mit unterschiedlichen Testverfahren berechnet.

Skala/Index Eine Skala oder ein Index ist in der sozialwissenschaftlichen statistischen Analyse die Zusammenfassung von Einzelitems, von der durch Faktoren- und Reliabilitätsanalysen begründet angenommen werden kann, dass sie ein gemeinsames *latentes Konstrukt* (siehe unter Faktorenanalyse) abbilden kann. Skalen können über die Berechnung von Mittelwerten (Mittelwertskala) oder über die Aufsummierung der Werte über alle Items (Summenindex) gebildet werden. Skalen und Indizes werden in der quantitativen Analyse gebildet, da sie zuverlässigere Information bieten als einzelne Aussagen. Durch die Zusammenfassung der Aussagen können Einflüsse zufälliger Fehler oder individueller Missverständnisse bei einzelnen Aussagen ausgeglichen werden.

Skalierung In unserem spezifischen Kontext (Messung von subjektiven Einstellungen in Telefonbefragungen) bedeutet Skalierung die Vergabe von Antwortkategorien bei einer Frage/einem Item im Fragebogen – diese können vierstufig oder fünfstufig sein, wobei streng genommen nur die fünfstufige Skalierung »quasimetrische« (siehe *quasimetrisch*) Variablen produziert, von denen also angenommen werden kann, dass sie kontinuierlich sind und somit alle statistischen Verfahren damit durchgeführt werden können. In der Praxis werden in der Regel aber auch vierstufige Antwortformate als quasimetrisch angenommen.

Stichprobenneutrale Ausfälle Bei stichprobenneutralen Ausfällen handelt es sich um eine (neutrale) Bereinigung des Samples, die – im Gegensatz zu Verweigerungen – keine Verzerrung zur Folge hat. Stichprobenneutrale Ausfälle sind solche Einheiten, die nicht zur relevanten Population gehören, jedoch beispielsweise aufgrund zufälligen Generierens von Telefonnummern kontaktiert wurden.

Strukturgleichungsmodell Mithilfe der Strukturgleichungsmodellierung können zuvor theoretisch angenommene korrelative multivariate Zusammenhänge zwischen verschiedenen abhängigen und unabhängigen Variablen (einzelne Items und/oder latenten Faktoren; siehe unter Faktorenanalyse) empirisch geprüft werden. Wie bei der konfirmatorischen Faktorenanalyse (s. o.) kann dabei anhand statistischer Kennwerte festgestellt werden, wie gut das aufgestellte theoretische Modell zu den empirischen Daten passt (Modellfit).

Summenindex Eine Zusammenfassung von einzelnen Items, die eine gemeinsame latente Dimension (siehe *Faktorenanalyse*) abbilden, zu einer Skala (siehe *Skala*) über die Addition aller Antworten zu den Einzelitems.

Validität Drückt die Gültigkeit beziehungsweise die inhaltliche Angemessenheit einer Messung aus. Eine valide Messung misst tatsächlich das, was sie vorgibt zu messen. Dies ist in den sozialwissenschaftlichen Messungen von Einstellungen und Ideologien weniger klar als in den Naturwissenschaften. Validität ist neben der Reliabilität (siehe *Reliabilität*) ein ganz zentrales Qualitätskriterium psychologischer und sozialwissenschaftlicher Messungen.

Varianzanalyse Eine Varianzanalyse überprüft den Einfluss von einem (*univariaten*) oder mehreren (*multivariaten*) kategorialen Faktoren mit mehreren Ausprägungen auf eine oder mehrere abhängige Variablen (mindestens intervallskaliert). Mittels der Varianzanalyse könnte zum Beispiel der Einfluss des Faktors Bildung (niedrig/mittel/hoch) auf die abhängige Variable Rechtsextremismus untersucht werden. Als Ergebnis wird angegeben, wie viel der Abweichung vom Mittelwert durch ein oder mehrere andere Merkmale verursacht wird; in diesem Fall also, ob der Faktor Bildung beziehungsweise die Zugehörigkeit zu einer der drei Bildungsgruppen (niedrig/mittel/hoch) die höheren oder niedrigeren Werte von Rechtsextremismus erklärt. Wie viel von dieser Abweichung durch den untersuchten Faktor erklärt wird, wird in Prozent als Wert der Varianzaufklärung angegeben.

Zufallsstichprobe Vollständigkeit der Auswahlgrundlage, Kenntnis der einzelnen Auswahlwahrscheinlichkeiten der Stichproben und auch der Inklusionswahrscheinlichkeiten von größer null für die Aufnahme von Untersuchungs-

einheiten in eine Stichprobe sind die wesentlichsten Merkmale einer Zufallsstichprobe.

Literatur

Achour, Sabine (2020). Das Revival der politischen Bildung – ein Höhenflug nur mit der Politikwissenschaft?! Politikum Sonderheft 2020: Wem nutzt die Politikwissenschaft? Politikum, 6 (S), 68-75.

Achour, Sabine/Frech, Sigfried/Massing, Peter/Straßner, Veit (2020). Methodentraining für den Politikunterricht. Frankfurt a. M.: Wochenschau.

Achour, Sabine/Gill, Thomas (2020). Extremismusprävention als politische Bildung? POLIS, 24 (4), 11-13.

Achour, Sabine/Massing, Peter (2020). Sprachbildung im Politikunterricht. Wochenschau Sonderheft. Frankfurt a. M.: Wochenschau.

Achour, Sabine/Wagner, Susanne (2019). Wer hat, dem wird gegeben. Politische Bildung an Schulen. Bestandsaufnahme, Rückschlüsse und Handlungsempfehlungen. Berlin: Friedrich-Ebert-Stiftung.

Adamiak, Elżbieta (2021). Erfundene Invasion. Auseinandersetzungen um Gender und LGBTI*Q in Politik, Kirche und Gesellschaft in Polen. In: Strube, Sonja A./Perintfalvi, Rita/Hemet, Raphaela/Metze, Miriam/Sahbaz, Cicek (Hg.). Anti-Genderismus in Europa. Allianzen von Rechtspopulismus und religiösem Fundamentalismus. Mobilisierung – Vernetzung – Transformation (133-145). Bielefeld: transcript.

Adorno, Theodor W. (1966). Erziehung nach Auschwitz. In: Adorno, Theodor W. Erziehung zur Mündigkeit: Vorträge und Gespräche mit Hellmuth Becker, 1959–1969. Hg. von Gerd Kadelbach (92-109). Frankfurt a. M.: Suhrkamp.

Agentur für Erneuerbare Energien (AEE) (2021). Zustimmung für den Ausbau der Erneuerbaren Energien bleibt hoch. https://www.unendlich-viel-energie.de/themen/akzeptanz-erneuerbarer/akzeptanz-umfrage/zustimmung-fuer-den-ausbau-der-erneuerbaren-energien-bleibt-hoch [Aufruf am 10.5.2021].

Aigner, Rafael/Mattes, Anselm/Pavel, Ferdinand (2017). Es gibt weiterhin ökonomische Argumente für einen öffentlichen Rundfunk. Wirtschaftsdienst, 97 (1), 45-52.

Akkerman, Agnes/Mudde, Cas/Zaslove, Andrej (2014). How Populist Are the People? Measuring Populist Attitudes in Voters. Comparative Political Studies, 47 (9), 1324-1353.

Allport, Gordon (1954). The Nature of Prejudice. Cambridge, MA: Perseus Books.

Allmendinger, Jutta/Wetzel, Jan (2020). Die Vertrauensfrage. Für eine Politik des Zusammenhalts. Berlin: Dudenverlag.

Almond, Gabriel/Verba, Sydney (1963). The Civic Culture: Political Attitudes and Democracy in Five Nations. Princeton: Princeton University Press.

Alternative für Deutschland (2021). Programm für Deutschland. Das Grundsatzprogramm der Alternative für Deutschland. https://cdn.afd.tools/wp-content/uploads/

sites/111/2018/01/Programm_AfD_Online-PDF_150616.pdf [Aufruf am 12.5.2021].

Anievas, Alexander/Manchanda, Nivi/Shilliam, Robbie (2015). Race and racism in international relations: Confronting the global colour line. New York, NY: Routledge.

Anselin, Luc/Syabri, Ibnu/Kho, Youngihn (2006). GeoDa. An introduction to spatial data analysis. Geographical Analysis, 38 (1), 5-22.

ARD Deutschlandtrend (2020). Oktober 2020. Eine Studie zur politischen Stimmung im Auftrag der ARD-Tagesthemen und der Tageszeitung DIE WELT. https://www.infratest-dimap.de/fileadmin/user_upload/DT2010_Bericht.pdf [Aufruf am 6.5.2021].

Aulenbacher, Brigitte (2009). Die soziale Frage neu gestellt – Gesellschaftsanalysen der Prekarisierungs- und Geschlechterforschung. In: Castel, Robert/Dörre, Klaus (Hg.). Prekarität, Abstieg, Ausgrenzung. Die soziale Frage am Beginn des 21. Jahrhunderts (65-77). Frankfurt a. M./New York: Campus.

Aulenbacher, Brigitte/Riegraf, Birgitt (2015). Kapitalismus als Lebensweise: Arbeits- und Geschlechterarrangements und Männlichkeiten im Wandel. In: Aulenbacher, Brigitte/Riegraf, Birgitt/Völker, Susanne (Hg.). Feministische Kapitalismuskritik. Einstiege in bedeutende Forschungsfelder (73-86). Münster i. Westf.: Westfälisches Dampfboot.

Autor*innenkollektiv FE.IN (2019). Frauen*rechte und Frauen*hass. Antifeminismus und die Ethnisierung von Gewalt. Berlin: Verbrecher Verlag.

Bachl, Marko (2018). (Alternative) media sources in AfD-centered Facebook discussions. SCM Studies in Communication and Media, 7 (2), 256-270.

Backes, Uwe/Hildmann, Philipp W. (2020). Das Kreuz mit der Neuen Rechten? Rechtspopulistische Positionen auf dem Prüfstand. https://bagkr.de/wp-content/uploads/2021/02/AA_82_Neuen_Rechten.pdf [Aufruf am 7.5.2021]

Baghernejad, Aida (2021). »Nie wieder«? Von wegen – in Deutschland hört es nie auf. Tagesspiegel https://www.tagesspiegel.de/kultur/jahrestag-des-anschlags-in-hanau-nie-wieder-von-wegen-in-deutschland-hoert-es-nie-auf/26930038.html [Aufruf am 10.5.2021].

Bálint, Kata/Istrate, Dominik/Hunyadi, Bulcsú (2021). FLPs an vorderster Front der Radikalisierungsprävention und -intervention: Erfahrungen, Schwierigkeiten und Bedürfnisse. Zeitschrift für Demokratie gegen Menschenfeindlichkeit, 2 (1), 113-128.

Bateman, Anthony/Fonagy, Peter (2004). Mentalization-based treatment of BPD. Journal of Personality Disorders, 18 (1), 36-51.

Bateman, Anthony/Fonagy, Peter (2016). Mentalization-based treatment for personality disorders: A practical guide. New York, NY: Oxford University Press.

Bauer, Nina/Luedtke, Jens (2008). Die soziale Konstruktion von Männlichkeit. Hegemoniale und marginalisierte Männlichkeiten in Deutschland. Opladen: Barbara Budrich.

Bauhardt, Christine (2019). Feministische Ökonomiekritik: Arbeit, Zeit und Geld aus einer materialistischen Geschlechterperspektive. In: Kortendiek, Beate/Riegraf, Birgitt/Sabisch, Katja (Hg.). Handbuch Interdisziplinäre Geschlechterforschung (253-261). Wiesbaden: Springer VS.

Bauman, Zygmunt (2017). Retrotopia. Berlin: Suhrkamp.

Baur, Jürgen/Burrmann, Ulrike/Nagel, Michael (2003). Mitgliedschaftsbeziehungen in Sportvereinen. In: Baur, Jürgen/Braun, Sebastian (Hg.). Integrationsleistungen von Sportvereinen als Freiwilligenvereinigungen (159-190). Aachen: Meyer & Meyer.

Beck, Hanno/Beyer, Andrea (2013). Öffentlich-rechtlicher Rundfunk in der Krise. In: Wirtschaftsdienst, 93 (3), 175-181.

Becker, Julia/Wagner, Ulrich/Christ, Oliver (2010). Ursachenzuschreibungen in Krisenzeiten: Auswirkungen auf Antisemitismus und Fremdenfeindlichkeit. In: Heitmeyer, Wilhelm (Hg.) Deutsche Zustände: Folge 8 (128-143). Frankfurt a. M.: Suhrkamp.

Beigel, Thorsten/Eckert, George (2017). Populismus. Varianten von Volksherrschaft in Geschichte und Gegenwart. Münster i. Westf.: Aschendorff.

Benček, David/Strasheim, Julia (2016). Refugees Welcome? A Dataset on Anti-Refugee Violence in Germany. Research & Politics, 3 (4), 1-11.

Benz, Wolfgang (2020). Vom Vorurteil zur Gewalt: Politische und soziale Feindbilder in Geschichte und Gegenwart. Freiburg: Herder.

Berghan, Wilhelm/Faulbaum, Frank (2019). Methodik und Design der Mitte-Studie 2018/19. In: Zick, Andreas/Küpper, Beate/Berghan, Wilhelm (Hg.). Verlorene Mitte – Feindselige Zustände. Rechtsextreme Einstellungen in Deutschland 2018/19 (41-51). Bonn: J. H. W. Dietz.

Berghan, Wilhelm/Zick, Andreas (2019). Zwischen Demokratiebefürwortung und Ungleichwertigkeitsbehauptungen: Einstellungen zur Demokratie. In: Zick, Andreas/Küpper, Beate/Berghan, Wilhelm (Hg.). Verlorene Mitte – Feindselige Zustände. Rechtsextreme Einstellungen in Deutschland 2018/19 (223-241). Bonn: J. H. W. Dietz.

Besand, Anja (2014). Monitor politische Bildung an beruflichen Schulen: Probleme und Perspektiven. Schwalbach a. Ts.: Wochenschau.

Besand, Anja/Overwien, Bernd/Zorn, Peter (2019). Politische Bildung mit Gefühl. Bonn: Bundeszentrale für politische Bildung.

Betsch, Cornelia/Wieler, Lothar/Bosnjak, Michael/Ramharter, Michael/Stollorz, Volker/Omer, Saad B./Korn, Lars/Sprengholz, Philipp/Felgendreff, Lisa/Eitze, Sarah/Schmid, Philipp (2020). Germany COVID-19 Snapshot Monitoring (COSMO Germany): Monitoring knowledge, risk perceptions, preventive behaviours, and public trust in the current coronavirus outbreak in Germany. DOI: http://dx.doi.org/10.23668/psycharchives.2776 [Aufruf am 10.5.2021].

Bidlo, Oliver (2012). Eine kurze Geschichte der Medien als Vierte Gewalt. In: Bidlo, Oliver/Englert, Carina Jasmin/Reichertz, Jo (Hg.). Tat-Ort Medien. Die Medien als Akteure und unterhaltsame Aktivierer (151-168). Wiesbaden: Springer VS.

Bieber, Christoph (2018). Öffentlich-rechtlicher Rundfunk. In: Vogt, Rüdiger (Hg.). Handbuch Staat (795-804). Wiesbaden: Springer VS.

Biebricher, Thomas (2019). Geistig-moralische Wende. Die Erschöpfung des deutschen Konservatismus. Berlin: Matthes & Seitz.

Birsl, Ursula (2020). Paradoxien und Aporien des Antifeminismus. Eine demokratietheoretische Einordnung. In: Henninger, Annette/Birsl, Ursula (Hg.). Antifeminismen. »Krisen«-Diskurse mit gesellschaftsspaltendem Potential? (43-58). Bielefeld: transcript.

Birsl, Ursula/Pallinger, Ina (2015). Die Nicht-Wahrgenommenen: Frauen und extrem rechte Gewalt. In: Zoche, Peter/Kaufmann, Stefan/Arnold, Harald (Hg.). Sichere Zeiten? Gesellschaftliche Dimensionen der Sicherheitsforschung (307-327). Münster i. Westf.: LIT.

Bitzan, Renate (2016). Geschlechterkonstruktionen und Geschlechterverhältnisse in der extremen Rechten. In: Virchow, Fabian/Langebach, Martin/Häusler, Alexander (Hg.). Handbuch Rechtsextremismus (325-373). Wiesbaden: Springer VS.

BKA (2020). Partnerschaftsgewalt. Kriminalstatistische Auswertung – Berichtsjahr 2019. Wiesbaden: Bundeskriminalamt.

Blanton, Hart/Jaccard, James (2008). Unconscious racism: A concept in pursuit of a measure. Annual Review of Sociology 34. 277-297.

Blasius, Jörg/Reuband, Karl-Heinz (1995). Telefoninterviews in der empirischen Sozialforschung: Ausschöpfungsquoten und Antwortqualität. https://nbn-resolving.org/urn:nbn:de:0168-ssoar-201132 [Aufruf am 6.5.2021].

BMFSFJ (2012). Zeit für Familie. Familienzeitpolitik als Chance einer nachhaltigen Familienpolitik. Achter Familienbericht. https://www.bmfsfj.de/resource/blob/93196/b8a3571f0b33e9d4152d410c1a7db6ee/8-familienbericht-data.pdf [Aufruf am 10.5.2021].

BMFSFJ (2020). 16. Kinder- und Jugendbericht Förderung demokratischer Bildung im Kindes- und Jugendalter. Berlin: Bundesministerium für Familie, Senioren, Frauen und Jugend (BMFSFJ).

BMFSFJ (2021). Eltern sein in Deutschland. Zusammenfassung des Gutachtens der Sachverständigenkommission. https://www.bmfsfj.de/resource/blob/174072/901fc1e82a-5f657ea9eaaaa4a3fb140d/neunter-familienbericht-kurzfassung-data.pdf [Aufruf am 10.5.2021].

BMU/BfN (2019). Naturbewusstsein in Deutschland 2019. Bevölkerungsumfrage zu Natur und biologischer Vielfalt. https://www.bmu.de/fileadmin/Daten_BMU/Pools/Broschueren/naturbewusstsein_2019_bf.pdf [Aufruf am 10.5.2021].

Boberg, Svenja/Quandt, Thorsten/Schatto-Eckrodt, Tim/Frischlich, Lena (2020). Pandemic Populism: Facebook Pages of Alternative News Media and the Corona Crisis. A Computational Content Analysis. https://arxiv.org/abs/2004.02566 [Aufruf am 7.5.2021].

Bödeker, Sebastian (2012). Soziale Ungleichheit und politische Partizipation. Frankfurt a. M.: Otto Brenner Stiftung.

Bogart, Kathleen R./Dunn, Dana S. (2019). Special Issue: Ableism. The Journal of Social Issues, 75 (3).

Bonefeld, Meike/Dickhäuser, Oliver (2018). (Biased) Grading of Students' Performance: Students' Names, Performance Level, and Implicit Attitudes. Frontiers in Psychology, 9 (Article 481), 1-13.

Brady, William J./Wills, Julian A./Jost, John T./Tucker, Joshua A./Van Bavel, Jay J. (2017). Emotion shapes the diffusion of moralized content in social networks. Proceedings of the National Academy of Sciences, 114 (28), 7313-7318.

Bremer, Ulrike/Oeser, Adrian/Steinhagen, Martín (2020). Tödlicher Hass. Der Mordfall Walter Lübcke. https://www.ardmediathek.de/video/reportage-dokumentation/toedlicher-hass-der-mordfall-walter-luebcke/das-erste/ [Aufruf am 7.5.2021].

Breuer, Christoph/Feiler, Svenja/Rossi, Lea (2020). Sportvereine in Deutschland. Mehr als nur Bewegung. Kernergebnisse der 7. Welle des Sportentwicklungsberichts (2017/2018) sowie ausgewählte Entwicklungen der letzten 15 Jahre. https://www.bisp.de/SharedDocs/Downloads/Publikationen/Publikationssuche_SEB/SEB_2017_2018_ExecutiveSummary.pdf?__blob=publicationFile&v=3 [Aufruf am 7.5.2021].

Bröckling, Ulrich (2002). Das unternehmerische Selbst und seine Geschlechter. Gender-Konstruktionen in Erfolgsratgebern. Leviathan, 30 (2), 175-194.

Bröckling, Ulrich (2007). Das unternehmerische Selbst. Soziologie einer Subjektivierungsform. Frankfurt a. M.: Suhrkamp.

Bruder, Martin/Haffke, Peter/Neave, Nick/Nouripanah, Nina/Imhoff, Roland (2013). Measuring individual differences in generic beliefs in conspiracy theories across cultures: Conspiracy Mentality Questionnaire. Frontiers in Psychology, 4 (225).

Brundage, William Fitzhugh (1993). Lynchings in the New South: Georgia and Virgina, 1890–1930. Urbano/Chicago: University of Illinois Press.

Bühl, Achim (2016). Rassismus: Anatomie eines Machtverhältnisses. Wiesbaden: marixverlag.

Bundeszentrale für politische Bildung (2021). Datenreport 2021: Ein Sozialbericht für die Bundesrepublik Deutschland. Bundeszentrale für politische Bildung (BpB).

Buth, Mareike/Kahlenborn, Walter/Savelsberg, Jonas/Becker, Nina/Bubeck, Philip/Kabisch, Sibylle/Kind, Christian/Tempel, Annkathrin/Tucci, Franziska für adelphi/PRC/EURAC (2015). Vulnerabilität Deutschlands gegenüber dem Klimawandel. Climate Change 24. Dessau-Roßlau.

Butler, Judith (1991). Das Unbehagen der Geschlechter. Frankfurt a. M.: Suhrkamp.

Butler, Judith (2009). Die Macht der Geschlechternormen und die Grenzen des Menschlichen. Frankfurt a. M.: Suhrkamp.

Cassam, Quassim (2019). Conspiracy Theories. Cambridge: Polity Press.
Castanho Silva, Bruno/Andreadis, Ioannis/Anduiza, Eva/Blanuša, Nebojša/Corti, Yazmin M./Delfino, Gisela/Rico, Guillem/Ruth-Lovell, Saskia P./Spruyt, Bram/Steenbergen, Marco/Littvay, Levente (2017). Public Opinion Surveys: a new scale? In: Hawkins, Kirk A./Carlin, Ryan E./Littvay, Levente/Rovira Kaltwasser, Cristóbal (Hg.). The Ideational Approach to Populism: Theory, Method and Analysis (150-178). London: Routledge.
Castanho Silva, Bruno/Jungkunz, Sebastian/Helbling, Marc/Littvay, Levente (2019). An Empirical Comparison of Seven Populist Attitudes Scales. Political Research Quarterly. DOI: https://doi.org/10.1177/1065912919833176 [Aufruf am 10.5.2021].
Çetin, Zülfukar (2016). Homo- und Femonationalismus als Ausdruck der Dominanzkultur. Vom rechten Rand in die Mitte der Gesellschaft. https://streit-wert.boellblog.org/2016/04/25/homo-und-femonationalismus-als-ausdruck-der-dominanzkultur-vom-rechten-rand-in-die-mitte-der-gesellschaft/[Aufruf am 10.5.2021].
Ćetković, Stefan/Hagemann, Christian (2020). Changing climate for populists? Examining the influence of radical-right political parties on low-carbon energy transitions in Western Europe. Energy Research & Social Science, 66, 101571.
Claus, Robert/Zajonc, Olaf (2019). Zum Stand der Präventionsansätze im Extremkampfsport. http://library.fes.de/pdf-files/dialog/15678.pdf [Aufruf am 7.5.2021].
Cohn, Nate (2014). Polarization is dividing American society, not just politics. New York Times v. 12.6.2014. https://www.nytimes.com/2014/06/12/upshot/polarization-is-dividing-american-society-not-just-politics.html [Aufruf am 10.5.2021].
Connell, Raewyn (2015). Der gemachte Mann. Konstruktion und Krise von Männlichkeiten (4. Aufl.). Wiesbaden: Springer VS.

de Vreese, Claes H./Esser, Frank/Aalberg, Toril/Reinemann, Carsten/Stanyer, James (2018). Populism as an Expression of Political Communication: A new Perspective. The International Journal of Press/Politics, 23 (4), 423-438.
De Wilde, Pieter/Koopmans, Ruud/Merkel, Wolfgang/Strijbis, Oliver/Zürn, Michael (2019). The Struggle Over Borders. Cosmopolitanism and Communitarianism. London: Cambridge University Press.
Debski, Andreas (2021). Viele Extremismus-Fälle: Leipziger Umland ist Sachsens rechter Brennpunkt. https://www.dnn.de/Region/Mitteldeutschland/Leipziger-Umland-ist-Sachsens-rechtsextremer-Brennpunkt [Aufruf am 7.5.2021].
Decker, Frank/Henningsen, Bernd/Jakobsen, Kjetil A. (2015). Rechtspopulismus und Rechtsextremismus in Europa. Die Herausforderung der Zivilgesellschaft durch alte Ideologien und neue Medien. Baden-Baden: Nomos.

Decker, Frank/Lewandowski, Marcel (2017). Rechtspopulismus. Erscheinungsformen, Ursachen, Gegenstrategien. https://www.bpb.de/politik/extremismus/rechtspopulismus/240089/rechtspopulismus-erscheinungsformen-ursachen-und-gegenstrategien [Aufruf am 7.5.2021].

Decker, Frank/Lewandowsky, Marcel (2017). Rechtspopulismus in Europa: Erscheinungsformen, Ursachen und Gegenstrategien. Zeitschrift für Politik, 64 (1), 21-38.

Decker, Oliver/Brähler, Elmar unter Mitarbeit von Norbert Geißler (2006). Vom Rand zur Mitte. Rechtsextreme Einstellungen und ihre Einflussfaktoren in Deutschland. Hrsg. von der Friedrich-Ebert-Stiftung unter Redaktion von Dietmar Molthagen. Forum Berlin.

Decker, Oliver/Brähler, Elmar (2020). Autoritäre Dynamiken. Alte Ressentiments – neue Realität. Leipziger Autoritarismusstudie. Hg. von der Heinrich-Böll-Stiftung und der Otto Brenner Stiftung. Gießen: Psychosozial.

Deitelhoff, Nicole/Groh-Samberg, Olaf/Middell, Matthias (2020). Gesellschaftlicher Zusammenhalt: Ein interdisziplinärer Dialog. Frankfurt a. M.: Campus.

Delto, Hannes (2018). Der Sport und die Macht der Vorurteile. Sport und Gesellschaft, 15 (1), 5-29.

Delto, Hannes/Zick, Andreas (2017). Vorurteile im Verein: Neue Studie über Diskriminierung im organisierten Sport. In: Theater der Jungen Welt Leipzig (Hg.). Das Spiel mit den anderen. Fußball zwischen Integration und Diskriminierung (21-32). Göttingen: Werkstatt.

Demirović, Alex/Maihofer, Andrea (2013). Vielfachkrise und die Krise der Geschlechterverhältnisse. In: Nickel, Hildegard M./Heilmann, Andreas (Hg.). Krise, Kritik, Allianzen. Arbeits- und geschlechtersoziologische Perspektiven (30-48). Weinheim/Basel: Beltz Juventa.

Deutscher Olympischer Sportbund (2020). Bestandserhebung 2020. https://cdn.dosb.de/user_upload/www.dosb.de/uber_uns/Bestandserhebung/BE-Heft_2020.pdf [Aufruf am 7.5.2021].

Deutscher Olympischer Sportbund (2021). 13. Integrationsgipfel: Mehr Diversität gefordert. https://www.dosb.de/sonderseiten/news/news-detail/news/13-integrationsgipfel-mehr-diversitaet-gefordert [Aufruf am 7.5.2021].

Deutscher Städte- und Gemeindebund (2021). Hass, Bedrohung & Gewalt gegen Kommunalpolitiker*innen. https://www.dstgb.de/aktuelles/2021/neues-dstgb-papier-hass-bedrohungen-und-gewalt-gegen-kommunalpolitiker-innen/update-hassbedrohungen-gewalt-300321-1.pdf?cid=ef4 [Aufruf am 10.5.2021].

Diehl, Paula (2012). Populismus und Massenmedien. Aus Politik und Zeitgeschichte 5-6/2012, 16-22.

Diehl, Paula (2016). Die Krise der repräsentativen Demokratie verstehen. Ein Beitrag der politischen Theorie. Zeitschrift für Politikwissenschaft, 26 (3), 327-333.

Diehl, Paula (2018). Was ist Populismus? https://www.bpb.de/dialog/netzdebatte/260878/was-ist-populismus [Aufruf am 7.5.2021].

Dimitrijević, Aleksandar/Hanak, Nataša/Dimitrijević, Ana A./Marjanović, Zorana J. (2018). The Mentalization Scale (MentS): A self-report measure for the assessment of mentalizing capacity. Journal of Personality Assessment, 100 (3), 268-280.

Dippelhofer, Sebastian (2019). Politisch-demokratische Bildung als Aufgabe und Herausforderung für Hochschule und Lehrerschaft. Theoretische und empirische Analysen – Rahmende Erörterungen zur kumulativen Habilitationsleistung. Gießen: Justus-Liebig-Universität Gießen.

Dix, Arthur (1930). Die deutschen Reichstagswahlen 1871–1930 und die Wandlungen der Volksgliederung. https://reader.digitale-sammlungen.de/de/fs1/object/display/bsb11127784_00005.html [Aufruf am 7.5.2021].

DNR Deutscher Naturschutzring (2020). Handreichung. Rechtspopulismus/Rechtsextremismus und Ökologie. Berlin.

do Mar Castro Varela, Maria/Dhawan, Nikita (2020). Postkoloniale Theorie: Eine kritische Einführung (3. Aufl.). Stuttgart: utb.

Dölling, Irene (2008). »Eva-Prinzip«? »Neuer Feminismus«? Aktuelle Verschiebungen in Geschlechterbildern im Kontext gesellschaftlicher Umbruchsprozesse. In: Marburger Gender-Kolleg (Hg.). Geschlecht Macht Arbeit. Interdisziplinäre Perspektiven und politische Intervention (24-41). Münster i. Westf.: Westfälisches Dampfboot.

Dörre, Klaus/Bose, Sophie/Lütten, John/Köster, Jakob (2018). Arbeiterbewegung von rechts? Motive und Grenzen einer imaginären Revolte. Berliner Journal für Soziologie, 28 (1–2), 55-89.

Douglas, Karen M./Sutton, Robbie M./Cichocka, Aleksandra (2017). The psychology of conspiracy theories. Current directions in psychological science, 26 (6), 538-542.

Dowling, Emma/van Dyk, Silke/Graefe, Stefanie (2017). Rückkehr des Hauptwiderspruchs? Anmerkungen zur aktuellen Debatte um den Erfolg der Neuen Rechten und das Versagen der »Identitätspolitik«. PROKLA. Zeitschrift für kritische Sozialwissenschaft, 47 (188), 411-420.

Dunning, Eric (1986/2003). Sport als Männerdomäne. Anmerkungen zu den sozialen Quellen männlicher Identität und deren Transformation. In: Elias, Norbert/Dunning, Eric (Hg.). Sport und Spannung im Prozeß der Zivilisation (473-502). Frankfurt a. M.: Suhrkamp.

Dyroff, Merle/Pardeller, Marlene/Wischnewski, Alex (2020). #keinemehr – Femizide in Deutschland. https://www.rosalux.de/fileadmin/rls_uploads/pdfs/sonst_publikationen/201030_keinemehr_ONLINE_%C3%9CA.pdf [Aufruf am 10.5.2021].

Eatwell, Roger/Goodwin, Matthew (2018). National populism. The revolte against liberal democracy. London: Pelican.

Eglin, Peter/Hester, Stephen (1999). »You're All a Bunch of Feminists«: Categorization and the Politics of Terror in the Montreal Massacre. Human Studies, 22 (2/4), 253-272.

Ehmke, Kathrin/Hendrich, Diana/Naß, Alexander/Schleider, Robert/Röver, Tobias (2007). Soziales Kapital in Selbsthilfegruppen und Sportvereinen. Hallesche Graureiher, (1), 50-59.

Eichenauer, Eva/Reusswig, Fritz/Meyer-Ohlendorf, Lutz/Lass, Wiebke (2018). Bürgerinitiativen gegen Windkraftanlagen und der Aufschwung rechtspopulistischer Bewegungen. In: Kühne, Olaf/Weber, Florian (Hg.). Bausteine der Energiewende (633-651). Wiesbaden: Springer VS.

Eicker, Jannis/Eis, Andreas/Holfelder, Anne-Katrin/Jacobs, Sebastian/Yume, Sophie (2020). Bildung. Macht. Zukunft. Lernen für die sozial-ökologische Transformation. Frankfurt a. M.: Wochenschau.

El-Mafaalani, Aladin (2019). Alle an einem Tisch. Identitätspolitik und die paradoxen Verhältnisse zwischen Teilhabe und Diskriminierung. Identitätspolitik. Aus Politik und Zeitgeschichte (APuZ 9–11/2019). Bonn: Bundeszentrale für politische Bildung.

Endrikat, Kirsten (2001). Jugend, Identität und sportliches Engagement. Lengerich: Pabst Science Publishers.

Engartner, Tim (2020). Ökonomisierung schulischer Bildung. Analysen und Alternativen. https://www.rosalux.de/fileadmin/rls_uploads/pdfs/Studien/Studien_6-2020_Oekonomisierung_schulischer_Bildung_Web.pdf [Aufruf am 10.5.2021].

Engels, Anita/Hüther, Otto/Schäfer, Mike/Held, Hermann (2013). Public climate-change skepticism, energy preferences and political participation. Global Environmental Change, 23 (5), 1018-1027.

Enste, Dominik/Suling, Lena (2020). Vertrauen in Wirtschaft, Staat und Gesellschaft. Vertrauensindex: Europäische Länder im Vergleich. IW-Policy Paper, (5).

Essed, Philomena (1991). Understanding Everyday Racism: An Interdisciplinary Theory. Newbury Park, CA: Sage.

Esses, Victoria M./Dovidio, John F./Jackson, Lynne M./Armstrong, Tamara L. (2001). The Immigration Dilemma. The Role of Perceived Competition, Ethnic Prejudice, and National Identity. Journal of Social Issues, 57 (3), 389-412.

Eurostat (2020). Arbeitnehmer nach Bildungsabschluss, Geschlecht, Alter und Beruf (%). https://ec.europa.eu/eurostat/de/web/products-datasets/-/EDAT_LFS_9905 [Aufruf am 10.5.2021].

Eurostat (2021). Teilzeitbeschäftigung als Prozentsatz der gesamten Beschäftigung, nach Geschlecht und Alter (%). https://ec.europa.eu/eurostat/de/web/products-datasets/-/LFSQ_EPPGA [Aufruf am 10.5.2021].

Eversberg, Dennis (2018). Innerimperiale Kämpfe. Drei Thesen zum Verhältnis zwischen autoritärem Nationalismus und imperialer Lebensweise. PROKLA. Zeitschrift für kritische Sozialwissenschaft, 48 (190), 43-54.

Fachstelle Radikalisierungsprävention und Engagement im Naturschutz (2019). Wenn Rechtsextreme von Naturschutz reden – Argumente und Mythen. Ein Leitfaden. Berlin: Eigenverlag.

Falter, Jürgen W. (2020). Hitlers Wähler: Die Anhänger der NSDAP 1924–1933. Überarbeitete und erweiterte Neuauflage. Frankfurt: Campus.

Farris, Sara (2011). Die politische Ökonomie des Femonationalismus. Feministische Studien 29 (2), 321-334.

Fegter, Susann (2012). Die Krise der Jungen in Bildung und Erziehung. Diskursive Konstruktionen von Geschlecht und Männlichkeit. Wiesbaden: Springer VS.

Fehr, Helmut (2016). Vergeltende Gerechtigkeit – Populismus und Vergangenheitspolitik nach 1989. Opladen/Berlin/Toronto: Barbara Budrich.

Fereidooni, Karim/Hößl, Stefan E. (2021). Rassismuskritische Bildungsarbeit. Reflexionen zu Theorie und Praxis. Frankfurt a. M.: Wochenschau.

Fiorina, Morris P. (1999). Extreme Voice. A Dark Side of Civic Engagement. In: Skocpol, Theda/Fiorina, Morris P. (Hg.). Civic Engagement in American Democracy (395-425). Washington: Brookings Institution Press.

Fonagy, Peter/Luyten, Patrick/Allison, Elizabeth (2015). Epistemic petrification and the restoration of epistemic trust: A new conceptualization of borderline personality disorder and its psychosocial treatment. Journal of Personality Disorders, 29 (5), 575-609.

Fonagy, Peter/Luyten, Patrick/Moulton-Perkins, Alesia/Lee, Ya-Wen/Warren, Fiona/Howard, Susan/Ghinai, Rosanna/Fearon, Pasco/Lowyck, Benedicte (2016). Development and validation of a self-report measure of mentalizing: The reflective functioning questionnaire. PLOS ONE, 11 (7). DOI: https://doi.org/10.1371/journal.pone.0158678 [Aufruf am 10.5.2021].

Fonagy, Peter/Target, Mary (1997). Attachment and reflective function: Their role in self-organization. Development and Psychopathology, 9 (4), 679-700.

Forchtner, Bernhard/Kroneder, Andreas/Wetzel, David (2018). Being Skeptical? Exploring Far-Right Climate-Change Communication in Germany. Environmental Communication, 12 (5), 589-604.

Forschungsgruppe Anti-Asyl-Agitation (2020). Radikalisierungsverläufe im Kontext von Anti-Asyl-Agitation. Abschlussbericht an das Bundesministerium des Innern. Institut für interdisziplinäre Konflikt- und Gewaltforschung/Zentrum für Rechtsextremismusforschung, Demokratiebildung und gesellschaftliche Integration. https://www.bmi.bund.de/SharedDocs/downloads/DE/veroeffentlichungen/2020/studie-radikalisierungsverlaeufe-anti-asyl-agitation.pdf?__blob=publicationFile&v=1 [Aufruf am 10.5.2021].

Franke, Nils M. (2017). Naturschutz – Landschaft – Heimat. Romantik als eine Grundlage des Naturschutzes in Deutschland. Wiesbaden: Springer VS.

Fraser, Nancy (2013). Neoliberalismus und Feminismus: Eine gefährliche Liaison. Blätter für deutsche und internationale Politik, (12), 29-31.

Fraune, Cornelia/Knodt, Michèle (2018). Sustainable energy transformations in an age of populism, post-truth politics, and local resistance. Energy Research & Social Science 43. 1-7.

Fredrickson, George M. (2002). Racism: A short history. Princeton, NJ: Princeton University Press.

Frei, Norbert (2016). Völkische Fantasien. Süddeutsche Zeitung v. 14.10.2016. https://www.sueddeutsche.de/politik/kolumne-voelkische-fantasien-1.3205699 [Aufruf am 10.5.2021].

Frei, Norbert/Morina, Christina/Maubach, Franka (2019). Zur rechten Zeit: Wider die Rückkehr des Nationalismus. Berlin: Ullstein.

Frey, Regina/Gärtner, Marc/Köhnen, Manfred/Scheele, Sebastian (2014). Gender, Wissenschaftlichkeit und Ideologie. Argumente im Streit um Geschlechterverhältnisse. https://www.boell.de/sites/default/files/gender_wissenschaftlichkeit_ideologie_2.auflage.pdf [Aufruf am 10.5.2021].

Friedrich, Sebastian (2019). Rasse. In: Gießelmann, Bente/Kerst, Benjamin/Richterich, Robin/Suermann, Lenard/Virchow, Fabian (Hg.). Handwörterbuch rechtsextremer Kampfbegriffe (2. Aufl.) (301-313). Frankfurt a. M.: Wochenschau.

Frohn, Hans-Werner (2018). »Auch Naturschutz bedeutet Volkswohlfahrt!« Entwicklungslinien eines sozialpolitischen Naturschutzes in Deutschland 1880 bis 1970. In: Frohn, Hans-Werner/Wichert, Frank (Hg.). Naturschutz: natürlich sozial, interkulturell und inkludierend?! BfN-Skripten 514 (17-31). Bonn: Bundesamt für Naturschutz.

Fuchs, Christian/Middelhoff, Paul (2019). Das Netzwerk der Neuen Rechten. Wer sie lenkt, wer sie finanziert und wie sie die Gesellschaft verändern. Hamburg: Rowohlt.

Funke, Hajo (2021). Die Höcke-AfD. Eine rechtsextreme Partei in der Zerreißprobe. Hamburg: VSA.

Gäbler, Bernd (2018). AfD und Medien. Erfahrungen und Lehren für die Praxis. OBS-Arbeitsheft, (95). Frankfurt a. M.: Otto Brenner Stiftung.

Garms-Homolová, Vjenka (2020). Messung von Einstellungen. Sozialpsychologie der Einstellungen und Urteilsbildung. Psychologie für Studium und Beruf (47-59). Berlin: Springer.

Geiselberger, Heinrich (2017). Die große Regression. Eine internationale Debatte über die geistige Situation der Zeit. Berlin: Suhrkamp.

Gerlach, Erin/Brettschneider, Wolf-Dietrich (2013). Aufwachsen im Sport. Befunde einer 10-jährigen Längsschnittstudie zwischen Kindheit und Adoleszenz. Aachen: Meyer & Meyer.

Giebler, Heiko/Hirsch, Magdalena/Schürmann, Benjamin/Stoll, Niklas/Veit, Susanne (2019). Nicht ich, sondern wir! Gruppenbezogene Unzufriedenheit als zentrales Bindeglied zwischen populistischen Einstellungen und Wahlpotenzial für die AfD. In:

Schroeder, Wolfgang/Weßels, Bernhard (Hg.). Smarte Spalter: Die AfD zwischen Bewegung und Parlament (81-104). Bonn: J. H. W. Dietz.

Gill, Thomas (2021). Rechtsextremismus als Akteur der politischen Bildung. Das Institut für Staatspolitik. In: Achour, Sabine/Herold, Till/Massing, Peter (Hg.). Rechtsextremismus in und gegen Institutionen. Politikum, (2021 i. E.). Frankfurt a. M.: Wochenschau.

Goertz, Stefan (2020). Rechtsterroristische Akteure in Deutschland. In: Uwe Backes, Alexander Gallus, Eckhard Jesse, Tom Thieme (Hg.). Jahrbuch Extremismus & Demokratie (E & D). Band 2020 (167-184). Baden-Baden: Nomos.

Gökbudak, Mahir/Hedtke, Reinhold (2019). Ranking Politische Bildung 2018. Politische Bildung an allgemeinbildenden Schulen der Sekundarstufe I im Bundesländervergleich. Bielefeld: Universität, Fakultät für Soziologie.

Gomolla, Mechtild/Radtke, Frank-Olaf (2002). Institutionelle Diskriminierung. Die Herstellung ethnischer Differenz in der Schule. Opladen: Leske + Budrich.

Göpel, Maja (2016). The Great Mindshift: How a New Economic Paradigm and Sustainability Transformations go Hand in Hand. Berlin: Springer International Publishing.

Götze, Susanne (2019). Heimat, Boden & Natur: Warum die AfD für den Tierschutz, aber gegen die Energiewende ist. In: Walther, Eva/Isemann, Simon D. (Hg.). Die AfD – psychologisch betrachtet (81-103). Wiesbaden: Springer VS.

Götze, Susanne/Kirchner, Sandra (2016). Die Umweltpolitik der Alternative für Deutschland (AfD). Eine politische Analyse. Berlin: Heinrich-Böll-Stiftung.

Greiffenhagen, Sylvia/Greiffenhagen, Martin/Löser, Jonas K. (2020). Politische Kultur. In: Andersen, Uwe/Bogumil, Jörg/Marschall, Stefan/Woyke, Wichard (Hg.). Handwörterbuch des politischen Systems der Bundesrepublik Deutschland (744-748). Wiesbaden: Springer VS.

Grimm, Marc/Müller, Stefan (2020). Bildung gegen Antisemitismus: Spannungsfelder der Aufklärung. Frankfurt a. M.: Wochenschau.

Haaf, Meredith (2020). Die Wahrheit ist unbequem. Süddeutsche Zeitung v. 26.1.2020. https://www.sueddeutsche.de/leben/homoeopathie-klimawandel-wahrheit-1.4770233?reduced=true [Aufruf am 10.5.2021].

Haller, André/Holt, Kristoffer (2019). Paradoxical populism: How PEGIDA relates to mainstream and alternative media. Information, Communication & Society, 22 (12), 1665-1680.

Hampel, Rainer (2021). Die AfD und ihre Sympathisanten – extrem und psychologisch auffällig? DOI: https://doi.org/10.23668/PSYCHARCHIVES. 4557 [Aufruf am 8.5.2021].

Hark, Sabine/Villa, Paula-Irene (2015). Eine Frage an und für unsere Zeit. Verstörende Gender Studies und symptomatische Missverständnisse. In: Hark, Sabine/Villa, Paula-

Irene (Hg.). Anti-Genderismus. Sexualität und Geschlecht als Schauplätze aktueller politischer Auseinandersetzungen (15-39). Bielefeld: transcript.

Hark, Sabine/Villa, Paula-Irene (2017). Unterscheiden und herrschen. Ein Essay zu den ambivalenten Verflechtungen von Rassismus, Sexismus und Feminismus in der Gegenwart. Bielefeld: transcript.

Hartleb, Florian (2012). Populismus als Totengräber oder mögliches Korrektiv der Demokratie?. Aus Politik und Zeitgeschichte, 62 (5–6), 22-29.

Hartmann, Ernst Andreas/Jetzke, Tobias/Kelterborn, Peggy/Mandwurf, Dennis/Richter, Doreen/Rohner, Sandra/Schweigel, Henry/Stubbe, Julian/Thiem, Carolin/Wessels, Jan/Zinke, Guido (2020). Verschwörungstheorien und Wissenschaftsfeindlichkeit. Berlin: Institut für Innovation und Technik.

Haselrieder, Michael/Heise, Manka/Herzlieb, Anne (2019). Wohin steuert die AfD unter dem neuen Vorsitzenden Chrupalla? https://www.youtube.com/watch?v=0f0fYR2sq_M [Aufruf am 7.5.2021].

Häusler, Alexander (2016). Die Alternative für Deutschland. Programmatik, Entwicklung und politische Verortung. Wiesbaden: Springer VS.

Häusler, Alexander (2019). Antimuslimischer Populismus. Rechter Rassismus in neuem Gewand. Berlin: Aktion Courage e. V.

Häusler, Alexander/Kellershohn, Helmut (2018). Das Gesicht des völkischen Populismus. Neue Herausforderungen für eine kritische Rechtsextremismusforschung. Münster i. Westf.: Unrast.

Häusler, Alexander/Küpper, Beate (2019). Neue rechte Mentalitäten in der Mitte der Gesellschaft. In: Zick, Andreas/Küpper, Beate/Berghan, Wilhelm (Hg.). Verlorene Mitte – Feindselige Zustände. Rechtsextreme Einstellungen in Deutschland 2018/19 (147-172). Bonn: J. H. W. Dietz.

Hawkins, Kirk A./Carlin, Ryan E./Littvay, Levente/Rovira Kaltwasser, Cristóbal (2019). The ideational approach to populism. Concept, theory and analysis. London: Routledge.

Heft, Kathleen (2015). Der Osten Deutschlands als (negative) Avantgarde. Vom Kommunismus im Anti-Genderismus. In Hark, Sabine/Villa, Paula-Irene (Hg.). Anti-Genderismus. Sexualität und Geschlecht als Schauplätze aktueller politischer Auseinandersetzungen (183-199). Bielefeld: transcript.

Heitmeyer, Wilhelm (2011). Deutsche Zustände: Folge 10. Berlin: Suhrkamp.

Henninger, Annette (2020). Antifeminismen. ›Krisen‹-Diskurse mit gesellschaftsspaltendem Potential? In: Henninger, Annette/Birsl, Ursula (Hg.). Antifeminismen. »Krisen«-Diskurse mit gesellschaftsspaltendem Potential? (9-41). Bielefeld: transcript.

Hermand, Jost (1995). Der alte Traum vom Neuen Reich. Völkische Utopien und Nationalsozialismus. Weinheim: Beltz Athenäum.

Hess, David J./Renner, Madison (2019). Conservative political parties and energy transitions in Europe: Opposition to climate mitigation policies. Renewable and Sustainable
Energy Reviews 104. 419-428.

Heyder, Aribert (2003). Bessere Bildung, bessere Menschen? Genaueres Hinsehen hilft
weiter. In: Heitmeyer, Wilhelm (Hg.). Deutsche Zustände: Folge 2 (78-99). Frankfurt
a. M.: Suhrkamp.

Hoa Anh Mai, Hanna (2020). Anti-asiatischer Rassismus in Zeiten der Corona-Pandemie.
In: Drücker, Ansgar (Hg.). Kontinuitäten und neue Perspektiven: 30 Jahre IDA: Von
der Antirassismusarbeit zur Rassismuskritischen Bildungsarbeit (20-23). Düsseldorf:
IDA e. V.

Höcker, Charlotte/Pickert, Gert/Decker, Oliver (2020). Antifeminismus – das Geschlecht
im Autoritarismus? Die Messung von Antifeminismus und Sexismus in Deutschland
auf der Einstellungsebene. In: Decker, Oliver/Brähler, Elmar (Hg.). Autoritäre Dynamiken. Alte Ressentiments – neue Radikalität. Leipziger Autoritarismus Studie 2020
(249-282). Gießen: Psychosozial.

Hoffmann, Lutz (1995). Das »deutsche Volk« als Integrationsideologie und seine historische Entwicklung. In: Forschungsinstitut der Friedrich-Ebert-Stiftung, Abt. Arbeits-
und Sozialforschung (Hg.). Die Wiedergeburt des nationalistischen Denkens: Gefahr
für die Demokratie. Eine Tagung der Friedrich-Ebert-Stiftung am 23./24. März 1995
(7-31). Bonn: FES Library.

Holtmann, Everhard (2018). Völkische Feindbilder. Ursprünge und Erscheinungsformen
des Rechtspopulismus in Deutschland. Bonn: Bundeszentrale für politische Bildung.

Hopf, Wulf (1999). Ungleichheit der Bildung und Ethnozentrismus. Zeitschrift für Pädagogik, 45 (6), 847-865.

Huber, Robert A. (2020). The role of populist attitudes in explaining climate change skepticism and support for environmental protection. Environmental Politics, 29 (6), 959-
982.

Huber, Robert A./Greussing, Esther/Eberl, Jakob-Moritz (2020). Populist Attitudes and
Climate Scepticism: It's all about Science and Political Institutions. SocArXiv. DOI:
https://doi.org/10.31235/osf.io/m82 kg [Aufruf am 10.5.2021].

Hughes, Conrad (2017). Understanding Prejudice and Education. The challenge for future generations. Pädagogik, 45 (6), 847-865. Abingdon/New York: Routledge.

Imhoff, Roland/Bruder, Martin (2014). Speaking (un-)truth to power: Conspiracy
mentality as a generalised political attitude. European Journal of Personality, 28 (1),
25-43.

Imhoff, Roland/Lamberty, Pia Karoline (2017). Too special to be duped: Need for unique-
ness motivates conspiracy beliefs. European Journal of Social Psychology, 47 (6), 724-
734.

Imhoff, Roland/Lamberty, Pia (2020). A bioweapon or a hoax? The link between distinct conspiracy beliefs about the Coronavirus disease (COVID-19) outbreak and pandemic behavior. Social Psychological and Personality Science, 11 (8), 1110-1118.

infratest dimap (2021). Sonntagsfrage Bundestagswahl. https://www.infratest-dimap.de/umfragen-analysen/bundesweit/sonntagsfrage/[Aufruf am 8.5.2021].

Inhoffen, Lisa (2019). Die Hälfte der Deutschen sieht die Demokratie in Gefahr. YouGov Studie zum Tag der Demokratie in Kooperation mit Sinus. Heidelberg: Sinus Institut. https://yougov.de/news/2019/09/12/die-halfte-der-deutschen-sieht-die-demokratie-gefa/[Aufruf am 10.5.2021].

Jackob, Nikolaus/Jakobs, Ilka/Quiring, Oliver/Schultz, Tanjev/Schemer, Christian/Ziegele, Marc (2019). Medienskepsis und Medienzynismus. Funktionale und dysfunktionale Formen von Medienkritik. Communicatio Socialis, 52 (1), 19-35.

Jackob, Nikolaus/Quiring, Oliver/Schemer, Christian (2017). Wölfe im Schafspelz? Warum manche Menschen denken, dass man Journalisten nicht vertrauen darf – und was das mit Verschwörungstheorien zu tun hat. In: Renner, Karl N./Schultz, Tanjev/Wilke, Jürgen (Hg.). Journalismus zwischen Autonomie und Nutzwert (225-249). Köln: Herbert von Halem.

Jäger, Siegfried/Link, Jürgen (1993). Die Vierte Gewalt. Rassismus und die Medien. Duisburg: Duisburger Institut für Sprach- und Sozialforschung.

Jahn, Thomas/Wehling, Peter (1991). Ökologie von rechts: Nationalismus und Umweltschutz bei der Neuen Rechten und den »Republikanern«. Frankfurt a. M.: Forschungstexte des Instituts für Sozial-Ökologische Forschung.

Jaitner, David/Körner, Swen (2018). Soziale Funktionen von Sportvereinen: revisited. Berlin: Lehmanns.

Jakobs, Ilka/Schultz, Tanjev/Viehmann, Christina/Quiring, Oliver/Jackob, Nikolaus/Ziegele, Mark/Schemer, Christian (2021). Mainzer Langzeitstudie Medienvertrauen 2020. Medienvertrauen in Krisenzeiten. Media Perspektiven, (3), 152-162.

Jensen, Uffa (2017). Zornpolitik. Berlin: Suhrkamp.

Jörke, Dirk/Nachtwey, Oliver (2017). Das Volk gegen die (liberale) Demokratie. Baden-Baden: Nomos.

Jörke, Dirk/Selk, Veith (2017). Theorien des Populismus zur Einführung. Hamburg: Junius.

Jungkunz, Sebastian (2019). Towards a Measurement of Extreme Left-Wing Attitudes. German Politics, 28 (1), 101-122.

Kaiser, Susanne (2020). Politische Männlichkeit. Wie Incels, Fundamentalisten und Autoritäre für das Patriarchat mobilmachen. Berlin: Suhrkamp.

Kantor Center (2020). Antisemitism Worldwide 2019 and the beginning of 2020. Tel Aviv: Kantor Center.

Kellershohn, Helmut (2017). Volk, völkisch. In: Ahlheim, Klaus/Kopke, Christoph (Hg.). Handlexikon Rechter Radikalismus (135-137). Ulm: Klemm & Oelschläger.

Kellershohn, Helmut (2018). Die »Generallinie« der Jungen Freiheit. In: Häusler, Alexander/Kellershohn, Helmut (Hg.). Das Gesicht des völkischen Populismus. Neue Herausforderungen für eine kritische Rechtsextremismusforschung (97-106). Münster i. Westf.: Unrast.

Kellershohn, Helmut (2019). »Antikapitalismus« von rechts? – Die Neue Rechte und die wirtschafts- und sozialpolitische Debatte in der AfD. http://www.diss-duisburg.de/2019/12/helmut-kellershohn-antikapitalismus-von-rechts/ [Aufruf am 10.5.2021].

Kemper, Andreas (2014). Keimzelle der Nation – Teil 2. Wie sich in Europa Parteien und Bewegungen für konservative Familienwerte, gegen Toleranz und Vielfalt und gegen eine progressive Geschlechterpolitik radikalisieren. https://library.fes.de/pdf-files/dialog/11163.pdf [Aufruf am 10.5.2021].

Kemper, Andreas (2016). Die AfD und ihr Verständnis von Geschlecht und Sexualität. In: Henningsen, Anja/Tuider, Elisabeth/Timmermanns, Stefan (Hg.). Sexualpädagogik kontrovers (142-158). Weinheim/Basel: Beltz Juventa.

Kiess, Johannes/Schmidt, Andre (2020). Beteiligung, Solidarität und Anerkennung in der Arbeitswelt: industrial citizenship zur Stärkung der Demokratie. In: Decker, Oliver/Brähler, Elmar (Hg.). Autoritäre Dynamiken. Alte Ressentiments – neue Radikalität (119-148). Gießen: Psychosozial.

Kimmel, Michael (2016). Angry White Men. Die USA und ihre zornigen Männer. Bonn: Bundeszentrale für politische Bildung (BpB).

Kimmel, Michael (2017). Angry White Men: American Masculinity at the End of an Era. New York: Nation Books.

Kohlrausch, Bettina/Zucco, Aline (2020). Die Corona-Krise trifft Frauen doppelt. Weniger Erwerbseinkommen und mehr Sorgearbeit (Policy Brief WSI 40). https://www.boeckler.de/pdf/p_wsi_pb_40_2020.pdf [Aufruf am 10.5.2021].

Kohlstruck, Michael (2011). Völkische Geschichtsauffassung und erinnerungspolitische Argumentationen im Rechtsextremismus der Gegenwart. Jahrbuch für Politik und Geschichte. Band 2 (41-56). Stuttgart: Franz Steiner.

Kolb, Matthias (2017). AfD ist stärkste Partei in Sachsen – mit hauchdünnem Vorsprung. Süddeutsche Zeitung v. 25.9.2017. https://www.sueddeutsche.de/politik/bundestagswahl-afd-ist-staerkste-partei-in-sachsen-mit-hauchduennem-vorsprung-1.3681578 [Aufruf am 7.5.2021].

Kopke, Christoph (2017). Verschwörungsmythen und Feindbilder in der AfD und in der neuen Protestbewegung von rechts. Neue Kriminalpolitik, 29 (1), 49-61.

Koppetsch, Cornelia (2019). Die Gesellschaft des Zorns. Rechtspopulismus im globalen Zeitalter. Bielefeld: transcript.

Koppetsch, Cornelia/Speck, Sarah (2015). Wenn der Mann kein Ernährer mehr ist. Geschlechterkonflikte in Krisenzeiten. Berlin: Suhrkamp.

Köttig, Michaela/Bitzan, Renate/Petö, Andrea (Hg.) (2017). Gender and Far Right Politics in Europe. Cham: Palgrave Macmillan.

Kováts, Eszter/Põim, Maari (2015). Gender as symbolic glue. The position and role of conservative and far right parties in the anti-gender mobilizations in Europe. https://library.fes.de/pdf-files/bueros/budapest/11382.pdf [Aufruf am 10.5.2021].

Krämer, Benjamin/Holtz-Bacha, Christina (2020). Perspectives on Populism and the Media. https://www.nomos-elibrary.de/10.5771/9783845297392-1/titelei-inhaltsverzeichnis?page=1&select-row=about [Aufruf am 7.5.2021].

Krăstev, Ivan (2017). Europadämmerung: Ein Essay. Berlin: Suhrkamp.

Krause, Daniela/Zick, Andreas (2013). Gruppenbezogene Menschenfeindlichkeit – Kurzskalen. In: Kemper, Christoph J./Brähler, Elmar/Zenger, Markus (Hg.). Psychologische und sozialwissenschaftliche Kurzskalen: Standardisierte Erhebungsinstrumente für Wissenschaft und Praxis (100-136). Berlin: Medizinisch Wissenschaftliche Verlagsgesellschaft.

Küpper, Beate (2017a). Wut, Verachtung, Abwertung. Wutbürger und ihre Angst vor Statusverlust. Politikum, 3 (2), 14-23.

Küpper, Beate (2017b). Das Denken der Nichtwählerinnen und Nichtwähler. Einstellungsmuster und politische Präferenzen. 2. Aktualisierte Ausgabe. Empirische Sozialforschung 7. Berlin: Friedrich-Ebert-Stiftung/Forum Berlin.

Küpper, Beate (2018). Das Thema Gender im Rechtspopulismus – empirische Befunde zur Anschlussfähigkeit bei Frauen und Männern. Femina Politica – Zeitschrift für feministische Politikwissenschaft 27 (1), 61-75.

Küpper, Beate/Berghan, Wilhelm/Rees, Jonas (2019). Aufputschen von Rechts: Rechtspopulismus und seine Normalisierung in der Mitte. In: Zick, Andreas/Küpper, Beate/Berghan, Wilhelm (Hg.). Verlorene Mitte – Feindselige Zustände. Rechtsextreme Einstellungen in Deutschland 2018/19 (173-202). Bonn: J. H. W. Dietz.

Küpper, Beate/Klocke, Ulrich/Hoffmann, Lena-Carlotta (2017). Einstellungen gegenüber lesbischen, schwulen und bisexuellen Menschen in Deutschland. Ergebnisse einer bevölkerungsrepräsentativen Umfrage. Baden-Baden: Nomos.

Küpper, Beate/Rump, Maike (2021). Rechtsextreme Einstellungen bei Jung und Alt – aktuelle Befunde. Sozialmagazin, (5–6), 14-23.

Küpper, Beate/Zick, Andreas (2011). Inverse gender gap in Germany: Social dominance orientation among men and women. International Journal of Psychology, 46 (1), 33-45.

Küpper, Beate/Zick, Andreas (2015). Homophobie – zur Abwertung nicht-heterosexueller Menschen. Der Bürger im Staat, 65 (1), 4-13.

Küpper, Beate/Zick, Andreas (2017). Religion und Vorurteile – empirische Zusammenhänge über individuelle Einstellungsmuster. In: Klöcker, Michael/Twuroschka, Udo
(Hg.). Handbuch der Religionen. München: Olzog.

Küpper, Beate/Zick, Andreas (2020). Antisemitische Einstellungen in Deutschland – Befunde aus Bevölkerungsumfragen und Ableitungen für die politische Bildung. In:
Zentralrat der Juden (Hg.). »Du Jude«: Antisemitismus-Studien und ihre pädagogischen Konsequenzen (113-133). Leipzig: Hentrich & Hentrich.

Lamberty, Pia/Imhoff, Roland (2018). Powerful pharma and its marginalized alternatives?
Social Psychology, 49 (5), 255-270.

Lamberty, Pia/Imhoff, Roland (2021). Verschwörungserzählungen im Kontext der Coronapandemie. Psychotherapeut. DOI: https://doi.org/10.1007/s00278-021-00498-2
[Aufruf am 10.5.2021].

Lang, Juliane (2017). Feindbild Feminismus. Familien- und Geschlechterpolitik in der
AfD. In: Grigat, Stephan (Hg.). AfD & FPÖ. Antisemitismus, völkischer Nationalismus und Geschlechterbilder (61-78). Baden-Baden: Nomos.

Lang, Juliane/Fritzsche, Christopher (2018). Backlash, neoreaktionäre Politiken oder Antifeminismus? Forschende Perspektiven auf aktuelle Debatten um Geschlecht. Feministische Studien, 36 (2), 335-346.

Lang, Juliane/Peters, Ulrich (2018). Antifeminismus in Deutschland. Einführung und
Einordnung des Phänomens. In: Lang, Juliane/Peters, Ulrich (Hg.). Antifeminismus
in Bewegung. Aktuelle Debatten um Geschlecht und sexuelle Vielfalt (13-35). Hamburg: Marta Press.

Lantian, Anthony/Muller, Dominique/Nurra, Cécile/Douglas, Karen M. (2017). I know
things they don't know! Social Psychology, 48 (3), 160-173.

Lengersdorf, Diana/Meuser, Michael (2017). Flexibilität und Reflexivität. Männlichkeiten
im globalisierten Kapitalismus. In: Lenz, Ilse/Evertz, Sabine/Ressel, Saida (Hg.). Geschlecht im flexibilisierten Kapitalismus? Neue UnGleichheiten (31-47). Wiesbaden:
Springer VS.

Lenz, Ilse (2013). Geschlechterkonflikte um die Geschlechterordnung im Übergang. Zum
neuen Antifeminismus. In: Appelt, Erna/Aulenbacher, Brigitte/Wetterer, Angelika
(Hg.). Gesellschaft. Feministische Krisendiagnosen (204-226). Münster i. Westf.:
Westfälisches Dampfboot.

Lessenich, Stephan (2009). Mobilität und Kontrolle. Zur Dialektik der Aktivgesellschaft.
In: Dörre, Klaus/Lessenich, Stephan/Rosa, Hartmut (Hg.). Soziologie – Kapitalismus – Kritik. Eine Debatte (126-177). Frankfurt a. M.: Suhrkamp.

Lockwood, Matthew (2018). Right-wing populism and the climate change agenda: exploring the linkages. Environmental Politics, 27 (4), 1-21.

Löwenthal, Leo (2021). Falsche Propheten – Studien zur faschistischen Agitation. Berlin: Suhrkamp.

Lubbers Marcel/Coenders, Marcel (2017). Nationalistic Attitudes and Voting for the Radical Right in Europe. European Union Politics, 18 (1), 98-118.

Ludwig, Felix/Bremer, Helmut (2019). Expertise. Aufsuchende politische Bildung. https://www.modem-arbeitundleben.de/fileadmin/user_upload/2019_Expertise_aufsuchende_politische_Bildung_FL-HB.pdf [Aufruf am 10.5.2021].

Maihofer, Andrea/Schutzbach, Franziska (2015). Vom Antifeminismus zum »Anti-Genderismus«. Eine zeitdiagnostische Betrachtung am Beispiel Schweiz. In: Hark, Sabine/Villa, Paula-Irene (Hg.). Anti-Genderismus. Sexualität und Geschlecht als Schauplätze aktueller politischer Auseinandersetzungen (201-217). Bielefeld: transcript.

Marchlewska, Marta/Cichocka, Aleksandra/Łozowski, Filip/Górska, Paulina/Winiewski, Mikołaj (2019). In search of an imaginary enemy: Catholic collective narcissism and the endorsement of gender conspiracy beliefs. The Journal of Social Psychology, 159 (6), 766-779.

Maurer, Markus/Jost, Pablo/Haßler, Jörg/Kruschinski, Simon (2019). Auf den Spuren der Lügenpresse. Zur Ausgewogenheit und Richtigkeit der Medienberichterstattung in der »Flüchtlingskrise«. Publizistik, 64 (1), 15-35.

Mayer, Stefanie (2021). Anti-Gender-Diskurse – vom »gesunden Menschenverstand« zur »Politik mit der Angst«. In: Strube, Sonja A./Perintfalvi, Rita/Hemet, Raphaela/Metze, Miriam/Sahbaz, Cicek (Hg.). Anti-Genderismus in Europa. Allianzen von Rechtspopulismus und religiösem Fundamentalismus. Mobilisierung – Vernetzung – Transformation (35-63). Bielefeld: transcript.

Mayer, Stefanie/Sauer, Birgit (2017). Kulturkampf 2.0. »Anti-Genderismus« als Strategie gegen Gleichstellung und sexuelle Rechte in Europa. In: Candeias, Mario/Demirović, Alex (Hg.). Europe – what's left? Die Europäische Union zwischen Zerfall, Autoritarismus und demokratischer Erneuerung (211-228). Münster i. Westf.: Westfälisches Dampfboot.

Mayer, Tilman (2018). Der vorpolitische Raum. In: Masala, Carlo (Hg.). Zur Lage der Nation. Konzeptionelle Debatten, gesellschaftliche Realitäten, internationale Perspektiven (45-60). Baden-Baden: Nomos.

McCright, Aaron M./Dunlap, Riley E./Marquart-Pyatt, Sandra T. (2016). Political ideology and views about climate change in the European Union. Environmental Politics, 25 (2), 338-358.

Mede, Niels G./Schäfer, Mike S. (2020). Science-related populism: Conceptualizing populist demands toward science. Public Understanding of Science, 29 (5), 473-491.

Meertens, Roel W./Pettigrew, Thomas F. (1997). Is Subtle Prejudice Really Prejudice? The Public-Opinion-Quarterly, 61 (1), 54-71.

Mendelberg, Tali (2001). The race card: Campaign strategy, implicit messages, and the norm of equality. Princeton, NJ: Princeton University Press.

Merkel, Wolfgang (2015). Die Herausforderungen der Demokratie. In: Merkel, Wolfgang (Hg.). Demokratie und Krise: Zum schwierigen Verhältnis von Theorie und Empirie (7-42). Wiesbaden: Springer VS.

Merkel, Wolfgang/Vehrkamp, Robert (2020): Populismusbarometer 2020. Populistische Einstellungen bei Wählern und Nichtwählern in Deutschland 2020. Gütersloh: Bertelsmann Stiftung.

Meuser, Michael (2010). Geschlecht und Männlichkeit. Soziologische Theorie und kulturelle Deutungsmuster (3. Aufl.). Wiesbaden: Springer VS.

Meuser, Michael (2015). Hegemoniale Männlichkeit im Niedergang? Anmerkungen zum Diskurs der Krise des Mannes. In: Mahs, Claudia/Rendtorff, Barbara/Warmuth, Anne-Dorothee (Hg.). Betonen – Ignorieren – Gegensteuern? Zum pädagogischen Umgang mit Geschlechtstypiken (93-105). Weinheim/Basel: Beltz Juventa.

Minkenberg, Michael (2017). Die radikale Rechte in westlichen Demokratien: zwischen Paria und Policy-Maker«. Zeitschrift für Demokratie gegen Menschenfeindlichkeit, 2 (2), 11-28.

Moscovici, Serge (1979). Sozialer Wandel durch Minoritäten. München: Urban & Schwarzenberg.

Motakef, Mona/Teschlade, Julia/Wimbauer, Christine (2018). Prekarisierung und der Verlust moderner (Geschlechter-)Gewissheiten. Prekarisierungstheoretische Überlegungen zu Diskursen gegen Gleichstellungspolitik und Geschlechterforschung. Soziale Welt, 69 (2), 112-138.

Motakef, Mona/Wimbauer, Christine (2019). Prekarität im Lebenszusammenhang – eine um Anerkennung erweiterte Perspektive auf prekäre Erwerbs- und Lebenslagen. Forum Qualitative Sozialforschung, 20 (3), Art. 34.

Mouffe, Chantal (2018). Für einen linken Populismus. Berlin: Suhrkamp.

Mudde, Cas (2020). Rechtsaußen. Extreme und radikale Rechte in der heutigen Politik weltweit. Bonn: J. H. W. Dietz.

Mudde, Cas/ Rovira Kaltwasser, Cristobal (2017). Populism: a very short introduction. Oxford: University Press.

Mühlfried, Florian (2019). Misstrauen. Vom Wert eines Unwertes. Stuttgart: Reclam.

Müller, Jan-Werner (2016). Was ist Populismus? Ein Essay. Berlin: Suhrkamp.

Müller, Jan-Werner (2021). Ohne Konflikte kein Demokratiebedarf. Wider die dauernde Beschwörung des Zusammenhalts. In: Der Tagesspiegel v. 6.4.2021. S. 6.

Mutz, Michael (2018). Sport als Sprungbrett in die Gesellschaft? Sportengagements von Jugendlichen mit Migrationshintergrund und ihre Wirkung (2. Aufl.). Weinheim: Beltz Juventa.

Nachtwey, Oliver (2016). Die Abstiegsgesellschaft. Über das Aufbegehren in der regressiven Moderne. Berlin: Suhrkamp.

Nachtwey, Oliver/Schäfer, Robert/Frei, Nadine (2020). Politische Soziologie der Corona-Proteste. https://osf.io/preprints/socarxiv/zyp3f/[Aufruf am 10.5.2021].

Negt, Oskar (2010). Der politische Mensch. Demokratie als Lebensform. Göttingen: Steidl.

Norris, Pippa/Grömping, Max (2019). Electoral Integrity Worldwide. https://www.helleniscope.com/wp-content/uploads/2020/12/ElectoralIntegrityWorldwide-1.pdf [Aufruf am 10.5.2021].

Norris, Pippa/Inglehart, Ronald (2019). Cultural Backlash. Trump, Brexit, and Authoritarian Populism. London: Cambridge University Press.

o. A. (2019). Plädoyer für eine radikale nationalistische Umweltschutzpolitik. https://der-dritte-weg.info/2019/07/plaedoyer-fuer-eine-radikale-nationalistische-umweltschutz-politik/[Aufruf am 10.5.2021].

o. A. (2021). Gemeinwohlorientierte Sportvereinskultur. https://www.unesco.de/kultur-und-natur/immaterielles-kulturerbe/immaterielles-kulturerbe-deutschland/sportver-einskultur [Aufruf am 7.5.2021].

O'Brien, Laurie T./Crandall, Christian S./Horstman-Reser, April/Warner, Ruth/Alsbrooks, AnGelica/Blodorn, Alison (2010). But I'm no bigot: How prejudiced White Americans maintain unprejudiced self-images. Journal of Applied Social Psychology, 40 (4), 917-946.

Ostiguy, Pierre/Casullo, Maria Esperanza (2017). Left versus right populism: Antagonism and the social other. Paper presented at the 67th Annual Conference of the Political Studies Association, Glasgow, 10–12 April 2017. https://www.psa.ac.uk/sites/default/files/conference/papers/2017/Ostiguy%20and%20Casullo_0.pdf [Aufruf am 10.5.2021].

Painter, Kim (2014). Health conspiracy theories are widely believed. USA Todayv. 19.3.2014. https://eu.usatoday.com/story/news/nation/2014/03/19/health-conspira-cy-theories/6602775/[Aufruf am 10.5.2021].

Pangritz, Johanna M. (2019). Fürsorgend und doch hegemonial? Eine empirische Untersuchung zum Verhältnis von Männlichkeit, Feminisierung und Punitivität in pädagogischen Kontexten. GENDER – Zeitschrift für Geschlecht, Kultur und Gesellschaft, 11 (3), 132-149.

Pantisano, Alfonso (2021). SPD-Debatte um Diversität. Teil des großen Wirs. Die Tageszeitung v. 3.3.2021. https://taz.de/SPD-Debatte-um-Diversitaet/!5750919/[Aufruf am 10.5.2021].

Papendick, Michael/Rees, Jonas/Scholz, Maren/Zick, Andreas (2021). MEMO-Studie IV – Multidimensionaler Erinnerungsmonitor. Stiftung »Erinnerung, Verantwortung und Zukunft«. https://www.stiftung-evz.de/fileadmin/user_upload/EVZ_Uploads/Publikationen/evz-memo_studie.pdf.

Papendick, Michael/Rees, Yann/Wäschle, Franziska/Zick, Andreas (2020). Hass und Angriffe auf Medienschaffende – Eine Studie zur Wahrnehmung von und Erfahrungen mit Angriffen auf Journalist*innen. Bielefeld: Institut für interdisziplinäre Konflikt- und Gewaltforschung.

Paternotte, David/Kuhar, Roman (2017). »Gender ideology« in movement: Introduction. In: Paternotte, David/Kuhar, Roman (Hg.). Anti-gender campaigns in Europe: mobilizing against equality (1-22). London/New York: Rowman & Littlefield International.

Perintfalvi, Rita (2021). Der Kampf um Geschlechtergerechtigkeit als ein Kampf um Demokratie. Anti-Genderismus in Ungarn im Kontext einer »Sakralisierung der Politik«. In: Strube, Sonja A./Perintfalvi, Rita/Hemet, Raphaela/Metze, Miriam/Sahbaz, Cicek (Hg.). Anti-Genderismus in Europa. Allianzen von Rechtspopulismus und religiösem Fundamentalismus. Mobilisierung – Vernetzung – Transformation (173-185). Bielefeld: transcript.

Petersen, Lars-Eric/Six, Bernd (2020). Stereotype, Vorurteile und soziale Diskriminierung: Theorien, Befunde und Interventionen (2. vollst. überarb. Aufl.). Weinheim: Beltz PVU.

Pettigrew, Thomas F. (1998). Intergroup Contact Theory. Annual Review of Psychology, 49 (1), 65-85.

Pettigrew, Thomas F. (2009). Secondary transfer effect of contact: Do Intergroup Contact Effects Spread to Noncontacted Outgroups? Social Psychology, 40 (2), 55-65.

Pettigrew, Thomas F./Meertens, Roel W. (1995). Subtle and blatant prejudice in western Europe. European Journal of Social Psychology, 25 (1), 57-75.

Pettigrew, Thomas F./Tropp, Linda R. (2006). A Meta-analytic Test of Intergroup Contact Theory. Journal of Personality and Social Psychology, 90 (5), 751-783.

Pfahl-Traughber, Armin (2018). Jahrbuch für Extremismus- und Terrorismusforschung 2017/18 (I). https://www.hsbund.de/SharedDocs/Downloads/2_Zentralbereich/20_Referat_W/50_Publikationen/20_Schriften_Extremismus_Terrorismusforschung/band_13.pdf?__blob=publicationFile&v=2 [Aufruf am 7.5.2021].

Pfahl-Traughber, Armin (2020). Die AFD ist (mittlerweile) eine rechtsextremistische Partei. Eine Einschätzung aus demokratietheoretischer Sicht. Sozial Extra, (44), 87-91.

Pickel, Susanne (2019). Die Wahl der AfD. Frustration, Deprivation, Angst oder Wertekonflikt? In: Korte, Karl-Rudolf/Schoofs, Jan (Hg.). Die Bundestagswahl 2017 (145-175). Wiesbaden: Springer VS.

Plous, Scott (2003). The psychology of prejudice, stereotyping, and discrimination: An overview. Understanding prejudice and discrimination (3-48). New York: McGraw-Hill.

Pohl, Rolf (2011). Männer – das benachteiligte Geschlecht? Weiblichkeitsabwehr und Antifeminismus im Diskurs über die Krise der Männlichkeit. In: Bereswill, Mechthild/Neuber, Anke (Hg.). In der Krise? Männlichkeiten im 21. Jahrhundert (104-135). Münster i. Westf.: Westfälisches Dampfboot.

Preuß, Madlen/Tetzlaff, Frederik/Zick, Andreas (2017). Publizieren wird zur Mutprobe. Eine Studie zur Wahrnehmung von und Erfahrungen mit Angriffen unter Journalist_innen. Berlin: Mediendienst Integration.

Priester, Karin (2012). Rechter und linker Populismus. Annäherung an ein Chamäleon. Frankfurt a. M./New York: Campus.

Putnam, Robert D. (2000). Bowling alone. The collapse and revival of American community. New York: Simon & Schuster.

Quintelier, Ellen/van Deth, Jan W. (2014). Supporting Democracy: Political Participation and Political Attitudes. Exploring Causality using Panel Data. Political studies, 62 (1), 153-171.

Raboy, Marc (1996). Public Broadcasting for the 21st Century. Luton: Luton University Press.

Radkau, Joachim/Uekötter, Frank (2003). Naturschutz und Nationalsozialismus. Frankfurt a. M./New York: Campus.

Radtke, Jörg/Schreurs, Miranda A. (2019). Klimaskeptizismus und populistische Bewegungen in Europa und den USA. In: Radtke, Jörg/Canzler, Weert/Schreurs, Miranda A./Wurster, Stefan (Hg.). Energiewende in Zeiten des Populismus (145-180). Wiesbaden: Springer VS.

Reckwitz, Andreas (2019). Das Ende der Illusionen. Politik, Ökonomie und Kultur in der Spätmoderne. Berlin: Suhrkamp.

Rees, Jonas H./Rees, Yann/Hellmann, Jens/Zick, Andreas (2019). Climate of Hate: Similar Correlates of Far Right Electoral Support and Right-Wing Hate Crimes in Germany. Frontiers in Psychology, 10, 23-28.

Reichardt, Sven (2020). Vertrauensverlust und Wissensermächtigung. Die aktuellen Anti-Corona-Proteste sind Ausdruck eines gesellschaftlichen Vertrauensverlustes: Der Konstanzer Historiker Prof. Dr. Sven Reichardt im Interview. https://www.campus.uni-konstanz.de/wissenschaft/vertrauensverlust-und-wissensermaechtigung [Aufruf am 10.5.2021].

Reininger, Klaus Michael (2016). Paradoxes Wissen: Zusammenhänge und Wirkungen. Doctoral Dissertation. Hamburg: Universität Hamburg.

Reininger, Klaus Michael (2018). Sozialpsychologische Perspektiven auf Glauben und Wissen. Theologie und Glaube, 108 (3), 248-267.

Reininger, Klaus Michael/Hoenisch, Margret/Krott, Nora Rebekka/Scheunemann, Jakob/Moritz, Steffen (2020). Targeting our blind spot: A metacognitive intervention ameliorates negative feelings, evaluations, and stereotypes towards conservatives in a liberal sample. Journal of Social and Political Psychology, 8 (2), 453-472.

Reininger, Klaus Michael/Krott, Nora Rebekka (2019). Identifikationsbasierter Zweifel in Konfliktdynamiken. Konfliktdynamik, 8 (1), 56-63.

Reuband, Karl-Heinz (2020). Rechtspopulistischer Protest – ein Folge lokaler politischer Kultur? Dresden als Entstehungs- und Veranstaltungsort der PEGIDA-Kundgebungen. Zeitschrift für Parteienwissenschaft (MIP), 26 (2), 132-157.

Reusswig, Fritz/Lass, Wiebke/Bock, Seraja (2020). Abschied vom NIMBY. Transformationen des Energiewende-Protestes und populistischer Diskurs. Forschungsjournal soziale Bewegungen, 33 (1), 140-160.

Reusswig, Fritz/Leggewie, Claus (2019). Die heimatlosen Gesellen von der AfD. Warum die Klimaleugner nicht gut für unser Land sind. INDES – Zeitschrift für Politik und Gesellschaft, 7 (4), 49-59.

Richter, Elisabeth/Lehmann, Theresa/Sturzenhecker, Benedikt (2017). So machen Kitas Demokratiebildung. Empirische Erkenntnisse zur Umsetzung des Konzeptes »Die Kinderstube der Demokratie«. Weinheim/Basel: Beltz Juventa.

Riek, Blake M./Mania, Eric W./Gaertner, Samuel L. (2006). Intergroup Threat and Outgroup Attitudes: A Meta-Analytic Review. Personality and Social Psychology Review, 10 (4), 336-353.

Rippl Susanne/Seipel, Christian/Kindervater, Angela (2015). Politische Sozialisation. In: Zmerli, Sonja/Feldman Ofer (Hg.). Politische Psychologie (69-84). Baden-Baden: Nomos.

Roodujn, Matthijs (2018). What unites the voter bases of populist parties? Comparing the electorates of 15 populist parties. European Political Science Review, 10 (3), 351-368.

Roose, Jochen (2020). Verschwörung in der Krise. Repräsentative Umfragen zum Glauben an Verschwörungstheorien vor und in der Corona-Krise. Berlin: Konrad-Adenauer-Stiftung.

Röpke, Andrea (2014). Auf die sanfte Tour. Bundeszentrale für politische Bildung. Dossier Rechtsextremismus. https://www.bpb.de/politik/extremismus/rechtsextremismus/174171/auf-die-sanfte-tour [Aufruf am 10.5.2021].

Röpke, Andrea/Speit, Andreas (2019). Völkische Landnahme. Alte Sippen, junge Siedler, rechte Ökos. Berlin: Christoph Links.

Rosanvallon, Pierre (2020). Das Jahrhundert des Populismus. Geschichte – Theorie – Kritik. Hamburg: Hamburger Edition.

Rovira Kaltwasser, Cristóbal/Taggart, Paul/Ochoa Espejo, Paulina/Ostiguy, Pierre (2017). The Oxford handbook of populism. Oxford: Oxford University Press.

Rudolf, Beate (2017). Teilhabe als Menschenrecht – eine grundlegende Betrachtung. In: Diehl, Elke (Hg.). Teilhabe für alle? Lebensrealitäten zwischen Diskriminierung und Partizipation (13-43). Bonn: Bundeszentrale für politische Bildung (BpB).

Sauer, Birgit (2018). Radikaler Rechtspopulismus als männliche Identitätspolitik. In: Becker, Karina/Dörre, Klaus/Reif-Spirek, Peter (Hg.). Arbeiterbewegung von rechts? Ungleichheit – Verteilungskämpfe – populistische Revolte (313-323). Frankfurt a. M./ New York: Campus.

Sauer, Birgit (2020). Authoritarian Right-Wing Populism as Masculinist Identity Politics. The Role of Affects. In: Dietze, Gabriele/Roth, Julia (Hg.). Right-Wing Populism and Gender. European Perspectives and Beyond (23-40). Bielefeld: transcript.

Schäfer, Armin (2015). Der Verlust politischer Gleichheit: Warum die sinkende Wahlbeteiligung der Demokratie schadet. Frankfurt a. M.: Campus.

Schäfer, Armin/Zürn, Michael (2021). Die demokratische Regression. Die politischen Ursachen des autoritären Populismus. Frankfurt a. M.: Suhrkamp.

Schäfer, Dagmar/Mansel, Jürgen/Heitmeyer, Wilhelm (2002). Rechtspopulistisches Potential. Die »saubere Mitte« als Problem. In: Heitmeyer, Wilhelm (Hg.). Deutsche Zustände: Folge 1 (123-144). Frankfurt a. M.: Suhrkamp.

Schaller, Stella/Carius, Alexander (2019). Convenient Truths. Mapping climate agendas of right-wing populist parties in Europe. https://www.adelphi.de/de/system/files/mediathek/bilder/Convenient%20Truths%20-%20Mapping%20climate%20agendas%20of%20right-wing%20populist%20parties%20in%20Europe%20-%20adelphi.pdf [Aufruf am 10.5.2021].

Schmincke, Imke (2018). Frauenfeindlich, sexistisch, antifeministisch? Begriffe und Phänomene bis zum aktuellen Antigenderismus. Aus Politik und Zeitgeschichte (APuZ), 68 (17), 28-33.

Schmincke, Imke (2020). Sexual Politics from the Right. Attacks on Gender, Sexual Diversity, and Sex Education. In: Dietze, Gabriele/Roth, Julia (Hg.). Right-Wing Populism and Gender. European Perspectives and Beyond (59-73). Bielefeld: transcript.

Schneider, Helmuth/Gerold, Markus (2018). Demokratiebildung an Schulen. Analyse lehrerbezogener Einflussgröße. Gütersloh: Bertelsmann Stiftung.

Schulmeister, Philipp/Defourny, Elise/Maggio, Luisa/Hallaouy, Said/Chisea, Alice/ Jalakas, Kristen (2018). Demokratie in Bewegung. Ein Jahr vor der Europawahl 2019. Eurobarometer-Umfrage 89.2 des Europäischen Parlaments STUDIE Reihe »Beobachtung der öffentlichen Meinung«. https://www.europarl.europa.eu/at-your-service/files/be-heard/eurobarometer/2018/eurobarometer-2018-democracy-on-the-move/report/de-one-year-before-2019-eurobarometer-report.pdf [Aufruf am 28.5.2021].

Schultz, Tanjev/Jackob, Nikolaus/Ziegele, Marc/Quiring, Oliver/Schemer, Christian (2017). Erosion des Vertrauens zwischen Medien und Publikum. Media Perspektiven, (5), 246-259.

Schutzbach, Franziska (2018). Dominante Männlichkeit und neoreaktionäre Weltanschauungen in der Pick-Up-Artist-Szene. Feministische Studien, 36 (2), 305-321.

Schweiger, Wolfgang (2017). Der (des)informierte Bürger im Netz. Wie soziale Medien die Meinungsbildung verändern. Wiesbaden: Springer.

Sears, Donald O./Henry, P. J. (2003). The origins of symbolic racism. Journal of Personality and Social Psychology, 85 (2), 259-275.

Segert, Dieter (2020). Demokratie in der Krise. Die neoliberale Transformation als eine Wurzel des Rechtspopulismus. In: Hofmann, Michael (Hg.). Umbruchserfahrungen. Geschichten des deutschen Wandels von 1990 bis 2020 (28-54). Münster i. Westf.: Westfälisches Dampfboot.

Seiberth, Klaus/Thiel, Ansgar (2007). Fremd im Sport? Barrieren der Integration von Menschen mit Migration in Sportorganisationen. In: Johler, Reinhard/Thiel, Ansgar/ Schmid, Josef/Treptow, Rainer (Hg.). Europa und seine Fremden. Die Gestaltung kultureller Vielfalt als Herausforderung (197-212). Bielefeld: transcript.

Semyonov, Moshe/Raijman, Rebeca/Yom Tov, Anat/Schmidt, Peter (2004). Population Size, Perceived Threat, and Exclusion: A Multiple-indicators Analysis of Attitudes Toward Foreigners in Germany. Social Science Research, 33 (4), 681-701.

Setton, Daniela (2019). Soziales Nachhaltigkeitsbarometer der Energiewende 2018: Kernaussagen und Zusammenfassung der wesentlichen Ergebnisse. Potsdam: Institute for Advanced Sustainability Studies (IASS).

Siri, Jasmin (2018). Kampfzone Gender. Über die Politisierung wissenschaftlicher Expertise. Berlin: Nicolai Publishing & Intelligence.

Sniderman, Paul M./Tetlock, Philip E./Glaser, James M./Green, Donald Ph./Hout, Michael (1989). Principled tolerance and the American mass public. British Journal of Political Science, 19 (1), 25-45.

Soper, George A. (1919). The lessons of the pandemic. Science, 49 (1274), 501-506.

Spears, Russel/Tausch, Nicole (2014). Vorurteile und Intergruppenbeziehungen. In: Jonas, Klaus/Stroebe, Wolfgang/Hewstone, Miles (Hg.). Sozialpsychologie (507-564). Berlin/Heidelberg: Springer.

Statistische Ämter des Bundes und der Länder (2021). Statistikportal. https://www.statistikportal.de/de [Aufruf am 7.5.2021].

Stegemann, Patrick/Musyal, Sören (2020). Rechte Mobilmachung. Wie radikale Netzaktivisten die Demokratie angreifen. Berlin: Econ.

Steiner, Nils D./Landwehr, Claudia (2018). Populistische Demokratiekonzeptionen und die Wahl der AfD: Evidenz aus einer Panelstudie. Politische Vierteljahresschrift, 59 (3), 463-491.

Steinkopf, Leander/Bauer, Gerrit/Best, Henning (2010). Nonresponse und Interviewer-Erfolg im Telefoninterview. Empirische Untersuchungen zum Einfluss stimmlicher Eigenschaften der Interviewer. Methoden – Daten – Analysen, 4 (1), 3-26.

Stephan, Walter G./Stephan, Cookie White (2000). An integrated threat theory of prejudice. In: Oskamp, Stuart (Hg.). Reducing Prejudice and Discrimination (23-45). Mahwah, NJ: Lawrence Erlbaum Associates Publishers.

Stephan, Werner (1932). Grenzen des nationalsozialistischen Vormarsches: Eine Analyse der Wahlziffern seit der Reichstagswahl 1930. Zeitschrift für Politik 21. 570-578.

Stögner, Karin (2017). Angst vor dem »neuen Menschen«. Zur Verschränkung von Antisemitismus, Antifeminismus und Nationalismus in der FPÖ. In: Grigat, Stephan (Hg.). AfD & FPÖ. Antisemitismus, völkischer Nationalismus und Geschlechterbilder. Interdisziplinäre Antisemitismusforschung 7 (137-161) Baden-Baden: Nomos.

Stöss, Richard (2010). Rechtsextremismus im Wandel. https://library.fes.de/pdf-files/do/08223.pdf [Aufruf am 7.5.2021]

Strobl, Natascha (2021). Vom »Großen Austausch« zum »Great Reset« – Wie Verschwörungsideologien populär werden. https://heimatkunde.boell.de/de/2021/04/14/vom-grossen-austausch-zum-great-reset-wie-verschwoerungsideologien-populaer-werden [Aufruf am 10.5.2021].

Strube, Sonja A./Perintfalvi, Rita/Hemet, Raphaela/Metze, Miriam/Sahbaz, Cicek (Hg.) (2021). Anti-Genderismus in Europa. Allianzen von Rechtspopulismus und religiösem Fundamentalismus. Mobilisierung – Vernetzung – Transformation. Bielefeld: transcript.

Sue, Derald Wing/Capodilupo, Christina M./Torino, Gina C./Bucceri, Jennifer M./Holder, Aisha M. B./Nadal, Kevin L./Esquilin, M. (2007). Racial microaggressions in everyday life: Implications for clinical practice. American Psychologist, 62 (4), 271-286.

Suermann, Lenard (2019). Schuld-Kult. In: Gießelmann, Bente/Kerst, Benjamin/Richterlich, Robin/Suermann, Lenard/Virchow, Fabian (Hg.). Handwörterbuch rechtsextremer Kampfbegriffe (326-339). Frankfurt a. M.: Wochenschau.

Taubner, Svenja (2015). Konzept Mentalisieren. Eine Einführung in Forschung und Praxis. Gießen: Psychosozial.

Teney, Céline (2012). Space Matters. The Group Threat Hypothesis Revisited with Geographically Weighted Regression. The Case of the NPD 2009 Electoral Success. Zeitschrift für Soziologie, 41 (3), 207-226.

Teutsch, Oliver (2020). Nach Anschlag in Hanau. Fassungslosigkeit bei den Sportschützen in Hanau. Frankfurter Rundschau v. 1.3.2020. https://www.fr.de/rhein-main/main-kinzig-kreis/hanau-ort66348/hanau-terror-anschlag-fassungslosigkeit-sportschuetzen-frankfurt-13554068.html [Aufruf am 7.5.2021].

Thierse, Wolfgang (2021). Wie viel Identität verträgt die Gesellschaft? Frankfurter Allgemeine Zeitung v. 22.2.2021 https://www.faz.net/aktuell/feuilleton/debatten/wolfgang-thierse-wie-viel-identitaet-vertraegt-die-gesellschaft-17209407.html [Aufruf am 10.5.2021].

Van Hauwaert, Steven M./Schimpf, Christian H./Azevedo, Flavio (2019). The Measurement of populist attitudes: Testing cross-national scales using item response theory. Politics, 40 (1), 3-21.

van Prooijen, Jan-Willem (2017). Why education predicts decreased belief in conspiracy theories. Applied cognitive psychology, 31 (1), 50-58.

Vehrkamp, Robert (2021). Zukunft der Demokratie. Rechtsextreme Einstellungen der Wähler:innen vor der Bundestagswahl 2021. https://www.bertelsmann-stiftung.de/fileadmin/files/BSt/Publikationen/GrauePublikationen/ZD_Einwurf_1_2021.pdf [Aufruf am 8.5.2021].

Vihma, Antto/Reischl, Gunilla/Andersen, Astrid Nonbo/Berglund, Sofie (2020). Climate Change and Populism. Comparing the populist parties' climate policies in Denmark, Finland and Sweden. Helsinki: Finnish Institute of International Affairs (FIIA).

Virchow, Fabian/Häusler, Alexander (2020). Pandemie-Leugnung und extreme Rechte in Nordrhein-Westfalen. https://www.bicc.de/uploads/tx_bicctools/CoRE_Kurzgutachten3_2020.pdf [Aufruf am 10.5.2021].

Virchow, Fabian/Häusler, Alexander (2021 i. E.). Begriffliche Einordnung: Rechtsextremismus – Rechtsradikalismus – Extreme Rechte – Faschismus – Neonazismus – Neue Rechte – Rechtspopulismus. In: Gille, Christoph/Jagusch, Birgit/Chehata, Yasmine (Hg.). Die extreme Rechte in der Sozialen Arbeit. Weinheim/Basel: Beltz Juventa.

Virchow, Fabian/Langebach, Martin/Häusler, Alexander (2016). Handbuch Rechtsextremismus. Wiesbaden: Springer VS.

Virdee, Satnam/McGeever, Brendan (2018). Racism, Crisis, Brexit. Ethnic and Racial Studies, 41 (10), 1802-1819.

Voigtländer, Nico/Voth, Hans-Joachim (2012). Persecution Perpetuated: The Medieval Origins of Anti-Semitic Violence in Nazi Germany. The Quarterly Journal of Economics, 127 (3), 1339-1392.

Volkmer, Michael/Werner, Karin (2020). Die Corona-Gesellschaft: Analysen zur Lage und Perspektiven für die Zukunft. Bielefeld: transcript.

Vorländer, Hans (2020). Demokratie: Geschichte, Formen, Theorie (4. Aufl.). München: C.H. Beck.

Wachs, Sebastian/Koch-Priewe, Barbara/Zick, Andreas (2021). Hate Speech – Multidisziplinäre Analysen und Handlungsoptionen. Wiesbaden: Springer Nature.

Wagner, Ulrich/Tachtsoglou, Sarantis/Kotzur, Patrick Ferdinand/Friehs, Maria-Therese/
Kemmesies, Uwe (2020). Proportion of Foreigners Negatively Predicts the Prevalence
of Xenophobic Hate Crimes within German Districts. Social Psychology Quarterly,
83 (2), 195-205.

Wagner Ulrich/Wolf, Carina/Stellmacher, Jost/Christ Oliver (2003). Druckvolle Ermunte-
rungen. Das Meinungsklima fördert menschenfeindliche Gewaltbereitschaft. In: Heitmeyer, Wilhelm (Hg.). Deutsche Zustände: Folge 2 (73-91). Frankfurt a. M.: Suhrkamp.

Wahl, Klaus (Hg.) (2003). Skinheads, Neonazis, Mitläufer. Täterstudien und Prävention.
Opladen: Leske + Budrich.

Wedgwood, Nikki/Connell, Raewyn (2010). Männlichkeitsforschung: Männer und
Männlichkeiten im internationalen Forschungskontext. In: Becker, Ruth/Kortendiek,
Beate (Hg.). Handbuch Frauen- und Geschlechterforschung. Theorie, Methoden, Empirie (3. Aufl.). Geschlecht und Gesellschaft Band 35 (116-125). Wiesbaden: Springer VS.

Whitley, Bernard E./Kite, Mary E. (2016). Psychology of prejudice and discrimination.
New York: Routledge.

Wilde, Gabriele/Meyer, Birgit (2018). Angriff auf die Demokratie. Die Macht des
Autoritären und die Gefährdung demokratischer Geschlechterverhältnisse. Eine
Einleitung. Femina Politica – Zeitschrift für feministische Politikwissenschaft, 27 (1),
8-21.

Wilts, Henning/Fecke, Marina (2020). ReUse und Secondhand in Deutschland. Abfall-
vermeidung und Nachhaltigkeit. https://epub.wupperinst.org/frontdoor/deliver/index/
docId/7656/file/7656_ReUse_Secondhand.pdf [Aufruf am 10.5.2021].

Wimbauer, Christine/Motakef, Mona/Teschlade, Julia (2015). Prekäre Selbstverständlichkeiten. Neun prekarisierungstheoretische Überlegungen zu Diskursen gegen Gleichstellungspolitik und Geschlechterforschung. In: Hark, Sabine/Villa, Paula-Irene (Hg.).
Anti-Genderismus. Sexualität und Geschlecht als Schauplätze aktueller politischer
Auseinandersetzungen (41-57). Bielefeld: transcript.

Wimbauer, Christine/Teschlade, Julia/Peukert, Almut/Motakef, Mona (2018). Paar- und
Familienleitbilder der »Mitte« zwischen Persistenz und Wandel. Eine paar- und hete-
ronormativitätskritische Perspektive. In: Schöneck, Nadine M./Ritter, Sabine (Hg.).
Die Mitte als Kampfzone. Wertorientierungen und Abgrenzungspraktiken der Mittelschichten (125-141). Bielefeld: transcript.

Wippermann, Carsten (2017). Männer-Perspektiven. Auf dem Weg zu mehr Gleichstellung? Sozialwissenschaftliche Repräsentativbefragung der Bevölkerung im Auftrag des
Bundesministeriums für Familie, Senioren, Frauen und Jugend. https://www.bmfsfj.
de/resource/blob/115580/5a9685148523d2a4ef12258d060528cd/maenner-perspekti-
ven-auf-dem-weg-zu-mehr-gleichstellung-data.pdf [Aufruf am 10.5.2021].

Wolter, Felix/Schiener, Jürgen/Preisendörfer, Peter (2020). Einstellungen und Verhalten gegenüber geflüchteten Menschen: Ist die räumliche Distanz von Bedeutung? In: Mays, Anja/Dingelstedt, André/Hambauer, Verena/Schlosser, Stephan/Berens, Florian/Leibold, Jürgen/Höhne, Jan Karem (Hg.). Grundlagen – Methoden – Anwendungen in den Sozialwissenschaften (561-578). Wiesbaden: Springer.

Wood, Michael J./Douglas, Karen M./Sutton, Robbie M. (2012). Dead and alive: Beliefs in contradictory conspiracy theories. Social psychological and personality science, 3 (6), 767-773.

WSI GenderDatenPortal (2020). Verdienstabstand nach Erwerbsumfang und beruflicher Position 2019. https://www.wsi.de/data/wsi_gdp_EK-PayGap-02.pdf [Aufruf am 10.5.2021].

ZDF (2021). Landtagswahlen – Aktuelle News zu den Wahlen in BW und RLP. https://www.zdf.de/nachrichten/politik/landtagswahl-bw-rlp-blog-100.html [Aufruf am 8.5.2021]

Zender, Ursula (2018). Sportengagements türkisch-muslimischer Migrantinnen. Der Einfluss von Kultur, Religion und Herkunftsfamilie. Wiesbaden: Springer VS.

Zentralen für politische Bildung (2020). Neue Rechte – Rassismus – Diskursverschiebungen – Gewalt. Was passiert gerade in unserem Land und was bedeutet dies für die politische Bildung? https://www.berlin.de/politische-bildung/politikportal/perspektiven-politischer-bildung/artikel.996795.php [Aufruf am 10.5.2021].

Zeuner, Bodo et al. (2007). Gewerkschaften und Rechtsextremismus. Anregungen für die Bildungsarbeit und die politische Selbstverständigung der deutschen Gewerkschaften. Münster i. Westf.: Westfälisches Dampfboot.

Zick, Andreas (1997). Vorurteile und Rassismus – eine sozialpsychologische Analyse. Münster i. Westf.: Waxmann.

Zick, Andreas (2004). Soziale Einstellungen. In: Sommer, Gerd/Fuchs, Albert (Hg.). Krieg und Frieden: Handbuch der Konflikt- und Friedenspsychologie (129-142). Weinheim: Beltz/Psychologie Verlags Union.

Zick, Andreas (2014). Spielarten des Rassismus. VIA Magazin 1-XIV-14, 22-31. Wiederabdruck von: Zick, A. Rassismus und Diskriminierung. Heinrich-Böll-Stiftung, 2010.

Zick, Andreas (2019). Zusammenhalt durch Gleichwertigkeit, Zusammenhalt in Gleichwertigkeit – Leitbilder der Mitte. In: Zick, Andreas/Küpper, Beate/Berghan, Wilhelm (Hg.). Verlorene Mitte – Feindselige Zustände. Rechtsextreme Einstellungen in Deutschland 2018/19 (283-307). Bonn: J. H. W. Dietz.

Zick, Andreas (2020a). Dynamiken, Strukturen und Prozesse in extremistischen Gruppen. In: Slama, Brahim Ben/Kemmesies, Uwe (Hg.). Handbuch Extremismusprävention: gesamtgesellschaftlich, phänomenübergreifend (269-311). Wiesbaden: Bundeskriminalamt.

Zick, Andreas (2020b). Rassismus. In: Petersen, Lars-Eric/Six, Bernd (Hg.). Stereotype, Vorurteile und soziale Diskriminierung: Theorien, Befunde und Interventionen (2. vollst. überarb. Aufl.) (125-135). Weinheim: Beltz PVU.

Zick, Andreas (2021). Konflikte, Gewalt, wankende Demokratie: Der Zustand der Demokratie mit Blick auf Forschung und Lehre. Forschung & Lehre, 28 (2), 104-105.

Zick, Andreas/Berghan, Wilhelm/Mokros, Nico (2019). Gruppenbezogene Menschenfeindlichkeit in Deutschland 2002–2018/19. In: Zick, Andreas/Küpper, Beate/Berghan, Wilhelm (Hg.). Verlorene Mitte – Feindselige Zustände. Rechtsextreme Einstellungen in Deutschland 2018/19 (53-116). Bonn: J. H. W. Dietz.

Zick, Andreas/Berghan, Wilhelm/Mokros, Nico (2020). Jung, feindselig, rechts!? Menschenfeindliche, rechtspopulistische und rechtsextreme Orientierungen im intergenerativen Vergleich. Zeitschrift für Erziehungswissenschaft, 23 (6), 1149-1178.

Zick, Andreas/Küpper, Beate (2012). Zusammenhalt durch Ausgrenzung? Wie die Klage über den Zerfall der Gesellschaft und die Vorstellung von kultureller Homogenität mit Gruppenbezogener Menschenfeindlichkeit zusammenhängen. In: Heitmeyer, Wilhelm (Hg.). Deutsche Zustände: Folge 10 (152-176). Berlin: Suhrkamp.

Zick, Andreas/Küpper, Beate (2016). Rechtsextreme und menschenfeindliche Einstellungen. In: Virchow, Fabian/Häusler, Alexander/Langebach, Martin (Hg.). Handbuch Rechtsextremismus (83-113). Wiesbaden: Springer VS.

Zick, Andreas/Küpper, Beate (Hg.) (2017). Wut, Verachtung, Abwertung. Rechtspopulismus in Deutschland. Bonn: J. H. W. Dietz.

Zick, Andreas/Küpper, Beate (2021 i. E.). Zusammenwachsen in Feindseligkeit? Ähnlichkeiten und Unterschiede in (anti-)demokratischen Orientierungen in Ost- und Westdeutschland. In: Kowalczuk, Ilko-Sascha/Ebert, Frank/Kulick, Holger (Hg.). (Ost)Deutschlands Weg II (321-340). Berlin: Bundeszentrale für politische Bildung (BpB).

Zick, Andreas/Küpper, Beate/Berghan, Wilhelm (Hg.) (2019). Verlorene Mitte – Feindselige Zustände. Rechtsextreme Einstellungen in Deutschland 2018/19. Bonn: J. H. W. Dietz.

Zick, Andreas/Küpper, Beate/Heitmeyer, Wilhelm (2011). Vorurteile als Elemente Gruppenbezogener Menschenfeindlichkeit – eine Sichtung der Vorurteilsforschung und ein theoretischer Entwurf. In: Pelinka, Anton (Hg.). Vorurteile: Ursprünge, Formen, Bedeutung (287-316). Berlin: de Gruyter.

Zick, Andreas/Küpper, Beate/Hövermann, Andreas (2011). Die Abwertung der Anderen. Eine europäische Zustandsbeschreibung zu Intoleranz, Vorurteilen und Diskriminierung. https://library.fes.de/pdf-files/do/07905-20110311.pdf [Aufruf am 7.5.2021].

Zick, Andreas/Rees, Jonas (2020). Gesellschaftlicher Zusammenhalt – eine sozialpsychologische Sicht auf das Konzept und aktuelle gesellschaftliche Herausforderungen an den Zusammenhalt. In: Deitelhoff, Nicole/Groh-Samberg, Olaf/Middell, Matthias (Hg.).

Gesellschaftlicher Zusammenhalt: Ein interdisziplinärer Dialog (130-151). Frankfurt a. M.: Campus.

Zimmer, Annette (2007). Vereine – Zivilgesellschaft konkret (2. Aufl.). Wiesbaden: Springer VS.

Zimmer, Annette/Basic, Anton/Hallmann, Thorsten (2011). Sport ist im Verein am schönsten? Analysen und Befunde zur Attraktivität des Sports für Ehrenamt und Mitgliedschaft. In: Rauschenbach, Thomas/Zimmer, Annette (Hg.). Bürgerschaftliches Engagement unter Druck? Analysen und Befunde aus den Bereichen Soziales, Kultur und Sport (269-385). Opladen: Barbara Budrich.

Zulianello, Mattia (2020). Varieties of Populist Parties and Party Systems in Europe: From State-of-the-Art to the Application of a Novel Classification Scheme to 66 Parties in 33 Countries. Government and Opposition, 55 (2), 327-347.

Die Autorinnen und Autoren

Sabine Achour, Dr. phil., Politologin und Latinistin (Staatsexamen), ist Professorin für Politische Bildung und Politikdidaktik am Otto-Suhr-Institut für Politikwissenschaft an der Freien Universität Berlin. Sie arbeitet zu den Themen Ideologien der Ungleichwertigkeit, Diversität, Inklusion, Sprachbildung. Sie ist Herausgeberin der Zeitschriften POLITIKUM und »Wochenschau für den Politikunterricht« sowie Redaktionsmitglied von »Friedrichs Bildungsblog« der Friedrich-Ebert-Stiftung. Seit 2012 ist sie Vorsitzende der Deutschen Vereinigung für politische Bildung (DVPB) in Berlin, u. a. auch Gründungsmitglied des Interdisziplinären Zentrums für Inklusionsforschung an der HU Berlin sowie Beiratsmitglied der Stiftung Forum Recht und der Transferstelle für politische Bildung.

Wilhelm Berghan, M. A., hat Erziehungswissenschaft und Soziologie an der Universität Bielefeld studiert. Er arbeitete als wissenschaftlicher Mitarbeiter an der Fakultät für Erziehungswissenschaft sowie am Institut für Interdisziplinäre Konflikt- und Gewaltforschung (IKG) an der Universität Bielefeld. Seine Forschungsschwerpunkte liegen in den Bereichen Vorurteile, Diskriminierung sowie politische Bildung. Er ist Mitarbeiter im Kommunalen Integrationszentrum der Stadt Bielefeld. Seit 2016 ist er Mitautor in den Mitte-Studien.

Hannes Delto, Dr. phil., promovierte an der Fakultät für Erziehungswissenschaft (AG Sozialisation) und am Institut für Interdisziplinäre Konflikt- und Gewaltforschung (IKG) der Universität Bielefeld zu Vorurteilen und Stereotypen im vereinsorganisierten Sport. Er war Studienleiter im BMI-Projekt »Gruppenbezogene Menschenfeindlichkeit im Sport« und lehrte an den Universitäten Göttingen und Leipzig. Seine aktuellen wissenschaftlichen Arbeitsschwerpunkte sind Antisemitismus fußballaffiner Jugendlicher sowie sportbezogene Sozialisation und Radikalisierung im Schützenwesen.

Alexander Häusler, Dipl.-Soz.-Wiss., ist wissenschaftlicher Mitarbeiter am Forschungsschwerpunkt Rechtsextremismus/Neonazismus (FORENA) der Hochschule Düsseldorf. Seine Arbeitsschwerpunkte liegen in den Forschungsbereichen Rechtspopulismus und aktuellen Entwicklungen in der extremen Rechten. Gemeinsam mit Fabian Virchow ist er Herausgeber der Edition Rechtsextremismus bei Springer VS.

Nora Rebekka Krott, Dr. rer. nat., M. Sc., hat Psychologie und Klinische und Kognitive Neurowissenschaften an der Maastricht University in den Niederlanden studiert. Sie hat an der Universität Hamburg zu kontrafaktischem Denken und Emotionsregulation promoviert und war daraufhin PostDoc im Department for Social Psychology der New York University in New York, USA. Seit 2019 ist sie wissenschaftliche Mitarbeiterin am Institut für Interdisziplinäre Konflikt- und Gewaltforschung (IKG) der Universität Bielefeld. Sie forscht dort zu Einstellungen zur Integration, Migration und einem Zusammenleben in Vielfalt in der deutschen Bevölkerung sowie deren kognitiven und emotionalen Zusammenhängen.

Beate Küpper, Dr. phil., Dipl.-Psych., ist Professorin für Soziale Arbeit in Gruppen und Konfliktsituationen an der Hochschule Niederrhein. Sie arbeitet zu den Themen Rechtspopulismus, Vorurteile und Diskriminierung, Diversity und Integration. Sie ist Mitglied im Bündnis »Demokratie und Toleranz«, im Stiftungsrat der Amadeu Antonio Stiftung und Teil der Redaktion der Zeitschrift »Demokratie gegen Menschenfeindlichkeit« für Wissenschaft und Praxis (Wochenschau Verlag). Seit 2014 gehört sie zum Autor_innenteam der FES-Mitte Studie.

Pia Lamberty, M. Sc., hat Psychologie an der FernUniversität Hagen und der Universität Köln studiert und promoviert in der Sozialpsychologie an der Universität Mainz. Ihre Arbeitsschwerpunkte liegen in den Bereichen Verschwörungsdenken, Antisemitismus und Rechtsextremismus. 2020 und 2021 veröffentlichte sie gemeinsam mit Katharina Nocun die Sachbücher »Fake Facts – Wie Verschwörungstheorien unser Denken bestimmen« und »True Facts: Was gegen Verschwörungserzählungen wirklich hilft«. Für ihre Arbeiten wurde Lamberty 2020 mit dem Bad Herrenalber Akademiepreis ausgezeichnet. Lamberty ist Geschäftsführerin beim Center für Monitoring, Analyse und Strategie (CeMAS), das sich interdisziplinär mit Verschwörungsideologien, Desinformation, Antisemitismus und Rechtsextremismus auseinandersetzt.

Souad Lamroubal, Diplom-Verwaltungswirtin (FH), ist seit 2006 als Kommunalbeamtin für die Stadtverwaltung tätig und im Amt für Migration und Integration der Landeshauptstadt Düsseldorf eingesetzt. Sie lehrt als Dozentin am Studieninstitut Düsseldorf die Fächer interkulturelle Kompetenz, soziale Kompetenzen und Kommunikation. Parallel erweiterte sie ihre Kenntnisse im Rahmen berufsbegleitender Studiengänge in den Bereichen Gesundheits- und Sozialwirtschaft, Public Management, Bildungswissenschaften und absolvierte zertifizierte Ausbildungen zur interkulturellen Trainerin und Managerin für interkulturelle Öffnungsprozesse. Im Jahre 2015 gründete sie den gemeinnützigen Verein »Vielfalt verbindet e. V. (Auszeichnung durch das Bündnis für Demokratie und Toleranz) und ist seither Vorsitzende. Darüber hinaus ist sie Initiatorin der Bonner Comedy Nacht. Seit 2015 übernimmt sie die Projektleitung für den Bereich Migration und Bildung der Behörden Spiegel Stiftung.

Astrid Mayerböck, Dr. phil, Dipl.-Psych, ist Projektleiterin und Gesellschafterin bei **uz**bonn, Gesellschaft für empirische Sozialforschung und Evaluation. Dort leitete sie die Erhebung der Mitte-Studie 2020/21. Sie betreut seit vielen Jahren nationale und internationale Umfrage- und Evaluationsprojekte, bis 2011 am Zentrum für Evaluation und Methoden (ZEM) der Rheinischen Friedrich-Wilhelms-Universität Bonn. In ihrer Promotion befasste sie sich mit Strategien internationaler empirischer Forschung und Datenäquivalenz. Bei **uz**bonn betreut sie u. a. Studien zu Heterogenität und Integration in Kitas und Grundschulen sowie zum Thema Deutsch als Zweit- und Fremdsprache in Forschung und Lehre. Schwerpunkte ihrer Arbeit liegen zudem in der Arbeitsmarkt- und Gründerforschung.

Nico Mokros, M. A., hat Erziehungswissenschaft und Psychologie studiert. Er ist wissenschaftlicher Mitarbeiter in der Arbeitsgruppe Sozialisation der Fakultät für Erziehungswissenschaft und Mitglied am Institut für Interdisziplinäre Konflikt- und Gewaltforschung (IKG) der Universität Bielefeld. Sein Forschungsinteresse liegt im Bereich der gesellschaftlichen Bedingungen und des Wandels von Vorurteilen und Diskriminierung. Zudem beschäftigt er sich schwerpunktmäßig mit genderbezogenen und queeren Themen. Er liest gerne Kritische Theorie.

Michael Papendick, M. Sc., ist Psychologe und Psychologischer Psychotherapeut, aktuell wissenschaftlicher Mitarbeiter am Institut für Interdisziplinäre Konflikt- und Gewaltforschung (IKG) in Bielefeld. Er forscht zur deutschen Erinnerungskultur, kollektiver Erinnerung und Geschichtsrevisionismus. Weitere Forschungsinteressen sind Vorurteile und Diskriminierung sowie sozialpsychologische Aspekte sozialer Verantwortung und umweltbewussten Handelns.

Jonas H. Rees, Dr. rer. nat., Dipl.-Psych., M. Sc., hat Angewandte Sozialpsychologie an der University of Sussex und Psychologie an der Universität Bielefeld studiert, wo er anschließend zur Frage promovierte, warum Menschen sich in der Umweltschutzbewegung engagieren und welche Rolle Emotionen in diesem Kontext spielen. Seine Forschungsschwerpunkte am Institut für Interdisziplinäre Konflikt- und Gewaltforschung (IKG) der Universität Bielefeld, wo er seit 2017 arbeitet, sind mit Emotionen und Konflikt assoziierte Gruppenprozesse, sowie die sozialpsychologischen Aspekte von Erinnerungskultur, gesellschaftlichem Wandel und Zusammenhalt. Er koordiniert den Aufbau des Forschungsinstituts Gesellschaftlicher Zusammenhalt (FGZ) am Standort Bielefeld.

Yann Rees, M. A., hat Politische Kommunikation an der Universität Bielefeld studiert. Seit 2018 ist er wissenschaftlicher Mitarbeiter am Institut für Interdisziplinäre Konflikt- und Gewaltforschung (IKG), seit 2020 zudem am Forschungsinstitut Gesellschaftlicher Zusammenhalt (FGZ) am Standort Bielefeld sowie am Fachbereich Sozialwesen der Fachhochschule Münster. Zu seinen Forschungsschwerpunkten zählen die extreme Rechte, Hasskriminalität und regionale Aspekte des gesellschaftlichen Zusammenhalts.

Klaus Michael Reininger, Dr. rer. nat., M. Sc. (Psychologie), M. A. (Politikwissenschaft), M. H. Ed., Psychologischer Psychotherapeut, hat Psychologie und Politikwissenschaft an der Universität Hamburg studiert. Er hat zum Thema Kognitionen im Kontext von Radikalisierungsprozessen promoviert, hat hierfür den zweiten Platz des Deutschen Studienpreises (Sektion: Sozialwissenschaften) erhalten, und als PostDoc am Lehrstuhl für Sozialpsychologie und Politische Psychologie der Christian-Albrechts-Universität zu Kiel zu Intergruppenrespekt und Radikalisierungsprozessen geforscht. Er ist einer der Leiter des Instituts für Psychotherapie der medizinischen Fakultät der Universität Hamburg.

Fritz Reusswig, Dr. phil. (Soziologie), Dipl.-Soz., hat Soziologie und Philosophie an der J. W. Goethe Universität Frankfurt am Main studiert und dort mit einer Arbeit über Hegels System promoviert. Nach Mitarbeit beim Institut für sozial-ökologische Forschung (ISOE) in Frankfurt seit 1995 Mitarbeiter am Potsdam-Institut für Klimafolgenforschung (PIK). Habilitation über Klima und Konsum an der Universität Potsdam, Lehrbeauftragter für Umweltsoziologie an der Humboldt Universität zu Berlin. Forschungen zu Populismus und Energiewende sowie zum gesellschaftlichen Klimadiskurs.

Maike Rump, Dr. rer. pol., ist wissenschaftliche Mitarbeiterin an der Universität Bielefeld und der Hochschule Niederrhein. Sie koordiniert die Mitte-Studie 2020/21 am Institut für Interdisziplinäre Konflikt- und Gewaltforschung (IKG) und begleitet im Projekt »Eine demokratische Konfliktkultur für die Energiewende« (DemoKon) die quantitative Befragung zu Populismus in Energiewendekonflikten. 2020 wurde sie an der Universität Leipzig mit einer Arbeit zur Wahl euroskeptischer Parteien als Folge der Finanz- und Staatsschuldenkrise promoviert und erhielt dazu ein Landesgraduiertenstipendium vom Land Sachsen.

Andreas Zick, Dr. rer. nat., phil. habil., Dipl.-Psych., ist Direktor des Instituts für Interdisziplinäre Konflikt- und Gewaltforschung (IKG) und Professor für Sozialisation und Konfliktforschung an der Universität Bielefeld. Er ist Sprecher des Teilinstituts Bielefeld des Forschungsinstitut Gesellschaftlicher Zusammenhalt und Mitglied der Forschungsgemeinschaft des Deutschen Zentrum für Integration und Migration (DeZIM). Andreas Zick hat über Vorurteile und Rassismus an der Philips-Universität Marburg promoviert und sich zur Psychologie der Akkulturation an der Martin-Luther-Universität Halle-Wittenberg habilitiert. Er hat an den Universitäten Bielefeld, Bochum, Dresden, Jena und Wuppertal gelehrt. Seit den 1980er-Jahren forscht er national und international zu den Themen Vorurteile, Diskriminierung, Radikalisierung und Akkulturation. Im Jahr 2016 hat er den Communicator-Preis des Stifterverbandes für die deutsche Wissenschaft und der Deutschen Forschungsgemeinschaft (DFG) erhalten. Er ist seit 2014 Autor der FES-Mitte-Studie.